■2025年度中学受験用

聖学院中学校

4年間スーパー過去問

収録内容一覧

入試問題と解説・解答の収録内容

2024年度　1回一般	算数・社会・理科・国語	実物解答用紙DL
2024年度　1回アドバンスト	算数・社会・理科・国語（解答のみ）	実物解答用紙DL
2023年度　1回一般	算数・社会・理科・国語	実物解答用紙DL
2023年度　1回アドバンスト	算数・社会・理科・国語（解答のみ）	実物解答用紙DL
2023年度　英語特別	英語（解答のみ）	実物解答用紙DL
2022年度　1回一般	算数・社会・理科・国語	実物解答用紙DL
2022年度　1回アドバンスト	算数・社会・理科・国語（解答のみ）	実物解答用紙DL
2022年度　英語特別	英語（解答のみ）	実物解答用紙DL
2021年度　1回一般	算数・社会・理科・国語	
2021年度　1回アドバンスト	算数・社会・理科・国語（解答のみ）	
2021年度　英語選抜	英語（解答のみ）	

～本書ご利用上の注意～　以下の点について，あらかじめご了承ください。

★別冊解答用紙は巻末にございます。実物解答用紙は，弊社サイトの各校商品情報ページより，一部または全部をダウンロードできます。
★編集の都合上，学校実施のすべての試験を掲載していない場合がございます。
★当問題集のバックナンバーは，弊社には在庫がございません（ネット書店などに一部在庫あり）。

合格を勝ち取るための『スーパー過去問』の使い方

本書に掲載されている過去問をご覧になって，「難しそう」と感じたかもしれません。でも，多くの受験生が同じように感じているはずです。なぜなら，中学入試で出題される問題は，小学校で習う内容よりも高度なものが多く，たくさんの知識や解き方のコツを身につけることも必要だからです。ですから，初めて本書に取り組むさいには，点数を気にしすぎないようにしましょう。本番でしっかり点数を取れることが大事なのです。

過去問で重要なのは「まちがえること」です。自分の弱点を知るために，過去問に取り組むのです。当然，まちがえた問題をそのままにしておいては意味がありません。

本書には，長年にわたって中学入試にたずさわっているスタッフによるていねいな解説がついています。まちがえた問題はしっかりと解説を読み，できるようになるまで何度も解き直しをしてください。理解できていないと感じた分野については，参考書や資料集などを活用し，改めて整理しておきましょう。

このページも参考にしてみましょう！

◆どの年度から解こうかな　「入試問題と解説・解答の収録内容一覧」

本書のはじめには収録内容が掲載されていますので，収録年度や収録されている入試回などを確認できます。

※著作権上の都合によって掲載できない問題が収録されている場合は，最新年度の問題の前に，ピンク色の紙を差しこんでご案内しています。

◆学校の情報を知ろう!!「学校紹介ページ」

このページのあとに，各学校の基本情報などを掲載しています。問題を解くのに疲れたら息ぬきに読んで，志望校合格への気持ちを新たにし，再び過去問に挑戦してみるのもよいでしょう。なお，最新の情報につきましては，学校のホームページなどでご確認ください。

◆入試に向けてどんな対策をしよう？「出題傾向＆対策」

「学校紹介ページ」に続いて，「出題傾向＆対策」ページがあります。過去にどのような分野の問題が出題され，どのように対策すればよいかをアドバイスしていますので，参考にしてください。

◇別冊「入試問題解答用紙編」

本書の巻末には，ぬき取って使える別冊の解答用紙が収録してあります。解答用紙が非公表の場合などを除き，（注）が記載されたページの指定倍率にしたがって拡大コピーをとれば，実際の入試問題とほぼ同じ解答欄の大きさで，何度でも過去問に取り組むことができます。このように，入試本番に近い条件で練習できるのも，本書の強みです。また，データが公表されている学校は別冊の１ページ目に過去の「入試結果表」を掲載しています。合格に必要な得点の目安として活用してください。

本書がみなさんの志望校合格の助けとなることを，心より願っています。

株式会社　声の教育社　編集部

聖学院中学校

所在地	〒114-8502 東京都北区中里3-12-1
電　話	03-3917-1121
ホームページ	https://www.seigakuin.ed.jp/
交通案内	JR 山手線「駒込駅」東口より徒歩5分 東京メトロ南北線「駒込駅」3出口より徒歩7分

くわしい情報は
ホームページへ

トピックス

★2025年度入試より，英語特別入試は面接のみとなります（英検3級以上の取得が出願条件）。
★創立118周年記念祭（文化祭）は11月2日・4日に開催予定。

創立年
明治39年

男子校

高校募集
あり

▌応募状況

年度	募集数	応募数	受験数	合格数	倍率
2024	英語　5名	14名	13名	7名	1.9倍
	①　60名	2科　89名	82名	101名	1.8倍
		4科　117名	104名		
	①ア 30名	2科　60名	54名	123名	1.5倍
		4科　142名	129名		
	思*1 15名	57名	56名	21名	2.7倍
	②　20名	2科　76名	44名	51名	2.3倍
		4科　156名	71名		
	特　5名	15名	12名	2名	6.0倍
	②ア 20名	2科　50名	27名	30名	2.7倍
		4科　135名	53名		
	思*2 10名	40名	22名	9名	2.4倍
	③ア 10名	2科　56名	28名	26名	2.5倍
		4科　119名	36名		
	グ　5名	7名	5名	3名	1.7倍
	オ　5名	39名	21名	8名	2.6倍

※「思＊1」はものづくり思考力入試，「思＊2」はデザイン思考力入試です。

▌2024年春の主な大学合格実績

東北大，横浜国立大，慶應義塾大，早稲田大，国際基督教大，東京理科大，明治大，青山学院大，立教大，中央大，法政大，学習院大，成城大，成蹊大，明治学院大，國學院大，獨協大，武蔵大

▌2025年度入試に向けた説明会等日程（※予定）

※いずれも予約制です。

【学校説明会】
6月15日　時間未定
7月13日　時間未定
7月27日　時間未定　＊オンライン開催
8月24日　時間未定
9月14日　時間未定
10月26日　時間未定
11月13日　時間未定　＊オンライン開催

【帰国生オンライン学校説明会】
10月19日　時間未定

【入試対策説明会】
11月30日　時間未定
12月21日　時間未定
1月11日　時間未定

▌2025年度入試情報

〔2月1日午前〕英語特別／第1回一般
〔2月1日午後〕第1回アドバンスト／ものづくり思考力
〔2月2日午前〕第2回一般
〔2月2日午後〕第2回アドバンスト／特待生／デザイン思考力
〔2月3日午後〕第3回アドバンスト
〔2月4日午前〕グローバル思考力特待／オンリーワン表現力

※合格発表は，各回ともWEBにて行われます。

編集部注―本書の内容は2024年5月現在のものであり，変更されている場合があります。正式な情報は，学校のホームページ等で必ずご確認ください。

算数 出題傾向＆対策

◆基本データ（2024年度１回一般）

試験時間／満点	50分／100点
問題構成	・大問数…５題 計算１題(10問)／応用小問１題(７問)／応用問題３題 ・小問数…25問
解答形式	すべて□にあてはまる数値を答える問題になっており，式や考え方を書かせるものは見られない。
実際の問題用紙	Ｂ５サイズ，小冊子形式
実際の解答用紙	Ｂ４サイズ

◆出題傾向と内容

▶過去３年の出題率トップ３
１位：四則計算・逆算27%　２位：角度・面積・長さ，単位の計算10%
▶今年の出題率トップ３
１位：四則計算・逆算28%　２位：角度・面積・長さ，単位の計算11%

問題内容は全般に基礎的なものが中心で，出題範囲は全分野にわたっています。

大問の１題めは計算問題で，単位の換算をふくむ計算も出されます。

大問の２題めは，応用小問(いわゆる１行問題)の集合題。おもに数量分野からはば広く出題されています。具体的には，およその数，割合と比，速さ，食塩水の濃度，売買損益，場合の数などです。

大問の３題め以降が，複数の小設問を持つ応用問題となります。よく出るのは図形分野で，ほかに速さ，場合の数などが出題されています。

◆対策～合格点を取るには？～

まず，計算力を毎日の計算練習で身につけましょう。計算の過程をきちんとノートに書き，答え合わせのときに，どんなところでミスしやすいかを発見するようにつとめること。

数の性質，割合と比では，はじめに教科書にある重要事項を整理し，類題を数多くこなして，基本的なパターンを身につけましょう。

図形では，求積問題を重点的に学習すること。

特殊算については，参考書などにある「○○算」の基本を学習し，公式をスムーズに活用できるようになりましょう。

分野＼年度		2024		2023		2022	
		1一般	1アド	1一般	1アド	1一般	1アド
計算	四則計算・逆算	●	●	●	●	●	●
	計算のくふう		○		○		○
	単位の計算	●	○	●	○	●	○
和と差	和差算・分配算						
	消去算			○		○	
	つるかめ算	○		○	◎		
	平均とのべ	○	○		○		○
	過不足算・差集め算		○			○	◎
	集まり						
	年齢算						○
割合と比	割合と比	○		●		○	
	正比例と反比例						
	還元算・相当算				○	○	
	比の性質					○	○
	倍数算						
	売買損益	○	○		○	○	
	濃度	○	○	○		○	○
	仕事算				○		
	ニュートン算						
速さ	速さ	○	○	○	○	○	
	旅人算	○	○				○
	通過算						
	流水算						
	時計算						
	速さと比		○		○		
図形	角度・面積・長さ	◎	◎	●	○	◎	◎
	辺の比と面積の比・相似				○		
	体積・表面積						
	水の深さと体積						
	展開図						
	構成・分割						○
	図形・点の移動						
表とグラフ							
数の性質	約数と倍数						○
	N進数						
	約束記号・文字式	○		○			
	整数・小数・分数の性質			○			
規則性	植木算						
	周期算					◎	
	数列						
	方陣算						
	図形と規則		○				
場合の数		○				○	
調べ・推理・条件の整理							
その他							

※　○印はその分野の問題が１題，◎印は２題，●印は３題以上出題されたことをしめします。

社会　出題傾向＆対策

◆基本データ（2024年度１回一般）

試験時間／満点	理科と合わせて50分／50点
問題構成	・大問数…３題 ・小問数…32問
解答形式	記号選択と適語の記入が大半をしめる。適語の記入には，漢字指定もふくまれる。
実際の問題用紙	Ｂ５サイズ，小冊子形式
実際の解答用紙	Ｂ４サイズ

◆出題傾向と内容

●地理…各地方の自然や産業をテーマとした問題がよく出題されています。また，都道府県の特ちょうについての問題も出されています。なお，記号や語句の選択問題では，選択肢にまぎらわしいものがふくまれていることもありますので，注意が必要です。

●歴史…産業や外交など，特定のテーマを設定して，時代を問わず，はば広く歴史の知識を問う出題形式が取られています。問題文がやや長めなので，難しく感じることもあるかもしれませんが，問われている内容は，小学校で学習する基本的なことがらが中心です。

●政治…憲法や政治など，あるテーマにそってはば広く出題されますが，基本的な知識を問うものがほとんどです。基本的人権など憲法のおもな内容，衆議院と参議院のちがいなど国会のしくみ，内閣や裁判所の役割，三権分立の意味としくみなど，基礎をしっかり固めましょう。さらに，最近の大きな事件や選挙の結果などにも気を配る必要があります。

分野＼年度		2024		2023		2022	
		1一般	1アド	1一般	1アド	1一般	1アド
日本の地理	地図の見方						
	国土・自然・気候	○	○	○		○	○
	資源	○		○			
	農林水産業	○	○	○	○	○	○
	工業		○	○	○		
	交通・通信・貿易	○	○			○	
	人口・生活・文化			○			○
	各地方の特色			○		○	
	地理総合	★	★	★	★	★	★
世界の地理		○					
日本の歴史　時代	原始～古代	○	○	○	○	○	○
	中世～近世	○	○	○	○	○	○
	近代～現代	○	○	○	○	○	○
日本の歴史　テーマ	政治・法律史						
	産業・経済史						
	文化・宗教史						
	外交・戦争史						
	歴史総合	★	★	★	★	★	★
世界の歴史							
政治	憲法	○	○	○	○	○	○
	国会・内閣・裁判所	○	○	○	○	○	○
	地方自治				○		
	経済				○		○
	生活と福祉					○	
	国際関係・国際政治					○	○
	政治総合	★	★	★	★	★	
環境問題							○
時事問題							
世界遺産						○	
複数分野総合							

※　原始～古代…平安時代以前，中世～近世…鎌倉時代～江戸時代，近代～現代…明治時代以降

※　★印は大問の中心となる分野をしめします。

◆対策～合格点を取るには？～

まず，基礎を固めることを心がけてください。そのためには，教科書と参考書（説明がやさしくていねいなもの）を選び，基本事項をしっかりと身につけるのがよいでしょう。基本的な語句については，漢字で書かせる場合もあるので，できるだけ漢字で書けるようにしておくことが大切です。

地理分野では，地図とグラフが欠かせません。つねにこれらを参照しながら，白地図作業帳を利用して地形や気候といった基本事項をまとめ，そこから産業のようすへと広げていってください。また，日本と貿易などでかかわりの深い国やニュースでよく取り上げられる地域については，自分で参考書などを使ってまとめておきましょう。

歴史分野では，自分で年表をつくると，各時代・各分野のまとめに活用できます。本校の歴史の問題はさまざまな時代や分野が取り上げられていますから，この作業はおおいに威力を発揮するはずです。また，歴史資料集などで，史料や歴史地図に親しんでおくとよいでしょう。

政治分野では，日本国憲法の基本的な内容を中心に勉強してください。また，新聞やテレビのニュースを見て，最近の政治の動きや時事問題に関心をもつことも大切です。

理科　出題傾向＆対策

◆基本データ（2024年度１回一般）

試験時間／満点	社会と合わせて50分／50点
問題構成	・大問数…３題 ・小問数…９問
解答形式	記号や語句，数値を書くものが大半となっているが，記述問題も見られる。
実際の問題用紙	Ｂ５サイズ，小冊子形式
実際の解答用紙	Ｂ４サイズ

分野＼年度		2024		2023		2022	
		1一般	1アド	1一般	1アド	1一般	1アド
生命	植物						
	動物			★			○
	人体		★		○		○
	生物と環境						
	季節と生物						
	生命総合						★
物質	物質のすがた						
	気体の性質			○		★	
	水溶液の性質	★	○	★		○	
	ものの溶け方				★		★
	金属の性質						
	ものの燃え方						
	物質総合						
エネルギー	てこ・滑車・輪軸		★				★
	ばねののび方						
	ふりこ・物体の運動			★			
	浮力と密度・圧力						
	光の進み方						
	ものの温まり方						
	音の伝わり方						
	電気回路	★	○		★	★	
	磁石・電磁石						
	エネルギー総合						
地球	地球・月・太陽系	★					
	星と星座						
	風・雲と天候						
	気温・地温・湿度						
	流水のはたらき・地層と岩石					★	
	火山・地震				★		
	地球総合						
実験器具		○					
観察							
環境問題							
時事問題				○			
複数分野総合			★				

※　★印は大問の中心となる分野をしめします。

◆出題傾向と内容

中学入試全体の流れとして，「生命」「物質」「エネルギー」「地球」の各分野をバランスよく取り上げる傾向にありますが，本校の理科もそのような傾向をふまえており，各分野から出題されています。

●生命…昆虫のからだのつくり，昆虫の生活，季節と植物，生態系に関する問題，人体のつくりとはたらき，新型コロナウイルスなどが出題されています。

●物質…水溶液の性質，気体の性質についての問題がよく出されています。そのほかには，ものの溶け方，中和反応などが取り上げられています。

●エネルギー…電気回路やLED，てこのつり合い，ふりこの運動などが出されており，計算問題もよく見られます。

●地球…太陽と月の動き，流水のはたらきなどが出題されています。問題は基本的なものが中心ですが，日常の観察や最近の天体現象と結びつけた出題が多く見られます。

◆対策～合格点を取るには？～

本校の理科は，基礎的なものが中心となっています。したがって，まず基礎的な知識をはやいうちに身につけ，そのうえで，問題集で演習をくり返すのがよいでしょう。

「生命」は，身につけなければならない基本知識の多い分野です。ヒトや動物のからだのしくみ，植物のつくりと成長などを中心に，ノートにまとめながら知識を深めましょう。

「物質」は，気体や水溶液，金属などの性質に重点をおいて学習するとよいでしょう。中和反応や濃度，気体の発生など，表やグラフをもとに計算させる問題にも積極的に取り組むように心がけてください。また，実験器具の使い方についても確認しておきましょう。

「エネルギー」では，計算問題としてよく出される力のつり合いに注目しましょう。てんびんとものの重さ，てこ，輪軸，ふりこの運動などについて，それぞれの基本的な考え方をしっかりマスターし，さまざまなパターンの計算問題にチャレンジしてください。

「地球」では，太陽・月・地球の動き，季節と星座の動きは重要なポイントです。また，天気と気温・湿度の変化，地層のでき方などもきちんとおさえておきましょう。

国語 出題傾向＆対策

◆基本データ(2024年度１回一般)

試験時間／満点	50分／100点
問題構成	・大問数…３題 文章読解題２題／知識問題１題 ・小問数…17問
解答形式	記号選択と本文中のことばの書きぬき，記述問題が見られる。ほかに，漢字の書き取りなどもある。
実際の問題用紙	Ｂ５サイズ，小冊子形式
実際の解答用紙	Ｂ４サイズ

◆出題傾向と内容

▶近年の出典情報(著者名)
説明文：渡辺尚志　國分功一郎　好井裕明
小　説：今村夏子　宮沢賢治
随　筆：ブレイディみかこ　高田高史

●読解問題…説明文・論説文と小説・物語文・随筆が１題ずつとなっています。設問は文脈をとらえることに重点がおかれ，接続語，指示語，理由をたずねるものなどが多く出題されます。基本的な読解力があれば十分に対処できます。

●知識問題…漢字の書き取りが多く出され，ほかに熟語づくりや熟語の組み立てなどが出題されています。ことばのきまりに関する問題では，ことばのかかり受け，品詞の用法など細かい部分の知識までためされることがあるので，注意が必要です。なお，試験によっては知識問題が読解問題に組みこまれることもあります。

◆対策～合格点を取るには？～

本校の国語は，読解力を中心にことばの知識や漢字力もあわせ見るという点では，実にオーソドックスな問題ということができますが，そのなかでも大きなウェートをしめるのは，長文の読解力です。したがって，読解の演習のさいには，以下の点に気をつけましょう。①「それ」や「これ」などの指示語は何を指しているのかを考える。②段落や場面の構成を考える。③筆者の主張や登場人物の性格，心情の変化などに注意する。④読めない漢字，意味のわからないことばが出てきたら，すぐに辞典で調べる。

また，知識問題は，漢字や熟語，慣用句・ことわざなどの問題集を一冊仕上げましょう。

分野 ＼ 年度			2024		2023		2022	
			1一般	1アド	1一般	1アド	1一般	1アド
読解	文章の種類	説明文・論説文	★	★	★	★	★	★
		小説・物語・伝記	★	★	★	★	★	★
		随筆・紀行・日記						
		会話・戯曲						
		詩						
		短歌・俳句				○		
	内容の分類	主題・要旨	○	○	○	○	○	○
		内容理解	○	○	○	○	○	○
		文脈・段落構成	○					
		指示語・接続語	○				○	
		その他	○	○	○	○	○	
知識	漢字	漢字の読み				○	○	
		漢字の書き取り	○	○	○	○	○	★
		部首・画数・筆順						
	語句	語句の意味	○		○		○	
		かなづかい						
		熟語						
		慣用句・ことわざ	○			○		
	文法	文の組み立て						
		品詞・用法						
		敬語						
	形式・技法							
	文学作品の知識							
	その他		○	○	○	○		
	知識総合		★	★	★	★		
表現	作文							
	短文記述			○			○	○
	その他							
放送問題								

※　★印は大問の中心となる分野をしめします。

2024 年度

聖学院中学校

【算　数】〈第１回一般試験〉（50分）〈満点：100点〉

（注意）　1．図は必ずしも正確ではありません。

2．必要なときには円周率を3.14としなさい。

1　(1)　$96-5\times\{(7+3)\times2-24\div6\}=$［ あ ］

(2)　$6\frac{3}{4}\div2\frac{5}{8}=$［ い ］

(3)　$\frac{3}{8}+\frac{5}{6}-\frac{7}{10}-\frac{5}{24}=$［ う ］

(4)　$2\frac{2}{3}\div1\frac{5}{9}-1\frac{5}{6}\times\frac{9}{22}=$［ え ］

(5)　$3.6\div0.24-4.8\times2.6=$［ お ］

(6)　$36-6\times($［ か ］$+2)=12$

(7)　$2\frac{1}{4}-($［ き ］$-3\frac{1}{2})\times1\frac{3}{4}=1\frac{3}{8}$

(8)　2024分＝［ く ］日［ け ］時間［ こ ］分

(9)　分速100m：時速10km＝［ さ ］：［ し ］（もっとも簡単な整数の比で表しなさい）

(10)　310cm－150mm＋0.7m＝［ す ］cm

2　(1)　20％の食塩水300ｇに，水を［ せ ］ｇ加えると15％の食塩水になります。

(2)　217km の道のりを２時間35分で走る自動車の速さは，時速［ そ ］km です。

(3)　100円の箱に１個110円のケーキと１個190円のケーキをあわせて11個つめたところ，1630円になりました。１個110円のケーキは［ た ］個買ったことになります。

(4)　［ ち ］円の品物の32％増しの値段は7326円です。

(5)　Ａさんのテストの得点は，国語82点，算数68点，理科［ つ ］点です。国語，算数，理科の３教科の平均点は71点です。

(6)　４枚のカード［0］，［1］，［2］，［3］があります。この４枚をすべて使って４けたの数を作るとき［ て ］種類の数が作れます。

(7)　右の図は長方形の中に円がちょうど入っている図形です。しゃ線部分の面積は［ と ］cm^2です。

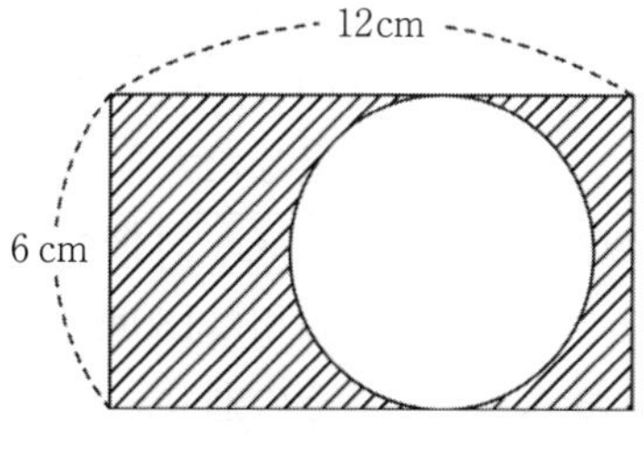

3　右の図のように，１辺が２kmと５kmの正方形の形をした歩道があります。太郎さんはA→B→O→C→D→E→O→F→A→…の順番に時速４kmの速さで，花子さんはD→E→O→F→A→B→O→C→D→…の順番に時速８kmの自転車で進みます。ある時間に２人は同時に出発しました。

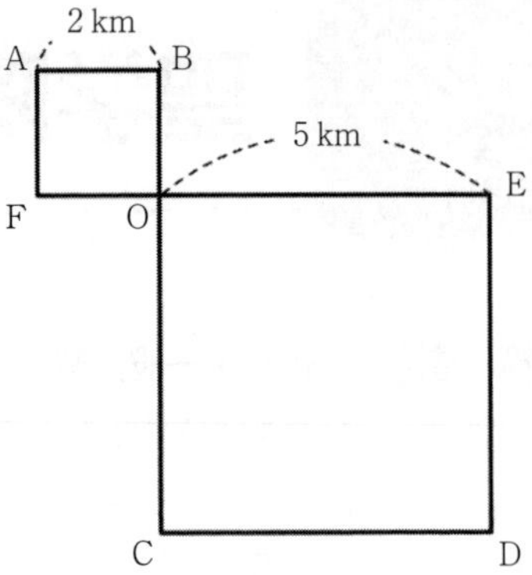

(1)　太郎さんがAに戻るのは，出発して［　な　］時間後です。また花子さんがDに戻るのは，出発して［　に　］時間後です。

(2)　花子さんがはじめて太郎さんに追いつくのは，地点［　ぬ　］です。

(3)　追い抜いた花子さんが２回目に太郎さんに追いつくのは，地点［　ね　］で，それは出発してから［　の　］時間後です。

4　$A☆B=(A\div B$のあまり$)\div(A\div B$の商$)$と約束します。ただし，$A\div B$の商とあまりはどちらも整数とします。

たとえば，$20\div7=2$あまり６なので，$20☆7=6\div2=3$となります。

(1)　$65☆11=$［　は　］

(2)　$39☆(66☆23)=$［　ひ　］

(3)　［　ふ　］$☆2=0.2$

(4)　$(2019\times2020\times2021\times2022\times2023\times2024)☆10=$［　へ　］

5　お父さん：右の図の三角形ABCは二等辺三角形なんだけど，角aは何度になるかわかるかな。

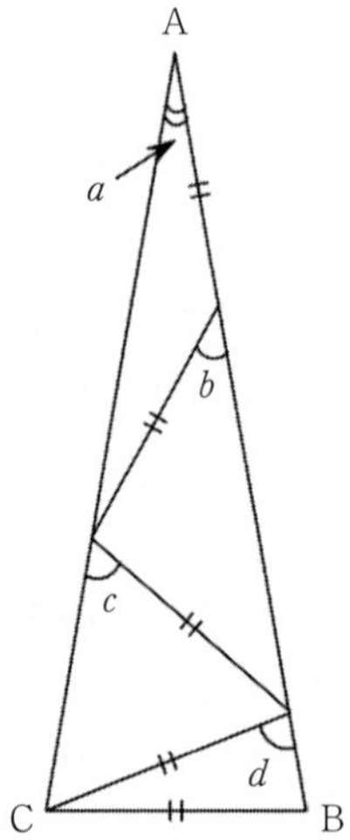

ひじりさん：難しいね。わからないよ。

お父さん：よし，じゃあ今日はこの角aが何度かを考えてみよう。まず他の角が角aの大きさの何倍になるか考えてみよう。例えば角bの大きさは角aの大きさの［　ほ　］倍になるよね。角cの大きさは角aの大きさの何倍になるかわかるかな。

ひじりさん：［　ま　］倍だね。

お父さん：その通りだ。同じように考えると角dの大きさは，角aの大きさの［　み　］倍になるね。それでは三角形ABCの内角をすべて足した大きさは，角aの大きさの何倍になるかな。

ひじりさん：［　む　］倍だ。ということは実際の角度にすると三角形の内角の和は180度だから，角aは［　め　］度になるということか。

お父さん：その通り。

【社　会】〈第１回一般試験〉（理科と合わせて50分）〈満点：50点〉

1　次の文章を読んで，あとの問いに答えなさい。

2023年の夏は日本全国で暑くなりました。①東京では最高気温が35度以上となる猛暑《もうしょ》日が観測史上最多となり，北海道の②札幌でも観測史上最高となる36.3度を観測しました。③日本海側では，④新潟県の（　１　）山脈などから乾燥した空気が吹き下ろすことで発生するフェーン現象により40度近くになる日もありました。連日の高温は各地に様々な影響《えいきょう》をもたらします。関東地方の⑤ダムでは貯水率が低くなり，一時，水不足が危ぶまれました。また⑥米や⑦野菜などの生育に影響を及ぼしました。

その一方で，大雨による被害もありました。７月，九州や秋田県，青森県などで台風や（　２　）前線の影響により記録的な降水量となりました。さらに河川の氾濫《はんらん》による浸水《しんすい》被害や土砂崩れが発生し，多くの人々が避難《ひなん》を余儀《よぎ》なくされました。⑧新幹線が止まるなど交通にも影響が出ました。

このような異常気象は，世界各地でもみられました。日本同様に高温となった地域が多くみられ，これを原因とした自然災害が発生しました。⑨アメリカで発生した山火事はハリケーンの影響もあり，短時間で炎が拡大し大きな被害を出しました。同様にギリシャやスペインでも山火事の被害が発生しました。

異常気象の原因として気候変動や⑩温室効果ガスの排出量の増加などがあるのではないかと言われています。この状況をニューヨークに本部がある（　３　）のグテーレス事務総長は，「地球沸騰《ふっとう》の時代が到来した」と表現しました。暑い夏は来年以降も続くのでしょうか。今できることは何かを考え行動に移す時が来たのかもしれません。

問１　文中の(１)～(３)にあてはまるものをそれぞれ答えなさい。(３)は組織の正式名称を漢字４字で答えなさい。

問２　下線部①について，東京都をあらわしたものを下から選び，記号で答えなさい。なお地図の縮尺は同一ではない。

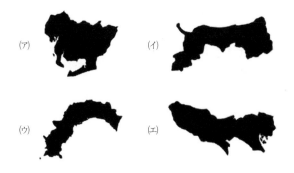

(ア)

(イ)

(ウ)

(エ)

問３　下線部②について，札幌の雨温図を下から選び，記号で答えなさい。

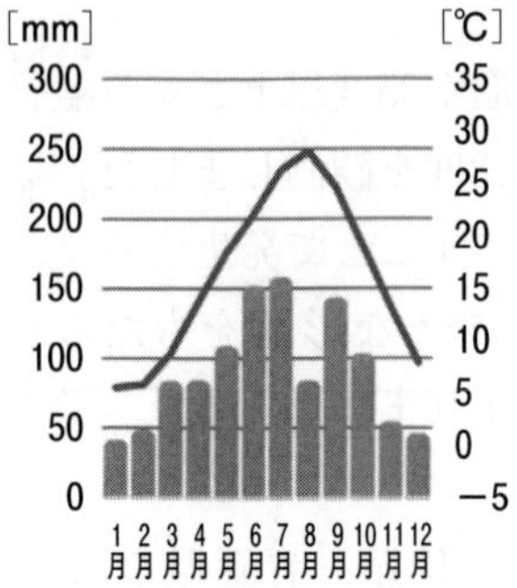

年平均気温[℃]	16.1
年間降水量[mm]	1038.5

(ア)

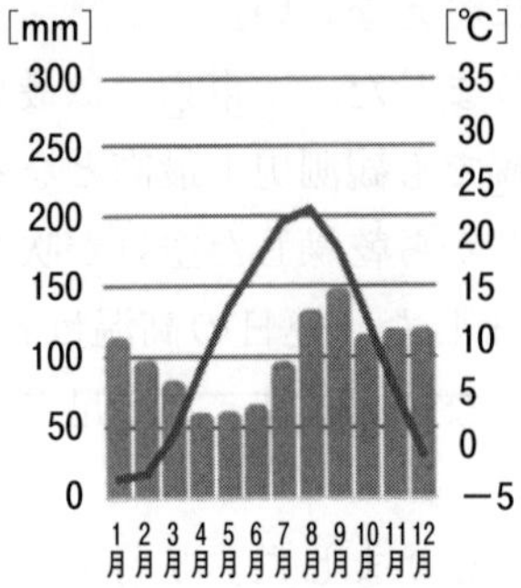

年平均気温[℃]	9.2
年間降水量[mm]	1146.1

(イ)

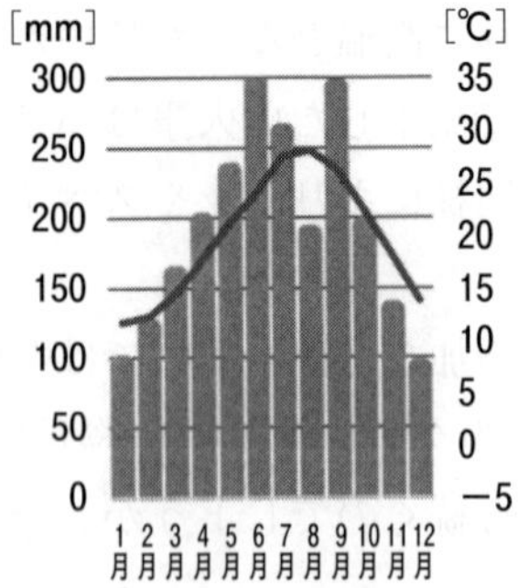

年平均気温[℃]	19.8
年間降水量[mm]	2532.5

(ウ)

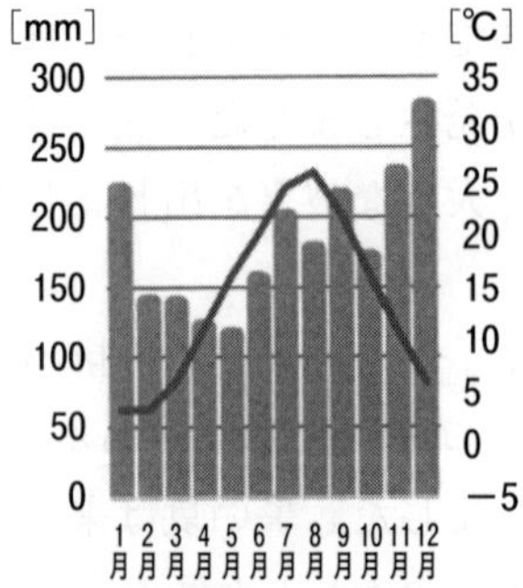

年平均気温[℃]	13.8
年間降水量[mm]	2162.3

(エ)

『気象庁HP』より作成

問４　下線部③について，日本海に面していない県を下から選び，記号で答えなさい。

ア．佐賀県　　イ．島根県　　ウ．兵庫県　　エ．岐阜県

問５　下線部④に関して，新潟県にはフォッサマグナが通っている。この西端を南北に結んだ線を糸魚川＝【　　】構造線という。【　】にあてはまるものを下から選び，記号で答えなさい。

ア．三重　　イ．愛知　　ウ．静岡　　エ．神奈川

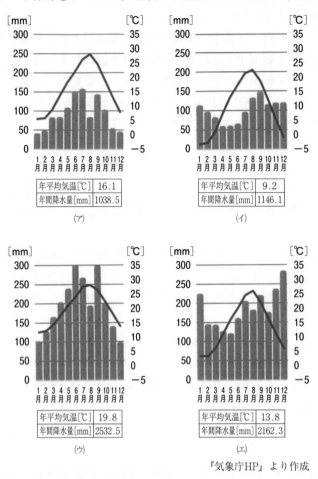

問６　下線部⑤に関して，ダムは洪水対策や飲料水などの水資源の確保以外に発電目的にも作られる。下のグラフは日本の原子力発電，火力発電，水力発電，再生可能エネルギーの発電方法に占める割合の推移を示している。このうち水力発電を下から選び，記号で答えなさい。

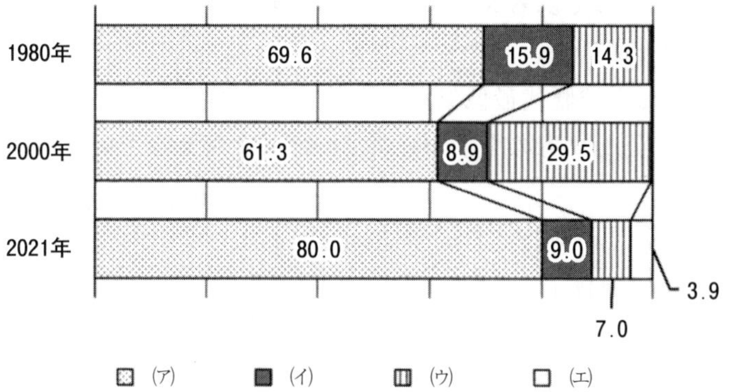

矢野恒太記念会『2023/24 日本国勢図会』より作成

問７　下線部⑥について，間違っているものを下から選び，記号で答えなさい。

ア．米の生産はかつて東北地方など冷涼な地域でのみ行なわれていたが，近年は品種改良が進み，西日本でも生産が増加している。

イ．品種改良が進むなどしたことにより米の生産量は増加した一方，食の多様化などが原因で米の消費量は減少している。

ウ．かつて日本政府は米の休耕や転作をすすめる減反政策を行なっていたが，現在は廃止している。

エ．1995年から米の輸入が行なわれるようになり，主にアメリカやタイから輸入している。

問８　下線部⑦について，右の２つのグラフはある野菜の都道府県別の生産量割合をあらわしたものである。A・Bの組み合わせとして正しいものを下から選び，記号で答えなさい。

	A	B
ア	キャベツ	長野
イ	キャベツ	宮崎
ウ	ピーマン	長野
エ	ピーマン	宮崎

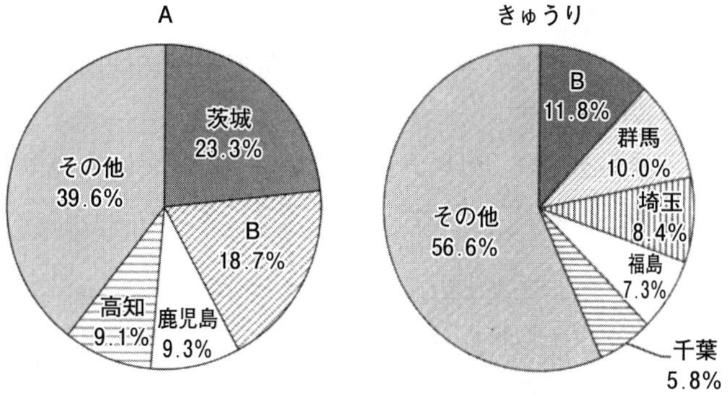

2022年『作物統計』より作成

問９　下線部⑧について，新幹線が通っていない県はどこか。下から選び，記号で答えなさい。

ア．千葉県　　イ．広島県　　ウ．埼玉県　　エ．石川県

問10　下線部⑨について，山火事が発生した場所を下から選び，記号で答えなさい。

ア．ニューヨーク　　イ．グアム　　ウ．アラスカ　　エ．ハワイ

問11　下線部⑩について，間違っているものを下から選び，記号で答えなさい。

ア．石油や石炭などの化石燃料を使用することにより温室効果ガスが発生する。

イ．エアコンやスプレーなどに含まれるフロンガスが温室効果ガスであることから現在は使

用が禁止されている。

ウ．温室効果ガスの削減が世界で呼びかけられており，日本においても削減に向けた努力が続けられている。

エ．牛のゲップに温室効果ガスの一つであるメタンガスが含まれていることから，エサの改良や削減に向けた研究が進められている。

問12　下の表は日本の歴代最高気温および歴代最低気温の上位10位をあらわしたものである。２つの表について述べた文として正しいものを下から選び，記号で答えなさい。

日本歴代最高気温上位10位

位	都道府県	地点	℃	観測した日
1	静岡県	浜松	41.1	2020年８月17日
〃	埼玉県	熊谷	41.1	2018年７月23日
3	岐阜県	美濃	41	2018年８月８日
〃	岐阜県	金山	41	2018年８月６日
〃	高知県	江川崎	41	2013年８月12日
6	静岡県	天竜	40.9	2020年８月16日
〃	岐阜県	多治見	40.9	2007年８月16日
8	新潟県	中条	40.8	2018年８月23日
〃	東京都	青梅	40.8	2018年７月23日
〃	山形県	山形	40.8	1933年７月25日

日本歴代最低気温上位10位

位	都道府県	地点	℃	観測した日
1	北海道	旭川	−41	1902年１月25日
2	北海道	帯広	−38.2	1902年１月26日
3	北海道	江丹別	−38.1	1978年２月17日
4	静岡県	富士山	−38	1981年２月27日
5	北海道	歌登	−37.9	1978年２月17日
6	北海道	幌加内	−37.6	1978年２月17日
7	北海道	美深	−37	1978年２月17日
8	北海道	和寒	−36.8	1985年１月25日
9	北海道	下川	−36.1	1978年２月17日
10	北海道	中頓別	−35.9	1985年１月24日

『気象庁 HP』より作成

ア．日本の歴代最高気温上位10位までの都道府県は，すべて海に面している。

イ．日本の歴代最高気温上位10位は，すべて2000年以降に観測している。

ウ．静岡県は日本の歴代最高気温上位10位と日本の歴代最低気温上位10位ともに入っている。

エ．北海道の帯広は歴代最低気温上位10位に複数回含まれている。

2　日本を訪れる外国人に興味を持った歴史好きの聖太郎くんは，日本に来日した外国人の歴史を調べ，おおよそ時代ごとに文章にまとめました。それぞれの文章を読んで，あとの問いに答えなさい。

　ヤマト政権が成立すると，①朝鮮半島や中国から日本に移り住んだ，知識や技術を持った人たちが，様々な大陸文化を日本に伝えました。７世紀になると，推古天皇の摂政であった聖徳太子は，隋にならって天皇を中心とする国の仕組みづくりを進めるため，隋に使者を送りました。その後，日本国内では仏教がさかんになり，８世紀には正しい戒律《かいりつ》（仏教徒が守るべき決まり）を伝えるため，名高い僧侶だった（　あ　）が日本に招かれました。彼は，６度目の航海でようやく日本にたどり着き，そのころには視力を失ったそうです。

問１　文中の（あ）にあてはまる人物を下から選び，記号で答えなさい。

ア．行基　　イ．鑑真　　ウ．最澄　　エ．空海

問２　下線部①について，この人たちを何というか，漢字３字で答えなさい。

平安時代には一部の貴族などにしか広まっていなかった仏教ですが，鎌倉時代になると武士や庶民《しょみん》の間に広まり始めました。南宋の蘭渓道隆《らんけいどうりゅう》は②鎌倉幕府の執権が日本に招いた僧侶《そうりょ》で，彼がひらいた建長寺は現在も鎌倉に残っています。また，同様に南宋から来日した無学祖元《むがくそげん》は，③モンゴル軍の２度目の襲来《しゅうらい》を予期し，８代執権北条時宗に書を送ったとされています。

問３　下線部②について，鎌倉幕府が成立したのは(1)「1185年」とする考え方と，(2)「1192年」とする考え方がある。これらの考え方の理由として正しいものをそれぞれ下から選び，記号で答えなさい。

ア．平清盛を倒して京都を制圧したから
イ．将軍と執権の関係がはっきりしたから
ウ．守護と地頭が全国に置かれたから
エ．源頼朝が征夷大将軍になったから
オ．承久の乱で後鳥羽上皇が敗れたから

問４　下線部③について，この時のモンゴル帝国の皇帝は誰か，答えなさい。

16世紀になると，それまでに来日したことのなかったヨーロッパ人が日本にやってくるようになり，1543年には(　い　)に流れ着いたポルトガル人によって鉄砲が伝来しました。また，イエズス会のキリスト教宣教師④フランシスコ＝ザビエルも，このころ来日したヨーロッパ人の一人です。

問５　文中の(い)にあてはまるものを下から選び，記号で答えなさい。

ア．佐渡島　　イ．種子島　　ウ．択捉島　　エ．志賀島

問６　下線部④について，この人物が来日したころの国内の状況をあらわした文として正しいものを下から選び，記号で答えなさい。

ア．白河上皇が院政を始めた。
イ．後醍醐天皇が建武の新政を始めた。
ウ．室町幕府の力が衰え，戦国大名が互いに争った。
エ．豊臣秀吉が各大名をしたがえて，全国を統一した。

1600年，「天下分け目の戦い」ともいわれた(　う　)の戦いで石田三成らを破った徳川家康は，1603年に征夷大将軍となって⑤江戸幕府を開き，ウィリアム＝アダムズとヤン＝ヨーステンの二人を外交顧問としました。

18世紀終わりごろには⑥ラクスマンやレザノフが来日し，国際情勢を無視できない危機感を幕府に与えるきっかけになりました。また，オランダ商館の医師として来日したシーボルトは，長崎に鳴滝塾を開き，多くの若者の教育にあたりました。

問７　(う)にあてはまるものを答えなさい。

問８　下線部⑤について説明した文として間違っているものを下から選び，記号で答えなさい。

ア．各大名は区分けせず一律に平等に扱い，御成敗式目で統制した。
イ．キリシタンでないことを証明させるため，絵踏《えふみ》を行なった。

ウ．財政の再建のため，８代将軍徳川吉宗は享保の改革を行なった。

エ．19世紀に異国船打払令を出したが，アヘン戦争で清が敗れたことを知り廃止した。

問９　下線部⑥について，二人はどこの国の使節か，下から選び，記号で答えなさい。

ア．アメリカ　　イ．イギリス　　ウ．ロシア　　エ．ドイツ

⑦明治政府は，欧米諸国による植民地化を防ぐため近代化政策を進めました。富国強兵・殖産興業《しょくさんこうぎょう》を成しとげるために欧米から招かれた多くの専門家や知識人を「お雇い外国人」といいます。アメリカ人のクラークは，北海道開拓使の招きで来日し，札幌農学校の教頭として活躍しました。

また，日清戦争後の講和会議では清国全権の李《り》鴻章《こうしょう》が来日し，日本との講和条約を結ぶための交渉を行ないました。その結果，日本は清から領土を獲得しましたが，⑧ロシア・フランス・ドイツから「遼東《りょうとう》半島を清に返還せよ」との要求を受け，これを受け入れました。

問10　下線部⑦に関して，明治政府に反発した士族たちが，1877年に九州で起こした最大規模の反乱を答えなさい。

問11　下線部⑧について，この要求を何というか答えなさい。

日本に留学した経験を持つ蔣介石《しょうかいせき》は，中国の歴史上重要な意味を持つ人物です。1937年に⑨日中戦争が始まり，中国国民党の指導者であった蔣介石は中国共産党と協力し，アメリカ・イギリスの支援を受けながら連合国の一員として戦いました。一方，戦争に敗れた日本はGHQの管理のもと，⑩少しずつ戦後の復興と国際社会への復帰をとげていきました。

問12　下線部⑨について，日中戦争が始まるきっかけとなったできごとを下から選び，記号で答えなさい。

ア．柳条湖事件　　イ．江華島事件

ウ．盧溝橋事件　　エ．日比谷焼き打ち事件

問13　下線部⑩について，次のア～ウを古い順にならべなさい。

ア．警察予備隊がつくられた。

イ．日本国憲法が公布された。

ウ．国際連合に加盟した。

3　次の文章を読んで，あとの問いに答えなさい。

政治とは，「人と人との利害を調整し，意思決定を行なうこと」を言います。現在，日本では①国民が選んだ代表者によって構成される議会を通じて，国民の意思を政治に反映させるしくみである②間接民主制を中心とした民主政治がとられています。

そのため，国民が（　１　）権を行使し，自らの意思を表明し，代表者を選ぶ選挙という機会はとても重要な意味を持ちます。③大日本帝国憲法制定当時の1890年の第１回衆議院議員選挙では，選挙権は直接国税15円以上を納めている（　２　）歳以上の男子しか認められなかったため，総人口に対する有権者の割合はわずか1.1％でした。しかし，その後の（　３　）選挙運動などを

経て，1928年の選挙では，直接国税の要件は外され，（　２　)歳以上の男子に認められるようになりました。

現在，18歳以上の男女に選挙権が認められています。しかし，④衆議院や参議院の議員の選挙では，投票率は50～60％程度で推移しています。国民の意思を政治に反映させるためにも，投票率の向上に取り組まなければなりません。

問１　文中の(１)にあてはまるものを下から選び，記号で答えなさい。

ア．参政　　イ．自由　　ウ．社会　　エ．平等

問２　文中の(２)にあてはまる数字を答えなさい。

問３　文中の(３)には，納税額などによって差別されない選挙を意味する語が入る。(３)にあてはまるものを下から選び，記号で答えなさい。

ア．制限　　イ．普通　　ウ．公開　　エ．秘密

問４　下線部①に関して，日本では「国の最終的なあり方を決める権限」を国民がもつ。「国の最終的なあり方を決める権限」を漢字２字で答えなさい。

問５　下線部②について，間接民主制のしくみはどれか，下から選び，記号で答えなさい。

ア．任命された後に初めて行なわれる衆議院議員総選挙の投票日及びその後10年を経過した後に行なわれる衆議院議員総選挙の投票日に行なわれる「最高裁判所裁判官の国民審査」

イ．ある地方公共団体のみに適用される特別法について，その地方公共団体の投票においてその過半数の同意を必要とする「地方特別法制定の住民投票」

ウ．国の最高法規であり，基本法である憲法の改正について，国会の発議だけでなく，過半数の同意を必要とする「憲法改正の国民投票」

エ．国会議員として不適切な行為をしたとして，所属議院における投票によって，議員の身分を失う「国会議員の除名決議」

問６　下線部③に関して，この時帝国議会を構成していた議院は，衆議院と何か，漢字３字で答えなさい。

問７　下線部④に関して，選挙制度について間違っているものを下から選び，記号で答えなさい。

ア．小選挙区制は，１選挙区から１名の代表を選ぶ制度で，死票が多く出ることが問題として挙げられる。

イ．大選挙区制は，１選挙区から２名以上の代表を選ぶ制度である。

ウ．比例代表制は，政党の得票率に応じて議席を分配する制度であり，小党分立になりやすい。

エ．小選挙区比例代表並立制は，現在の日本の参議院議員総選挙で採用されている。

【理　科】〈第１回一般試験〉（社会と合わせて50分）〈満点：50点〉

1　次の問いに答えなさい。

問１　聖《きよし》くんは休みの日に，台所の換気扇《かんきせん》とトイレの掃《そう》除をすることにしました。汚《よご》れの特徴《ちょう》がわかれば，掃除をしやすくなると聞いたので，調べてみました。換気扇には油の汚れがこびりついていて，トイレには尿《にょう》が固まってしまった尿石というものがあるとわかりました。

(1)　換気扇用の洗剤《ざい》とトイレ用の洗剤の性質を調べるために，リトマス紙を使ったところ，換気扇用は赤色が青色に，トイレ用は青色から赤色にそれぞれ変わりました。それぞれの洗剤は何性ですか。次の**ア**～**ウ**からそれぞれ選び記号で答えなさい。

ア　酸性　　**イ**　中性　　**ウ**　アルカリ性

(2)　(1)の結果を受けて，聖くんは市販《はん》の洗剤ではなく，家庭にある別のもので代用できないかを考えました。換気扇用の洗剤に代用できるものを，次の**ア**～**オ**から選び記号で答えなさい。

ア　レモン果汁《じゅう》　　**イ**　食塩水　　**ウ**　砂糖水

エ　重そう水　　**オ**　クエン酸水

問２　次の**a**～**h**は身近にある水溶《よう》液です。これらについて，下の(1)～(3)に答えなさい。

a　レモン果汁　　**b**　食塩水　　**c**　砂糖水

d　重そう水　　**e**　石灰水　　**f**　酢《す》

g　炭酸水　　**h**　除菌《きん》用アルコール

(1)　中性の水溶液はどれですか。正しい組み合わせを次の**ア**～**ク**から選び記号で答えなさい。

ア　**b**・**c**　　**イ**　**b**・**d**　　**ウ**　**c**・**g**

エ　**b**・**c**・**g**　　**オ**　**b**・**c**・**h**　　**カ**　**b**・**g**・**h**

キ　**c**・**g**・**h**　　**ク**　**d**・**g**・**h**

(2)　２つの水溶液を混ぜると白くにごるものがあります。正しい組み合わせを次の**ア**～**ク**から選び記号で答えなさい。

ア　**a**・**b**　　**イ**　**a**・**g**　　**ウ**　**b**・**d**　　**エ**　**d**・**e**

オ　**e**・**f**　　**カ**　**e**・**g**　　**キ**　**e**・**h**　　**ク**　**g**・**h**

(3)　それぞれの水溶液をスライドガラスにとって，下から加熱をしました。

①　黒いものが残る水溶液はどれですか。次の**ア**～**エ**から選び記号で答えなさい。

ア　**b**　　**イ**　**c**　　**ウ**　**d**　　**エ**　**e**

②　何もなくなってしまったものはどれですか。次の**ア**～**エ**から選び記号で答えなさい。

ア　**a**　　**イ**　**d**　　**ウ**　**e**　　**エ**　**g**

問３　グラウンドで食塩が入っている袋《ふくろ》が破れて，食塩と砂が混ざってしまいました。全部捨ててしまうのはもったいないので，食塩を実験用に再利用することを考えました。グラウンドには砂だけがあったとします。

(1)　砂と混ざった食塩を集めて水にとかします。それをろ過して，食塩水だけにします。そのろ過の方法として正しいものを，次の**ア**～**オ**から選び記号で答えなさい。

ア

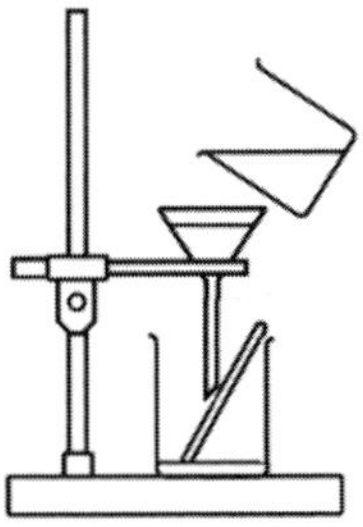

イ

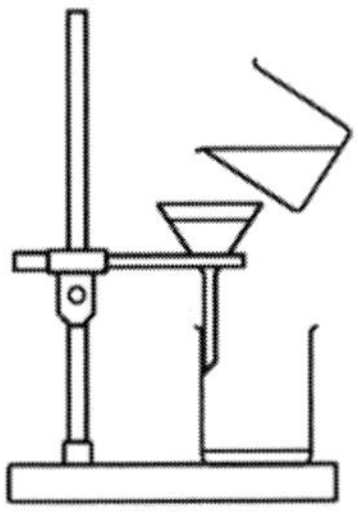

ウ

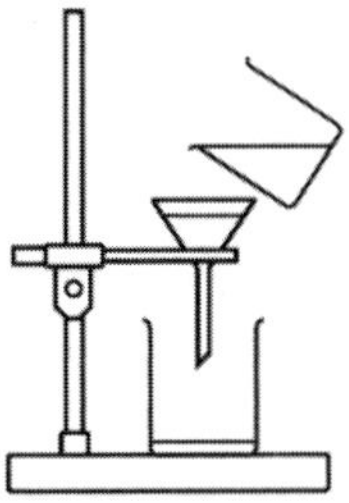

エ

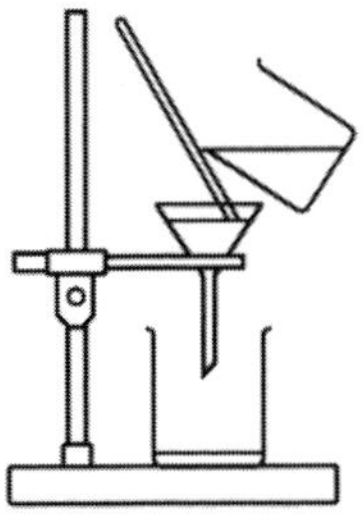

オ

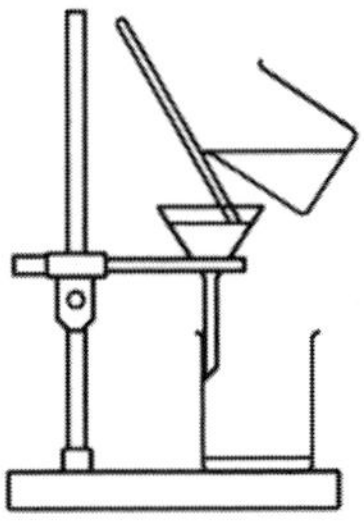

(2) ろ液として出てきた食塩水から，食塩だけを取り出すにはどのようにすればよいですか。

2 電気回路について，次の問いに答えなさい。

問1 右の図のような回路をつくってモーターをまわしました。

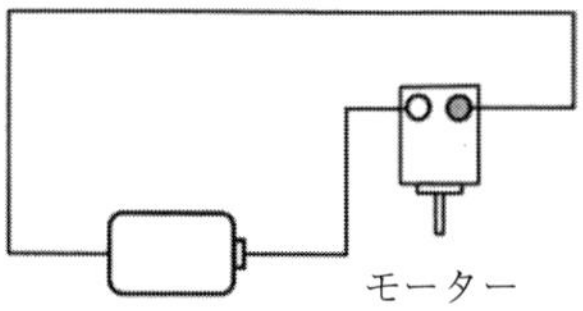

(1) 電気の流れを何といいますか。

(2) この回路でモーターを反対方向にまわすには，何をどうすればよいですか。「電池」という言葉を使い，文で答えなさい。

(3) 次の図①〜③のように，同じ電池をもう1個加えて回路をつくり変えました。はじめと比べてモーターのまわり方はどうなりますか。それぞれ下の**ア**〜**キ**から選び記号で答えなさい。

①

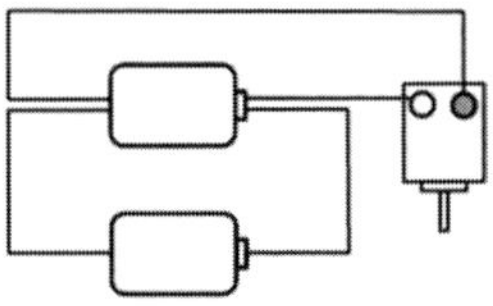

②

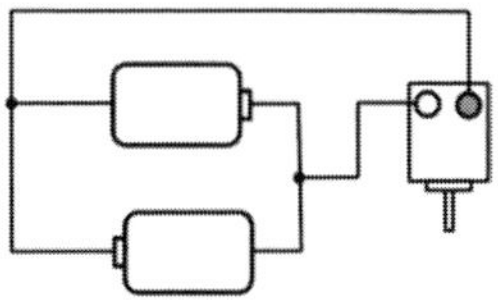

③

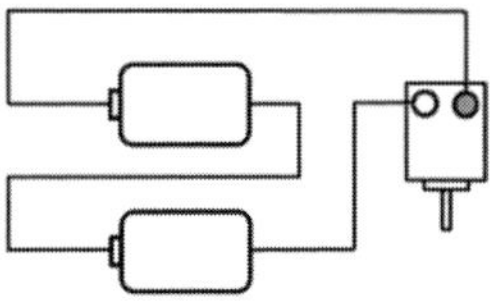

ア 同じ方向に同じ速さでまわる

イ 反対方向に同じ速さでまわる

ウ 同じ方向に速くまわる

エ 反対方向に速くまわる

オ 同じ方向に遅《おそ》くまわる

カ 反対方向に遅くまわる

キ まわらない

問２　図**ア**は電池１個に豆電球１個をつないだ回路図で，図**イ**～**オ**は，電池２個とスイッチ２個に豆電球１個をつないだ回路図です。下の(1)～(4)の文が説明している図を，**イ**～**オ**から選び記号で答えなさい。

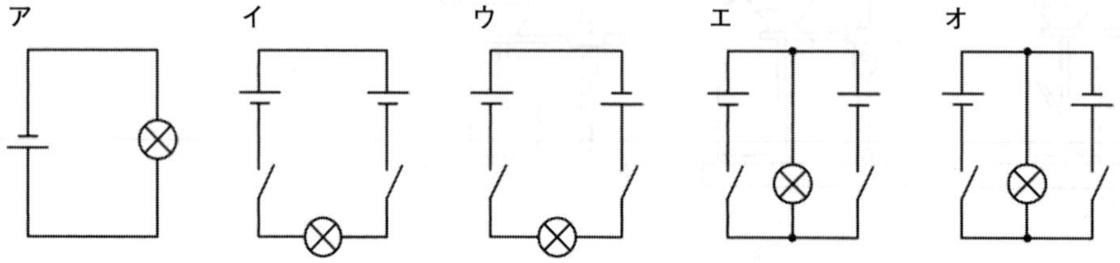

(1)　一方のスイッチを入れても，両方のスイッチを入れても豆電球がつく。

(2)　一方のスイッチを入れても，両方のスイッチを入れても豆電球がつかない。

(3)　両方のスイッチを入れたとき，豆電球の明るさは，図**ア**の豆電球の明るさと同じである。

(4)　両方のスイッチを入れたとき，豆電球の明るさは，図**ア**の豆電球の明るさよりも明るい。

3　東京で月を観察したときの月の見え方について，次の問いに答えなさい。

問１　月は自ら光を出しているのではなく，太陽の光を反射して光っています。光の反射に関係する現象は，次の**A**～**D**のどれですか。正しい組み合わせを下の**ア**～**エ**から選び記号で答えなさい。

A　月は自転をしている。

B　月は満ち欠けをして見える。

C　地球から見た月と太陽の大きさが等しい。

D　月のクレーターに陰《かげ》ができる。

ア　A・B・C　　**イ**　B・C　　**ウ**　A・D　　**エ**　B・D

問２　図は，地球の周りを公転する１日毎の月の位置と，太陽の光の当たり方を表しています。

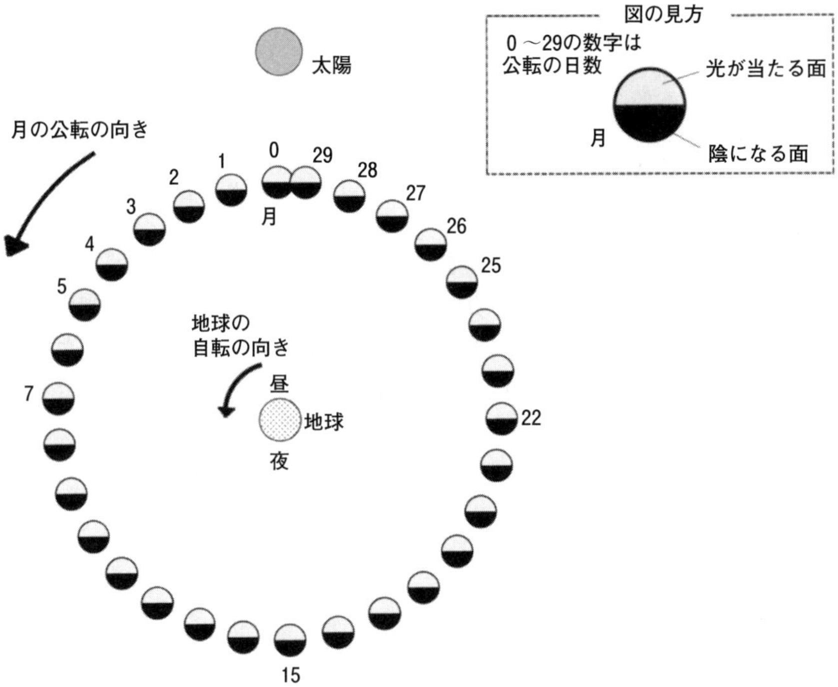

(1)　図のように，月は矢印の向きに公転します。月は地球と太陽との位置によって，新月，満月，上弦《げん》の月，下弦の月，と呼び方が変わります。変わる順番を正しく並べたものはどれですか。次の**ア**～**エ**から選び記号で答えなさい。

ア　新月→下弦の月→上弦の月→満月

イ　新月→上弦の月→下弦の月→満月

ウ　新月→上弦の月→満月　　→下弦の月

エ　新月→満月　　→上弦の月→下弦の月

(2)　次の文中の①～④に当てはまるものを，下の**ア**～**エ**からそれぞれ選び記号で答えなさい。

三日月とは，図の(　①　)の位置にある月の呼び方です。三日月は太陽がしずむころ，(　②　)の空に見ることができます。地球から見た太陽と(　①　)の月の角度は，約(　③　)で，地球の自転の速さを考えると日の入り後，およそ(　　④　　)時間で三日月は地平線にしずみます。

①　**ア**　2　　**イ**　4　　**ウ**　26　　**エ**　28

②　**ア**　東　　**イ**　西　　**ウ**　南　　**エ**　北

③　**ア**　15度　　**イ**　24度　　**ウ**　30度　　**エ**　44度

④　**ア**　1～2　　**イ**　4～5　　**ウ**　6～7　　**エ**　8～9

問３　右の図において，日の入りの時刻に東の空に見える月**X**と，日の入りの時刻に南中している月**Y**について正しいものはどれですか。次の表の**ア**～**エ**から選びなさい。

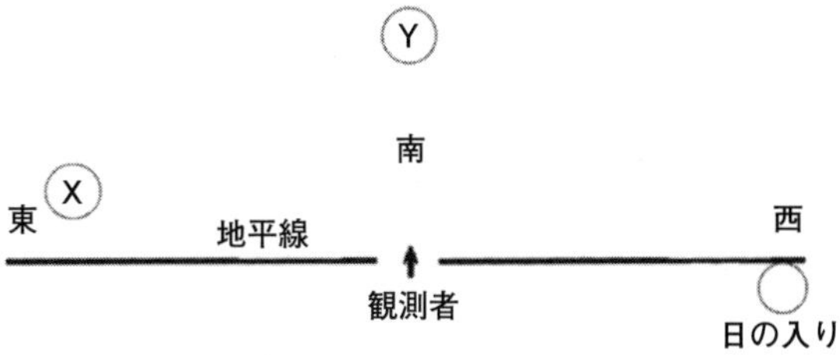

	X	Y
ア	新月	上弦の月
イ	新月	下弦の月
ウ	満月	上弦の月
エ	満月	下弦の月

問４　干潮と満潮は，月の引力によって起こる現象です。図のように，月に向いた側**a**と，反対側**b**では満潮になります。月と直角になる方向では，海水面は低くなり，干潮になります。

太陽と月と地球が直線上に重なるとき，干潮になる時刻と満潮になる時刻はどのようになると考えられますか。最も正しい組み合わせを，下の表の**ア**～**エ**から選び記号で答えなさい。

	干潮になる時刻		満潮になる時刻	
ア	3時	15時	9時	21時
イ	5時	17時	11時	23時
ウ	9時	21時	3時	15時
エ	11時	23時	5時	17時

だということがわかります。教育水準の非均質性こそが、江戸時代の特質だったのです。

渡辺尚志「百姓たちの江戸時代」

表８　年齢による特定能力水準の割合（男性）　（%）

能力水準		年齢	70-79歳	50-59歳	30-39歳	10-19歳
		学齢期の年代	1810	1830	1850	1870
1	読み書きできない者		51	48	35	24
2	名前と住所が書ける者		25	33	39	48
3	日々出納帳がつけられる者		9	12	19	20
4	普通の文書が読めて、証券等に記入できる者		9	1	5	3
5	通常の商売のやり取りができる者		0	3	1	2
6	政府の布告や新聞社説が読める者		6	3	1	3

リチャード・ルビンジャー『日本人のリテラシー』226頁より転載

図２　鹿児島・岡山・滋賀県の男女別非識字率の比較

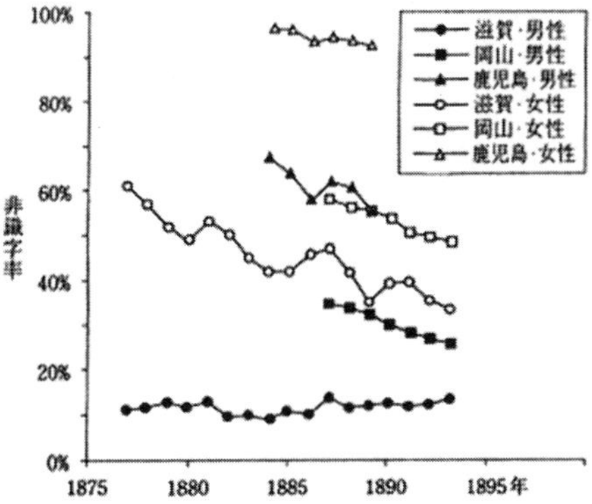

リチャード・ルビンジャー『日本人のリテラシー』259頁より転載

問一　文中傍線《ぼうせん》部Ａの中の「観念」という語は、「物事についての考えや意識」という意味をもつことばです。ここでの「『七歳まで（「七つ前」ともいう）は神のうち』という観念」とはどのようなことを指しますか。問題文中より一続きの２０字で答えなさい。

問二　文中傍線部Ｂについて、次の⑴⑵の問いに答えなさい。

⑴　傍線部Ｂの内容を次のようにまとめました。（　）の字数に当てはまる言葉を問題文中からさがしてそれぞれ答えなさい。

子ども観は江戸時代になって、（①　７字）にされ、小児の（②　６字）して、（③　１１字）育てるというように変化した。

⑵　このように「子育て」が変化したのはなぜだと説明していますか。

問三　文中（あ）（い）（う）に入れるのに適切なものを、次より選び、それぞれ記号で答えなさい。

ア　能力は部分的であった　　イ　幅《はば》広く存在していた

ウ　着実に減少　　エ　着実に増加

オ　少しずつ増えています　　カ　ほとんど増えていません

問四　文中（え）に入れるにふさわしい数字を答えなさい。

問五　文中傍線部Ｃの「この点」を文中の言葉を使って説明しなさい。

問六　図２と本文を読み取って、明らかにあてはまらないものを、次から選び記号で答えなさい。

ア　各地域の「男性」は時代を経るにしたがい識字率が高くなる。

イ　各地域をひとまとめにして識字率を出す事は正確ではない。

ウ　岡山県の「女性」は時代ごとに非識字率が減少している。

エ　滋賀県のデータは、他の県より調査年数が長い。

問七　問題文を説明内容の展開から、次の３つの内容でまとめました。２と３の内容を説明している段落はどこから始まりますか。その段落の初め７字をそれぞれ答えなさい。

１　江戸時代の子育てについて

２　寺子屋での学びについて

３　どれくらいの百姓が読み書きができたのか

つう、五、六年間在学しましたが、一、二年でやめてしまう子もたくさんいたので、一概《いちがい》には言えません。女子のほうが、就学率が低く、就学年数も短い傾向にあったようです。また、農閑期《のうかんき》だけ通い、農繁期《のうはんき》には寺子屋を休んで、家の農作業の手伝いをする子も大勢いました。江戸時代には庶民《しょみん》の義務教育制度がなかったので、就学形態は各家の事情によってまちまちであり、寺子屋にまったく行かない子もいたのです。

寺子屋では、読書・書道・計算を中心に教えました。「読み・書き・そろばん」です。寺子屋教育の特徴《とくちょう》としては、①学力の習得と並んで子どもの人格形成を重視したこと、②子どもの主体性を尊重し、体罰《たいばつ》による強制などはほとんど存在しなかったこと、③画一的な一斉《いっせい》教授ではなく、子どもの年齢《ねんれい》や学習進度に合わせた個別教授が行われたこと、などがあげられます。

よく、江戸時代後期には寺子屋が普及《ふきゅう》し、庶民の教育水準が向上したため、日本は明治以降の近代化をスムーズに進めることができたのだといわれます。これは一面で正しいのですが、実態はより複雑なものがありました。では、江戸時代の百姓は、いったいどの程度読み書きができたのでしょうか。以下、リチャード・ルビンジャー氏の研究によって、みてみましょう。

明治一四年(一八八一)に、長野県北安曇郡《あづみぐん》常盤村《ときわむら》で、八八二人の成年男子を対象に、読み書き能力の調査が実施《じっし》されました。この調査では、読み書き能力を六段階にわけて調べています。その結果を示したのが、表8です。

ここから、当時の常盤村には、まったく読み書きできない人から、政府の布告や新聞の社説まで読みこなすことができる人まで、(　あ　)ことがわかります。けれども、多数の人は、まったく読み書きできないか、自分の住所氏名が書ける程度にとどまっていました。ただし、江戸時代後期から明治初年にかけて、まったく読み書きできない人は(　い　)しています。これは、寺子屋教育の成果だといえます。一方、より高度な読み書き能力をもつ人は、(　う　)。

当時の常盤村の村人たちは、読み書き能力でいうと、①読み書きのできない人たち、②ごく基本的な読み書き能力(能力水準二、三)を身につけた人たち、③より高度な読み書き能力(能力水準四～六)をもつ人たち、の三通りにわかれていたのです。

第二水準以上を読み書きができる者とすれば、その割合は、一八五〇年代に(え)パーセント、一八七〇年代に七六パーセントとなります。他方、第四水準以上を読み書きできる者とすると、一八五〇年代で七パーセント、一八七〇年代で八パーセントにすぎません。どのレベルをもって識字能力ありとするかによって、識字率の数値には大きな差が生まれてくるのであり、Cこの点に注意が必要です。

常盤村の調査から少し遅《おく》れて、鹿児島・岡山・滋賀の三県で、自分の名前を読み書きできない人の調査が行われました。調査対象は、県内の六歳以上のすべての男女でした。その結果は、図2のとおりです。ここでは、地域差が明確に出ています。また、男女差も各県でそれぞれ二〇～五〇パーセントくらいあり、男女格差も軽視できません。しかし、地域差のほうがより大きく、滋賀県の女性は鹿児島県の男性よりも、非識字率(読み書きできない人の割合)が低かった、すなわち読み書き能力が高かったのです。また、各県の内部でも、地域ごとに非識字率には差がありました。

以上は、明治になってからの調査結果ですが、江戸時代後期の実態をかなりの程度伝えていると考えられます。そこからは、江戸時代庶民の読み書き能力を考えるときには、全国平均の数値を問題にするより、その内部における地域差・男女差・階層差に注目することが大切

もたちに自慢《じまん》したい気持ち。

問七　文中傍線部Jの態度から友哉君の人柄《ひとがら》がはっきりと読み取ることができます。どのような人柄か説明しなさい。

問八　文中波線部の表現から、子どもたちにとっての「みっこ先生」とはどのような存在と読み取れますか。問題文全体から考えて答えなさい。

三　次の文章と表と図を読んで、後の各問いに答えなさい（解答に際しては、句読点も1字と数えます）。

問題作成にあたり、本文の表記の一部を変更《へんこう》しています。

江戸《えど》時代には、A「七歳《さい》まで（「七つ前」ともいう）は神のうち」という観念がありました。人は神の世界からこの世に生を受け、死後はまた神の世界に帰っていく存在であり、七歳までの子どもはいまだ神の世界とのつながりを保っていると考えられたのです（ただし、これには否定的な見解もある）。江戸時代の乳幼児死亡率は今日よりもはるかに高く、二、三割もありましたから、子どもはまだ人間界に定着しきれない存在だと認識されていました。江戸時代には、新生児を人為《じんい》的な方法で死なせる「間引き」が行われましたが、これも新生児を殺すのではなく、神の世界に戻《もど》すのだと考えられました。「間引き」は「子返し」とよばれることが多かったのです。

しかし、太田素子氏によれば、江戸時代を通じて、こうした子ども観は大きく変わっていきました。B生まれたときから子どもを一人の人間と認めて、愛情深く育てていこうという姿勢が強くなったのです。そのため、お七夜（子どもが生まれて七日目の祝い）・宮参り（子どもが生まれて後、はじめて村の神社に参詣《さんけい》すること。生後何日目に行なうかは地域と時代によって差があるが、たとえば男子は三一日目、女子は三三日目などに行う）・食い初《ぞ》め（生まれて一〇〇日目または一二〇日目の乳児に箸《はし》を持たせて食べるまねごとをさせる祝い）・初誕生・初節句などの生育儀礼《ぎれい》が大事にされ、家族・親戚《しんせき》・村人たちがともに子どものすこやかな成長を願い祝うようになりました。そして、「間引き」は許されないものとする観念が普及《ふきゅう》していきました。小児の生存権を保障し、生まれた子どもには惜《お》しみなく愛情を注いで育てるという、今日の家族に通じるような子ども観がしだいに広まっていったのです。子どもは「子宝」となりました。その背景には、生活水準の向上と医学の発展による乳幼児死亡率の改善という状況《じょうきょう》がありました。

ただし、江戸時代の子育ては、わが子を家のりっぱな継承《けいしょう》者とするために、家業をきっちり教え込《こ》むというところに主眼があり、子どものやりたいことを自由にやらせるという方向には向かわなかった点にも注意が必要です。子育ての最終目標は、家の存続、繁栄《はんえい》におかれていたのです。ここにも、百姓《ひゃくしょう》にとっての家の重みが現れています。

七歳前後になれば、以後年を追うごとに生命力は強くなっていきます。そこで、このころから、子どもたちは村人としての社会性を身につける一方、寺子屋に通って基礎《きそ》的な知識を学びました。なお、寺子屋は、江戸時代には手習所・手習塾《じゅく》とよばれるほうが一般的でしたが、本書では広く親しまれている寺子屋の呼称《こしょう》を用います。

寺子屋は、一八世紀後半以降急増します。明治一六年（一八八三）の調査によると、当時全国で一万六五六〇軒《けん》の寺子屋が確認されていますが、実際はその数倍あったと考えられています。平均すると、一村に一つくらいは寺子屋があったのです。

寺小屋の師匠《ししょう》には、僧侶《そうりょ》や神職、あるいは村の有力百姓などがなりました。一軒の寺子屋に師匠は一人、子どもは数人～数十人というところが多かったのです。男女とも数え年五～九歳で入学しました。ふ

イ　相手に合わせるために大げさにふるまう様子。
ウ　考えたこともなかった事に我を忘れる様子。
エ　相手の話題に合わせるためにわざと驚く様子。

D「眉間にしわを寄せた」
ア　子どもたちのなかに、いつもと違う大人がいることに緊《きん》張《ちょう》している。
イ　子どもたちが、大人を連れてくることへの不満を感じている。
ウ　大人にあげるガムがないので、どうしようかと困惑《こんわく》している。
エ　子供たちにガムをあげたことを注意されると不安を感じている。

F「相槌を打っていた」
ア　相手の気持ちをおしはかって遠慮《えんりょ》をする。
イ　相手の話に調子を合わせて受け答えをする。
ウ　相手の話に合わせてひたすらに聞き役となる。
エ　相手の話に納得するようにつとめる。

問二　文中傍線部Aのモグラさんの表情から読み取れるモグラさんの気持ちの説明としてふさわしいものを次より選び、記号で答えなさい。
ア　全然似ていない絵ではあるが、このように自分のことをみんなで話題にしていることに関心を持っている。
イ　学童の先生という大人が描いたにもかかわらず、全然似ていないので半ば呆《あき》れた気持ちを何とかおさえている。
ウ　全然似ていない絵ではあるが、毎日のようにここに来てくれて仲間の一員として認める子供たちをいとおしく感じている。
エ　毎日のように来てくれることに感謝をしつつ、このような全然似ていない絵を見せられて困惑している。

問三　文中傍線部BからEのように、モグラさんに実際に会って先生の気持ちは大きく変わりました。なぜこのように変わったのですか。先生の態度や様子を読み取って説明しなさい。

問四　文中傍線部Gについて、次の(1)と(2)の問いに答えなさい。
(1)　この場での子供たちの気持ちはどのようなものと考えられますか。作品の流れから考えて答えなさい。
(2)　このような場面をあらわす表現を次から選び記号で答えなさい。
ア　鳥肌《とりはだ》が立つ　　イ　腹が据《す》わる
ウ　固唾《かたず》を飲む　　エ　心ここにあらず

問五　文中傍線部Hの「真剣な表情」のモグラさんの気持ちはどのようなものであったと考えられますか。次より選び、記号で答えなさい。
ア　先生がどのような反応を示すのか緊張している。
イ　危険な工事現場に入ることを認めてしまい後悔《こうかい》している。
ウ　モグラハウスがあることにしてほしいと願っている。
エ　モグラハウスがないことが明らかになる瞬間を恐《おそ》れている。

問六　文中傍線部Iのモグラさんが笑った表情から読み取れる気持ちを次より選び、記号で答えなさい。
ア　意外なことに、先生がモグラハウスを認めてくれたことに驚く気持ち。
イ　先生のふるまいにほっとして、先生に対しても心をひらく気持ち。
ウ　工事現場の危険な場所に入ることを許可してしまったが、無事に戻《もど》り安心した気持ち。
エ　大人である先生までもがモグラハウスを認めたことで、子ど

ェンスのうち一枚をじりじりと動かして、人ひとりが通れるくらいのすきまを作った。そこにするりと体をすべりこませると、モグラさんの前を横切り、ぽっかり口を開けたマンホールのそばに立った。スカートのすそが汚《よご》れるのも気にせずに、その場に両ひざをついてしゃがむと、モグラさんの顔をチラと見上げ、「いいですよね」といった。

「あ、ハイ……」

周りの作業員は気がついていなかった。みっこ先生は片足をマンホールの穴に差し入れると、躊躇《ちゅうちょ》するそぶりも見せずに、そのままスッ、スッ、とはしごを使って降りていった。顔だけわたしたちのほうを向いていて、見えなくなるまでニコニコと笑っていた。

みっこ先生の頭のてっぺんが完全に穴のなかに隠《かく》れると、G急にあたりがしんとした。

Hモグラさんは真剣《しんけん》な表情で、立ったままマンホールのなかをのぞきこんでいた。わたしたちはフェンスの網目越《あみめご》しに、みっこ先生が消えていった穴の入り口を見つめていた。

数秒たった。

突然《とつぜん》、「すっごーい」と足下から声が聞こえた。

すごい、すごーい。ほんとにベッドが置いてあるー。テレビも大きいー。わあー。こっちはお風呂《ふろ》場だあー。広ーい。迷路みたーい。

わたしたちは息を呑《の》み、顔を見合わせた。Iモグラさんが穴をのぞきこみながらフフッと笑った。

みっこ先生は入っていった時とまったく同じ笑顔で穴からでてきた。

「ほんとにベッドが置いてあったの?」「広かった?」「何部屋あった?」「ぼくも見たい」「ボウリング場見た?」「ファミコン何台あった?」栄太郎君とあやちゃんからの質問攻撃《こうげき》に、みっこ先生は乱れた髪をピンで留め直しながら、

「すごおーく広かったわよ。水色のシーツの、大きなベッドが置いてあった。モグラさんはあのベッドで寝るのね。他にもたくさん部屋があってとても数え切れなかった。栄太郎君が教えてくれた通りね。ゲーム部屋もお菓子《かし》部屋もおもちゃ部屋もあったわよ。もちろんボウリング場もあった。色んな色のピンがずらっときれいに並んでるの。木下ボウルより広かったと思うわ。隣りにはレストランもあったし、サッカー場も野球場もプールもあった。すべり台もブランコもあったし、とにかく全部あったの! あー楽しかった。モグラハウスって天国ね」

といった。

栄太郎君が「ぼくも見たい!」といった。

「完成したらな。今はまだ作りかけだから」とモグラさんがいった。

「ねえ、ぼくの部屋ないの? ぼくもモグラハウスに住みたいよ」

「いいよ。住みな」

「あたしも住みたい!」あやちゃんが手を挙げた。

「いいよ。住みな」

わたしは「わたしも!」といった。先ほどのみっこ先生を見る限り、心配していたはしごの昇《のぼ》り降りはそれほど難しくなさそうだ。

「いいよ」とモグラさんがいった。

「みっこ先生は? 先生も一緒に住もうよ」

「うん、先生も一緒に住みたいわ」

「いいですよ」

「Jじゃあ、ぼくも……」と、最後に友哉君が手を挙げた。

今村夏子「モグラハウスの扉」

問一　文中傍線部C・D・Fの意味として最も適切なものを、それぞれ記号で答えなさい。

C　「目を丸くした」

ア　意外なことに驚《おどろ》きを隠せずにいる様子。

は続いた。

「それにしてもお若い方でびっくりしました。失礼ながら、わたし、この子たちの話からもっと年配の方を想像してました」

「そうですか」

「それにあだ名がモグラでしょう。どうしてモグラなんですか」

「モグラだからモグラなんだよ」と栄太郎君がいった。

「またいってる。ばかだなあ」友哉君がいった。

「こら」みっこ先生は友哉君をにらんだが、声はよそゆきのままだった。

「今は人間のふりしてるけど、ほんとはモグラなんだよね、そうだよね」

　栄太郎君に見つめられ、モグラさんは頭をかきながら「いや、まあ、うん」とうなずいた。

「まあほんとに」みっこ先生がいった。

「うそに決まってるじゃん」と友哉君がいった。

「うそじゃないよ」と栄太郎君がいった。周りの作業員たちを指差して、「あの人もあの人もみんなモグラなんだよね」

　モグラさんは周りを見回し、うなずいた。「そうだよ、みんなモグラだ」

「まあ。みなさんモグラで……」

　みっこ先生はフェンスの向こう側にいる作業員たちを見回した。

「先生、まさか本気にしてるの？」友哉君があきれたようにいった。「信じちゃだめだって。モグラさんはふざけてるだけなんだから。うちのお父さんもモグラさんのいうことはでたらめだっていってるよ。モグラハウスなんかないって。この人たちはずっと下水道の工事をしてるんだって。工事が終わったらぼくんち水洗トイレになるんだって」

「あら、水洗に。いいわねえ」

「うちも来年水洗トイレになるよ」とあやちゃんがいった。「でもね、モグラハウスはあるって、お母さんいってたよ」

「ねえモグラさん。うそじゃないよね」栄太郎君はマンホールの穴を指差した。「あれがモグラハウスの入り口だよね。この下に、モグラハウスがあるんだよね」

　モグラさんはうなずいた。「そうだよ」

「うそだ」友哉君がいった。

「ほんとだよ」

「じゃあ、モグラさんはこの下でご飯食べたりテレビ観たり眠《ねむ》ったりするってことだね」友哉君がいった。

「そう」モグラさんはうなずいた。

「どうやって寝《ね》るんだよ。地面の下で」

「ベッドで」

「ベッドがあるのかよ」

「あるよ。昨日運び入れた」

「うそだ」

「ほんとだって」

「どんなベッド。色は。形は。大きさは」

「特大のベッド。形は四角。シーツは水色」

「絶対うそ」

　はい、はい、ストップ、ストップ、とここでみっこ先生が止めに入った。

「そんなにいうなら友哉君。先生が見てきてあげる。このおにいちゃんがうそつきかどうか、今から先生がたしかめてきてあげる」

　そういうと、オレンジ色のフェンスに手をかけた。

　みっこ先生はヨイショ、ヨイショ、といいながら、横並びに立つフ

んっていってるでしょう」

「知らない人じゃないよ。モグラさんだもん」

「モグラさんの誕生日は」

「知らない」

「ほらやっぱり知らない人じゃない」

「知ってるもん。毎日工事現場で会ってるんだから」

「それはどこの工事現場？　Bわたしの大切な子供たちにガムをあげないでくださいってお願いしといたほうが良さそうね。学校の近くなの？　誰か先生を案内してくれる人」

栄太郎君、あやちゃん、友哉君、わたしの四人が手を挙げた。

毎日一緒《いっしょ》に帰っているメンバーだが、そこにみっこ先生が加わるだけで、いつもの帰り道が遠足の道中のような、ウキウキとした空気に包まれた。栄太郎君はみっこ先生と手をつないで歩き、モグラハウスがどれだけ魅力《みりょく》的なところか説明していた。

「まあ。地面の下にボウリング場が？」みっこ先生はC目を丸くした。

工事現場に差しかかると、みんな一斉《いっせい》に同じ方向を指差した。

「あの人だよ」

オレンジ色のフェンスの向こうに、スコップを肩《かた》に担いで歩くモグラさんの姿があった。

「あの人なの？」

みっこ先生の動きが一瞬《いっしゅん》止まった。想像していた感じと違《ちが》ったのか、「ぜんぜんモグラに似てないじゃない」といった。モグラに似てるなんて、誰もひと言もいっていない。

ほんとに？　ほんとにあのスコップ持ってる人？　そのあともみっこ先生はしつこいくらいに確認した。白いヘルメットの？　一番日焼けしてる人？　そして隣《となり》を歩いていたわたしに顔を寄せ、「先生口紅ついてない？」ニッと歯を見せた。

口紅と、青のりのようなものがついていた。指摘《してき》すると、ブラウスの袖《そで》でごしごし前歯をこすり、もう一度ニッとした。

みっこ先生はスカートをぱんぱんとはたき、前髪を手でとかして背すじを伸《の》ばした。

栄太郎君が大きく手を振《ふ》りながらモグラさんの名前を呼んだ。振り向いたモグラさんは、子供たちのなかに大人の女性がひとり交じっていることに気づき、一瞬、D眉間《みけん》にしわを寄せた。そのせいかいつもより恐《こわ》い顔になった。

「先生連れてきたよ」栄太郎君がいった。

モグラさんはスコップを肩から下ろすと、とりあえず、といった感じでみっこ先生に無言でぺこっと会釈《えしゃく》した。

みっこ先生は丁寧《ていねい》にお辞儀《じぎ》を返した。「学童の松永です」よそゆきの声だった。

「みっこ先生だよ」と栄太郎君がいった。

「ああ、へえ……」

モグラさんはあらためてみっこ先生の顔を見て、「どうも」ともう一度頭を下げた。

「この子たちがいつもお世話になっているそうで」みっこ先生がいった。

「いえ、そんな、お世話なんか」

「Eご迷惑《めいわく》をおかけしてるんじゃないかと気になってたんです」

「いえいえ、大丈夫《だいじょうぶ》ですよ」

「ここのところ急に暑くなってきたから外でのお仕事は大変でしょうね」

ガムのことをいうのかと思っていたが、みっこ先生の口からでてくるのは関係のない話題ばかりだった。モグラさんはうつむき加減にはあ、とか、まあ、とかF相槌《あいづち》を打っていた。みっこ先生のおしゃべり

2024年度 聖学院中学校

【国語】〈第一回一般試験〉（五〇分）〈満点：一〇〇点〉

一　次の各問いに答えなさい。

問一　傍線《ぼうせん》部のカタカナを漢字に直しなさい。

1　東京二十三区でこの冬初のセキセツが観測された。

2　熱い紅茶にミルクとサトウを加える。

3　小包をユウソウする。

4　ジキュウリョクをつけるためのトレーニング。

問二　次の格言の空欄《らん》に入る語としてふさわしいものを前後の文脈をふまえて考え、記号で答えなさい。

1　「他人のように上手くやろうと思わないで、自分らしく（１）しなさい」　大林宣彦（映画監督《かんとく》）

2　「何か新しいことをやる、それはすべて（２）だと、僕《ぼく》は思うんです」　植村直己（冒険家）

3　「目の見える人間は、見えるという（３）を知らずにいる」　アンドレ・ジイド（フランスの小説家）

ア　退屈《たいくつ》　イ　冒険《ぼうけん》　ウ　幸福　エ　失敗

二　次の文章は今村夏子「モグラハウスの扉《とびら》」の一部です。学童に通っているわたしたちは、工事現場の作業員であるモグラさんと仲良くなり、学童の帰りには必ず工事の現場に立ち寄るようになりました。その後に続く文章を読み、後の問いに答えなさい。

その日の帰り道、いつものように工事現場に立ち寄ったわたしたちは、今日、学童の先生が、モグラさんそっくりな男の人の絵を描《えが》いたことを、モグラさん本人に話した。わたしはランドセルのなかから実際にその絵を取りだして見せた。

「全然似てないね。おれのほうがカッコイイ」

モグラさんはそういったが、A珍《めずら》しくニヤニヤとしながら、「これ描いた女の先生ってどんな人？」といった。わたしたちは口々にみっこ先生について説明した。

やさしくて、明るくて、おもしろくて、字がきれい。学校の近くに住んでる。苗字《みょうじ》は松永だけど、わたしたちもわたしたちの親も、みんなみっこ先生と呼んでいる。お父さんと二人暮らし。筋肉ムキムキが好きで、いつも長いスカートをはいている。髪《かみ》は短い。年はたぶんモグラさんと同じくらい。

「美人？」モグラさんがきいた。

少しの間が空き、「普通《ふつう》」と友哉《ともや》君がこたえた。「目の下にホクロがある」

「ふうん」

その日、モグラさんはガムを一枚ずつくれた。はずれのミントガムだったので、からいのが苦手な栄太郎《えいたろう》君はその場で食べずに制服のポケットに仕舞《しま》った。そしてそのまま忘れていたらしい。翌日の学童でみっこ先生に見つかった。

先生は栄太郎君のポケットからぽろりと床《ゆか》に落ちたガムを拾い上げ、

「こらっ。だめじゃない」と頭をこづいた。栄太郎君はこづかれたところをぽりぽりとかきながら、

「もらったんだもん」といった。

「誰《だれ》にもらったの」

「モグラさん」

「またモグラさんなのね。知らない人から食べ物もらっちゃいけませ

2024年度

聖学院中学校　▶解説と解答

算　数　＜第１回一般試験＞（50分）＜満点：100点＞

解　答

1 あ　16　い　$2\frac{4}{7}$　う　$\frac{3}{10}$　え　$\frac{27}{28}$　お　2.52　か　2　き　4　く　1　け　9　こ　44　さ　3　し　5　す　365　**2** せ　100　そ　84　た　7　ち　5550　つ　63　て　18　と　43.74　**3** な　7　に　3.5　ぬ　D　ね　D　の　10.5　**4** は　2　ひ　3　ふ　11　へ　0　**5** ほ　2　ま　3　み　4　む　9　め　20

解　説

1 四則計算，逆算，割合と比，単位の計算

(1)　$96-5\times\{(7+3)\times2-24\div6\}=96-5\times(10\times2-4)=96-5\times(20-4)=96-5\times16=96-80=16$

(2)　$6\frac{3}{4}\div2\frac{5}{8}=\frac{27}{4}\div\frac{21}{8}=\frac{27}{4}\times\frac{8}{21}=\frac{18}{7}=2\frac{4}{7}$

(3)　$\frac{3}{8}+\frac{5}{6}-\frac{7}{10}-\frac{5}{24}=\frac{45}{120}+\frac{100}{120}-\frac{84}{120}-\frac{25}{120}=\frac{145}{120}-\frac{84}{120}-\frac{25}{120}=\frac{61}{120}-\frac{25}{120}=\frac{36}{120}=\frac{3}{10}$

(4)　$2\frac{2}{3}\div1\frac{5}{9}-1\frac{5}{6}\times\frac{9}{22}=\frac{8}{3}\div\frac{14}{9}-\frac{11}{6}\times\frac{9}{22}=\frac{8}{3}\times\frac{9}{14}-\frac{3}{4}=\frac{12}{7}-\frac{3}{4}=\frac{48}{28}-\frac{21}{28}=\frac{27}{28}$

(5)　$3.6\div0.24-4.8\times2.6=15-12.48=2.52$

(6)　$36-6\times(\square+2)=12$より，$6\times(\square+2)=36-12=24$，$\square+2=24\div6=4$　よって，$\square=4-2=2$

(7)　$2\frac{1}{4}-\left(\square-3\frac{1}{2}\right)\times1\frac{3}{4}=1\frac{3}{8}$より，$\left(\square-3\frac{1}{2}\right)\times1\frac{3}{4}=2\frac{1}{4}-1\frac{3}{8}=2\frac{2}{8}-1\frac{3}{8}=1\frac{10}{8}-1\frac{3}{8}=\frac{7}{8}$，$\square-3\frac{1}{2}=\frac{7}{8}\div1\frac{3}{4}=\frac{7}{8}\div\frac{7}{4}=\frac{7}{8}\times\frac{4}{7}=\frac{1}{2}$　よって，$\square=\frac{1}{2}+3\frac{1}{2}=4$

(8)　2024÷60＝33あまり44より，2024分＝33時間44分で，33－24＝９より，33時間＝１日９時間だから，2024分＝１日９時間44分となる。

(9)　分速100mは時速，100×60÷1000＝６(km)だから，分速100m：時速10km＝時速６km：時速10km＝６：10＝３：５となる。

(10)　310cm－150mm＋0.7m＝310cm－15cm＋70cm＝365cm

2 濃度《のうど》，速さ，つるかめ算，売買損益，平均とのべ，場合の数，面積

(1)　(食塩の重さ)＝(食塩水の重さ)×(濃度)より，濃度が20％の食塩水300ｇにふくまれる食塩の重さは，300×0.2＝60(ｇ)とわかる。また，食塩水に水を加えても食塩の重さは変わらないので，水を加えた後の食塩水にも60ｇの食塩がふくまれている。よって，水を加えた後の食塩水の重さを□ｇとすると，□×0.15＝60(ｇ)となるから，□＝60÷0.15＝400(ｇ)と求められる。したがって，加える水の重さは，400－300＝100(ｇ)である。

(2)　２時間35分＝$2\frac{35}{60}$時間＝$2\frac{7}{12}$時間より，この自動車の時速は，$217\div2\frac{7}{12}=84$(km)となる。

⑶　箱の代金をのぞいた，1630－100＝1530(円)が，110円のケーキと190円のケーキの代金の合計になる。11個すべて190円のケーキを買ったとすると，190×11＝2090(円)となり，実際よりも，2090－1530＝560(円)高くなる。そこで，190円のケーキを減らして，110円のケーキを増やすと，代金は１個あたり，190－110＝80(円)ずつ安くなる。よって，110円のケーキの個数は，560÷80＝７(個)となる。

⑷　もとの値段を１とすると，この品物の値段の7326円は，１＋0.32＝1.32にあたる。よって，もとの値段は，7326÷1.32＝5550(円)となる。

⑸　(平均点)＝(合計点)÷(教科数)より，(合計点)＝(平均点)×(教科数)となるから，国語，算数，理科の合計点は，71×３＝213(点)とわかる。このうち，国語と算数の点数の合計は，82＋68＝150(点)なので，理科の点数は，213－150＝63(点)となる。

⑹　千の位のカードは，０をのぞいた１，２，３の３通りある。次に百の位は，０，１，２，３の４枚のカードのうち千の位で使ったものをのぞいた３通りで，同様に十の位は２通り，一の位は１通りとわかる。よって，すべてのカードを使って作れる４けたの数は，３×３×２×１＝18(種類)となる。

⑺　円の直径は，長方形のたてと同じで６cmだから，半径は，６÷２＝３(cm)である。よって，しゃ線部分の面積は，長方形の面積から円の面積を引いて，６×12－３×３×3.14＝72－28.26＝43.74(cm^2)となる。

3 旅人算

⑴　太郎さん，花子さんのそれぞれが出発点に戻《もど》るまでに進む道のりは，２つの正方形の周りの長さの合計だから，どちらも，２×４＋５×４＝28(km)である。よって，時速４kmで進む太郎さんが出発点Ａに戻るのは，28÷４＝７(時間後)で，時速８kmで進む花子さんが出発点Ｄに戻るのは，28÷８＝3.5(時間後)とわかる。

⑵　２人が出発したとき，太郎さんは花子さんより，５×２＋２×２＝14(km)前にいる。よって，花子さんが太郎さんに追いつくのは出発してから，14÷(８－４)＝3.5(時間後)となる。⑴より，花子さんは3.5時間ごとに出発点Ｄに戻るので，花子さんがはじめて太郎さんに追いつくのは，地点Ｄとわかる。

⑶　花子さんがはじめて太郎さんに追いついてから２回目に追いつくまでには，花子さんの方が28km多く進むことになる。よって，花子さんが２回目に太郎さんに追いつくのは出発してから，3.5＋28÷(８－４)＝10.5(時間後)になる。また，花子さんは3.5時間ごとに出発点Ｄに戻るから，10.5÷3.5＝３より，10.5時間後にはちょうど３周している。したがって，このとき地点Ｄにいる。

4 約束記号

⑴　65÷11＝５あまり10より，65☆11＝10÷５＝２となる。

⑵　66÷23＝２あまり20より，66☆23＝20÷２＝10となる。よって，39☆(66☆23)＝39☆10となり，39÷10＝３あまり９より，39☆10＝９÷３＝３とわかる。

⑶　0.2＝$\frac{1}{5}$より，(□÷２のあまり)：(□÷２の商)＝１：５である。□÷２のあまりは０か１だが，□☆２＝0.2なので，あまりは０ではない。よって，□÷２のあまりは１で，□÷２の商は，１×５＝５とわかる。つまり，□÷２＝５あまり１なので，□＝２×５＋１＝11となる。

⑷　2019×2020×2021×2022×2023×2024の値をAとすると，Aは10の倍数である。つまり，Aを

10で割ったあまりは０なので，（A÷10のあまり）÷（A÷10の商）＝０÷（A÷10の商）＝０となる。

5 平面図形―角度

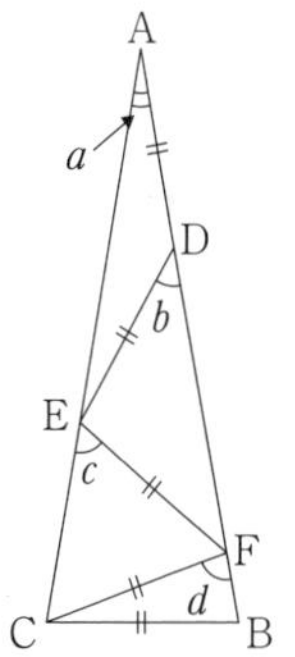

右の図で，角 a の大きさをア度とする。三角形 ADE は二等辺三角形なので，角 AED の大きさもア度となる。よって，三角形 ADE の内角と外角の関係から，角 b は，ア＋ア＝ア×２（度）より，角 a の２倍（…ほ）となる。同様に，二等辺三角形 DEF で，角 DFE＝角 b＝ア×２（度）になり，三角形 AEF の内角と外角の関係から，角 c は，ア＋ア×２＝ア×３（度）より，角 a の３倍（…ま）となる。さらに，二等辺三角形 FEC で，角 ECF＝角 c＝ア×３（度）なので，三角形 ACF の内角と外角の関係から，角 d は，ア＋ア×３＝ア×４（度）より，角 a の４倍（…み）となる。そして，二等辺三角形 CFB で，角 ABC＝角 d＝ア×４（度）だから，二等辺三角形 ACB で，角 ACB＝角 ABC＝ア×４（度）となる。したがって，三角形 ABC の内角の和は，ア＋ア×４＋ア×４＝ア×９（度）より，角 a の９倍（…む）となり，これが180度だから，角 a の大きさは，180÷９＝20（度）（…め）と求められる。

社　会　＜第１回一般試験＞（理科と合わせて50分）＜満点：50点＞

解　答

1 **問１**　**１**　越後　**２**　梅雨　**３**　国際連合　**問２**　(エ)　**問３**　(イ)　**問４**　エ　**問５**　ウ　**問６**　(イ)　**問７**　ア　**問８**　エ　**問９**　ア　**問10**　エ　**問11**　イ　**問12**　ウ　**2** **問１**　イ　**問２**　渡来人　**問３**　(1)　ウ　(2)　エ　**問４**　フビライ（＝ハン）　**問５**　イ　**問６**　ウ　**問７**　関ヶ原　**問８**　ア　**問９**　ウ　**問10**　西南戦争　**問11**　三国干渉　**問12**　ウ　**問13**　イ→ア→ウ　**3** **問１**　ア　**問２**　25　**問３**　イ　**問４**　主権　**問５**　エ　**問６**　貴族院　**問７**　エ

解　説

1 日本の地形や気候，産業などについての問題

問１　**１**　越後《えちご》山脈は，新潟県・福島県・群馬県の県境一帯を北東から南西へと伸《の》びる山脈である。夏の南東の季節風が越後山脈を越《こ》えて吹《ふ》き下ろすと，風下にあたる新潟県の平野部はフェーン現象によって高温になる。　**２**　日本列島に梅雨《つゆ》をもたらす梅雨《ばいう》前線の影響《えいきょう》を受け，５月末～７月ごろにかけては長雨が続き，たびたび豪雨《ごうう》が引き起こされる。　**３**　国際連合の本部は，アメリカのニューヨークに置かれている。2017年に事務総長に就任したアントニオ・グテーレスは，世界各地が記録的な熱波に見舞《みま》われたことを受け，地球沸騰《ふっとう》化という表現を用いて警鐘《けいしょう》を鳴らした。

問２　東京都は東西に細長く，東京湾に面する東部には埋《う》め立てによる直線的な海岸線が伸びている（(エ)…○）。なお，(ア)は愛知県，(イ)は鳥取県，(ウ)は高知県の形をあらわしている。

問３　冷帯（亜寒帯）に属する札幌は，年平均気温が10℃に満たず，特に冬の寒さは長く厳しい。また，北海道以外の地方が梅雨の影響を受ける６月や７月も降水量が少ないという特徴《とくちょう》がある（(イ)…○）。なお，(ア)は瀬戸内の気候の玉野（岡山県），(ウ)は南西諸島の気候の種子島（鹿児島県），(エ)は日本海側の気候の輪島（石川県）の雨温図である。

問４　エの岐阜県は，富山県・長野県・愛知県・三重県・滋賀県・福井県・石川県に囲まれた内陸県なので，海に面していない。

問５　日本列島を地質学的に東北日本と西南日本に分ける大きな溝《みぞ》をフォッサマグナ（大地溝《ちこう》帯）といい，その西端《せいたん》が新潟県糸魚川《いといがわ》市と静岡県静岡市の間を結ぶ糸魚川＝静岡構造線である。

問６　水力発電による発電割合には近年大きな変化はなく，約10％で推移している（(イ)…○）。なお，(ア)は日本の発電の中心である火力発電，(ウ)は2011年の東日本大震災《だいしんさい》以降発電電力量が激減した原子力発電，(エ)は近年割合が増えている再生可能エネルギーを示している。

問７　稲作はもともと高温多雨な気候が適しており，世界では中国南部やインド，東南アジアの国々などでさかんに行われている。しかし，品種改良が進んだことなどにより冷涼《れいりょう》な北海道や東北地方でも生産量が増加した（ア…×）。

問８　Ａは，上位に鹿児島県や高知県といった比較《ひかく》的平均気温の高い県が入っていることから，夏野菜であるピーマンと判断できる。ピーマンやきゅうりは，冬でも温暖な気候をいかし，ビニルハウスなどの施設を利用して行われる促成《そくせい》栽培に適した野菜である。したがって，冬の降水量が少なく，温暖な宮崎県がＢに当てはまる（エ…○）。

問９　アの千葉県には新幹線が通っていない。なお，イの広島県には山陽新幹線，ウの埼玉県には東北・上越・北陸の各新幹線，エの石川県には北陸新幹線が通っている。

問10　2023年８月，アメリカハワイ州のマウイ島で大規模な山火事が発生し，大きな被害を出した。この山火事には太平洋上にあったハリケーンが影響したという見方もある（エ…○）。なお，アのニューヨークでは，カナダで発生した山火事による煙《けむり》によって深刻な大気汚染《おせん》が起こった。

問11　エアコンの冷却剤《れいきゃくざい》などとして使用されてきたフロンガスには，オゾン層を破壊《はかい》するはたらきがある。オゾン層が破壊されると，地表に届く有害な紫外線《しがいせん》が増えてしまうことから，生産や消費が国際的に規制されているが，禁止されてはいない（イ…×）。なお，フロンガスには強力な温室効果があるため，その観点からも規制の対象となっている。

問12　静岡県は，歴代最高気温の１位と６位，歴代最低気温の４位に入っている（ウ…○）。なお，歴代最高気温上位10位の都道府県のうち，埼玉県と岐阜県は海に面していない（ア…×）。歴代最高気温の８位の山形県の記録は1933年のものである（イ…×）。帯広が歴代最低気温の上位に入っているのは，２位の１度だけである（エ…×）。

2　各時代の歴史的なことがらについての問題

問１　唐《とう》（中国）の高僧《こうそう》であった鑑真《がんじん》は，日本の朝廷の招きに応じて来日を決意すると，５度の渡航失敗や失明という苦難を乗り越え，来日を果たした。来日後は正式な戒律《かいりつ》（僧が守るべき戒《いまし》め）を伝え，奈良の都に唐招提寺を建てるなど，日本の仏教発展に力をつくした（イ…○）。なお，アの行基は大仏造立に協力した日本の僧，ウの最澄とエの空海は10世紀初めに唐に渡り，帰国後にそれぞれ天台宗と真言宗を開いた日本の僧である。

問２　渡来《とらい》人は，４～７世紀ごろに朝鮮半島や中国から日本に移り住んだ人々である。須恵器《すえき》づくりや機《はた》織り，土木工事などの進んだ技術や，漢字・仏教・儒教《じゅきょう》などの文化を伝えたほか，大和朝廷で政治に関わり，重要な地位につく者もいた。

問３　(1)　源頼朝は1185年に壇ノ浦《だんのうら》の戦いで平氏を滅《ほろ》ぼすと，全国に守護，荘園と公領に地頭を置くことを朝廷に認めさせた。つまり，1185年は頼朝の支配が広く全国におよんだ年であり，この時点をもって鎌倉幕府が成立したと考えることができる(ウ…○)。　(2)　1192年は頼朝が征夷大将軍に任じられ，正式に鎌倉幕府の初代将軍となった年である。したがって，これを鎌倉幕府の成立とする考え方もある(エ…○)。

問４　モンゴル帝国の第５代皇帝であったフビライ＝ハンは，中国を支配して元《げん》とし，日本にも服属を求めて使者を送ってきた。しかし，鎌倉幕府第８代執権《しっけん》の北条時宗がこれに応じなかったため，文永の役(1274年)と弘安の役(1281年)の２度にわたって大軍を派遣《はけん》し，属国であった高麗《こうらい》とともに北九州に襲来した(元寇《げんこう》)。

問５　1543年，イの種子島(鹿児島県)に中国船が流れ着き，乗っていたポルトガル人によって日本に鉄砲が伝えられた。なお，アの佐渡《さど(が)》島は金山があった新潟県の島，ウの択捉《えとろふ》島は北方領土の１つで日本最北端の島，エの志賀《しかの》島は金印が発見された福岡県に属する島である。

問６　1467年に起こった応仁の乱によって室町幕府の力は衰《おとろ》え，各地で戦国大名が勢力争いをくり広げる戦国時代が始まった。フランシスコ＝ザビエルが来日した1549年は戦国時代にあたり，戦国大名の中にはキリスト教を信仰《しんこう》する者も現れた(ウ…○)。

問７　1600年に現在の岐阜県の関ヶ原で起こった関ヶ原の戦いは，「天下分け目の戦い」ともいわれる。徳川家康が率いた東軍が石田三成らを中心とする西軍を破り，政治の実権を握《にぎ》った家康は1603年に江戸幕府を開いた。

問８　江戸幕府は大名を，徳川氏一門の大名である親藩《しんぱん》，古くから徳川家の家臣だった譜代《ふだい》大名，関ヶ原の戦い前後に徳川氏に従った外様《とざま》大名に分類し，全国に配置した。また，武士を統制するための法令として武家諸法度を制定した(ア…×)。なお，御成敗式目は鎌倉幕府第３代執権の北条泰時が定めた初の武家法である。

問９　18世紀の終わりごろには，ウのロシア船がたびたび日本近海に現れるようになった。1792年にはラクスマンが根室に，1804年にはレザノフが長崎に来航し，彼らの来日をきっかけとして江戸幕府は海防の強化に力を入れるようになった。

問10　1877年に鹿児島の不平士族が西郷隆盛をおし立てて西南戦争を起こしたが，近代的な装備を備えた政府軍に敗れた。西南戦争は士族が起こした最大かつ最後の反乱となった。

問11　日清戦争(1894～95年)で清(中国)に勝利した日本は，下関条約を結び，清から多額の賠償《ばいしょう》金を受け取るとともに，台湾や遼東《りょうとう》半島などの領土を譲《ゆず》り受けた。しかし，当時南下政策を進めていたロシアが日本の大陸進出を警戒《けいかい》し，ドイツ・フランスを誘《さそ》って遼東半島の清への返還《へんかん》を要求したため，日本はこれに応じた。これを三国干渉《かんしょう》という。

問12　1937年，中国の北京《ペキン》郊外にあった盧溝橋《ろこうきょう》で日中両軍が軍事衝突《しょうとつ》を起こし，これがきっかけになって日中戦争が始まった(ウ…○)。なお，アの柳条湖《りゅうじょうこ》事件(1931年)は満州事変，イの江華《こうか》島《とう》事件(1875年)は日朝修好条規締結《ていけつ》のきっかけとなった出来事，エの日比谷焼き打ち事件(1905年)はポーツマス条約締結に反対する人々が起こした暴動である。

問13　年代の古い順にならべると，イ(日本国憲法公布－1946年)→ア(警察予備隊の設置－1950年)→ウ(国際連合への加盟－1956年)の順になる。

３　政治のしくみについての問題

問１　選挙権とは選挙によって代表者を選ぶ権利であり，アの参政権に含《ふく》まれる。国民が政治に参加する権利である参政権には，選挙権のほか，被選挙権(選挙に立候補する権利)などがある。

問２　第１回帝国議会の開催《かいさい》に合わせて行われた衆議院議員選挙では，直接国税を15円以上納める満25歳《さい》以上の男子にしか選挙権が認められず，有権者の割合は総人口の1.1％に過ぎなかった。

問３　大正デモクラシーの風潮の中で，選挙権に納税額などの制限を加えない普通選挙の実施を求める普通選挙運動が高まり，加藤高明内閣は1925年に満25歳以上の全ての男子に選挙権を認める普通選挙法を制定した(イ…○)。

問４　主権とは，国の最終的なあり方を決める権限，つまり，国の政治について最終的な意思決定を行う権限である。日本国憲法は前文や第１条で，国民主権を明記している。

問５　間接民主制(議会制民主主義)とは，国民や住民が代表者を選ぶことによって政治に間接的に関わる制度である。国会議員の除名決議は代表者である国会議員によって行われるので，間接民主制に当てはまる(エ…○)。なお，アの国民審査《しんさ》，イの住民投票，ウの国民投票は，いずれも国民あるいは住民の意見を直接政治に反映させることができ，直接民主制を取り入れた制度と言える。

問６　大日本帝国憲法のもとに設置された帝国議会は，衆議院と貴族院の２つの院から構成されていた。なお，貴族院議員に選挙はなく，皇族や華族，国家功労者や高額納税者などから選ばれた。

問７　小選挙区比例代表並立制は，衆議院議員選挙で採用されている制度である。参議院議員選挙は，選挙区選挙と非拘束名簿《こうそくめいぼ》式による比例代表選挙によって行われる(エ…×)。

理　科　＜第１回一般試験＞（社会と合わせて50分）＜満点：50点＞

解　答

1　**問１**　(1)　**換気扇**…ウ　**トイレ**…ア　(2)　エ　**問２**　(1)　オ　(2)　カ　(3)　①　イ　②　エ　**問３**　(1)　オ　(2)　(例)　水を蒸発させる。　2　**問１**　(1)　電流　(2)　(例)　電池の＋極と－極を反対につなぐ。　(3)　①　ア　②　キ　③　エ　**問２**　(1)　エ　(2)　イ　(3)　エ　(4)　ウ　3　**問１**　エ　**問２**　(1)　ウ　(2)　①　ア　②　イ　③　イ　④　ア　**問３**　ウ　**問４**　イ

解　説

1　水溶液《すいようえき》の性質についての問題

問１　(1)　赤色リトマス紙はアルカリ性の液体と反応して青色に変化し，青色リトマス紙は酸性の液体と反応して赤色に変化する。よって，換気扇《かんきせん》用の洗剤《せんざい》はアルカリ性，トイレ用の洗剤は酸性とわかる。　(2)　換気扇用の洗剤はアルカリ性なので，同じアルカリ性の重そう水で代用できると考えた。なお，レモン果汁《かじゅう》とクエン酸水は酸性，食塩水と砂糖水は中性である。

問２　(1)　ｂの食塩水とｃの砂糖水のほか，ｈの除菌《じょきん》用アルコールが中性である。なお，ａのレモン果汁，ｆの酢《す》，ｇの炭酸水は酸性，ｄの重そう水とｅの石灰水はアルカリ性である。　(2)　ｅの石灰水には二酸化炭素と反応すると白くにごる性質がある。ｇの炭酸水は二酸化炭素がとけている水溶液なので，ｅの石灰水にｇの炭酸水を加えても同じ反応が起こって液が白くにごる。　(3)　①　ｃの砂糖水を加熱すると，水分がなくなっていくにつれて茶色くなっていき，最後には黒くこげる。　②　ａのレモン果汁，ｄの重そう水，ｅの石灰水には固体がとけているため，これらの水溶液を加熱して水分をすべて蒸発させると，あとに固体が残る。しかし，ｇの炭酸水は気体の二

酸化炭素の水溶液なので，これを加熱すると，水分の蒸発とともに二酸化炭素も出ていってしまい，あとには何も残らない。

問３　(1)　ろ過をするさい，ろ過しようとする液体はガラス棒に伝わらせてろうとに注ぐ。また，ろうとの足の長い方をビーカーのかべにつけるようにする。　(2)　食塩水は固体の食塩がとけている水溶液なので，食塩水を加熱して水分を蒸発させると，あとに残る食塩の固体を取り出すことができる。なお，一定量の水に対してとける食塩の最大量は，水の温度が変化してもあまり変化しないため，食塩水を冷やすことで出てくる固体を取り出す方法は，出てくる固体の量が少なく，ふさわしくない。

2　電気回路についての問題

問１　(1)　電気の流れを電流という。電流は電池の＋極から出て－極へ入る。　(2)　モーターに流れる電流の向きを逆にすると，モーターが反対方向にまわる。よって，電池の＋極と－極を反対につなぐ(電池を逆向きにしてつなぐ)とよい。　(3)　①　モーターに対して電池２個が並列につながっている。電池を並列につないでも回路に流れる電流の大きさは電池１個のときと変わらないので，モーターは同じ速さでまわる。また，モーターに流れる電流の向きは変わっていないから，モーターのまわる方向も同じである。　②　電池どうしが直接つながった状態のショート回路になっている。モーターには電流が流れないので，モーターはまわらない。　③　モーターに対して電池２個が直列につながっている。電池を直列につなぐと，回路に流れる電流の大きさは大きくなるので，モーターの速さは速くなる。また，モーターに流れる電流の向きが逆向きになっているため，モーターは反対方向にまわる。

問２　(1)　図エは，どちらか一方のスイッチを入れると，豆電球１個に対し電池１個がつながった回路となり，両方のスイッチを入れると，豆電球１個に対して電池２個が並列につながった回路となる。どちらの場合も，図アの豆電球と同じ明るさでつく。　(2)　図イは，電池２個が同じ極どうしでつながれているため，たとえ両方のスイッチを入れても，回路に電流が流れず，豆電球はつかない。　(3)，(4)　図ウは，両方のスイッチを入れると，豆電球１個に対して電池２個が直列につながった回路となるので，図アの豆電球よりも明るくつく。どちらか一方のスイッチを入れた場合は豆電球がつかない。図オは，どちらか一方のスイッチを入れると，豆電球１個に対して電池１個がつながった回路となり，図アの豆電球と同じ明るさでつく。しかし，両方のスイッチを入れると，ショート回路になってしまい，豆電球はつかなくなる。

3　月の見え方，潮の満ち引きについての問題

問１　月の満ち欠けは，月が地球のまわりを公転することで，太陽の光を反射して光っている部分とかげの部分の見え方が日ごとに変化するために起こる。また，月のクレーターにかげができるのは，太陽の光が低い角度であたり，クレーターのへこみの一部分に太陽の光があたらないことによる。

問２　(1)　図で，０の位置のときに新月，７の位置のときに上弦《じょうげん》の月，15の位置のときに満月，22の位置のときに下弦の月となる。　(2)　①　三日月は，新月を１日目として数えたとき，３日目にあたる月である。よって，０の位置を１日目として数えていくと，３日目は２の位置となる。　②　三日月となる２の位置は，地球から見て太陽の方向より少し東側(左側)にずれた方向にある。よって，太陽がしずむころには，三日月は西の空に見られる。　③　地球から見て太陽と２の位置とがなす角度は，360÷30×２＝24(度)と求められる。　④　地球は１日(24時間)で１回(360度)自転するので，１時間あたりでは，360÷24＝15(度)自転する。そのため，三日月が西の地平線にしずむのは，太陽がしずんでから，24÷15＝1.6(時間後)となる。よって，ここではアがふさわしい。

問３　東の空にある月Ｘは，西の地平線にしずむ太陽と反対方向にあるので，問２の図では15の位置にあたる月である。よって，満月となっている。また，南の空にある月Ｙは，太陽から東側に90度はなれているので，問２の図では７の位置にあたる月である。したがって，上弦の月となっている。

問４　図において，満潮となるａは太陽がある方向，ｂは太陽とは反対方向である。よって，満潮になるのは正午ごろや真夜中ごろと考えられるから，イがふさわしい。

国語　＜第１回一般試験＞（50分）＜満点：100点＞

解答

一　**問１**　下記を参照のこと。　**問２**　**１**　エ　**２**　イ　**３**　ウ　二　**問１**　**Ｃ**　ア　**Ｄ**　ア　**Ｆ**　イ　**問２**　ア　**問３**　（例）　先生が想像していたより好印象の人物で，挨拶前には身だしなみを整えるなど，心ひかれる人物であったから。　**問４**　(1)　（例）　みっこ先生の反応を待ち構え緊張している。　(2)　ウ　**問５**　ア　**問６**　イ　**問７**　（例）　自己主張が強い割には，みんなに押し切られると同調する傾向が強い人柄。　**問８**　（例）　子どもたちの話題をしっかりと受け止めてくれる頼もしい人柄や，正直な気持ちを隠すことなく表すところから，子どもが安心して正直な気持ちを話せる存在。　三　**問１**　子どもはまだ人間界に定着しきれない存在だ　**問２**　(1)　①　生育儀礼が大事　②　生存権を保障　③　惜しみなく愛情を注いで　(2)　（例）　子どもを家の立派な後継者とするため。　**問３**　**あ**　イ　**い**　ウ　**う**　カ　**問４**　65　**問５**　（例）　どのレベルをもって識字能力ありとするかによって，識字率の数値には大きな差が生まれてくる，ということ。　**問６**　ア　**問７**　**２**　七歳前後になれ　**３**　よく，江戸時代

●漢字の書き取り

一　**問１**　**１**　積雪　**２**　砂糖　**３**　郵送　**４**　持久力

解説

一　漢字の書き取り

問１　**１**　雪が積もること。　**２**　サトウキビやテンサイから採れる甘い調味料。　**３**　郵便で送ること。　**４**　運動などの活動を長く続ける力。

問２　**１**　「上手くやろうと思わないで」とあるので，「失敗」していいと言っているのだとわかる。　**２**　「何か新しいことをやる」のは，「冒険《ぼうけん》」である。　**３**　「目の見える人間」は，目が見えることがあたりまえだと思ってしまい，「幸福」を感じなくなってしまう。

二　**出典：今村夏子《いまむらなつこ》「モグラハウスの扉《とびら》」（『父と私の桜《さくら》尾《お》通り商店街』所収）**。わたしたちと学童のみっこ先生は，仲良くなった工事現場の作業員のモグラさんのところに一緒《いっしょ》に向かい，モグラハ

ウスが実際にあるのか確かめる。

問１　**C**「目を丸くする」は，“おどろいて目を大きく開ける”という意味。ここでは，地面の下にボウリング場があるというわたしたちの言葉に，みっこ先生がおどろくようすを表している。**D**「眉間《みけん》にしわを寄せる」は，“眉《まゆ》を寄せて困っている気持ちや不安な気持ちを表す”という意味。ここでは，モグラさんが，みっこ先生を警戒《けいかい》しているようすを表している。　**F**「相槌《あいづち》を打つ」は，“相手の言葉をうなずきながら聞く”という意味。ここでは，みっこ先生の世間話に対する，モグラさんの反応を表している。

問２　モグラさんは，先生の描《えが》いた絵を「全然似てない」とけなしながらも，学童で自分の話題が出たことがうれしいので，先生のことを知りたがっていると考えられる。

問３　傍線部《ぼうせんぶ》Ｂでは，みっこ先生は，子どもたちにガムを渡《わた》す知らないおじさんとして，モグラさんのことを警戒していた。しかし，実際にモグラさんの姿を見ると，想像していたよりも若い人だったため，先生は，「あの人なの？」とおどろいたようすで何度も確認したうえで，急に自分の身だしなみを意識し始め，よそいきの声で話しかけている。このことから，先生はモグラさんに良い印象を持ったとわかる。

問４　(1)　わたしたちは，穴《あな》の中を確認したみっこ先生がどのようなことを言うのか，緊張《きんちょう》しながら待っていると考えられる。　(2)　緊張しながら，ものごとのなりゆきを見守るようすには，「固唾《かたず》を飲む」が合う。

問５　みっこ先生が，モグラハウスなどないと言って，子どもたちの夢をこわしてしまう人なのか，それとも，うまく話を合わせてくれる人なのか，モグラさんは緊張して見守っていると考えられる。

問６　モグラさんは，子どもたちだけではなく，大人も一緒に来たということで，最初はみっこ先生のことを警戒していた。しかし，みっこ先生が，子どもの気持ちを理解する人であることがわかったため，心を開いていったのだとわかる。

問７　友哉《ともや》君は，傍線部Ｆの後で何度も友だちの言葉を「うそ」だと否定し，ばかにしている。それは，父親にモグラさんの言葉を「信じちゃだめだ」と，強く注意されたからである。しかし，みっこ先生が実際にモグラハウスを確認してきたことで，モグラハウスを信じてみんなと一緒に行動したいという素直な気持ちを表せたことが読み取れる。

問８　波線部《はせんぶ》から，子どもたちが，みっこ先生と一緒にいることを遠足のように楽しく感じていることがわかる。モグラさんやモグラハウスの話を真剣に聞いてくれたり，食べ物をくれる人のことを心配してくれたりという記述から，みっこ先生は，子どもたちにとって頼りになり，安心して正直な気持ちを話せる存在だということが読み取れる。

三　**出典：渡辺尚志《わたなべたかし》『百姓《ひゃくしょう》たちの江戸《えど》時代』**。江戸時代に起きた子ども観の変化にふれながら，寺小屋の特徴《とくちょう》とその普及《ふきゅう》について，長野県の常盤《ときわ》村を例に説明している。

問１　「七歳《さい》まで(『七つ前』ともいう)は神のうち」とは，「七歳までの子どもはいまだ神の世界とのつながりを保っている」という考え方のことである。同じ段落にあるように，「子どもはまだ人間界に定着しきれない存在だ」とみなされていたのである。

問２　(1)　江戸時代には，お七夜・初節句などの「生育儀礼《ぎれい》が大事にされる」ようになり，「『間引き』は許されないもの」となった。そして，「小児《しょうに》の生存権を保障し，生まれた子どもには惜《お》しみなく愛情を注いで育てる」ようになったのである。　(2)「江戸時代の子育ては，わが子を家のりっぱな継承《けいしょう》者とするため」のもので，「最終目標は，家の存続，繁栄《はんえい》におかれていた」と述べられている。

問３　**あ**　常盤村には，まったく読み書きできない人も，政府の布告や新聞の社説を読む人もいたとあるので，「幅《はば》広く存在していた」が正しい。　**い**　寺小屋のおかげで，読み書きのできない人は「着実に減少」したと考えられる。　**う**　寺小屋では習わない「高度な読み書き」ができる人は，「ほとんど増えて」いないことがわかる。

問４　表８の1850年代の部分を見ると，基本的な読み書き能力である第二水準以上の読み書きができる割合は，全体から「読み書きできない者」の35%を引いた，65%であるとわかる。

問５　「この」が指し示すのは，直前に書かれている「どのレベルをもって識字能力ありとするかによって，識字率の数値には大きな差が生まれてくる」ことである。

問６　図２の「滋賀・男性」の非識字率は，ほぼ変わらず，むしろ少し増加傾向《けいこう》にあるので，すべての地域の男性の識字率が，時代をへるにしたがって高くなっているとはいえない。よって，アは合わない。

問７　**２**　寺小屋の話が最初に出てきたのは，「七歳前後になれば～」で始まる段落にある「寺小屋に通って基《き》礎《そ》的な知識を学びました」の部分である。　**３**　百姓の読み書きの話が最初に出てきたのは，「よく，江戸時代後期には～」で始まる段落にある「江戸時代の後期の百姓は，いったいどの程度読み書きができたのでしょうか」という問いかけである。

2024年度　聖学院中学校

【算　数】〈第１回アドバンスト試験〉(50分)〈満点：100点〉

(注意)　1．図は必ずしも正確ではありません。

2．必要なときには円周率を3.14としなさい。

1　(1)　$113-\{(91-19)\div9+(16+27)\times2\}\div2=$ ［　あ　］

(2)　$8\frac{2}{5}-\left\{\left(2\frac{1}{5}-1\frac{7}{10}\right)\div0.75\times2\frac{1}{10}\right\}\times2=$ ［　い　］

(3)　$\left\{\left(1\frac{2}{3}-1.4\right)\div\frac{1}{3}+\right.$ ［　う　］ $\left.\right\}\times\frac{4}{19}=0.8$

(4)　$\frac{37}{200}$日＝［　え　］時間［　お　］分［　か　］秒

(5)　$(13.5\times0.9-27\times0.4)\div(1.35+40.5\times0.3)=$ ［　き　］　(この問題は工夫して計算し，求める過程をかきなさい)

2　(1)　ある小学校で，４年生と５年生を合わせた120人のソフトボール投げの記録を取りました。４年生の平均は31m，５年生の平均は37m，全員の平均は34.2mでした。５年生の人数は［　く　］人です。

(2)　［　け　］個のボールがあります。１個を８人で使うと５人が使えず，１個を９人で使うと，最後の１個は１人で使うことになります

(3)　15％の食塩水と８％の食塩水を混ぜて，10％の食塩水を630ｇつくりました。15％の食塩水は［　こ　］ｇ混ぜました。

(4)　仕入れ値の25％の利益を見込んで定価をつけましたが，定価より360円安く売ったので，仕入れ値の５％の損になりました。仕入れ値は［　さ　］円です。

(5)　Ａ地点から［　し　］km はなれたＢ地点まで，時速18km の自転車で行く場合と，時速20km の自転車で行く場合とでは，５分の差がでます。

(6)　右の図は，正方形の中に円がくっついています。しゃ線部分の面積は［　す　］cm^2です。

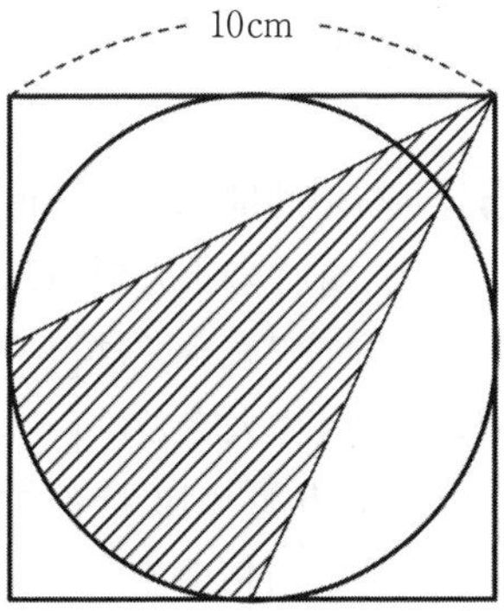

3　白と黒の正方形のタイルを，図のように白と黒が一つ置きになるように，順番に，すきまなく並べていきます。上の列から１段目，２段目，３段目，……とよぶことにし，１段目から順に並べていくものとします。

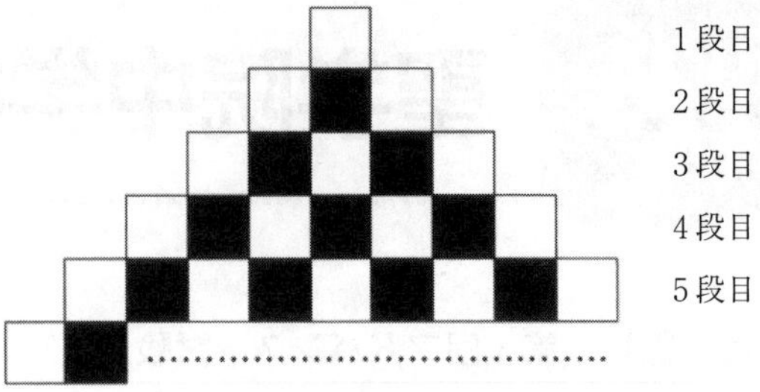

⑴　７段目まで並べるには，タイルは全部で［　せ　］枚必要です。

⑵　10段目まで並べるには，白のタイルは［　そ　］枚，黒のタイルは［　た　］枚必要です。

⑶　100段目まで並べたとき，白のタイルと黒のタイルの枚数の差は［　ち　］枚です。

⑷　［　つ　］段目まで並べると，白のタイルと黒のタイルの枚数の比が10：9になります。（この問題は求める過程をかきなさい）

4　次の図のように，家から駅の間は２km，レストランと温泉の間は５kmです。太郎さんは自転車に乗って時速17kmで，家から駅を通ってレストランまで行きます。次郎さんは自転車に乗って，駅からレストランを通って温泉まで行きます。午後５時15分に太郎さんは家を，次郎さんは駅を出発し，40分後に太郎さんは次郎さんを追いこしました。そして，太郎さんがレストランについた30分後に次郎さんは温泉につきました。

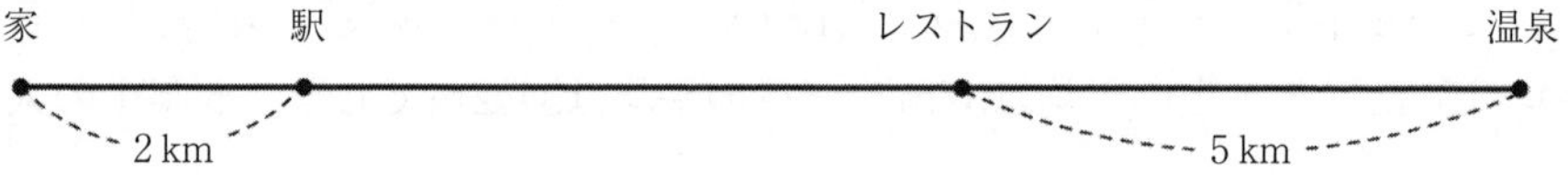

⑴　太郎さんは次郎さんの自転車の速さより，時速［　て　］km速いです。

⑵　次郎さんの自転車の速さは，時速［　と　］kmです。

⑶　太郎さんがレストランについたとき，次郎さんは温泉より［　な　］km手前にいます。

⑷　太郎さんがレストランについたのは，午後［　に　］時［　ぬ　］分です。（この問題は求める過程をかきなさい）

5　右の図は，３つの頂点B，E，Fが一直線になるように，２つの正方形ABCDとDEFGを重ねたものです。

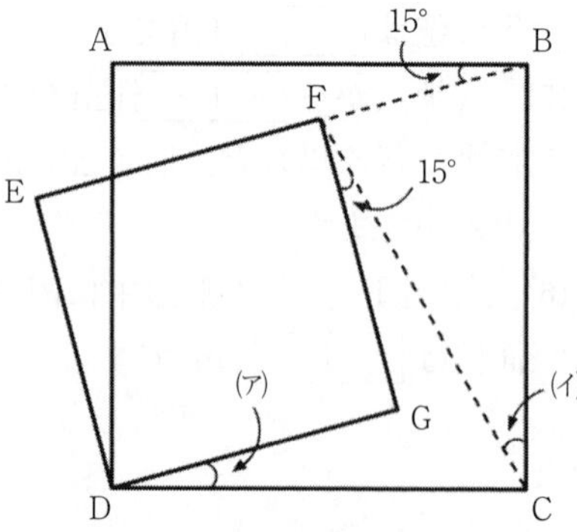

⑴　角(ア)の大きさは［　ね　］度です。

⑵　角(イ)の大きさは［　の　］度です。

⑶　正方形ABCDの面積は，正方形DEFGの面積の［　は　］倍です。

【社　会】〈第１回アドバンスト試験〉（理科と合わせて50分）〈満点：50点〉

1　次の文章は，鉄道研究部員の生徒による，夏合宿についてのものである。これを読んで，あとの問いに答えなさい。

日本ではかつて「寝台特急」という，ほとんど全ての座席がベッドになっていて，夜通し走る夜行列車が日本中を走っていました。車体が青く塗られていたので「ブルートレイン」とも呼ばれていました。しかし，車両が古くなってこわれたり，何より①新幹線が路線網を広げていったため，どんどん廃止されていきました。その車両を使って，宿泊できる施設が現在いくつかあり，鉄道研究部では夏の合宿で四国にある施設に泊まりに行くことになりました。費用をおさえるため，普通列車を乗り継いで東京から香川県を目指します。さすがに１日では行けないので，まず東京から東海道本線を乗り継いで兵庫県の姫路まで行きました。その途中いくつかの工業地帯，工業地域を通り抜けます。

まず，東京から横浜までは京浜工業地帯です。この工業地帯の特色は，出版社や新聞社が多くあるため（　1　）業が盛んなことです。次に，静岡県に入ると駿河湾の沿岸に（　2　）があります。富士では製紙・パルプ業が有名ですし，さらに西に進んだ（　3　）では楽器の製造が盛んです。また，②この工業地域では地元の原材料を利用した食品工業も盛んです。さて，③愛知県に入ると，（　4　）が広がります。この工業地帯は，現在生産額が第１位で四大工業地帯の中では最も（　5　）の割合が高く，特色のある工業都市が多いです。たとえば，瀬戸や多治見は（　6　）生産で有名です。この先，東海道本線は岐阜県，滋賀県，京都府を抜けて大阪府に入ります。ここは④阪神工業地帯が兵庫県まで広がっています。１日を費やしてようやく姫路に着きましたが，新幹線のぞみ号なら東京から姫路まで３時間で着いてしまいます。

翌日は姫路から岡山を通り，児島から（　7　）を渡って香川県坂出《さかいで》に入りました。ようやく四国です。ブルートレインを利用した宿泊施設は，山のふもとにあり，その周りにはいくつもの（　8　）がありました。これは降水量が少ないこの地域で，農業用水を確保するために作られたのです。1974年には，⑤吉野川を水源とする香川用水も作られました。

行きは時間をかけて香川県までたどり着きましたが，帰りは現在唯一残る定期列車の寝台特急であるサンライズ瀬戸号に乗って，高松から東京まで一気に帰ってきました。

問１　文中の（1）・（5）にあてはまるものをそれぞれ下から選び，記号で答えなさい。

ア．化学　　イ．造船　　ウ．機械　　エ．印刷　　オ．繊維《せんい》

問２　文中の（2）にあてはまる工業地域名を答えなさい。

問３　文中の（3）にあてはまる地名を答えなさい。

問４　文中の（4）にあてはまる工業地帯名を答えなさい。

問５　文中の（6）にあてはまるものを下から選び，記号で答えなさい。

ア．絹織物　　イ．陶磁器《とうじき》　　ウ．漆器《しっき》　　エ．毛織物

問６　文中の（7）にあてはまる橋の名を，漢字４字で答えなさい。

問７　文中の（8）にあてはまるものを下から選び，記号で答えなさい。

ア．客土《きゃくど》　　イ．ぬるめ　　ウ．苗代《なわしろ》　　エ．ため池

問８　下線部①について，新潟県を通っている新幹線を漢字で２つ答えなさい。

問９　下線部②について，これにあてはまらない原材料を下から２つ選びなさい。

ほたて貝　　まぐろ　　みかん　　茶　　りんご

問10　下線部③について，愛知県には太平洋に突き出した２つの半島がある。このうち，中部国際空港につながっている半島の名を答えなさい。

問11　下線部④について，間違っているものを下から２つ選び，記号で答えなさい。

ア．日本で最初に発達した工業地帯である。

イ．働く人が300人以上の大工場の占める割合が，四大工業地帯の中で最も高い。

ウ．四大工業地帯の中で金属の占める割合が最も高い。

エ．かつては繊維の占める割合が高かったが，現在は１％台である。

オ．現在，四大工業地帯の中で生産額が最も低い。

問12　下線部⑤の河口に広がる平野の名前を漢字で答えなさい。

問13　現在，ほとんど廃止されてしまった寝台特急であるが，新幹線を使った場合と比較してどのような利点(良い点)が考えられるか。次の資料に基づいて，30字以上で説明しなさい。

【資料１】　現行の寝台特急サンライズ瀬戸号(高松発東京行)の主な駅の通過時刻

高松21時26分発→岡山22時34分発→東京翌日７時８分着

【資料２】　高松から快速列車と新幹線を乗り継いで東京に着く列車の時刻

(始発列車)　高松４時35分発→(岡山で新幹線に乗換え)→

→東京９時15分着

(最終列車)　高松19時10分発→(岡山で新幹線に乗換え)→

→東京23時32分着

2　東京に関する次の文章を読んで，あとの問いに答えなさい。

東京に人間が住み始めたのは，旧石器時代だったと考えられています。現在の大田区・品川区にある，①1877年にアメリカ人動物学者のモースが発見した遺跡からは，縄文時代の人々の食生活などがうかがえます。また，東京都内からは多くの土器も発見されており，文京区弥生町では，②縄文土器とは異なる特徴を持った土器が発見されています。

645年，皇族の中大兄皇子は中臣鎌足らと協力して蘇我氏を倒し，大化の改新と呼ばれる政治改革を進めました。その際に国づくりの参考とされたのは隋や唐の律令制度で，それらを手本に701年に日本でも(　1　)律令が制定されました。720年に舎人《とねり》親王によってまとめられた歴史書である『(　2　)』には,「684年に百済からの③渡来人を武蔵国に安置した」という記事が出てきます。武蔵国は，前述の律令によって定められた東海道に属する国の１つで，現在の東京から埼玉，神奈川の一部を含む一帯をあらわし，台東区の浅草寺や調布市の深大寺は，渡来人が建てたとも言われています。また，(　1　)律令により各国に国司と呼ばれる役人が中央から派遣され，職務にあたりました。その役所がある場所を国府といい，現在の府中市の市名は国府があったことに由来します。

関東地方の武士である(　3　)は，10世紀前半に関東各地の国府を占領する反乱を起こしました。このできごとは，同じころに瀬戸内海で藤原純友が起こした反乱と合わせ天慶の乱(承平・天慶の乱)と呼ばれています。その(　3　)が現在の青梅市にある金剛寺の辺りを訪れた際，馬のムチに使用していた梅の枝を自ら地面にさし,「願いがかなうなら咲きほこれ，叶わないなら枯れよ」と言ったところ，梅の枝が根付きました。ところが，この木の梅は青いまま熟さず，枝に残ったまま落ちることがありませんでした。これを見た人々が不思議に思い，この地を青梅と呼ぶようになったと伝えられています。

④12世紀になると，秩父氏から出た一族が現在の東京東部に住みつき，江戸氏を名乗りました。1457年には太田道灌《どうかん》が江戸城を築き，国の支配に力を注ぎました。その後，小田原城を拠点とする戦国大名の（ 4 ）が進出しました。

その（ 4 ）が敗れた後，江戸城に入ったのが徳川家康です。1603年に江戸幕府を開いてからは，江戸は政治の中心地として発展していくようになりました。その後も江戸は⑤人口の急増とともに拡大していき，18世紀初めには人口100万人を超える世界有数の大都市へと発展しました。

1867年に江戸幕府が倒れて新たに明治政府が発足すると，京都の公家の力に押されずに⑥明治維新を進めるため，その翌年に江戸を東の京都，すなわち「東京」と改める詔《みことのり》が出されました。明治天皇は京都を出て江戸城に入り，それ以降の江戸城は皇居として現在に至っています。かつての武士たちが散り散りになり一時的に東京の街はさびれたそうですが，1872年ごろから再び人口が増えて文明開化が進み，東京の新橋から（ 5 ）まで鉄道が開通したり，銀座の大通りにレンガ街ができるなど，東京の街は再びにぎわい始めました。

⑦大正時代に入り1923年に起きた関東大震災によって，東京は大きな被害を受けました。また，太平洋戦争の末期には日本本土への空襲《くうしゅう》も激しくなり，1945年の東京大空襲では下町を中心に甚大《じんだい》な被害を受けました。現在の墨田区にある錦糸公園は，戦災で命を落とした人たちの仮埋葬《まいそう》所としても利用された場所です。戦後，⑧日本は主権を回復して独立し，高度経済成長を通じて東京は政治・経済の中心地として発展を続け，1964年・2021年と二度のオリンピック・パラリンピックが開催されるなど，東京は国際的な大都市へと成長を遂げました。

問１　文中の（１）・（２）にあてはまるものをそれぞれ漢字で答えなさい。

問２　文中の（３）にあてはまる人物を漢字３字で答えなさい。

問３　文中の（４）にあてはまるものを下から選び，記号で答えなさい。

ア．織田氏　　イ．北条氏　　ウ．武田氏　　エ．上杉氏

問４　文中の（５）にあてはまるものを下から選び，記号で答えなさい。

ア．鎌倉　　イ．大宮　　ウ．横浜　　エ．上野

問５　下線部①について，この遺跡の名を漢字４字で答えなさい。

問６　下線部②について，この特徴を述べた文として正しいものを下から選び，記号で答えなさい。

ア．縄文土器よりも厚さは厚く，黒褐色などの暗い色が多い。

イ．縄文土器よりも厚さは厚く，赤褐色などの明るい色が多い。

ウ．縄文土器よりも厚さはうすく，黒褐色などの暗い色が多い。

エ．縄文土器よりも厚さはうすく，赤褐色などの明るい色が多い。

問７　下線部③について，684年ごろまでに渡来人がもたらしたものとして間違っているものを下から２つ選び，記号で答えなさい。

ア．儒教　　イ．鉄砲　　ウ．仏教　　エ．漢字　　オ．木綿

問８　下線部④について，12世紀のできごととして正しいものを下から選び，記号で答えなさい。

ア．三世一身法や墾田永年私財法が出され，開墾がすすめられた。

イ．平氏が壇ノ浦の戦いで，源氏によって滅亡に追いやられた。

ウ．鎌倉幕府が貧しい御家人を救うため，永仁の徳政令を出した。

エ．足利義満により，南朝と北朝に分かれていた朝廷が合一された。

問９　下線部⑤について，江戸の人口が増えた理由の１つとして，参勤交代の制度が整えられたことがあげられる。この参勤交代の制度は何を目的につくられたと考えられるか，「大名」という語を用いて説明しなさい。

問10　下線部⑥について，間違っているものを下から選び，記号で答えなさい。

ア．廃藩置県を行ない，かつての藩主を東京に移住させた。

イ．府知事・県令を選挙で選ぶ制度を設け，地方分権の仕組みを整えた。

ウ．満20歳以上の男子に兵役を課す徴兵令を出した。

エ．土地の所有者に現金で納税させる地租改正を行なった。

問11　下線部⑦について，大正時代は1912年から1926年までをさす。この間に起こったできごととして間違っているものを下から選び，記号で答えなさい。

ア．第一次世界大戦が始まった。　　イ．ロシア革命が起こった。

ウ．日本が国際連盟に加盟した。　　エ．世界恐慌が始まった。

問12　下線部⑧について，1951年に結ばれ，日本の独立と主権回復が認められた条約の名を答えなさい。

3　次の文章を読んで，あとの問いに答えなさい。

1868年の明治時代の開始から1945年の第二次世界大戦終戦までが77年間。それに対し，1945年の第二次世界大戦終戦からコロナの収束が見え始めた一昨年の2022年までが77年間。第二次世界大戦が終わってから現在まで長い年月が経ちました。そこで戦後日本のスタートであった日本国憲法について考えてみたいと思います。

①日本国憲法はそれまでの大日本帝国憲法とは異なり，人が生まれながらにして持つ権利である基本的人権を尊重しています。また，基本的人権を守るために，②権力の濫用《らんよう》を防ぐ仕組みを取り入れています。さらに，国会においては③衆議院と参議院の二院をおき，主権者である国民の意見が反映されやすい仕組みをとっています。

これらの仕組みにより，権力の濫用や独裁者の発生を防いでいます。日本国憲法第12条に規定されているように，「この憲法が保障する自由及び権利は，国民の不断の努力によって，これを保持しなければならない」ことを忘れてはなりません。

問１　下線部①に関して，以下の表をみて，あとの問いに答えなさい。

	大日本帝国憲法	日本国憲法
天皇	君主であり，元首	日本国および日本国民の統合の(　あ　)
国民(臣民)の義務	(　い　)の義務 兵役の義務	(　い　)の義務 勤労の義務 子女に教育を受けさせる義務
国会(帝国議会)	天皇の協賛機関	唯一の(　う　)機関，国権の最高機関
内閣	天皇に対して責任を負う	国会に対して連帯して責任を負う
裁判所	天皇の名において裁判	(　え　)権を有する

⑴　表中の(あ)にあてはまるものを答えなさい。

⑵　表中の(い)にあてはまるものを漢字２字で答えなさい。

⑶　表中の(う)・(え)にあてはまるものの組み合わせを下から選び，記号で答えなさい。

	(う)	(え)		(う)	(え)
ア．	行政	司法	イ．	行政	立法
ウ．	立法	行政	エ．	立法	司法
オ．	司法	立法	カ．	司法	行政

問２　下線部②について，以下の図をみて，あとの問いに答えなさい。

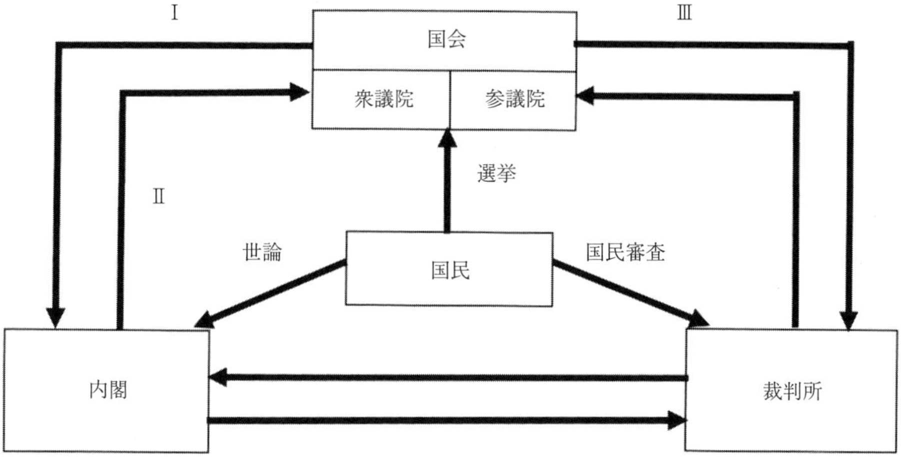

⑴　図中のⅠにあてはまるものを下から選び，記号で答えなさい。

ア．違憲審査　　イ．内閣不信任決議

ウ．最高裁判所長官の指名　　エ．衆議院の解散

⑵　図中のⅡにあてはまるものを下から選び，記号で答えなさい。

ア．違憲審査　　イ．内閣不信任決議

ウ．最高裁判所長官の指名　　エ．衆議院の解散

⑶　図中のⅢには「裁判官の身分にふさわしくない行為をしたり，職務上の義務に違反したとされた裁判官を辞めさせるかどうかを判断する裁判」が入る。その裁判は何か，答えなさい。

問３　下線部③について，右の表をみて，(お)～(く)にあてはまる数字の組み合わせを下から選び，記号で答えなさい。

	衆議院	参議院
議員定数	465人	248人
任期	(お)年	(か)年
解散	ある	ない
被選挙権	(き)歳以上	(く)歳以上

	(お)	(か)	(き)	(く)
ア．	6	4	30	25
イ．	6	4	18	30
ウ．	6	4	25	18
エ．	4	6	18	25
オ．	4	6	30	18
カ．	4	6	25	30

【理　科】〈第１回アドバンスト試験〉（社会と合わせて50分）〈満点：50点〉

1　ヒトの血液の循環《じゅんかん》と呼吸について，次の問いに答えなさい。

問１　下の図はヒトの心臓を正面から見たときの断面図です。図中の**あ**～**え**は血管を，**A**～**D**は心臓内のへやをあらわします。

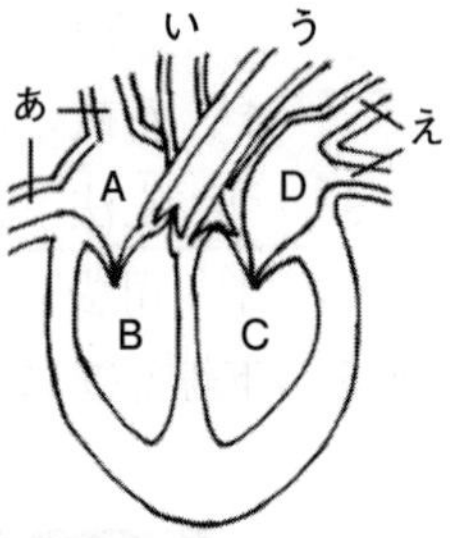

(1)　次の文の空らんに当てはまる血管や心臓内のへやはどれですか。図中の記号を使って答えなさい。

肺から心臓にかえる血液は（ ① ）の血管を通って心臓の（ ② ）に入ります。そして多量の酸素を含《ふく》んだ血液は心臓の（ ③ ）のへやから送り出され，大動脈を通って全身に運ばれます。

(2)　動脈はどれですか。図の**あ**～**え**から２つ選び記号で答えなさい。

問２　ヒトの吸った空気とはいた空気に含まれているおもな気体の種類と割合を右の表にまとめました。ただし，水蒸気は除きます。

気体の種類	酸素	二酸化炭素	ちっ素
吸った空気	21.0％	0.05％	78.0％
はいた空気	17.0％	4.05％	78.0％

１分間に5000cm^{3}の空気を吸っているヒトの肺から出ていく血液を調べると，その血液100cm^{3}中に20cm^{3}の酸素が含まれていました。その血液が全身をまわって肺にかえってきたときには，血液100cm^{3}中に16cm^{3}の酸素が含まれていました。

(1)　吸った空気に含まれている酸素の量は１分間あたり何cm^{3}ですか。

(2)　肺で血液に吸収される酸素の量は１分間あたり何cm^{3}ですか。

(3)　１分間に心臓から送り出される血液量は何cm^{3}ですか。

2　うがい薬には殺菌《きん》成分のヨウ素が0.7％の濃《こ》さで含《ふく》まれています。あまり知られていませんが，ヨウ素は日本が誇《ほこ》る地下資源で，世界第２位の生産量があります。千葉県（南関東ガス田）の地下には「①かん水」という水溶《よう》液が豊富にあり，これをくみ出してヨウ素を取り出しています。かん水は，古代の海水が閉じこめられて，そこに「②ある物」に多く含まれているヨウ素が溶《と》け出してできたものです。かん水の食塩の濃さは海水と同じ3.4％ですが，含まれているヨウ素は海水の2000倍である0.01％もあります。ヨウ素は医薬品以外にも，③次世代光電池（太陽電池）などのハイテク産業に欠かせない物質として注目されています。また，ヨウ素はヒトの成長・発達に重要な役割を果たしたり，脳のはたらきを保つのに無くてはならない物質でもあります。

問１　うがい薬200ｇには何ｇのヨウ素が含まれていますか。

問２　うがい薬には海水の何万倍のヨウ素が含まれていますか。

問３　うがい薬を使用するときは，３ｇのうがい薬を水で60ｇにうすめる必要があります。このときに必要な水の量と，うすめた後のヨウ素の濃さはそれぞれどれくらいですか。次の**ア**～**エ**から選び記号で答えなさい。

ア　57ｇの水を加えると，0.035％の濃さになる。

イ　60ｇの水を加えると，0.035％の濃さになる。

ウ　57ｇの水を加えると，0.14％の濃さになる。

エ　60ｇの水を加えると，0.14％の濃さになる。

問４　一定の水に溶かすことのできる固体の最大量は物質によって決まっていて，食塩は20℃の水100ｇに36ｇ溶かすことができます。下線部①のかん水100ｇにはあとおよそ何ｇの食塩を溶かすことができますか。次の**ア**～**エ**から選び記号で答えなさい。なお，かん水の温度は20℃とします。

ア　27ｇ　　**イ**　31ｇ　　**ウ**　35ｇ　　**エ**　39ｇ

問５　内陸国や内陸地域では，ヨウ素不足が原因の病気にかかる人が多いです。一方で，日本人はヨウ素不足が原因の病気にかかることはほとんどありません。この事実から，下線部②の「ある物」とは何だと考えられますか。次の**ア**～**オ**から選び記号で答えなさい。

ア　空気　　**イ**　こん虫　　**ウ**　恐竜《きょうりゅう》

エ　穀物（コメやムギ）　　**オ**　海藻《そう》（コンブやワカメ）

問６　下線部③について，ヨウ素を用いた次世代光電池（ペロブスカイト太陽電池と言います）には，従来型の光電池よりも性能を落とさず，光電池を薄《うす》いシート状の構造にできるという特長があります。ペロブスカイト太陽電池が日本国内に広まることで実現できる利点として，正しくないものはどれですか。次の**ア**～**エ**から選び記号で答えなさい。

ア　光電池の重さが従来よりも軽くなるので，頑丈《がんじょう》ではない屋根にも取り付けることができる。

イ　光を通せるくらい薄くできるので，夜間でも昼間と同じくらい発電できる。

ウ　光電池が曲げられるようになるので，柱などこれまで取り付けが難しかったところにも設置できる。

エ　主原料が日本国内でまかなえるため，従来よりも光電池の値段が安くなる可能性がある。

問７　下線部③について，光電池を用いた太陽光発電は，化石燃料（石油や天然ガス）を使用しない再生可能エネルギーによる発電のひとつです。現在，国内の電気料金が上がり続けていることが問題になっています。この原因は，ロシアによるウクライナ侵攻《しんこう》や円安という状況《きょう》によって，化石燃料の輸入価格が上がり続けていることです。また，化石燃料の使用は二酸化炭素排《はい》出量の増加ももたらします。これらの化石燃料使用にともなう課題を解消するため，いくつかの方策が進められています。次の**ア**～**オ**のうち，課題解消につながりにくい方策を選び記号で答えなさい。

ア　再生可能エネルギーによる発電を増やす。

イ　停止している原子力発電所を再び動かす。

ウ　火力発電所を増やす。

エ　化石燃料にたよらない新しい発電方法を研究開発する。

オ　電気使用量を減らす取り組み（省エネ）をする。

3　てこについて，次の問いに答えなさい。

問１　次のＡ～Ｄの中で，てこを利用している道具はどれですか。正しい組み合わせを下の**ア**～**エ**から選び記号で答えなさい。

Ａ　ピンセット　　Ｂ　定規　　Ｃ　ホチキス　　Ｄ　はさみ

ア　Ａ・Ｄ　　**イ**　Ａ・Ｂ・Ｃ　　**ウ**　Ｃ・Ｄ　　**エ**　Ａ・Ｃ・Ｄ

問２　長さ60cmの棒に，ひもを使っておもりをつるし，棒を水平につり合わせました。ただし，棒の重さは考えないものとします。

(1)　図１のとき，右はしにつるしたおもりＡの重さは何ｇですか。

(2)　図２のとき，おもりＢの位置は右はしから何cmですか。

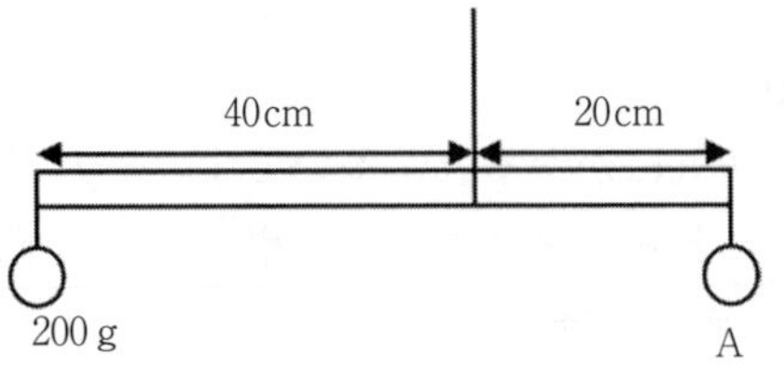

図１

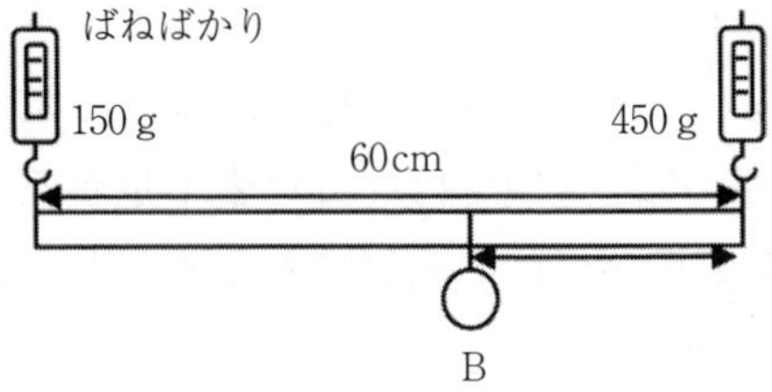

図２

問３　日本庭園《ていえん》によく見かける装飾《そうしょく》品として「ししおどし」があります。「ししおどし」は図３のしくみで動き，「コーン」と音がなります。

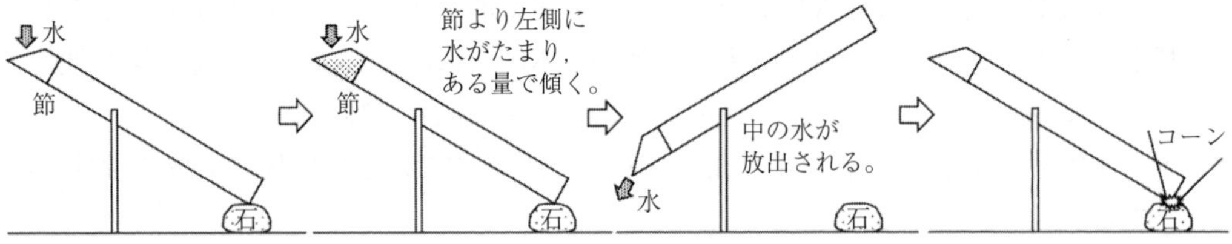

図３

長さ72cm，重さ720ｇの竹で「ししおどし」をつくります。図４のように，竹の左はしをＡ，右はしをＢ，Ｂから40cmの位置の支点をＣとします。図４の「ししおどし」は，重さが無視できる棒に２つのおもりをつけた，図５の「てこ」として考えられます。

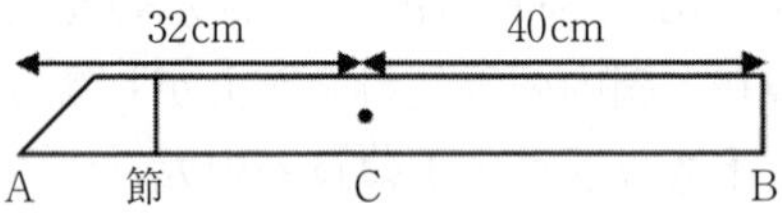

図４

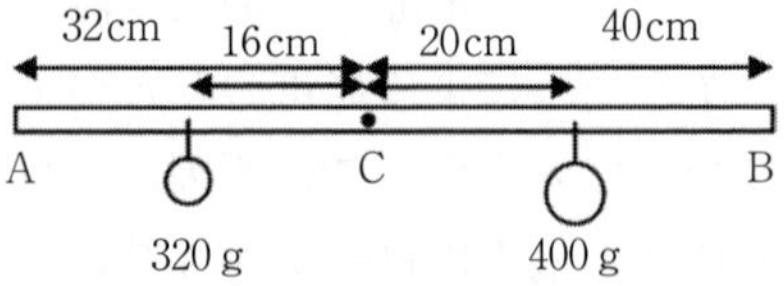

図５

図４の状態で手をはなすと，「ししおどし」は図６のように右へ傾《かたむ》きます。竹のＡ側から水を入れると，ある水量で左へ傾きます。このようすをてこで考えると，水を入れた分だけＡ側が重くなるので，ＣからＡ側へ30cmの位置に水と同じ重さのおもりをつけたと考えることができます(図７)。

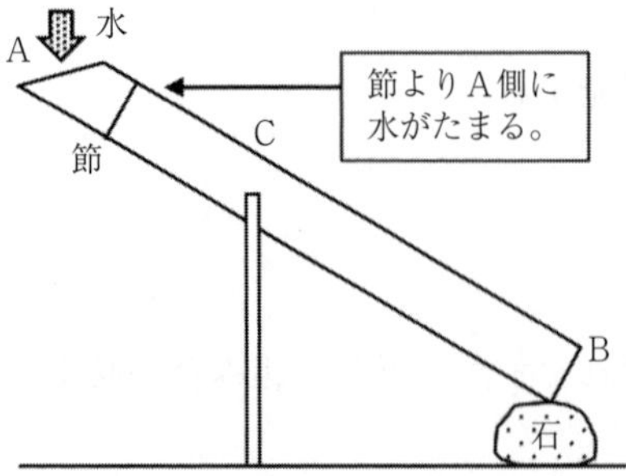

図6

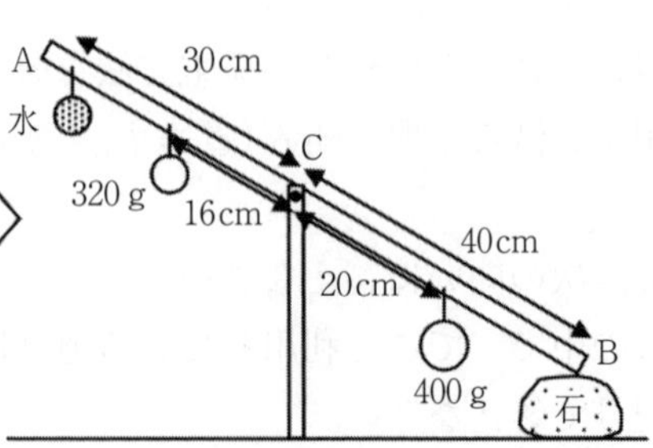

図７

(1)　ＣよりＢ側のおもりだけを考えます(下の図８)。棒から石にかかる重さは何ｇですか。

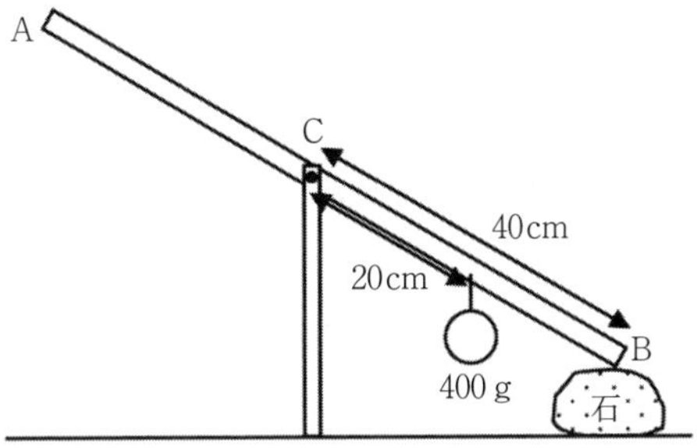

図８

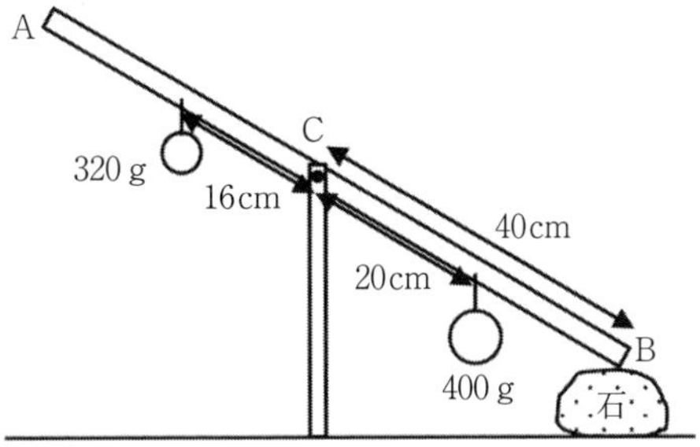

図９

(2)「ししおどし」について考えます(上の図９)。棒から石にかかる重さは何ｇですか。

(3)「ししおどし」に水を加えると，右の図10のようになり，ある水量になると棒が左へ傾きます。１秒あたりに６ｇの水を入れたとすると，傾くのは水を入れ始めてから何秒後ですか。

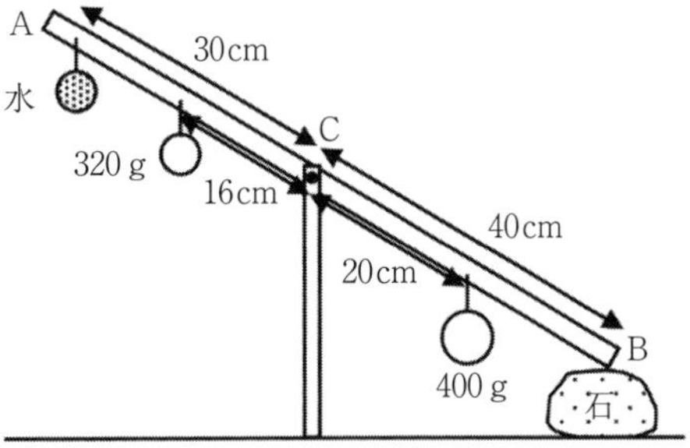

図10

(4)　もし支点がＣよりもＡ側にあった場合，水を入れ始めてから傾くまでの時間は(3)と比べてどうなりますか。次の**ア**～**ウ**から選び記号で答えなさい。

ア　長くなる

イ　短くなる

ウ　変わらない

(5)　竹が石をたたいたときに「コーン」となるのは，竹全体がふるえるためです。木琴《もっきん》をたたいたときに音がなることと同じです。竹が長くなると音の高さはどうなりますか。次の**ア**～**ウ**から選び記号で答えなさい。

ア　高くなる　　**イ**　低くなる　　**ウ**　変わらない

ね」

Hさん「そう、ぼくらは本当に思っていることを言わずに、その場しのぎの〈正解らしい〉答えを出すこともある」

Iさん「大切なのは、〈答え〉を急ぐことではなく、問い続けることなのかもしれない」

問　あなたは、これらの意見のどれに共感しますか。共感する理由や具体例を含め、あなたの意見を書きなさい。もしも共感する意見がない場合は、そのことを理由や具体例を含めて書きなさい。解答は、枠におさまるように書きなさい。

が「きちんと区別されていないこと」を批判しています。筆者の考えによれば、本来はどのように考えるべきだということになりますか。考えうる最も適切なものを選びなさい。

ア　浪費と消費を区別しつつ、浪費については、生活に豊かさをもたらすが、度を越《こ》してしまわないようつねに警戒し、消費についてはストップすることがないという危険性に警戒すべきだということ。

イ　浪費と消費を区別したうえで、あるところで限界が来て「完成」にいたる浪費つまり贅沢ではなく、終わることがないのに「完成」をめざすことを求められる消費のほうを警戒すべきだということ。

ウ　浪費と消費の区別がしっかりとできていれば、消費にとらわれた自分に気づき、永遠に終わらない消費の悪循環におちいるリスクは少なくなるので、贅沢を非難する必要はまったくないということ。

エ　浪費と消費の区別がしっかりとできていても、自分は浪費つまり贅沢をしていると思い込みながら、実際には消費にとらわれてしまう危険性があるため、やはり贅沢は非難されるべきだということ。

問４　――４に関連して、「消費によって『個性』を追いもとめる」行為《こうい》とはいえないものを次の中から選びなさい。

ア　まわりの友だちから「いっしょにいると楽しい人」と思われるため、話題のネットゲームをプレイする。

イ　自分らしくありたいと思い、「自分らしさ」というキーワードが入った本をたくさん図書館で借りて読む。

ウ　「私らしい人生を」と題したある塾の合格体験記にひかれて入会し、面談で提案された有名進学校をめざす。

エ　「自分は何者なのか？」という疑問を持ち、自身を表すキーワードや友人との関係性を書き出してみる。

問５　[二]の「ほんとうのさいわい」も、本文における「オンリーワン」も、明確な「答え」がなく、決して「完成」にたどりつくことがない問題のひとつです。次の対話は、「答え」のない問いを考えることについて、生徒たちが話している場面です。これを読んで、後の問いに答えなさい。

Aさん「〈答え〉がないことを考える意味なんてある？　僕たちが教わってきたのは、正解のある問題の解き方ばかりだ」

Bさん「たぶん、考えることが大事なんだよ。その結果が〈わからない〉であったとしても、はじめから投げ出してしまわなければ、それは何かが変わったといえると思う」

Cさん「でも〈答え〉がないものに向き合い続けるのは、苦しいよ。苦しんだのに、成果が得られないかもしれないなんて…」

Dさん「そうだよ。偶然《ぐうぜん》出会うものごとに身を任せるのもいいじゃないか」

Eさん「たしかに、苦しい。けれども僕は〈苦しさ〉のなかに居《い》つづけてみようと試みるのも、必要なのかもしれないと思う」

Fさん「〈答え〉が意味をなさなくなる場合もあるし、原因が存在しないことだってある」

Gさん「ある場所やある時、ある人にとっての〈答え〉が、必ずしも他にとっても〈答え〉になるとは言えないよ

ボードリヤール自身は消費される観念の例として、「個性」に注目している。今日、広告は消費者の「個性」を煽《あお》り、消費者が消費によって「個性的」になることをもとめる。消費者は「個性的」でなければならないという強迫《きょうはく》観念を抱《いだ》く（いまの言葉ではむしろ「オンリーワン」といったところか）。

問題はそこで追求される「個性」がいったい何なのかがだれにも分からないということである。したがって、「個性」はけっして完成しない。つまり、４消費によって「個性」を追いもとめるとき、人が満足に到達することはない。その意味で消費は常に「失敗」するように仕向けられている。失敗するというより、成功しない。あるいは、到達点がないにもかかわらず、どこかに到達することがもとめられる。こうして選択の自由が消費者に強制される。

（國分功一郎『暇と退屈の倫理学』より）

（注）１　観念：人間がものごとに対して持つ考えやイメージ。

２　記号：本文では、あるモノの実体ではなく「それを表すしるしやイメージ」という意味で用いている。

問１　――１について、なぜ「人が豊かに生きるためには、贅沢がなければならない」といえるのですか。本文を踏《ふ》まえた説明として最も適切なものを選びなさい。

ア　必要なものが十分にあれば、たしかに生きていくことはできるが、それでは満足できなくなってしまうから。

イ　必要なものが十分にあることは、十分ではあるが十二分ではないため、贅沢とはいえなくなってしまうから。

ウ　必要なものが必要なだけしかない状態では、予期しないアクシデントに対応できなくなってしまうから。

エ　必要なものが必要なだけしかない状態では、必死で現状を維持しなければならなくなってしまうから。

問２　――２「浪費と消費の区別」について、次の各問いに答えなさい。

Ⅰ　浪費と消費について、本文中の説明を次のようにまとめました。表の空欄に入る言葉をカッコ内の文字数に従って本文から抜き出しなさい。

	浪費	消費
対象	（①　１字）	（①）ではない（②　２字）や（③　２字）
（④　２字）	ある	ない
効果	（⑤　２字）をもたらす	（⑤）をもたらさない
結果	「（⑥　２字）」し（⑦　３字）をもたらす	「（⑥）」しない＝常に「（⑧　２字）」するように仕向けられる

Ⅱ　本文およびⅠの表をふまえて、文中で説明されている「浪費」と「消費」の違いについて簡潔に説明しなさい。

Ⅲ　次の例は「浪費」と「消費」のどちらかに分類されます。「浪費」にあてはまるものを二つ選びなさい。

ア　誕生日のお祝いに家族で高級すしを食べに行く。

イ　SNS上で話題になっているパンケーキの店に行く。

ウ　スマートフォンの新機種発売を知り、受付開始時刻に予約する。

エ　子どものころからあこがれていた車種のバイクを購入《こうにゅう》する。

オ　ソーシャルゲームの期間限定ガチャの広告を見て課金する。

問３　――３で筆者は、贅沢が非難されるときに「浪費」と「消費」

浪費とは何か？　浪費とは、必要を超えて物を受け取ること、吸収することである。必要のないもの、使い切れないものが浪費の前提である。

浪費は必要を超えた支出であるから、贅沢の条件である。そして贅沢は豊かな生活に欠かせない。

浪費は満足をもたらす。理由は簡単だ。物を受け取ること、吸収することには限界があるからである。身体的な限界を超えて食物を食べることはできないし、一度にたくさんの服を着ることもできない。つまり、浪費はどこかで限界に達する。そしてストップする。

人類はこれまで絶えず浪費してきた。どんな社会も豊かさをもとめたし、贅沢が許されたときにはそれを享受《きょうじゅ》した。あらゆる時代において、人は買い、所有し、楽しみ、使った。「未開人」の祭り、封建《ほうけん》領主の浪費、一九世紀ブルジョワの贅沢……他にもさまざまな例があげられるだろう。

しかし、人類はつい最近になって、まったく新しいことを始めた。それが消費である。

浪費はどこかでストップするのだった。物の受け取りには限界があるから。しかし消費はそうではない。消費は止まらない。消費には限界がない。消費はけっして満足をもたらさない。

なぜか？

消費の対象が物ではないからである。

人は消費するとき、物を受け取ったり、物を吸収したりするのではない。人は物に付与《ふよ》された（注1）観念や意味を消費するのである。ボードリヤールは、消費とは「観念論的な行為《こうい》」であると言っている。消費されるためには、物は（注2）記号にならなければならない。記号にならなければ、物は消費されることができない。

人は何を消費するのか？

記号や観念の受け取りには限界がない。だから、記号や観念を対象とした消費という行動は、けっして終わらない。

たとえばどんなにおいしい食事でも食べられる量は限られている。腹八分目という昔からの戒《いまし》めを破って食べまくったとしても、食事はどこかで終わる。いつもいつも腹八分目で質素な食事というのはさびしい。やはりたまには豪勢《ごうせい》な食事を腹一杯《はらいっぱい》、十二分に食べたいものだ。これが浪費である。浪費は生活に豊かさをもたらす。そして、浪費はどこかでストップする。

それに対し消費はストップしない。たとえばグルメブームなるものがあった。雑誌やテレビで、この店がおいしい、有名人が利用しているなどと宣伝される。人々はその店に殺到《さっとう》する。なぜ殺到するのかというと、だれかに「あの店に行ったよ」と言うためである。

当然、宣伝はそれでは終わらない。次はまた別の店が紹介《しょうかい》される。またその店にも行かなければならない。「あの店に行ったよ」と口にしてしまった者は、「ええ？　この店行ったことないの？　知らないの？」と言われるのを嫌《いや》がるだろう。だから、紹介される店を延々と追い続けなければならない。

これが消費である。消費者が受け取っているのは、食事という物ではない。その店に付与された観念や意味である。この消費行動において、店は完全に記号になっている。だから消費は終わらない。

浪費と消費の違いは明確である。消費するとき、人は実際に目の前に出てきた物を受け取っているのではない。これは前章で指摘《してき》したモデルチェンジの場合と同じである。なぜモデルチェンジすれば物が売れて、モデルチェンジしないと物が売れないのかと言えば、人がモデルそのものを見ていないからである。「チェンジした」という観念だけを消費しているからである。

行こう」と呼びかけるが、その言葉がカムパネルラとの別れの言葉になってしまった。

エ　さびしい気持ちになったジョバンニは、もう一度「一緒に行こう」と呼びかけるが、カムパネルラとは心がすれちがったままで別れてしまった。

問７　――５で、銀河鉄道の旅から戻《もど》ったジョバンニは、どのような心情になっていると考えられますか。本文の展開と、――５のなかの言葉に注目して、あなたの考えを書きなさい。

三　次の文章を読んで、後の各問いに答えなさい。

必要と不必要

突然《とつぜん》だが、日常的にはよく使うけれど立ち止まって考えられることのほとんどない、とある言葉を取り上げるところから始めたいと思う。

その言葉とは「贅沢《ぜいたく》」である。

贅沢とはいったいなんだろうか？

まずはこのように言えるのではないだろうか？　贅沢は不必要なものと関わっている、と。必要の限界を超《こ》えて支出が行われるとき、人は贅沢であると感じる。たとえば豪華《ごうか》な食事がなくても生命は維持《いじ》できる。その意味で、豪華な食事は贅沢と言われる。装飾《そうしょく》をふんだんに用いた衣類がなくても生命は維持できる。だから、これも贅沢である。

贅沢はしばしば非難される。人が「贅沢な暮らし」と言うとき、ほとんどの場合、そこには、過度の支出を非難する意味が込《こ》められている。必要の限界を超えた支出が無駄だと言われているのである。

だが、よく考えてみよう。たしかに贅沢は不必要と関わっており、だからこそそれは非難されることもある。ならば、人は必要なものを必要な分だけもって生きていけばよいのだろうか？　必要の限界を超えることは非難されるべきことなのだろうか？

おそらくそうではないだろう。

必要なものが十分にあれば、人はたしかに生きてはいける。しかし、必要なものが十分あるとは、必要なものが必要な分しかないということでもある。十分とは十二分ではないからだ。

必要なものが必要な分しかない状態は、リスクが極めて大きい状態である。何かのアクシデントで必要な物が損壊《そんかい》してしまえば、すぐに必要のラインを下回ってしまう。だから必要なものが必要な分しかない状態では、あらゆるアクシデントを排《はい》して、必死で現状を維持《いじ》しなければならない。

これは豊かさからはほど遠い状態である。つまり、必要なものが必要な分しかない状態では、人は豊かさを感じることができない。必要を超えた支出があってはじめて人は豊かさを感じられるのだ。

したがってこうなる。必要の限界を超えて支出が行われるときに、人は贅沢を感じる。ならば、１人が豊かに生きるためには、贅沢がなければならない。

浪費《ろうひ》と消費

とはいえ、これだけでは何かしっくりこないと思う。

お金を使いまくったり、ものを捨てまくったりするのはとてもいいことだとは思えない。必要を超えた余分が生活に必要ということは分かるし、それが豊かさの条件だということも分かる。だが、だからといって贅沢を肯定《こうてい》するのはどうなのか？

このような疑問は当然だ。

この疑問に答えるために、ボードリヤールという社会学者・哲学《てつがく》者が述べている、２浪費と消費の区別に注目したいと思う。３贅沢が非難されるときには、どうもこの二つがきちんと区別されていないのだ。

の物語のもとになった星座は「南十字星」とも呼ばれ、四つの明るい星が十字の形をつくるように南の空に並んでいます。
この星座と、本文で描かれている【場面Ⅰ】で作り出されている物語の関係の説明として最も適切なものを選びなさい。

ア　星座がきれいな十字の形をしているので、物語に登場する「十字架」も美しいものとして描かれ、その姿に人物たちが「ハルレヤ」と喜びの声を上げるという物語を作り出している。

イ　実際の夜空の中でこの星座がとても目立つことから想像をふくらませ、どのような人々もいつかは星となって、かがやける天上に導かれていくことを示す物語を作り出している。

ウ　星が十字の形に見えるのは見る人の想像にすぎないように、どんなにつながりあったように思える人と人との関係も途切《とぎ》れてしまうかもしれないという物語を作り出している。

エ　星が十字の形を成していることから想像をふくらませ、光かがやく「十字架」というものを描き出し、人物たちが「神さま」のもとへ向かって行くという物語を作り出している。

問5　――3について、ここでのカムパネルラの心情の説明として最も適切なものを選びなさい。

ア　「ほんとうのさいわい」を願うジョバンニの考え方に感動しているが、自分はその答えがわからないので、うれしい気持と悲しくわびしい気持ちが混ざり合っている。

イ　「どこまでも一緒に行こう」と、ジョバンニが自分を選んでくれたことに感動しているが、実際は一緒には行けないことが分かっていて、さびしい気持ちになっている。

ウ　「ほんとうのさいわい」を願うジョバンニの姿に強く共感しながら、「どこまでも一緒に行こう」と呼びかけてくれる言葉にも心を打たれ、清らかな気持ちになっている。

エ　「ほんとうのさいわい」を願うジョバンニの姿に共感し、「どこまでも一緒に行こう」という言葉にはげまされ、ずっと一緒にいられることを確信する気持ちになっている。

問6　――4とその前後の場面について、次の各問いに答えなさい。

①　――4の直前からここまでの説明として最も適切なものを選びなさい。

ア　ジョバンニとカムパネルラは言葉の上では一致《いっち》しているが、それぞれの見えるものは異なり、二人の思いはかなわずに、違う方向へ向かっていくことを示している。

イ　ジョバンニとカムパネルラは言葉の上では一致しているが、それぞれの見えるものは異なり、カムパネルラが本当はジョバンニに同意していないことを示している。

ウ　「どこまでも一緒に行こう」と呼びかけるジョバンニに対し、カムパネルラはあえてそれには答えず景色について話すことで、一緒には行けないことを示している。

エ　「どこまでも一緒に行こう」と提案するジョバンニに対し、カムパネルラは窓から見える景色について無邪気《むじゃき》に話すだけであり、二人の心のすれ違《ちが》いを示している。

②　――4の直後の場面についての説明として最も適切なものを選びなさい。

ア　さびしい気持ちになったジョバンニがぼんやりとしているうちにカムパネルラは去ってしまい、ジョバンニは空席に向かい呼びかけるしかなかった。

イ　さびしい気持ちになったジョバンニの呼びかけにカムパネルラは答えようとしたが、ジョバンニにカムパネルラの言葉が届くことはなかった。

ウ　さびしい気持ちになったジョバンニは、もう一度「一緒に

（注）１　も少し：もう少し。
２　後光：聖なる人物やものから発せられる光、または光のようなもの。
３　ハルレヤ：ユダヤ教やキリスト教において、神を賛美し、喜びを表す言葉である「ハレルヤ」と同じと考えられる言葉。
４　ぶっきり棒に：ぶっきらぼうに。
５　あのさそりのように：本文より前の場面に、さそりが主人公の話が出てくる。
６　石炭袋：コールサックと呼ばれる光を放たない暗黒星雲。実際の空では、天の川に黒く穴が開いているように見える。
７　びろうど：この場面では、列車の座席に貼られている、独特の手ざわりの布のことを指す。
８　殊に：とくに。

問１　――１について、次の各問いに答えなさい。

Ⅰ　この場面はどのような状況だと読み取れますか。次の中から最も適切なものを選びなさい。

ア　ジョバンニとカムパネルラが乗っている銀河鉄道に、青年と男の子、女の子の三人の人物が現れた。列車は三人が目指している「サウザンクロス」に近づいており、人物たちは別れを惜《お》しんでいる。

イ　ジョバンニとカムパネルラが乗っている銀河鉄道に、青年と男の子が現れた。二人の目的地の「サウザンクロス」で降りるのをいやがる男の子を、カムパネルラの隣《となり》に座っていた女の子がなぐさめている。

ウ　銀河鉄道にはジョバンニ、カムパネルラ、女の子が乗っている。そこに青年と男の子が現れた。目的地に近づいて、降りたくないという男の子を、ジョバンニがなぐさめている。

エ　銀河鉄道にはジョバンニとカムパネルラが乗っている。そこに青年と男の子、女の子が現れた。男の子が目的地で降りたくないと言う一方で、ジョバンニは女の子との別れを惜しんでいる。

Ⅱ　――１の言葉を、ジョバンニは「こらえ兼《か》ねて」言ったと本文では書かれています。この時のジョバンニの心情として最も適切なものを選びなさい。

ア　ここで降りたくないという男の子の気持ちに同情し、一緒に乗っていけるよう青年に提案したい気持ち。

イ　ここで降りたくないという男の子の気持ちに共感はするが、一緒には行けないのだとなだめたい気持ち。

ウ　皆とここで別れなければいけないのはわかっているが、男の子の言葉にいたたまれなくなった気持ち。

エ　皆とここで別れなければいけないのをわかっていて、男の子にもそのことを理解してほしい気持ち。

問２　①～③に入ることばをそれぞれ【語群】の中から選んで書きなさい。同じ言葉を二度使ってはいけません。

【語群】　すっかり　　ひっそり　　さんさんと
　　　　そろそろと　　すうっと

問３　――２で人物たちの「顔いろ」が「少し青ざめて」いるのはなぜだと考えられますか。最も適切なものを選びなさい。

ア　まったく知らないところへ行くのが不安でこわいから。

イ　天上がいいところかどうか、本当にはわからないから。

ウ　「神さま」のところへは行けるが、別れはつらいから。

エ　天上へ行かなければならないという運命がつらいから。

問４　「銀河鉄道の夜」で列車がめぐる旅路は、実際の星座をもとに想像されています。【場面Ⅰ】に描《えが》かれている「サウザンクロス」

子や青年たちがその前の白い渚《なぎさ》にまだひざまずいているのかそれともどこか方角もわからないその天上へ行ったのかぼんやりして見分けられませんでした。

　ジョバンニはああと深く息しました。

「カムパネルラ、また僕たち二人きりになったねえ、どこまでもどこまでも一緒に行こう。僕はもう(注５)あのさそりのようにほんとうにみんなの幸《さいわい》のためならば僕のからだなんか百ぺん灼《や》いてもかまわない。」

「うん。僕だってそうだ。」３カムパネルラの眼にはきれいな涙《なみだ》がうかんでいました。

「けれどもほんとうのさいわいは一体何だろう。」ジョバンニが云いました。

「僕わからない。」カムパネルラがぼんやり云いました。

「僕たちしっかりやろうねえ。」ジョバンニが胸いっぱい新《あた》らしい力が湧《わ》くようにふうと息をしながら云いました。

「あ、あすこ(注６)石炭袋《せきたんぶくろ》だよ。そらの孔《あな》だよ。」カムパネルラが少しそっちを避《さ》けるようにしながら天の川のひとところを指さしました。ジョバンニはそっちを見てまるでぎくっとしてしまいました。天の川の一とこに大きなまっくらな孔がどほんとあいているのです。その底がどれほど深いかその奥《おく》に何があるかいくら眼をこすってのぞいてもなんにも見えずただ眼がしんしんと痛むのでした。ジョバンニが云いました。

「僕もうあんな大きな暗《やみ》の中だってこわくない。きっとみんなのほんとうのさいわいをさがしに行く。どこまでもどこまでも僕たち一緒に進んで行こう。」

「ああきっと行くよ。ああ、あすこの野原はなんてきれいだろう。みんな集ってるねえ。あすこがほんとうの天上なんだ。あっあすこにいるのぼくのお母さんだよ。」カムパネルラは俄《にわか》に窓の遠くに見えるきれいな野原を指して叫《さけ》びました。

　４ジョバンニもそっちを見ましたけれどもそこはぼんやり白くけむっているばかりどうしてもカムパネルラが云ったように思われませんでした。何とも云えずさびしい気がしてぼんやりそっちを見ていましたら向うの河岸に二本の電信ばしらが丁度両方から腕《うで》を組んだように赤い腕木をつらねて立っていました。

「カムパネルラ、僕たち一緒に行こうねえ。」ジョバンニが斯《こ》う云いながらふりかえって見ましたらそのいままでカムパネルラの座《すわ》っていた席にもうカムパネルラの形は見えずただ黒い(注７)びろうどばかりひかっていました。ジョバンニはまるで鉄砲丸《てっぽうだま》のように立ちあがりました。そして誰《だれ》にも聞えないように窓の外へからだを乗り出して力いっぱいはげしく胸をうって叫びそれからもう咽喉《のど》いっぱい泣きだしました。もうそこらが一ぺんにまっくらになったように思いました。

【場面Ⅲ】

　ジョバンニは眼をひらきました。もとの丘《おか》の草の中につかれてねむっていたのでした。５胸《むね》は何だかおかしく熱《ほて》り頬《ほほ》にはつめたい涙がながれていました。

　ジョバンニはばねのようにはね起きました。町はすっかりさっきの通りに下でたくさんの灯を綴《つづ》ってはいましたがその光はなんだかさっきよりは熱したという風《ふう》でした。そしてたったいま夢であるいた天の川もやっぱりさっきの通りに白くぼんやりかかりまっ黒な南の地平線の上では(注８)殊《こと》にけむったようになってその右には蠍座《さそりざ》の赤い星がうつくしくきらめき、そらぜんたいの位置はそんなに変ってもいないようでした。

（宮沢賢治「銀河鉄道の夜」より）

ました。

「ぼくほんとうはよく知りません、けれどもそんなんでなしにほんとうのたった一人の神さまです。」

「ほんとうの神さまはもちろんたった一人です。」

「ああ、そんなんでなしにたったひとりのほんとうのほんとうの神さまでです。」

「だからそうじゃありませんか。わたくしはあなた方がいまにそのほんとうの神さまの前にわたくしたちとお会いになることを祈《いの》ります。」青年はつつましく両手を組みました。女の子もちょうどその通りにしました。みんなほんとうに別れが惜《お》しそうで2その顔いろも少し青ざめて見えました。ジョバンニはあぶなく声をあげて泣き出そうとしました。

「さあもう支度はいいんですか。じきサウザンクロスですから。」

ああそのときでした。見えない天の川のずうっと川下に青や橙《だいだい》やもうあらゆる光でちりばめられた十字架《じゅうじか》がまるで一本の木という風に川の中から立ってかがやきその上には青じろい雲がまるい環《わ》になって（注2）後光のようにかかっているのでした。汽車の中がまるでざわざわしました。みんなあの北の十字のときのようにまっすぐに立ってお祈りをはじめました。あっちにもこっちにも子供が瓜《うり》に飛びついたときのようなよろこびの声や何とも云いようない深いつつましいためいきの音ばかりきこえました。そしてだんだん十字架は窓の正面になりあの苹果《りんご》の肉のような青じろい環の雲もゆるやかにゆるやかに繞《めぐ》っているのが見えました。

「（注3）ハルレヤハルレヤ。」明るくたのしくみんなの声はひびきみんなはそのそらの遠くからつめたいそらの遠くからすきとおった何とも云えずさわやかなラッパの声をききました。そしてたくさんのシグナルや電燈《でんとう》の灯《あかり》のなかを汽車はだんだんゆるやかになりとうとう十字架のちょうどま向いに行ってすっかりとまりました。

「さあ、下りるんですよ。」青年は男の子の手をひきだんだん向《むこ》うの出口の方へ歩き出しました。

「じゃさよなら。」女の子がふりかえって二人に云いました。

「さよなら。」ジョバンニはまるで泣き出したいのをこらえて怒《おこ》ったように（注4）ぶっきり棒に云いました。女の子はいかにもつらそうに眼を大きくしても一度こっちをふりかえってそれからあとはもうだまって出て行ってしまいました。汽車の中はもう半分以上も空いてしまい俄《にわか》にがらんとしてさびしくなり風がいっぱいに吹《ふ》き込《こ》みました。

そして見ているとみんなはつつましく列を組んであの十字架の前の天の川のなぎさにひざまずいていました。そしてその見えない天の川の水をわたってひとりの神々《こうごう》しい白いきものの人が手をのばしてこっちへ来るのを二人は見ました。けれどもそのときはもう硝子《ガラス》の呼子《よびこ》は鳴らされ汽車はうごき出しと思ううちに銀いろの霧《きり》が川下の方からすうっと流れて来てもうそっちは何も見えなくなりました。ただたくさんのくるみの木が葉を ① 光らしてその霧の中に立ち黄金《きん》の円光をもった電気栗鼠《りす》が可愛《かあ》い顔をその中からちらちらのぞいているだけでした。

【場面Ⅱ】

そのとき ② 霧がはれかかりました。どこかへ行く街道《かいどう》らしく小さな電燈の一列についた通りがありました。それはしばらく線路に沿って進んでいました。そして二人がそのあかしの前を通って行くときはその小さな豆いろの火はちょうど挨拶《あいさつ》でもするようにぽかっと消え二人が過ぎて行くときまた点《つ》くのでした。

ふりかえって見るとさっきの十字架は ③ 小さくなってしまいほんとうにもうそのまま胸にも吊《つ》るされそうになり、さっきの女の

2024年度 聖学院中学校

【国　語】〈第一回アドバンスト試験〉（五〇分）〈満点：一〇〇点〉

一　次の各問いに答えなさい。

問１　――部のカタカナを漢字に直しなさい。

1　日本では謙虚《けんきょ》であることがビトクとされる。

2　夢を実現するために、あえてイバラの道を選ぶ。

3　神や仏をトウトぶ。

4　初戦に勝利しただけでウチョウテンになってはいけない。

問２　次の格言の空欄に入る語としてふさわしいものを前後の文脈をふまえて考え、記号で答えなさい。

①「何事であれ、最終的には自分で考える覚悟《かくご》がないと、（　　）の山に埋《う》もれるだけである」

羽生善治《はぶよしはる》（将棋棋士《しょうぎきし》）

②「多数の友を持つ者は、ひとりの（　　）も持たない」

アリストテレス（哲学者《てつがくしゃ》）

③「論理はA地点からB地点まであなたを連れて行ってくれる。（　　）は、あなたをどこへでも連れて行ってくれる」

アルベルト・アインシュタイン（物理学者）

ア　情報　　イ　想像力　　ウ　友　　エ　客

二　次の文章は、宮沢賢治《みやざわけんじ》「銀河鉄道の夜」の一節です。主人公のジョバンニは、ある日の夜、ケンタウル祭の見物に出かけます。その途中《とちゅう》で、つかれて草原に寝《ね》ころんだまま、ぼんやりと星空を眺《なが》めています。すると、どこからか天の川を走る銀河鉄道の汽笛が聞こえてきて、気づけばジョバンニは、いつのまにかその列車の中にいるのでした。列車には、ジョバンニの友人のカムパネルラをはじめ、さまざまな人が乗ってきます。これを読んで、後の各問いに答えなさい。

【場面Ⅰ】

「もうじきサウザンクロスです。おりる支度《したく》をして下さい。」青年がみんなに云《い》いました。

「僕《ぼく》（注1）も少し汽車へ乗ってるんだよ。」男の子が云いました。カムパネルラのとなりの女の子はそわそわ立って支度をはじめましたけれどもやっぱりジョバンニたちとわかれたくないようなようすでした。

「ここでおりなけぁいけないのです。」青年はきちっと口を結んで男の子を見おろしながら云いました。

「厭《いや》だい。僕もう少し汽車へ乗ってから行くんだい。」

ジョバンニがこらえ兼《か》ねて云いました。

「1僕たちと一緒《いっしょ》に乗って行こう。僕たちどこまでだって行ける切符《きっぷ》持ってるんだ。」

「だけどあたしたちもうここで降りなけぁいけないのよ。ここ天上へ行くとこなんだから。」女の子がさびしそうに云いました。

「天上へなんか行かなくたっていいじゃないか。ぼくたちここで天上よりももっといいとこをこさえなけぁいけないって僕の先生が云ったよ。」

「だっておっ母《か》さんも行ってらっしゃるしそれに神さまが仰《おっしゃ》るんだわ。」

「そんな神さまうその神さまだい。」

「あなたの神さまうその神さまよ。」

「そうじゃないよ。」

「あなたの神さまってどんな神さまですか。」青年は笑いながら云い

2024年度

聖学院中学校　▶解　答

※　編集上の都合により，第１回アドバンスト試験の解説は省略させていただきました。

算　数　＜第１回アドバンスト試験＞（50分）＜満点：100点＞

解　答

1 **あ** 66　**い** $5\frac{3}{5}$　**う** 3　**え** 4　**お** 26　**か** 24　**き** 0.1　**2** **く** 64　**け** 13　**こ** 180　**さ** 1200　**し** 15　**す** 44.625　**3** **せ** 49　**そ** 55　**た** 45　**ち** 100　**つ** 19　**4** **て** 3　**と** 14　**な** 7　**に** 6　**ぬ** 35　**5** **ね** 15　**の** 30　**は** 2

社　会　＜第１回アドバンスト試験＞（理科と合わせて50分）＜満点：50点＞

解　答

1 **問１**　**1**　エ　**5**　ウ　**問２**　東海工業地域　**問３**　（例）　浜松　**問４**　中京工業地帯　**問５**　イ　**問６**　瀬戸大橋　**問７**　エ　**問８**　北陸，上越　**問９**　ほたて貝，りんご　**問10**　知多　**問11**　イ，オ　**問12**　徳島平野　**問13**　（例）　寝台特急を使用した場合，新幹線を乗り継ぐ最終列車より遅く出発し，始発列車より早く到着できる点。
2 **問１**　**1**　大宝　**2**　日本書紀　**問２**　平将門　**問３**　イ　**問４**　ウ　**問５**　大森貝塚　**問６**　エ　**問７**　イ，オ　**問８**　イ　**問９**　（例）　大名の経済力をそぎ，反乱を防ぐこと。　**問10**　イ　**問11**　エ　**問12**　サンフランシスコ平和条約　**3** **問１**　(1)　象徴　(2)　納税　(3)　エ　**問２**　(1)　イ　(2)　エ　(3)　弾劾裁判　**問３**　カ

理　科　＜第１回アドバンスト試験＞（社会と合わせて50分）＜満点：50点＞

解　答

1 **問１**　(1)　①　え　②　D　③　C　(2)　い，う　**問２**　(1)　1050cm^3　(2)　200cm^3　(3)　5000cm^3　**2** **問１**　1.4g　**問２**　14万倍　**問３**　ア　**問４**　イ　**問５**　オ　**問６**　イ　**問７**　ウ　**3** **問１**　エ　**問２**　(1)　400g　(2)　15cm　**問３**　(1)　200g　(2)　72g　(3)　16秒後　(4)　ア　(5)　イ

国語 ＜第1回アドバンスト試験＞（50分）＜満点：100点＞

解答

一 **問1** 下記を参照のこと。 **問2** ① ア ② ウ ③ イ 二 **問1** Ⅰ ア Ⅱ ウ **問2** ① さんさんと ② すうっと ③ すっかり **問3** ウ **問4** エ **問5** ウ **問6** ① ア ② ウ **問7** （例） 銀河鉄道の旅を経て，まだ胸が熱って興奮している気持ちと，カムパネルラとの別れに涙するさびしく悲しい気持ちが混ざり合っている。 三 **問1** エ **問2** Ⅰ ① 物 ②，③ 観念／意味(／記号) ④ 限界 ⑤ 満足 ⑥ 完成(成功) ⑦ 豊かさ ⑧ 失敗 Ⅱ （例） 物を対象に行われ，一定のところで満足し，豊かさをもたらすのが「浪費」であり，観念や記号を対象に行われ，限界がなく満足に至らず，失敗が決まっているのが「消費」。 Ⅲ ア，エ **問3** イ **問4** エ **問5** （例） 私はＩさんの意見に共感する。なぜなら，私たちはこれから「正解」のない世界で生きていくからだ。SDGsなどの大きな問題も，「私らしい生き方」も，考え続けても「正解」はでないし，分からない。それでも，常に考え続け行動することが，私は重要だと考える。

●漢字の書き取り

一 **問1** 1 美徳 2 茨 3 尊 4 有頂天

Dr.福井の 入試に勝つ！ 脳とからだのウルトラ科学

寝る直前の30分が勝負！

みんなは，寝る前の30分間をどうやって過ごしているかな？　おそらく，その日の勉強が終わって，くつろいでいることだろう。たとえばテレビを見たりゲームをしたり――。ところが，脳の働きから見ると，それは効率的な勉強方法ではないんだ！

実は，キミたちが眠っている間に，脳は強力な接着剤を使って海馬《かいば》（脳の，知識をためる倉庫みたいな部分）に知識をくっつけているんだ。忘れないようにするためにね。もちろん，昼間に覚えたことも少しくっつけるが，やはり夜――それも“寝る前”に覚えたことを海馬にたくさんくっつける。寝ている間は外からの情報が入ってこないので，それだけ覚えたことが定着しやすい。

もうわかるね。寝る前の30分間は，とにかく勉強しまくること！　そうすれば，効率よく覚えられて，知識量がグーンと増えるってわけ。

では，その30分間に何を勉強すべきか？　気をつけたいのは，初めて取り組む問題はダメだし，予習もダメ。そんなことをしても，たった30分間ではたいした量は覚えられない。

寝る前の30分間は，とにかく「復習」だ。ベストなのは，少し忘れかかったところを復習すること。たとえば，前日の勉強でなかなか解けなかった問題や，１週間前に勉強したところとかね。一度勉強したところだから，短い時間で多くのことをスムーズに覚えられる。そして，30分間の勉強が終わったら，さっさとふとんに入ろう！

ちなみに，寝る前に覚えると忘れにくいことを初めて発表したのは，アメリカのジェンキンスとダレンバッハという２人の学者だ。

寝る前に
予習した？
こっちの
方が
よく
覚えられる
のっ
復習

Dr.福井（福井《ふくい》一成《かずしげ》）…医学博士。開成中・高から東大・文Ⅱに入学後，再受験して翌年東大・理Ⅲに合格。同大医学部卒。さまざまな勉強法や脳科学に関する著書多数。

2023年度　聖学院中学校

【算　数】〈第１回一般試験〉(50分)〈満点：100点〉

(注意)　１．図は必ずしも正確ではありません。

　　　　２．必要なときには円周率を3.14としなさい。

1　(1)　$14-32\div\{(23-7)\div4+4\times3\}=\boxed{\text{あ}}$

(2)　$5\frac{5}{6}\div2\frac{1}{3}=\boxed{\text{い}}$

(3)　$\frac{9}{16}+\frac{1}{4}-\frac{4}{5}=\boxed{\text{う}}$

(4)　$4\frac{1}{5}\div1\frac{17}{25}-2\frac{1}{4}\times\frac{8}{27}=\boxed{\text{え}}$

(5)　$2.4\times5.2+7-3.6\div1.25=\boxed{\text{お}}$

(6)　$28-3\times(\boxed{\text{か}}-7)=10$

(7)　$1\frac{6}{7}-\left(\boxed{\text{き}}-1\frac{3}{4}\right)\times\frac{4}{7}=1\frac{1}{7}$

(8)　2615秒＝$\boxed{\text{く}}$分$\boxed{\text{け}}$秒

(9)　分速250m：時速12km＝$\boxed{\text{こ}}$：$\boxed{\text{さ}}$　(もっとも簡単な整数の比で表しなさい)

(10)　3.5km－1940m＋3200cm＝$\boxed{\text{し}}$m

2　(1)　車が時速75kmで走ると，８分で$\boxed{\text{す}}$km進みます。

(2)　3000円の品物の$\boxed{\text{せ}}$%引きの値段は2340円です。

(3)　水220ｇと砂糖55ｇを混ぜると，$\boxed{\text{そ}}$%の砂糖水になります。

(4)　100円玉と500円玉が全部で68枚あり，合計金額は24800円でした。100円玉は$\boxed{\text{た}}$枚あります。

(5)　みかん５個とりんご２個を買うと485円，みかん８個とりんご２個を買うと620円でした。りんごは１個$\boxed{\text{ち}}$円です。

(6)　本を10ページ目の最初から86ページ目の最後まで読みました。読んだのは全部で$\boxed{\text{つ}}$ページです。

(7)　右の図１で，２つの三角形の面積が等しいとき，(ア)と(イ)の長さの比は$\boxed{\text{て}}$：$\boxed{\text{と}}$です。(もっとも簡単な整数の比で表しなさい)

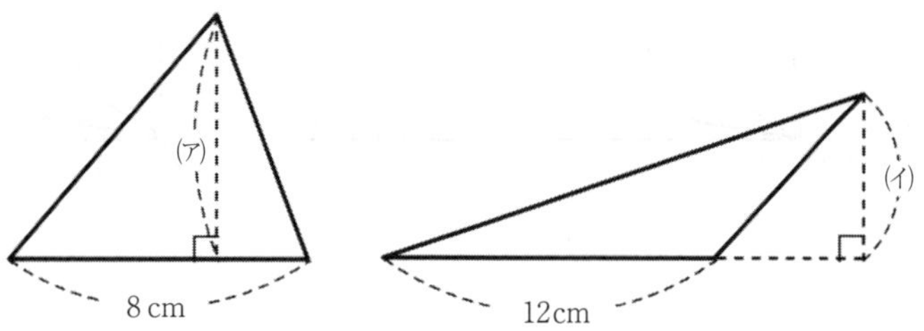

図１

(8)　右の図２で，(ウ)の長さが [な] cm のとき，しゃ線部の面積の合計は40cm^{2}です。

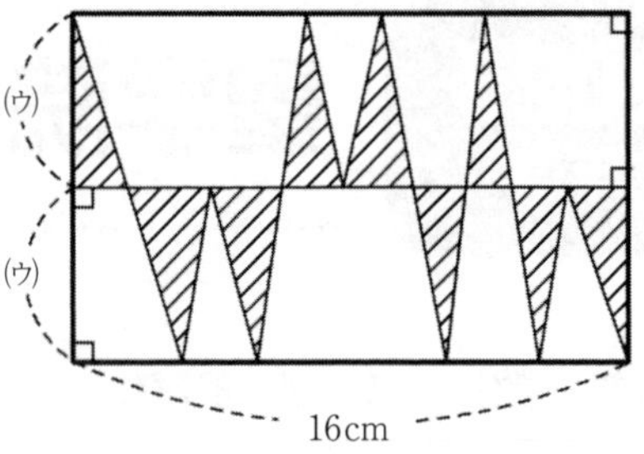

図２

3　ＡをＣ回かけたらＢになることを「Ａ★Ｂ＝Ｃ」と表すものとします。例えば，「２★16＝４」，「３★９＝２」となります。

(1)　（５★25）＋（３★81）＝ [に]

(2)　（２★４）＋（２★32）＝２★ [ぬ]

(3)　（４★256）－（３★27）＝ [ね] ★４

(4)　（３★27）＋（６★ [の] ）＝３★729

4　ある中学校でスポーツ大会を行ったところ，男子生徒の40％，女子生徒の15％が参加しました。全校生徒の男子と女子の人数の比は14：11でした。

(1)　この中学校の女子の人数は全校生徒の [は] ％です。

(2)　スポーツ大会に参加した男子の人数は全校生徒の [ひ] ％です。

(3)　この中学校の [ふ] ％の生徒がスポーツ大会に参加しました。

5　下の図１は，合同な二等辺三角形OAB，CODと，半径が６cmで中心角の大きさが80度のおうぎ形OACを組み合わせたものです。

(1)　角(ア)の大きさは [へ] 度です。

(2)　角(イ)の大きさは [ほ] 度です。

(3)　二等辺三角形OABの面積は [ま] cm^{2}です。

(4)　図２は図１の一部に色をつけたものです。色をつけた(ウ)の部分の面積と，(エ)の部分の面積との差は [み] cm^{2}です。

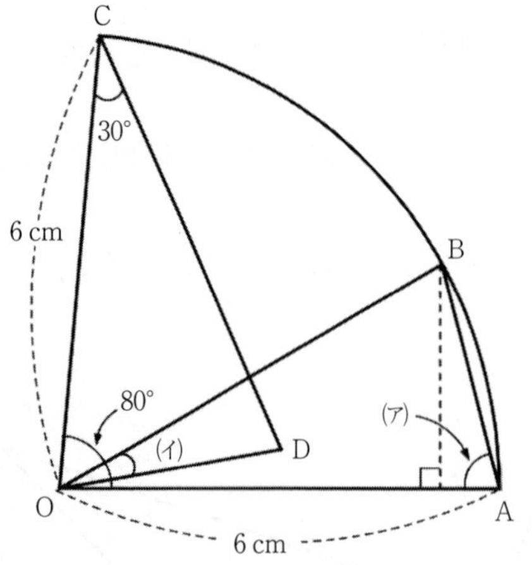

図１

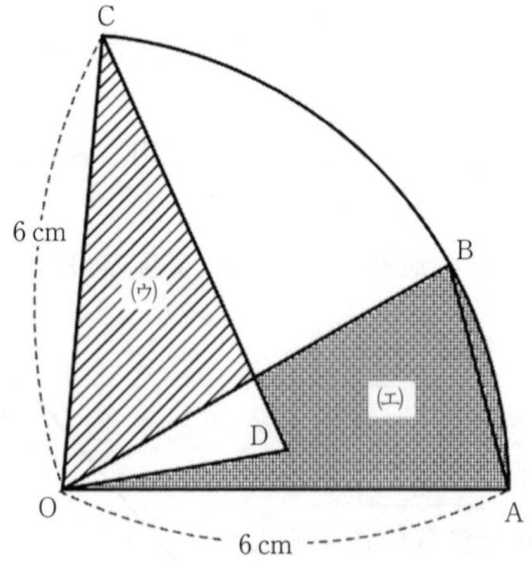

図２

【社　会】〈第１回一般試験〉（理科と合わせて50分）〈満点：50点〉

1　半島が属する県について書かれている次の文章Ａ～Ｅを読んで，あとの問いに答えなさい。

Ａ　この県には湾をぐるりと囲む形で大きな２つの半島があり，湾の中心にある山では2022年７月に①大きな噴火が発生しました。半島の一つには②九州最南端の新幹線の駅があり，対岸の大隅半島には観測ロケットや衛星の打ち上げが行なわれている宇宙センターがあります。

Ｂ　この県の半島の西部地域には③工業地帯が形成され，石油化学工業や鉄鋼業が盛んに行なわれています。海岸線に沿って砂浜が南北に続いている九十九里浜や南部地域は豊かな自然に恵まれている一方で，人口減少や西部地域との経済格差の問題もみられます。

Ｃ　この県の東部にある半島には，かつての谷が沈み海岸線が形成された地形がみられます。そこでは入り組んでいる地形を活かして真珠の生産が盛んに行なわれています。また国立公園にも指定されており，公園内には人々から「お伊勢さん」などとも呼ばれる伊勢神宮もあります。

Ｄ　この県の東部にある半島は黒船が来航した地として知られており，④農業が盛んに行なわれています。他にも半島の東側にアメリカ軍や自衛隊の基地がある一方で，西側には，かつて幕府が置かれた地域や別荘地が多く建てられた地域があります。

Ｅ　東北地方に属するこの県の北西部にある半島は，かつての山が陸地とつながったことによって形成されました。陸地側には湖がありましたが，農地拡大の事業として干拓が行なわれました。またこの半島のある地域では，⑤伝統的な行事が開かれることでも有名であり，ユネスコ無形文化遺産にも選ばれています。

問１　文章Ａ～Ｅのうち，次の半島について書かれているものを選び，記号で答えなさい。

(1)　志摩半島　　(2)　房総半島

問２　文章Ａ～Ｅのうち，次の内容にあてはまるものを選び，記号で答えなさい。なお同じ記号を何度使ってもよい。

(1)　日本海に面している県である。

(2)　日本のらっかせいの約８割を生産している県である。

(3)　利根川に面している県である。

(4)　政令指定都市を複数有している県である。

問３　文章Ａ・Ｄ・Ｅにあてはまる県をそれぞれ下から選び，記号で答えなさい。なお地図の縮尺は一定ではない。

(ア)

(イ)

(ウ)

(エ)

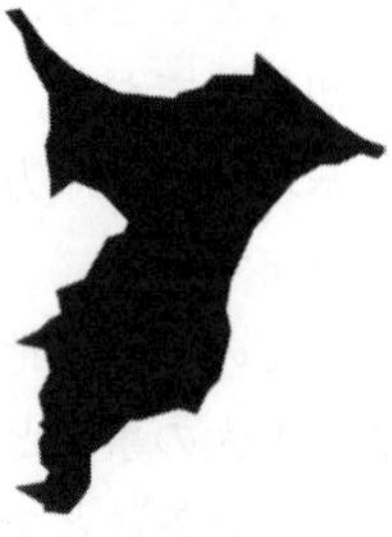
(オ)

(カ)

問４　下線部①に関して，近年，火山のエネルギーを利用した地熱発電など地球環境にやさしい再生可能エネルギーが注目されている。再生可能エネルギーとして間違っているものを下から選び，記号で答えなさい。

ア．風力　　イ．太陽光　　ウ．原子力　　エ．バイオマス

問５　下線部②について述べた文として，間違っているものを下から選び，記号で答えなさい。

ア．たたみの原料となるい草の多くが熊本県と福岡県で生産される。

イ．大分県にある有明海は大きな干潟がみられるとともに，かきの一大養殖地となっている。

ウ．長崎県は江戸時代から始まった造船業が盛んに行なわれ，造船施設が世界遺産にも認定された。

エ．宮崎県は温暖な気候を活かして，野菜の促成栽培が盛んに行なわれる。

問６　下線部③に関して，次の図は日本の四大工業地帯の製造品出荷額等の構成をあらわしている。中京工業地帯に関するものを下から選び，記号で答えなさい。

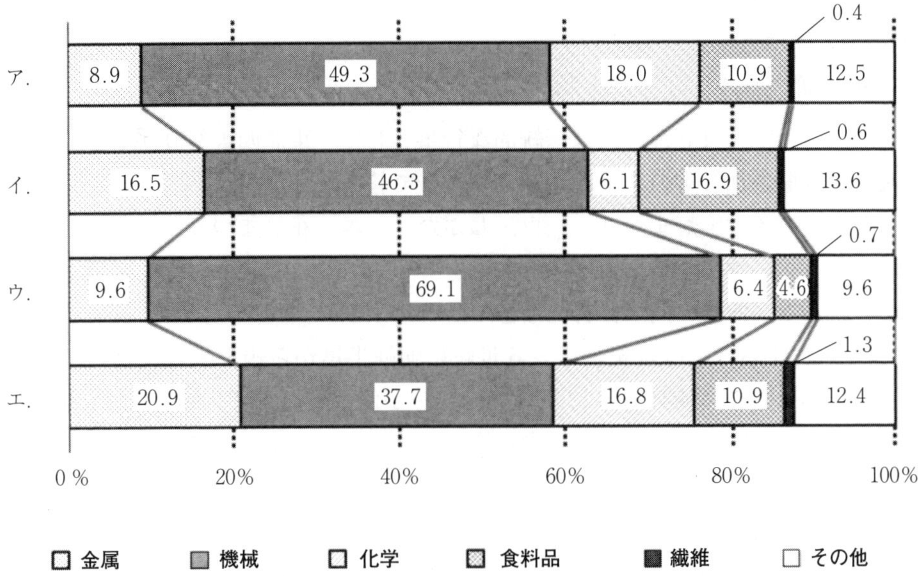

矢野恒太記念会『日本国勢図会 2021/22』より作成

問７　下線部④に関して，次の表は2021年の乳牛，肉牛，豚，ブロイラーの飼育頭数と全国に占める割合をあらわしている。表中の（ａ）・（ｂ）にあてはまる都道府県名の組み合わせを下から選び，記号で答えなさい。

乳牛

都道府県名	飼育頭数（万頭）	全国に占める割合（％）
（ａ）	83.0	61.2％
栃木	5.3	3.9％
熊本	4.4	3.2％
岩手	4.1	3.0％
群馬	3.4	2.5％
全国	135.6	

肉牛

都道府県名	飼育頭数（万頭）	全国に占める割合（％）
（ａ）	53.6	20.6％
（ｂ）	35.1	13.5％
宮崎	25.0	9.6％
熊本	13.5	5.2％
岩手	9.1	3.5％
全国	260.5	

豚

都道府県名	飼育頭数（万頭）	全国に占める割合（％）
（ｂ）	123.4	13.3％
宮崎	79.7	8.6％
（ａ）	72.5	7.8％
群馬	64.4	6.9％
千葉	61.5	6.6％
全国	929.0	

ブロイラー

都道府県名	飼育頭数（万頭）	全国に占める割合（％）
宮崎	2801.2	20.1％
（ｂ）	2708.5	19.4％
岩手	2260.0	16.2％
青森	708.7	5.1％
（ａ）	508.7	3.6％
全国	13965.8	

『2021年 畜産統計』より作成

	（ａ）	（ｂ）
ア	北海道	茨城
イ	長野	茨城
ウ	北海道	鹿児島
エ	長野	鹿児島

問８　下線部⑤に関して，東北地方には伝統的な行事として，東北四大祭りが有名である。このうち宮城県で開催《かいさい》されるものを下から選び，記号で答えなさい。

ア．七夕祭り　　イ．竿灯《かんとう》まつり　　ウ．ねぶた　　エ．花笠まつり

2　次の文章を読んで，あとの問いに答えなさい。

①『日本書紀』によると，５世紀後半～６世紀に朝鮮半島から絹を張った長い柄《え》の傘《かさ》が伝わったと書かれており，この時に日本に初めて傘(笠)が伝わったと考えられます。②『源氏物語絵巻』の中にも，主に竹と和紙を用いた傘が描かれていて，平安時代には宮廷で暮らす女性に使われていたことが分かります。

『一遍上人絵伝』に描かれた市場の様子を見ると，③鎌倉時代の定期市で頭に笠をかぶる女性の商人が活躍《かつやく》する姿が描かれています。また，④室町時代になると産業が発達し，食料以外の生活に必要なものを作って売り，生計を立てる職人が現われていたことがうかがえます。

江戸時代の⑤浮世絵には，紙張りの雨傘をさす人が描かれているものがあります。紙張りの雨傘は庶民の間に広く普及しました。また，頭に直接かぶる笠は髪型を乱すことから，雨傘が女性の間で人気の品になりました。

1853年，⑥鎖国を続けていた日本にペリーが来航し，開国を要求しました。江戸幕府はついにアメリカの圧力に屈し，1854年に（　１　）条約を結びます。その４年後に始まった⑦貿易により，日本にも西洋の材質でつくられた洋傘が伝わりました。洋傘は，その黒い色や形から「こうもり傘」と呼ばれ，⑧明治時代になると西洋の技術や文化を積極的に取り入れようとする政府の方針や社会の流行もあって庶民にも広く普及し，国産の洋傘も誕生しました。⑨大正時代に入ると，洋傘はファッションアイテムとしても注目されるようになり，⑩昭和時代にかけて傘のデザインも多様化していきました。

戦後に入り，⑪連合国軍総司令部による日本の民主化が進みます。1960年代に入り⑫高度経済成長期を迎えると，持ち運びができる「折りたたみ傘」やワンタッチでひらく「ジャンプ傘」が開発されました。傘は現在の私たちの日常に欠かせないものになっています。

問１　文中の(１)にあてはまるものを漢字４字で答えなさい。

問２　下線部①について，『日本書紀』を編さんした人物を下から選び，記号で答えなさい。

ア．舎人親王　　イ．大伴家持　　ウ．紀貫之　　エ．山上憶良

問３　下線部②に関して，平安時代の貴族の社会を描いた長編小説『源氏物語』の作者を下から選び，記号で答えなさい。

ア．源義家　　イ．北条政子　　ウ．紫式部　　エ．清少納言

問４　下線部③について，以下の問いに答えなさい。

(1)　1192年に征夷大将軍となって鎌倉に幕府を開いた人物を漢字で答えなさい。

(2)　鎌倉時代のできごととして正しいものを下から選び，記号で答えなさい。

ア．藤原道長による摂関政治が行なわれた。

イ．朝鮮半島の高麗を征服した元が，日本に攻め込んだ。

ウ．フランシスコ＝ザビエルによりキリスト教が伝来した。

エ．武家諸法度が制定され，大名は厳しく統制された。

問５　下線部④に関して，1488年に加賀の国では浄土真宗を信仰する農民が中心となって守護を滅ぼし，約100年間にわたり加賀の国を支配する「加賀の(　２　)一揆」が起こった。(２)にあてはまるものを漢字２字で答えなさい。

問６　下線部⑤に関して，浮世絵作家として正しいものを下から選び，記号で答えなさい。

ア．雪舟　　イ．狩野永徳　　ウ．葛飾北斎　　エ．平塚らいてう

問７　下線部⑥について，鎖国中，江戸幕府は外国との貿易を限定していた。このうち，キリスト教の布教を貿易の条件としないことを理由に江戸時代を通じて貿易を認められた，ヨーロッパで唯一の国を答えなさい。

問８　下線部⑦について，右のグラフは1865年の日本から外国に輸出された主な輸出品の割合をあらわしたものである。グラフの中のＡにあてはまる輸出品を下から選び，記号で答えなさい。

ア．鉄鋼　　イ．毛織物　　ウ．武器　　エ．生糸

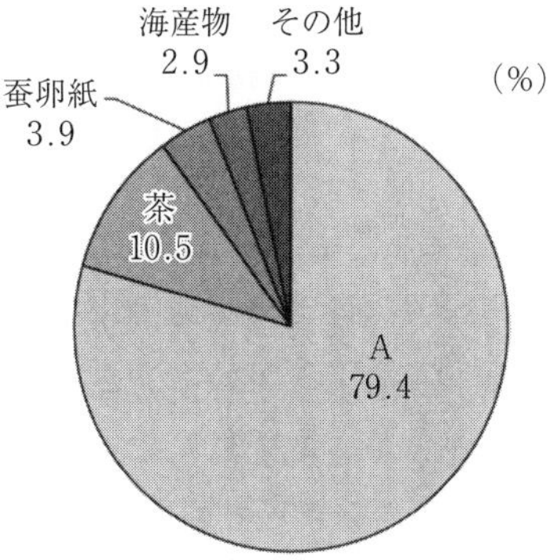

石井　孝『幕末貿易史の研究』を参考に作成

問９　下線部⑧について述べた文として間違っているものを下から選び，記号で答えなさい。

ア．欧米諸国の暦《こよみ》と統一するため，それまでの暦に代わって太陽暦が採用された。

イ．渋沢栄一は，著書の『学問のすすめ』で自由・平等・独立の精神など西洋の思想を日本に紹介して学問の重要さを説いた。

ウ．アメリカ人のクラークは，お雇《やと》い外国人として日本に招かれて札幌農学校で教育にあたった。

エ．「ざんぎり頭」の髪型や牛鍋《なべ》を食べることが流行し，銀座や横浜にはガス灯が設置された。

問10　下線部⑨に関して，大正デモクラシーを象徴する人物である吉野作造が唱えたのは(　３　)主義である。(３)にあてはまるものを下から選びなさい。

全体　　資本　　社会　　民本　　帝国

問11　下線部⑩について，昭和時代のできごととして間違っているものを下から選び，記号で答えなさい。

ア．関東大震災が起こった。　　　イ．国家総動員法が制定された。

ウ．日本国憲法が公布された。　　エ．東海道新幹線が開通した。

問12　下線部⑪について，この組織の略称をアルファベット３字で答えなさい。

問13　下線部⑫に関して，高度経済成長期に所得倍増計画を打ち出した内閣総理大臣を下から選びなさい。

吉田茂　　池田勇人　　田中角栄　　佐藤栄作　　竹下登

3 次の文章を読んで，あとの問いに答えなさい。

「①国民の意思」という意味をさす「民意」は，国の運営に大きな影響を与えています。国民は②選挙を通して民意を示すことができます。③内閣を支持する国民の割合をあらわす内閣支持率も，政策決定の指標の一つです。

④大日本帝国憲法の時代には，国のあり方の最終決定権である（　１　）は臣民には認められていませんでしたが，現在の日本では（　１　）は国民に認められています。国民の生活や安全が守られることで，国民は自由な意見を表現することができます。内閣も，国会も，⑤裁判所も，国民の⑥人権を不当に侵害しないようお互いがチェックしあうしくみがあります。

問１　文中の（１）にあてはまるものを漢字２字で答えなさい。

問２　下線部①に関して，日本国憲法における国民の義務は，「子女に（　２　）を受けさせる義務」「納税の義務」「勤労の義務」である。（２）にあてはまるものを漢字で答えなさい。

問３　下線部②について，日本の選挙に関する下の文章中の（３）・（４）にあてはまるものをそれぞれ下から選び，記号で答えなさい。

日本の国政選挙では，国民が選んだ代表者が国民の代わりに話し合う（　３　）民主制を採用している。公正な選挙を実施するために，４つの原則が定められている。その一つが，納税額によって有権者が制限されることがないという（　４　）選挙という原則である。

ア．間接　　イ．直接　　ウ．秘密　　エ．公開　　オ．普通

問４　下線部③について，内閣の仕事として正しいものを下から選び，記号で答えなさい。

ア．法律の議決　　イ．内閣総理大臣の任命　　ウ．政令の制定　　エ．弾劾裁判

問５　下線部④について，大日本帝国憲法の説明として間違っているものを下から選び，記号で答えなさい。

ア．黒田清隆が内閣総理大臣のときに発布された。

イ．天皇は国の象徴という位置づけであった。

ウ．天皇のみが軍の統帥《とうすい》権を持った。

エ．帝国議会は衆議院と貴族院で構成された。

問６　下線部⑤について述べた文として正しいものを下から選び，記号で答えなさい。

ア．裁判所は最高裁判所と高等裁判所に分類され，高等裁判所には家庭裁判所などが含まれる。

イ．民事裁判において，訴えた人を被告，訴えられた人を原告と呼ぶ。

ウ．裁判は原則２回まで受けられるが，その後は何があっても，再度裁判を受けることはできない。

エ．現在，国民が裁判に参加する裁判員制度が採用されている。

問７　下線部⑥に関して，基本的人権として日本国憲法に明文化はされていないものの，時代の変化にともなって認められるべきと主張されている権利を新しい人権と呼ぶ。新しい人権として正しいものを下から選び，記号で答えなさい。

ア．団結権　　イ．環境権　　ウ．請願権　　エ．生存権

【理　科】〈第１回一般試験〉（社会と合わせて50分）〈満点：50点〉

〈編集部注：実物の入試問題では，写真はすべてカラー印刷です。〉

1　聖《きよし》君は夏休みに近くの公園に遊びに行きました。たくさんのセミが鳴いていたことから，セミについて調べました。次の問いに答えなさい。

問１　右の図は，日本に広く分布しているセミの写真です。都市部から山地まで幅《はば》広くすんでいるので，毎年夏になると聖学院にも飛んできて鳴いています。

このセミのはねは茶色で，世界でもめずらしくはね全体が不透《とう》明《めい》のセミです。

このセミの名前は何ですか。次の**ア**〜**エ**から選び記号で答えなさい。

ア　ミンミンゼミ　　**イ**　クマゼミ

ウ　ニイニイゼミ　　**エ**　アブラゼミ

問２　セミはとてもじゅ命の長いこん虫です。このセミはおよそ何年生きますか。次の**ア**〜**エ**から選び記号で答えなさい。

ア　２年　　**イ**　６年　　**ウ**　10年　　**エ**　17年

問３　セミの幼虫はどのような場所で生活していますか。次の**ア**〜**オ**から選び記号で答えなさい。

ア　木の葉の裏　　**イ**　草原の土の中　　**ウ**　木のそばの土の中

エ　木の幹の中　　**オ**　草原の葉の間

問４　幼虫が問３の場所で生活する主な理由は何ですか。次の**ア**〜**エ**から選び記号で答えなさい。

ア　えさとなるやわらかい葉がたくさんあるから

イ　樹液を吸うのに移動が楽だから

ウ　日光を浴びる必要があるから

エ　天敵が少ないから

問５　次の図の中で，セミに関係のないものはどれですか。**ア**〜**エ**から選び記号で答えなさい。

ア

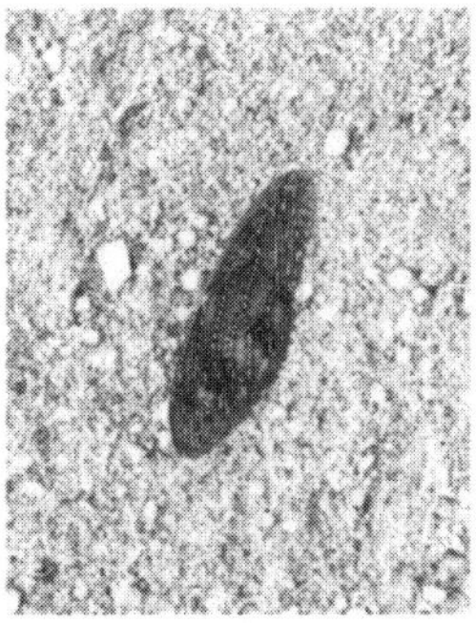

イ

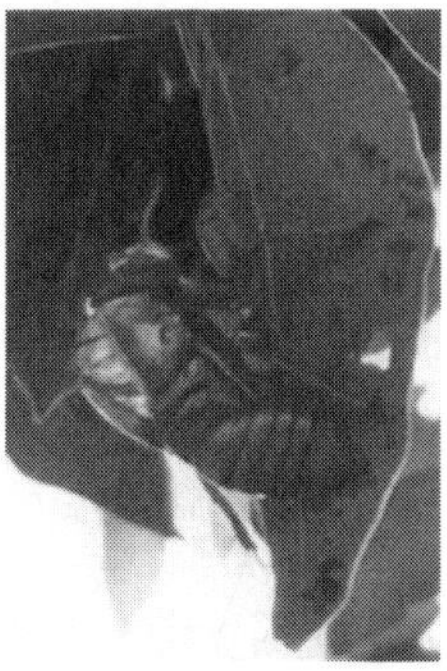

ウ

エ

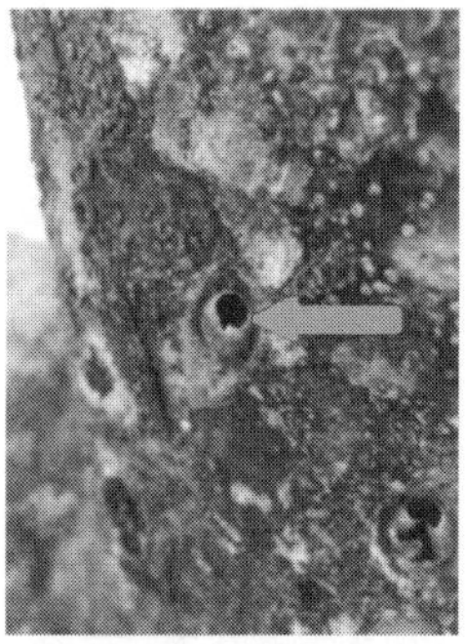

問６　セミの口はどのような食べ方に適した形をしていますか。次の**ア**〜**ウ**から選び記号で答えなさい。

ア　なめる　　**イ**　かむ　　**ウ**　吸う

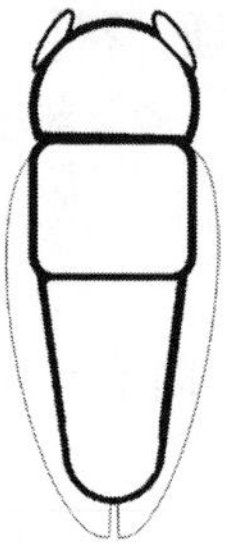

問7　聖君はセミのからだをはねがない腹側から見てスケッチをはじめました。図にあしをかいて完成させなさい。

問8　セミは卵→幼虫→成虫と成長していきます。このように成長していくこん虫はどれですか。次の**ア**～**キ**からすべて選び記号で答えなさい。

ア　トンボ　　**イ**　ゴキブリ　　**ウ**　クモ　　**エ**　ムカデ
オ　コオロギ　　**カ**　アゲハ　　**キ**　カマキリ

2　次の問いに答えなさい。

問1　甘《あま》酒はブドウ糖，アミノ酸，ビタミンなどを多く含《ふく》み，飲む点滴《てき》とも言われています。甘酒の原料は米麹《こうじ》と酒粕《かす》の2種類があります。米麹を原料にした場合は，アルコールが入っていません。米麹とご飯と水を60℃に保つと，麹から変化をはやく進めるはたらきのある酵《こう》素が出て，ご飯のデンプンを分解し甘くなります。砂糖を入れることなく，適度に変化をさせて甘くなったものが甘酒です。この変化の時間が長すぎると，①泡《あわ》がたくさん出てきたり，味が②すっぱくなったりします。一方，③酒粕を原料にした甘酒の場合は，酒粕と砂糖と水を混ぜてつくるため，少しアルコールを含みます。

(1)　下線部①の泡は，空気中に約0.04％含まれる気体と同じものです。その気体は何ですか。

(2)　下線部②から，甘酒は何性になりましたか。次の**ア**～**ウ**から選び記号で答えなさい。

ア　酸性　　**イ**　中性　　**ウ**　アルカリ性

(3)　下線部③の酒粕には8％のアルコールが含まれています。酒粕を30gと砂糖10gと水を混ぜて，全部で240gとなりました。つくった直後のアルコールは何％になりますか。次の**ア**～**キ**から選び記号で答えなさい。ただし，アルコールは蒸発しないものとします。

ア　0.1　　**イ**　0.3　　**ウ**　0.8　　**エ**　0.85
オ　1　　**カ**　3　　**キ**　8

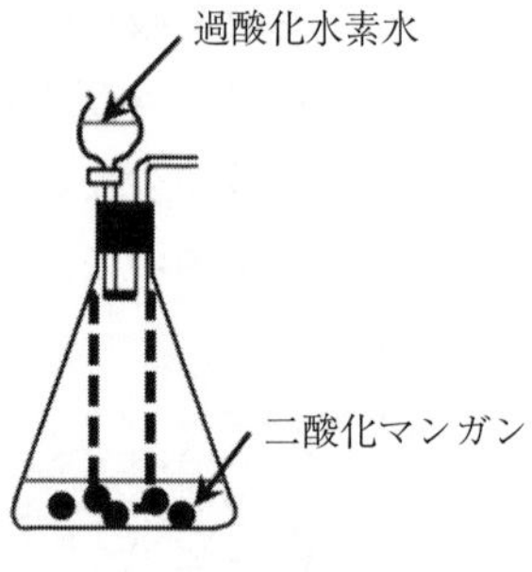

問2　右の図のような装置をつくり，6％の過酸化水素水50cm^{3}と二酸化マンガン1gを反応させました。ただし，⬚内は省略してあります。

(1)　実験装置の⬚内のガラス管はどのようにしたらよいですか。正しいものを次の**ア**～**エ**から選び記号で答えなさい。

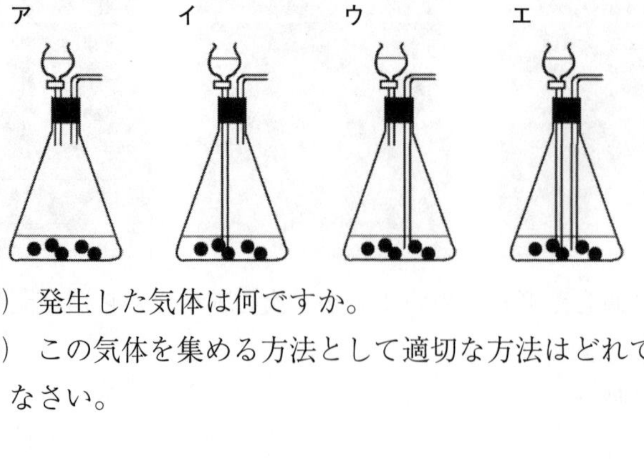

(2)　発生した気体は何ですか。

(3)　この気体を集める方法として適切な方法はどれですか。次の**ア**～**オ**から選び記号で答えなさい。

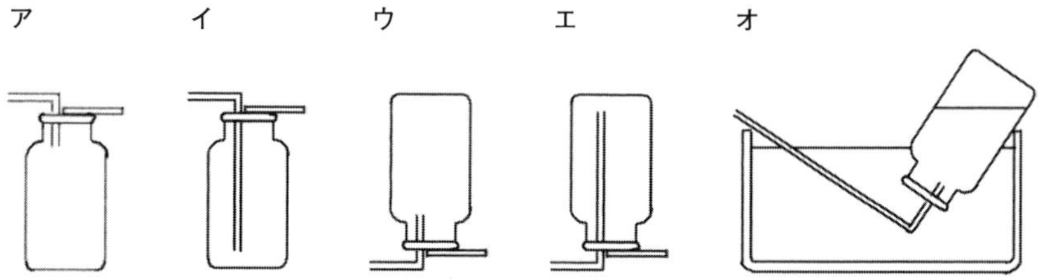

(4)　二酸化マンガンは酵素と同じように，反応をはやく進めるはたらきがあります。この実験の後の二酸化マンガンはどうなっていますか。次の**ア**～**エ**から選び記号で答えなさい。

ア　反応してできた物がくっついて２ｇくらいに増えている。

イ　色が黒色から白色に変化している。

ウ　反応して全部なくなっている。

エ　特に変化が見られない。

(5)　右の図の**A**は，実験開始後の時間と発生した気体の体積との関係を，グラフにしたものです。温度を10℃上げて実験をしたとき，グラフはどのようになりますか。図の**B**～**D**から選び記号で答えなさい。

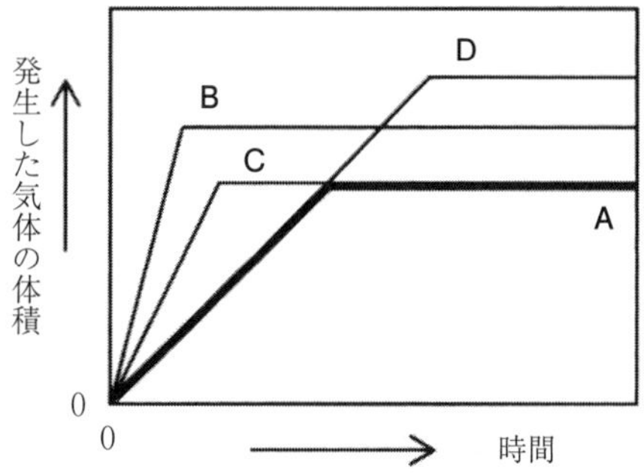

3　ふりこについて，次の問いに答えなさい。

聖《きよし》くんは，ブランコに乗っているとき，感じる速さのようすに疑問を持ちました。そこで，ブランコの代わりに，図のようなふりこを使って下の実験を行いました。

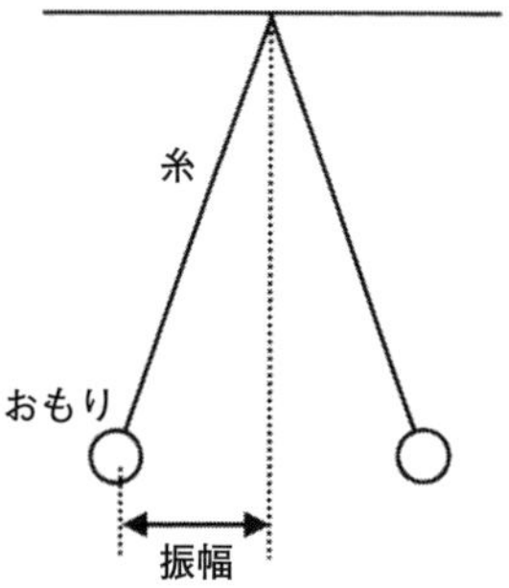

用　意　糸の先におもりをつけて，ふりこの長さが50cmと１ｍのものを用意する。

実験①　ふりこの長さ１ｍ，おもりの重さ20ｇ，振幅《しんぷく》20cmで振《ふ》れるようすを観察する。

実験②　次の(あ)～(う)の条件で，ふりこが10往復する時間を３回ずつ測る。３回の平均を出して，ふりこが１往復する時間を比べる。

(あ)　おもりの重さ20ｇ，振幅20cmにし，ふりこの長さを50cmと１ｍで行う。

(い)　おもりの重さ20ｇ，ふりこの長さ１ｍにし，振幅を10cmと20cmで行う。

(う)　ふりこの長さ１ｍ，振幅20cmにし，おもりの重さを20ｇと40ｇで行う。

問１　実験①でふりこが振れるようすはどうなりますか。次の**ア**～**エ**から選び記号で答えなさい。

ア　おもりが両方の端《はし》になる位置で最も速くなり，一番低くなる位置で最もおそくなる。

イ　おもりが一番低くなる位置で最も速くなり，両方の端になる位置で最もおそくなる。

ウ　おもりはどの位置でも同じ速さで動いている。

エ　おもりは位置に関わらず，速くなったりおそくなったりしている。

問２　実験②で10往復の数え方はどのようにするのがよいですか。最も適当なものを，次の**ア**～**エ**から選び記号で答えなさい。

ア　おもりが一番低くなるときに回数を数える。

イ　おもりが一番低くなる位置で右から左にきたときに回数を数える。

ウ　おもりが一方の端にきたときに回数を数える。

エ　おもりが両方の端にきたときに回数を数える。

問３　実験②の条件(あ)で，ふりこが１往復する時間はどうなりますか。次の**ア**～**エ**から選び記号で答えなさい。

ア　ふりこの長さ50cm の方が長い。

イ　ふりこの長さ１mの方が長い。

ウ　どちらも同じ。

エ　ふりこの長さに比例する。

問４　実験②の条件(い)で，ふりこが１往復する時間はどうなりますか。次の**ア**～**エ**から選び記号で答えなさい。

ア　振幅10cm の方が長い。

イ　振幅20cm の方が長い。

ウ　どちらも同じ。

エ　振幅に比例する。

問５　実験②の条件(う)で，ふりこが１往復する時間はどうなりますか。次の**ア**～**エ**から選び記号で答えなさい。

ア　おもりの重さ20ｇの方が長い。

イ　おもりの重さ40ｇの方が長い。

ウ　どちらも同じ。

エ　おもりの重さに比例する。

問６　聖くんは，以前見たサーカスの空中ブランコにもふりこの運動の性質が同じようにあてはまることに気がつきました。

(1)　図のように，同じブランコに座っているとき，立っているとき，ぶら下がっているときで１往復する時間はどのようになりますか。次の**ア**～**エ**から選び記号で答えなさい。

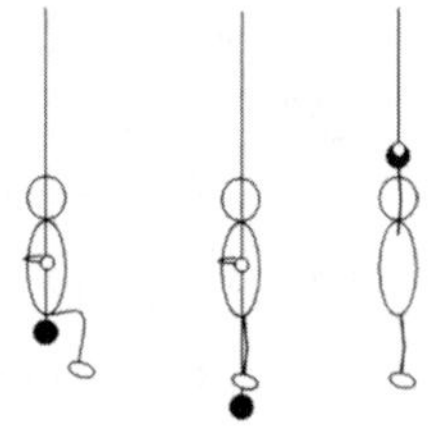

ア　ブランコに座っているときが一番長くなる。

イ　ブランコに立っているときが一番長くなる。

ウ　ブランコにぶら下がっているときが一番長くなる。

エ　どれも同じになる。

(2)　(1)は，実験②の条件(あ)～(う)のどの結果と関連づけて考えられますか。(あ)～(う)の記号で答えなさい。

(3)　空中ブランコでは，ブランコが振れたままで，乗っている人が他のブランコに飛び移ったり，ブランコから降りたりします。どのタイミングでブランコからはなれると，より簡単に成功できますか。次の**ア**～**エ**から選び記号で答えなさい。

ア　ブランコの振れの端になる位置

イ　ブランコが一番低くなる位置

ウ　ブランコの振れの端から一番低い位置までのちょうど真ん中の位置

エ　ブランコの一番低い位置から振れの端までのちょうど真ん中の位置

識や価値を「（Ｇ）」だと思いこんでいた私の日常に、確実に亀裂《きれつ》が入るだろうし、私はそのことで障害という「ちがい」それ自体とよりＨまっすぐに向きあえるようになるでしょう。そして、「ちがい」が私の日常にとって、どのような意味や意義をもつかを考えていくためのＩ想像力もより豊かになっていくだろうと思うのです。

（好井裕明『「今、ここ」から考える社会学』）

※１　パラアスリート…四年に一度行われるパラリンピックを目指して競技活動を行うスポーツ選手のこと。

※２　遵守…決まりなどにそむかず、よく守ること。

問一　――印Ａについて、我々はこのような障害者の姿に、何を感じていると筆者は言っているのですか。本文から三字でぬき出しなさい。

問二　――印Ｂについて、この部分での「崩れつつある」の言いかえとしてふさわしいものを次の中から選び、記号で答えなさい。

ア、壊《こわ》れ始めている　　イ、成長し始めている

ウ、変化し始めている　　エ、自由になり始めている

問三　――印Ｃ・Ｄについて、車いすバスケットとブラインドサッカーの試合の話から共通することは何ですか。三十字以内で説明しなさい。

問四　――印Ｅについて、この力を具体的に説明している部分を本文より三十五字以内でぬき出し、最初の五字で答えなさい。

問五　――印Ｆについて、「無効になる」説明としてふさわしいものを次の中から選び、記号で答えなさい。

ア、目が見える人でないと競技ができないという前提《ぜんてい》が保留されるということ

イ、目が見えるから有利である、優れているという前提がなくなるということ

ウ、サッカーをやるにあたって、見える見えないは関係なくなるということ

エ、この競技が障害者のためだけのものであるという常識が覆《くつがえ》るということ

問六　「（Ｇ）」を補うのにふさわしい言葉を文中からぬき出して答えなさい。

問七　――印Ｈについて、「まっすぐに向きあえる」の説明としてふさわしいものを次の中から選び、記号で答えなさい。

ア、優劣《ゆうれつ》や数の問題ではなく、日常生活の中で一緒《いっしょ》に暮らしていくために工夫する方法を考えていくこと

イ、「ちがい」を「ちがい」と受け止めた上で、障害者をさらに深いところまで理解するために努力すること

ウ、彼らが工夫や鍛錬《たんれん》を重ねた成果を見ることにより、自分に与えられた日常を反省する機会を持つこと

エ、障害者スポーツでも一定の訓練をすることで、多くの人に参加できるように広めていくこと

問八　――印Ｉについて、想像力を豊かにするために、筆者は何が大切だと言っていますか。次の中から選び、記号で答えなさい。

ア、相手の立場に立って、困っている時には手を貸せるように観察する姿勢

イ、当然と思っていたことに疑問を抱き、そこに新しい意味を発見する姿勢

ウ、障害者スポーツへの参加と彼らへの共感は、別のものだと意識する姿勢

エ、自分とは異なる個性を持つ人が存在することを無条件に受け入れる姿勢

みへと向かう障害ある人々の規律ある姿にひととしての美しさを感じ取り、私たちは感動しているのでしょう。こうした感動が、通常のスポーツアスリートの姿への感動とまったく同じ情緒《じょうちょ》に由来しているのか、そうでないのかを検討することは、障害者の問題を考えるうえで、とても重要だと思います。ただ、ここでは、ちょっと別の視角から障害者スポーツのことを考えてみることにします。

先ほど注目の質が変わってきているように思えると言いました。それはマスコミの報道などを見ていて、B障害者スポーツに対する固定した見方が崩《くず》れつつあるという感覚と言ってもいいかもしれません。

たとえば、C車いすバスケットの試合を見ていて、私はこう思います。確かに足や下半身に障害がある選手が車いすを見事に操ってバスケットボールの試合をしている。しかし、この競技は障害ある人々だけが参加することができるスポーツなのだろうかと。下半身に障害のない人でも、何らかの形で下半身を固定し、車いすに乗ることができれば、車いすバスケットという競技をすることができるだろうと。

またDブラインドサッカーの試合を見ていて、私は同じことを思うのです。この競技は視覚障害の人だけに開かれたスポーツなのだろうかと。障害のない人の目を見えない状態にして、ブラインドサッカーができるのではないだろうかと。

そしてこうした思いの先にある問いが、以下のようなものです。

はたして障害者スポーツは障害のある人のためだけのスポーツなのだろうか。身体のどの部位に障害があるか、またその程度などで区分けして行われる水泳などの競技は、やはり障害ある人のための競技だと言えるでしょう。しかし私たちがひとくくりにする障害者スポーツは、障害ある人だけのためにという意味で一様ではなく、競技方法の工夫などに由来する違いや個性がさまざまにあります。それゆえ、車いすバスケットは、主に障害ある人々が行う競技であるとしても、障害者バスケットではなく、「車いす」バスケットと私たちは呼んでいますし、ブラインドサッカー、視覚障害者サッカーではなく、ブラインド、つまり目が見えない状態で行うサッカーと、私たちは呼んでいるのです。

こうした見方は、障害者スポーツをめぐり私たちが持っている「あたりまえ」の知を確実に揺《ゆ》るがすのではないでしょうか。たとえば私がブラインドサッカーをやるとして、目隠《めかく》し、視覚障害がある選手と対等に競技ができるでしょうか。できないでしょう。上手な選手の足手まといになるのがオチです。視覚が遮《さえぎ》られたなかで、周囲の声や音を聞きわけ、状況を瞬時《しゅんじ》に判断し、次のプレーに移れる能力において、私は視覚障害のある選手からははるかに劣っているからです。

私が上手になるためには、ブラインドであることに慣れ、Eブラインドであるからこそさらに研ぎ澄ませるべき力に気づき、それを鍛《きた》えていかなければならないでしょう。つまり、ブラインドサッカーという競技や競技の現実において、「見えること」をめぐる常識や価値はすべて、いったんF無効になります。そして、私は「見えない」なかでどのようにプレーができるのかを考えざるを得ないし、「見えないこと」をめぐる常識や価値と向きあわざるを得なくなるのです。

ルールが守られ、厳格な規律が遵守される競技空間で、普段《ふだん》私たちが「あたりまえ」だと思いこんでいる支配的な常識や価値が見事に転《てん》倒《とう》されるのです。そしてこうした転倒が起こることこそ、障害者スポーツがもつもう一つの面白さであり、感動を生みだすもとではないでしょうか。

もちろん、私がブラインドサッカーをして、少しばかり上手になったからと言って、視覚障害のある人々の気持ちやより深いところにある思いなどを完璧《かんぺき》に了解《りょうかい》できるなどとは思わないでしょう。でも障害をめぐるさまざまな決めつけや思いこみが息づいている支配的な常

問七　――印Fについて、「ゲートル」とは本来、「活動しやすくするために足に巻く布」や「軍隊用の靴」を意味していますが、ここでの「こんな泥のゲートルをはかせた」にはどういう意味があると考えられますか。次の中から選び、記号で答えなさい。

ア、エチエンヌをおいてきぼりにしてしまったことへの罰
イ、入ってはいけない草原に入ってしまったことへの罰
ウ、「ふざけないで歩く」といういいつけを破ったことへの罰
エ、蛙をおびやかして遊んでしまったことへの罰

問八　――印Gについて、「無邪気な頭の中でいろいろと考えてみます」とありますが、この時、「エチエンヌ」が頭の中で考えていたこととしてふさわしいものを次の中から選び、記号で答えなさい。

ア、僕《ぼく》をおいてきぼりにしたからそんなゲートルをはかされちゃったんだぞ
イ、なんで、みんなはそんなに足もとを汚《よご》してしまったのだろう
ウ、僕も蛙が見たいから、もう一度、一緒に泥の中に入ろうよ
エ、ゲートルをはいているように見える四人は大人っぽいな

問九　この話を通してわかることを次の中から選び、記号で答えなさい。

ア、入ってはいけない場所で自然を傷つけると、その代償《だいしょう》が人間に返ってくることのたとえ
イ、大人のいいつけを忘れてしまうと目的が果たせず、人に迷惑《めいわく》をかけてしまうことへの皮肉
ウ、大きな人、強い人が小さい人を顧《かえり》みないと自分に災難が降りかかってくることへのいましめ
エ、リーダーが明確な指示を出さないと集団として一つも目標を達成できないことの暗示

問十　本文に題名をつけるとするとどれがふさわしいですか。次の中から選び、記号で答えなさい。

ア、母のいいつけ　　イ、走るエチエンヌ
ウ、大きいものの過ち　　エ、道と川
オ、蛙さんのお屋敷

三

次の文章を読んで後の問いに答えなさい。

最近は、昔に比べ障害者スポーツへの注目度がかなり高まってきています。先日も※1パラアスリートを養成する大学が出てきていることが新聞記事になっていました。いまは誰《だれ》もがオリンピックの後にはパラリンピックが開催されることを知っています。一九六〇年代、私が小学生の頃《ころ》、少なくともテレビでパラリンピックの報道はなかったと記憶《きおく》しています。

では最近なぜ注目されるのでしょうか。やはり日本人選手の活躍《かつやく》が最大の原因でしょう。でもマスコミの報道などを見て、私は、最近このスポーツへの注目の質が変わってきているのではと思っています。

一枚のスキー板に乗り、急な斜面《しゃめん》を猛スピードで滑走《かっそう》するスキー選手。上半身の筋力をフルに使い、疾走《しっそう》する車いすマラソン。見事に車いすを操りながら、相手が返せないところへボールを打つ車いすテニスの選手。車いすごと激しくぶつかりボールを奪《うば》いあう格闘技《かくとうぎ》のような車いすバスケット、等々。テレビなどを通して、障害者がスポーツする姿が流されるようになり、A彼《かれ》らが熱中している姿や本気度、競技そしてスポーツとしての洗練度に私たちは、改めて驚《おどろ》き、感動しているのではないでしょうか。

なぜ驚き、感動するのでしょうか。

多様な障害があるにもかかわらず、それを克服《こくふく》し、自らの肉体や精神を磨《みが》きあげ、スポーツのルールを※2遵守《じゅんしゅ》し、そのなかでより高

①　こしらえた

ア、もともとあったものを残すこと
イ、形をそなえたものにすること
ウ、自然にできあがること
エ、都合のいいように変えたもの

②　一糸乱れない

ア、ほとんどばらつきがない様子
イ、弱くかぼそい様子
ウ、みなが集中している様子
エ、ぴったりそろっている様子

③　しおしおと

ア、ゆっくり沈《しず》んでいくさま
イ、気落ちして元気がないさま
ウ、打ちひしがれて立ち直れないさま
エ、危険を感じ自分から引くさま

問二　――印Ａ「エチエンヌが小さすぎるのです」とは、ここではどういう意味ですか。次の中から選び、記号で答えなさい。

ア、勇気を出して「少しゆっくり歩いて」と言えないこと
イ、自分の歩数で一生懸命歩いても遅れをとってしまうこと
ウ、考え方が幼く足手まといになっていることに気づかないこと
エ、母のいいつけをそのまま守り、応用が利かないこと

問三　――印Ｂについて、「哲学者といわれる人たちは、同じ原因があればいつでも同じ結果になるということを知っています」とは、ここではどういう意味ですか。次の中から選び、記号で答えなさい。

ア、力のある者と力のない者が、同じことをやり遂《と》げようとしても、それにかかる時間には大きな違《ちが》いが生じてしまうこと
イ、大きい者と小さい者が、それぞれ自分の脚に応じた歩き方をしてしまえば、両者の差が広がるのはあたりまえだということ
ウ、得意な者と得意でない者が、一つのことを共同して行う際には、お互《たが》いをよく理解することが一番大切であるということ
エ、体力のある者と体力のない者が、隊列を組んで歩いたとしても、時間の経過とともに体力のない者の歩みはゆっくりになること

問四　――印Ｃについて、「ところがそれは駄目なのです」の「駄目」と同じ意味で使われている言葉を漢字二字でぬき出しなさい。

問五　――印Ｄについて、「そういうところは、この子たちも大人も同じです」とありますが、どういう意味ですか。次の中から選び、記号で答えなさい。

ア、上司から命令を受けても、その時々の状況《じょうきょう》によって自分のやりかたを押《お》し通してしまうこと
イ、与《あた》えられた任務に忠実に取り組もうとするが、いざとなると誘惑《ゆうわく》に負けてしまうこと
ウ、依頼《いらい》を受けたことについて、忙《いそが》しさのあまりに忘れてほかのことをやってしまうこと
エ、号令がかかると、やみくもにそれに従い、立場の弱い者のことをおいてきぼりにしてしまうこと

問六　――印Ｅについて、「しばらくすると、草が深く茂っている柔かい地面に、足がめり込んでいくのがわかります」とはどういう意味ですか。次の中から選び、記号で答えなさい。

ア、思わぬところに危険が潜《ひそ》んでいるということ
イ、みんなで進むと恐怖《きょうふ》感《かん》が失われるということ
ウ、夢中になると善悪の判断が鈍《にぶ》るということ
エ、道を外れると罰が与えられるということ

があります。　Ａエチエンヌが小さすぎるのです。

エチエンヌは非常な勇気を奮《ふる》い起こします。一生懸命《いっしょうけんめい》、足を速めます。短い脚《あし》を精いっぱいにひろげます。まだその上に、腕《うで》を振《ふ》ります。しかし、なんといっても、小さすぎます。どうしても仲間についていけません。遅《おく》れてしまいます。これはわかりきったことです。

Ｂ哲学者《てつがくしゃ》といわれる人たちは、同じ原因があればいつでも同じ結果になるということを知っています。しかし、ジャックにしてもベルナールにしても、マルセルにしても、またロジェにしても、哲学者ではありません。四人は自分の脚に応じた歩き方をします。可哀《かわい》そうなエチエンヌも、やっぱり自分の脚相応に歩いているのです。調子が揃《そろ》う筈《はず》がありません。エチエンヌは走ります。息を切らします。声を出します。それでも遅れてしまいます。

大きい人たちは、つまりお兄《にい》さんたちなんですから、待ってやればいいのに、エチエンヌの足にあわせて歩いてやればいいのにと思うでしょう。Ｃところがそれは駄目《だめ》なのです。そんな心掛《こころがけ》は、この子たちにはそもそも註文《ちゅうもん》するだけ無理なのです。Ｄそういうところは、この子たちも大人も同じです。「進めッ」と、世間の強い人たちはいいます。そうして弱い人たちをおいてきぼりにします。ですが、このお話がどうなるか、おしまいまできいていらっしゃい。

ところで、この四人の、大きい人たち、強い人たち、元気な人たちは、急に立ちどまります。地面に一匹《いっぴき》の生きものが跳《と》んでいるのを見つけたのです。なるほど跳ぶはずです、その生きものというのは蛙《かえる》で、道ばたの草原《くさはら》まで行こうと思っているのです。その草原は蛙さんのお国です。蛙さんには大切なお国です。そこの小川のそばに自分のお屋《や》敷《しき》があるんですから。そこで蛙さんは跳んで行きます。

蛙というものは、天然自然の細工物として、これはたいしたものです。

この蛙は緑色です。まるで青い木の葉のような恰好《かっこう》をしています。そうして、そういう恰好をしているので、なんだか素晴らしくみえます。ベルナールとロジェとジャックとマルセルは、それを追いかけはじめます。エチエンヌのことも、真黄色な綺麗な道のことも忘れてしまいます。お母さんとのお約束も忘れてしまいます。もう四人は草原の中へはいっています。Ｅしばらくすると、草が深く茂《しげ》っている柔《やわら》かい地面に、足がめり込《こ》んでいくのがわかります。もう少し行くと、膝《ひざ》のところまで泥《どろ》の中にはまり込みます。草で見えなかったのですが、そこは沼《ぬま》になっていたのです。

四人は、やっとこさでそこから足をひきぬきました。靴も、靴下も、腓《ふくらはぎ》も真黒です。緑の草原の精が、いいつけを守らない四人の者に、Ｆこんな泥のゲートルをはかせたのです。

エチエンヌはすっかり息を切らして四人に追いつきます。四人がそんなゲートルをはかされているのを見ると、喜んでいいのか、悲しんでいいのかわからないような気持です。そこで、大きい人や強い人には大変な災難《さいなん》が降りかかって来るということを、Ｇ無邪気《むじゃき》な頭の中でいろいろと考えてみます。ゲートルをはかされた四人の方は、③しおしおとひっかえします。だって、そんな恰好をして、お友だちのジャンのところへ行けるはずがないでしょう？　四人がお家へ帰ったら、みんなのお母さんは、その脚をごらんになって、四人が悪いことをしたということがちゃんとおわかりになるでしょう。反対に、小さなエチエンヌの※１清浄無垢《しょうじょうむく》なことは、その薔薇《ばら》いろの腓《ひ》に、後光のように現れているでしょう。

〔アナトール・フランス　岸田國士 訳『母の話』〕

※１　清浄無垢…清らかで汚《よご》れのないさま。

問一　～～印①・②・③の意味としてふさわしいものを後の中から選び、それぞれ記号で答えなさい。

2023年度 聖学院中学校

【国　語】〈第一回一般試験〉（五〇分）〈満点：一〇〇点〉

一　次の問いにそれぞれ答えなさい。

問一　次のカタカナを漢字に直しなさい。

①　校舎をセにして記念写真をとる。

②　相手をウヤマう気持ちを大切にする。

③　海は天然資源のホウコである。

④　混雑に備えてリンジバスが用意された。

問二　次の格言の空欄《らん》に入る語としてふさわしいものを前後の文脈をふまえて考え、記号で答えなさい。

①　人生そのものが試行錯誤《しこうさくご》の過程である。何の（　　）もおかさない人は、何もしないひとたちである。　P・スローン

②　いまだかつて一度も（　　）をつくったことのないような人間は、けっして友人を持つことはない。　テニスン

③　（　　）には義務という保証人が必要だ。それがなければ単なるわがままとなる。　ツルゲーネフ

ア、過ち　イ、自由　ウ、敵　エ、努力

二　次の文章を読んで後の問いに答えなさい。

道というものは川によく似ています。それは、川というものがもともと道だからです。つまり、川というのは自然に出来た道で、人は七里《り》ひと跳《と》びの靴《くつ》をはいてそこを歩き廻《まわ》るのです。七里ひと跳びの靴というのは船のことです。だって、船のことをいうのにこれよりいい名前がありますか？　ですから、道というのは、人間が人間のために①こしらえた川のようなものです。

道は、川の表面のように平で、綺麗《きれい》で、車の輪や靴の底をしっかりと、しかし気持よく支えてくれます。これはわたしたちのお祖父《じい》様方《さまがた》が作って下さったものの中でもいちばん立派なものです。このお祖父様方はお亡くなりになった後にお名前が残っていません。わたしたちは、ただそのお祖父様方がいろいろいいことをして下さったということを知っているだけです。ほんとうに有難いものですよ、道っていうものは。そうでしょう、道があるお蔭《かげ》で、方々の土地に出来る品物がどんどんわたしたちのところへ運ばれて来ますし、お友だち同士も楽に往《い》ったり来たりすることが出来ます。

それで今日も、お友だちのところへ行こうと思って、そのお友だちはジャンというのですが、ロジェとマルセルとベルナールとジャックとエチエンヌとは国道へさしかかりました。国道は日に照らされて、きいろい綺麗なリボンのように牧場や畑に沿って先へと伸《の》び、町や村を通りぬけ、人の話では、船の見える海まで続いているということです。

五人の仲間はそんな遠くまでは行きません。けれども、お友だちのジャンの家へ行くのには、たっぷり一キロは歩かなければならないのです。

そこで五人は出かけました。お母さんにちゃんとお約束をしたので、五人だけで行ってもいいというお許しが出たのです。ふざけないで歩くこと、決して傍道《わきみち》をしないこと、馬や車をよけること、五人のうちで一番小さいエチエンヌのそばを決して離《はな》れないこと、そういうお約束をして来たのです。

そして五人は出かけました。一列になって規則正しく進んで行きます。これくらいきちんとして出かければ、申し分はありません。しかし、それほど立派で②一糸乱れないなかに、一つだけいけないところ

2023年度
聖学院中学校 ▶解説と解答

算　数　＜第１回一般試験＞（50分）＜満点：100点＞

解　答

1　あ　12　い　$2\frac{1}{2}$　う　$\frac{1}{80}$　え　$1\frac{5}{6}$　お　16.6　か　13　き　3　く　43
け　35　こ　5　さ　4　し　1592　2　す　10　せ　22　そ　20　た　23
ち　130　つ　77　て　3　と　2　な　5　3　に　6　ぬ　128　ね　4
の　216　4　は　44　ひ　22.4　ふ　29　5　へ　75　ほ　25　ま　9
み　0.42

解　説

1　四則計算，逆算，単位の計算，比

(1)　$14-32\div\{(23-7)\div4+4\times3\}=14-32\div(16\div4+12)=14-32\div(4+12)=14-32\div16=14-2=12$

(2)　$5\frac{5}{6}\div2\frac{1}{3}=\frac{35}{6}\div\frac{7}{3}=\frac{35}{6}\times\frac{3}{7}=\frac{5}{2}=2\frac{1}{2}$

(3)　$\frac{9}{16}+\frac{1}{4}-\frac{4}{5}=\frac{45}{80}+\frac{20}{80}-\frac{64}{80}=\frac{65}{80}-\frac{64}{80}=\frac{1}{80}$

(4)　$4\frac{1}{5}\div1\frac{17}{25}-2\frac{1}{4}\times\frac{8}{27}=\frac{21}{5}\div\frac{42}{25}-\frac{9}{4}\times\frac{8}{27}=\frac{21}{5}\times\frac{25}{42}-\frac{2}{3}=\frac{5}{2}-\frac{2}{3}=\frac{15}{6}-\frac{4}{6}=\frac{11}{6}=1\frac{5}{6}$

(5)　$2.4\times5.2+7-3.6\div1.25=12.48+7-2.88=19.48-2.88=16.6$

(6)　$28-3\times(\square-7)=10$より，$3\times(\square-7)=28-10=18$，$\square-7=18\div3=6$　よって，$\square=6+7=13$

(7)　$1\frac{6}{7}-\left(\square-1\frac{3}{4}\right)\times\frac{4}{7}=1\frac{1}{7}$より，$\left(\square-1\frac{3}{4}\right)\times\frac{4}{7}=1\frac{6}{7}-1\frac{1}{7}=\frac{5}{7}$，$\square-1\frac{3}{4}=\frac{5}{7}\div\frac{4}{7}=\frac{5}{7}\times\frac{7}{4}=\frac{5}{4}=1\frac{1}{4}$　よって，$\square=1\frac{1}{4}+1\frac{3}{4}=2\frac{4}{4}=3$

(8)　2615÷60＝43あまり35より，2615秒は43分35秒である。

(9)　時速12kmは，分速，12×1000÷60＝200(m)だから，分速250m：時速12km＝分速250m：分速200m＝5：4となる。

(10)　1km＝1000m，1m＝100cmより，3.5km＝3500m，3200cm＝32mなので，3.5km－1940m＋3200cm＝3500m－1940m＋32m＝1560m＋32m＝1592mである。

2　速さ，割合，濃度《のうど》，つるかめ算，消去算，整数の性質，辺の比と面積の比，長さ

(1)　8分は，$8\div60=\frac{2}{15}$(時間)だから，$75\times\frac{2}{15}=10$(km)進む。

(2)　2340÷3000＝0.78，1－0.78＝0.22より，2340円は3000円の22％引きとわかる。

(3)　砂糖《さとう》水の重さは，55＋220＝275(g)なので，その濃度は，55÷275×100＝20(％)と求められる。

(4)　全部が500円玉だとすると，合計金額は，500×68＝34000(円)となり，実際よりも，34000－24800＝9200(円)多くなる。そこで，500円玉をへらして，かわりに100円玉をふやすと，合計金額は1枚あたり，500－100＝400(円)ずつ少なくなる。よって，100円玉の枚数は，9200÷400＝23

(枚)とわかる。

(5)　みかん１個の値段を[み]，りんご１個の値段を[り]として式に表すと，右の図①のア，イのようになり，これらの式の差を考えると，[み]×８－[み]×５＝[み]×（８－５）＝[み]×３にあたる値段が，620－485＝135(円)とわかる。よって，みかん１個の値段は，135÷３＝45(円)だから，アの式より，りんご１個の値段は，（485－45×５）÷２＝260÷２＝130(円)である。

図①

[み]×５＋[り]×２＝485(円)…ア
[み]×８＋[り]×２＝620(円)…イ

(6)　86ページのうち，１ページ目から９ページ目までの９ページをのぞいたページを読んだので，読んだのは全部で，86－９＝77(ページ)になる。

(7)　２つの三角形の面積が等しくて，底辺の長さの比が８：12だから，高さの比は，（１÷８）：（１÷12）＝$\frac{1}{8}$：$\frac{1}{12}$＝３：２となる。

(8)　上段と下段の三角形は高さが同じなので，右の図②のように，下段の三角形を上段に移動して変形すると，底辺が16cmで高さが(ウ)の直角三角形になる。よって，(ウ)の長さは，40×２÷16＝５(cm)とわかる。

図②

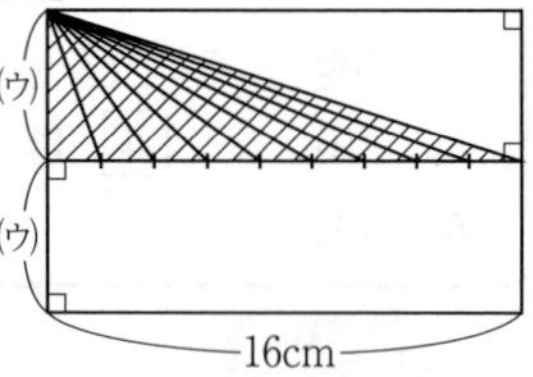

3　約束記号

(1)　５×５＝25より，５★25＝２となり，３×３×３×３＝81より，３★81＝４になる。よって，（５★25）＋（３★81）＝２＋４＝６である。

(2)　２×２＝４より，２★４＝２となり，２×２×２×２×２＝32より，２★32＝５だから，（２★４）＋（２★32）＝２＋５＝７になる。よって，２★□＝７より，□＝２×２×２×２×２×２×２＝128となる。

(3)　４×４×４×４＝256より，４★256＝４となり，３×３×３＝27より，３★27＝３なので，（４★256）－（３★27）＝４－３＝１である。よって，□★４＝１より，□＝４とわかる。

(4)　３×３×３＝27より，３★27＝３となり，３×３×３×３×３×３＝729より，３★729＝６になる。よって，６★□＝６－３＝３より，□＝６×６×６＝216と求められる。

4　割合と比

(1)　男子と女子の人数をそれぞれ14，11とすると，全校生徒の人数は，14＋11＝25と表せるので，女子の人数は全校生徒の，11÷25×100＝44(％)である。

(2)　男子の人数は全校生徒の，100－44＝56(％)で，その40％がスポーツ大会に参加したから，参加した男子の人数は全校生徒の，56×0.4＝22.4(％)とわかる。

(3)　スポーツ大会に参加した女子の人数は女子全体の15％だから，全校生徒の，44×0.15＝6.6(％)となる。よって，スポーツ大会に参加した人数は全校生徒の，22.4＋6.6＝29(％)と求められる。

5　平面図形―角度，面積

(1)　右の図①で，角AOBの大きさは角OCDの大きさと同じ30度だから，角(ア)の大きさは，(180－30)÷２＝75(度)である。

(2)　図①で，角CODの大きさは角(ア)の大きさと同じ75度なので，角AODの大きさは，80－75＝５(度)になる。よって，角(イ)の大きさは，

図①

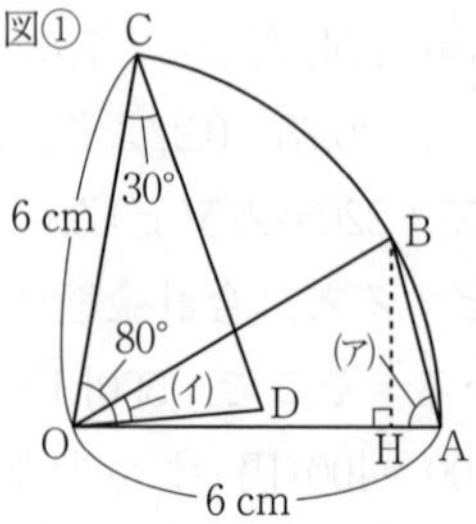

図②

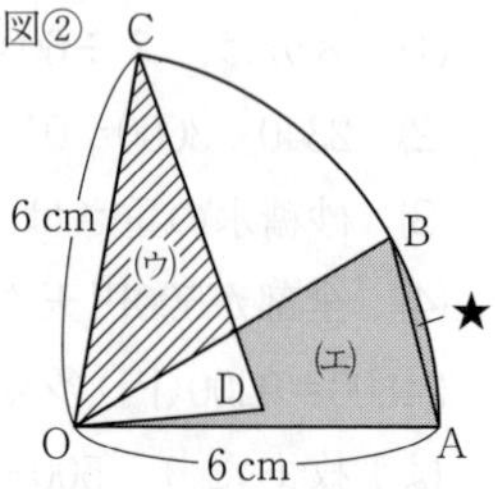

30－５＝25(度)となる。

⑶　図①の三角形OBHは，３つの内角が30度，60度，90度の直角三角形(正三角形の半分)だから，BHの長さは，OBの長さの半分で，$6\times\frac{1}{2}=3$ (cm)とわかる。よって，二等辺三角形OABの面積は，$6\times3\div2=9$ (cm^2)である。

⑷　上の図②で，二等辺三角形OABと二等辺三角形CODは合同で，面積が等しいので，㈦の部分の面積と，㈣の部分から★の部分をのぞいた面積は等しいとわかる。よって，㈦の部分の面積と㈣の部分の面積の差は，★の部分の面積となるから，$6\times6\times3.14\times\frac{30}{360}-9=9.42-9=0.42$ (cm^2)と求められる。

社会　＜第１回一般試験＞（理科と合わせて50分）＜満点：50点＞

解答

1 **問１** ⑴ C　⑵ B　**問２** ⑴ E　⑵ B　⑶ B　⑷ D　**問３** **A**
(イ) **D**　(カ) **E**　(エ)　**問４** ウ　**問５** イ　**問６** ウ　**問７** ウ　**問８** ア

2 **問１** 日米和親　**問２** ア　**問３** ウ　**問４** ⑴ 源頼朝　⑵ イ　**問５** 一向
問６ ウ　**問７** オランダ　**問８** エ　**問９** イ　**問10** 民本　**問11** ア　**問12**
GHQ　**問13** 池田勇人　**3** **問１** 主権　**問２** 教育　**問３** **３** ア　**４** オ
問４ ウ　**問５** イ　**問６** エ　**問７** イ

解説

1 ５つの都道府県についての問題

問１　九州にあり，大隅半島の対岸に位置するＡの半島は，薩摩半島。九十九里浜があるＢの半島は，房総半島。真珠《しんじゅ》の養殖がさかんで，伊勢神宮があるＣの半島は，志摩半島。黒船が来航した地として知られる浦賀があるＤの半島は，三浦半島。東北地方にあり，農地拡大の事業として干拓《かんたく》が行われた八郎潟があるＥの半島は，男鹿半島。

問２　問１の解説より，Ａは鹿児島県，Ｂは千葉県，Ｃは三重県，Ｄは神奈川県，Ｅは秋田県について書かれている。　⑴　日本海に面しているのは，秋田県(Ｅ)である。　⑵　らっかせいの約８割を生産しているのは，千葉県(Ｂ)である。　⑶　支流をのぞく利根川に面しているのは，群馬県，埼玉県，茨城県，千葉県(Ｂ)である。　⑷　政令指定都市を複数有しているのは，Ｄの神奈川県(横浜市・川崎市・相模原市)，静岡県(静岡市・浜松市)，大阪府(大阪市・堺市)，福岡県(福岡市・北九州市)である。

問３　㈠はＣの三重県，㈡はＡの鹿児島県，㈦は愛知県，㈣はＥの秋田県，㈤はＢの千葉県，㈥はＤの神奈川県の形である。なお，㈡について，右(東)側が大隅半島，左(西)側が薩摩半島である。㈦について，右(東)側が渥美半島，左(西)側が知多半島である。

問４　太陽光・風力・地熱・バイオマス・波力・潮力などのエネルギーは，一度利用してもくり返しつくり出すことが可能であり，今ある資源を減らさずに利用し続けることができるため，再生可能エネルギーとよばれる。

問５　有明海は，長崎県，佐賀県，福岡県，熊本県に囲まれた海域である。また，たくさんの河川が流れこむことで栄養分が豊かであることや，干満の差が大きいことから，有明海ではかきやのりの養殖が行われている。

問６　中京工業地帯は，工業地帯(域)において1999年から製造品出荷額等が第１位で，機械工業が製造品出荷額等の約３分の２を占《し》めている。なお，アは京浜工業地帯，イは北九州工業地帯，エは阪神工業地帯の製造品出荷額等の構成。

問７　北海道は乳牛・肉牛ともに飼育頭数第１位で，広大な牧草地で飼育されている乳牛の数が全国に占《し》める割合は約60％となっている。鹿児島県は大隅半島を中心に畜産がさかんで，豚の飼育頭数が第１位，肉牛・ブロイラーの飼育頭数が第２位である。

問８　夏に，宮城県仙台市で行われる七夕祭り，青森市で行われるねぶた，秋田市で行われる竿灯まつり，山形市で行われる花笠まつりを東北四大祭りという。なお，Ｅの文章で説明されている，ユネスコ無形文化遺産にも選ばれた秋田県の伝統的な行事は，「なまはげ」である。

[2] 各時代の歴史的なことがらについての問題

問１　アメリカ東インド艦隊指令長官ペリーは，1853年に軍艦４隻《せき》を率いて浦賀(神奈川県)に現れ，大統領の国書を渡して日本に開国を求めたが，翌年の回答を約束され，いったん日本をはなれた。1854年２月，軍艦７隻を率いて再び来航し，日米和親条約を結ばせた。

問２　『日本書紀』は，天皇の支配を正当化するために，天武天皇が舎人《とねり》親王や藤原不比等に編さんさせた歴史書で，神代から持統天皇までのできごとが年代の順を追って漢文で記されている。

問３　紫式部は，平安時代に一条天皇のきさきの彰子(藤原道長の娘)に仕え，貴族の女性の間で使われるようになったかな文字を使って，54帖からなる長編小説『源氏物語』を書いた。なお，アは東北地方で起こった前九年の役・後三年の役をしずめた人物，イは尼《あま》将軍とよばれた源頼朝の妻，エは『枕草子』を書いた人物。

問４　(1)　源頼朝は，1185年に国ごとに守護，荘園や公領に地頭を置くことを朝廷に認めさせ，支配を全国にひろげると，1192年に朝廷から征夷大将軍に任命され，鎌倉幕府を開いた。　(2)　13世紀後半，元の皇帝フビライ＝ハンは，鎌倉幕府の第８代執権北条時宗に降伏《こうふく》を求めたが断られたため，元と征服した高麗の連合軍を率いて，２度にわたり博多湾沿岸を襲撃した。なお，アは平安時代，ウは室町時代，エは江戸時代のできごと。

問５　鎌倉時代に親鸞が開いた宗派を浄土真宗(一向宗)といい，この信徒たちが起こした一揆を一向一揆という。1488年に加賀(石川県)で起こった一向一揆はその代表的なもので，守護の富樫政親を倒し，およそ１世紀にわたり領国を支配した。

問６　浮世絵は，人々の生活やようすを描いた絵で，江戸時代後半に錦絵(多色刷り版画)が生まれると，葛飾北斎や歌川広重らが多くの作品を描いた。なお，アは室町時代に水墨画を描いた人物，イは安土桃山時代にふすまや屏風に絵を描いた人物，エは1911年に青鞜《せいとう》社を設立した人物。

問７　江戸幕府は，キリスト教の教えや結束力が支配のさまたげになると考え，禁教令を出した。1635年に日本人の海外への渡航と日本への帰国，1639年にポルトガル船の来航を禁止して鎖国をしたが，キリスト教を布教しない清(中国)とオランダに限っては長崎で貿易を続けた。

問８　幕末の貿易は，輸入額よりも輸出額の方が多く，生糸(79.4％)・茶(10.5％)・蚕卵紙(3.9％)などを輸出し，毛織物・綿織物などを輸入した。生糸は，幕末から昭和初期にかけて日本最大の輸出品となり，国内では製糸業が発展していった。

問９　『学問のすすめ』で学問の重要さを説いたのは，福沢諭吉である。渋沢栄一は，1872年にイギリスの紡績機械を採用した大阪紡績会社，1873年に日本初の民間銀行となる第一国立銀行を創立するほか，多くの会社の設立に関わり，「日本資本主義の父」とよばれた。

問10　吉野作造は，政治が国民の幸福と利益のために行われることが必要で，そのためには天皇主権の下で民衆を政治の中心に置き，普通選挙による政党政治を実施しようという民本主義を唱えた。この主張は多くの人に支持され，民主主義の実現を求める大正デモクラシーの中心的理論となった。

問11　昭和時代は1926(昭和元)年から1989(昭和64)年まで続いた。関東地方南部を中心とする大地震により大きな被害が出た関東大震災は，1923(大正12)年９月１日に起こった。なお，イは1938(昭和13)年，ウは1946(昭和21)年，エは1964(昭和39)年のできごと。

問12　GHQ(連合国軍総司令部，連合国軍最高司令官総司令部)は，第二次世界大戦後に日本の占領政策を指揮した機関で，最高責任者はマッカーサーである。1945年８月に日本がポツダム宣言を受け入れたことで設置され，1952年にサンフランシスコ平和条約が発効したことにより廃止された。

問13　池田勇人は，1960年に内閣総理大臣となり，国民所得倍増計画を発表した。これは10年以内に国民総生産を２倍にし，国民の生活水準を大幅に引き上げることを目指したもので，実際には約７年でその目標を達成した。

3　国の政治や人権についての問題

問１　日本国憲法では，「ここに主権が国民に存することを宣言し」と表明した前文と，「主権の存する日本国民」と述べた第１条で，国民が国のあり方の最終決定権である主権を持つと定めている。

問２　日本国憲法第26条２項では，「すべて国民は，法律の定めるところにより，その保護する子女に普通教育を受けさせる義務を負う」と定められており，子女に教育を受けさせることは国民の三大義務の一つとなっている。

問３　**３**　現代のように人口が多く複雑化した社会では，直接民主制の実現は困難であるため，日本では国民によって選ばれた代表者が議会で話し合って政治を行う間接民主制を採用し，国民が代表者を通じてその意見や要望を政治に反映させるという方法をとっている。　**４**　性別や納税額などによって制限や差別されることがなく，一定年齢以上のすべての国民に選挙権をあたえる選挙を普通選挙という。この普通選挙，直接選挙，平等選挙，秘密選挙が選挙の４原則とされている。

問４　内閣の仕事は，法律で決められたことの実行，予算案や法律案の作成と国会への提出，条約の締結，政令の制定，最高裁判所長官の指名，天皇の国事行為に対する助言と承認などである。なお，アとエは国会，イは天皇の仕事。

問５　大日本帝国憲法は，1889年２月11日に天皇が国民に授ける形で発布された。天皇は「神聖不可侵で統治権を持つ元首」という位置づけであり，主権のほか，条約の締結権や陸海軍の統帥権なども有していた。

問６　裁判員制度は，司法に対する国民の理解と信頼を深め，国民も司法に参加して判決に国民の考えを反映させることなどを目的として2009年に導入された制度で，３人の裁判官と国民からくじなどで選ばれた６人の裁判員が話し合って有罪か無罪かを判断し，有罪の場合には刑の重さを判断する。

問７　環境権は，人として生活するのにふさわしい状態を求める権利で，高度経済成長期に公害がひろがったことにより，生命や健康の大切さがさけばれるようになり，新しい人権として主張されるようになった。

理　科　＜第１回一般試験＞（社会と合わせて50分）＜満点：50点＞

解　答

[1] **問１**　エ　**問２**　イ　**問３**　ウ　**問４**　エ　**問５**　エ　**問６**　ウ　**問７**　解説の図を参照のこと。　**問８**　ア，イ，オ，キ　[2] **問１**　(1)　二酸化炭素　(2)　ア　(3)　オ　**問２**　(1)　イ　(2)　酸素　(3)　オ　(4)　エ　(5)　C　[3] **問１**　イ　**問２**　ウ(イ)　**問３**　イ　**問４**　ウ　**問５**　ウ　**問６**　(1)　ウ　(2)　(あ)　(3)　ア

解　説

[1] セミの生活やからだのつくり，成長についての問題

問１　問題文中の図はアブラゼミである。多くのセミは全体や一部が透明《とうめい》なはねを持つが，アブラゼミのはねは全体が不透明で，茶色っぽい色をしている。

問２　一般《いっぱん》に，アブラゼミのじゅ命はおよそ６～７年といわれており，その大半を幼虫のすがたで過ごす。

問３　アブラゼミの幼虫のように，セミの幼虫の多くは木の根から吸える樹液をエサとしているため，木のそばの土の中で生活するものが多い。

問４　土の中は地上とくらべてセミの幼虫を捕食《ほしょく》する天敵が少ないことから，地上よりも安全に生活できると考えられる。

問５　アはアブラゼミのはね，イはセミが羽化をしたあとのぬけがら，ウはセミの幼虫が羽化をするために地中から地上へむけてほった穴，エは木の枝などにつくイラガのまゆである。したがって，エが選べる。

問６　セミの幼虫や成虫は，エサとなる樹液を吸いやすいストロー状の細長い口を持つ。

問７　こん虫のなかまであるセミは，からだが頭部・胸部・腹部の３つの部分にわかれており，右の図のように胸部に６本のあしを持つ。なお，セミの胸部には，６本のあしのほかに４枚のはねがある。

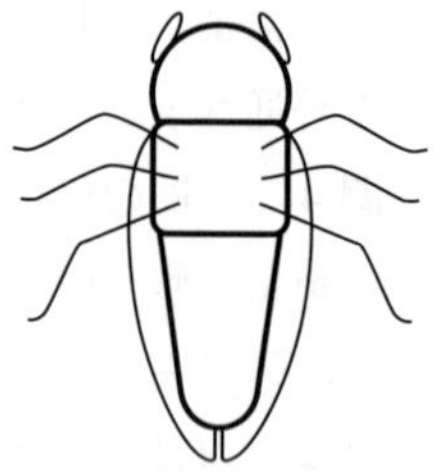

問８　ここでは卵から成虫になるまでのあいだにさなぎの時期がないこん虫を選ぶので，トンボ，ゴキブリ，コオロギ，カマキリを選ぶ。なお，アゲハなどのチョウのなかまにはさなぎの時期がある。また，クモやムカデはさなぎの時期はないが，クモはクモ類，ムカデは多足類に分類され，これらはいずれもこん虫ではない。

[2] 気体や水よう液についての問題

問１　(1)　ここで出てきた泡《あわ》は二酸化炭素で，空気中に約0.04％含《ふく》まれている。　(2)　一般に，酸性の液体の味はすっぱく，アルカリ性の液体の味は苦く感じるものが多い。　(3)　アルコール濃度《のうど》が８％の酒粕《さけかす》30ｇには，アルコールが，$30\times\frac{8}{100}=2.4$（ｇ）含まれている。したがって，酒粕30ｇに砂糖と水を加えて240ｇとした甘酒《あまざけ》のアルコール濃度は，$\frac{2.4}{240}\times100=1$（％）と求められる。

問２　(1)　液体(過酸化水素水)が入っている方のガラス管は長いものを用いる。これは，発生した気体が過酸化水素水の入っているガラス管へ逆流したり，三角フラスコ内で過酸化水素水が飛びはねたりするのをふせぐためである。もう一方のガラス管は，フラスコから発生した気体が出ていきやすいように短いものを用いる。　(2)　過酸化水素水が分解されると酸素と水ができるので，酸素の気体が発生する。　(3)　酸素は水にとけにくい気体なので，オのように水上置換《ちかん》法で集める。
(4)　二酸化マンガンには過酸化水素水の分解を助けるはたらきがあるが，二酸化マンガン自体は変化しない。このように，化学反応を助けるが，反応の前後で状態が変化しないものを触媒《しょくばい》という。
(5)　ふつう，過酸化水素水の分解は，過酸化水素水の温度が高くなるほど速く進む。一方で，実験に用いる過酸化水素水の体積が変化しなければ，過酸化水素水の分解で発生する酸素の体積は変化しない。したがって，Ｃのようなグラフとなる。

3　ふりこについての問題

問１　ふりこが振《ふ》れるときの速さは，端《はし》から一番低くなる位置まで振れる間にだんだんと速くなり，そこから反対側の端まで振れるにはだんだんとおそくなる。
問２　ふりこの往復は，おもりが振れてからまた元の位置に戻《もど》ってきたときを１往復とする。したがって，ふりこが10往復するのを数えるときは，数えやすいように，おもりが一方の端，もしくは，決まった方向から最も低いところにくるたびに回数を数えればよい。
問３　ふりこの長さが長いほどふりこが１往復する時間は長くなるので，長さが１ｍの方が長くなる。なお，ふりこが１往復する時間を２倍にするためには，ふりこの長さを，２×２＝４(倍)に，ふりこが１往復する時間を３倍にするためには，ふりこの長さを，３×３＝９(倍)にする必要がある。よって，ふりこが１往復する時間はふりこの長さに比例するとはいえないので，エは誤りである。
問４，問５　ふりこが１往復する時間はふりこの長さによってのみかわるので，ふりこの振幅《しんぷく》をかえたり，ふりこのおもりの重さをかえたりしても，ふりこが１往復する時間は変化しない。
問６　(1)，(2)　実験②の(あ)の結果からわかるように，ふりこの長さが長いほど，ふりこが１往復するのにかかる時間は長くなるので，ブランコで考えると，支点からブランコに乗る人の重心(重さが集まると考えることができる点)までの距離《きょり》が最も長くなるとき，ブランコが１往復する時間が一番長くなるといえる。よって，ブランコにぶら下がっているときが一番長くなる。　(3)　ブランコの振れる速さがおそいほど，ブランコに乗っている人が他のブランコに飛び移ったり，ブランコから降りたりしやすくなると考えられる。問１で述べたように，ふりこの速さはおもりが両端へ近づくにつれておそくなるので，ブランコの振れの端になる位置を選べばよい。

国　語　＜第１回一般試験＞（50分）＜満点：100点＞

解　答

一　**問１**　下記を参照のこと。　**問２**　①　ア　②　ウ　③　イ　二　**問１**　①　イ　②　エ　③　イ　**問２**　イ　**問３**　イ　**問４**　無理　**問５**　エ　**問６**　エ　**問７**　ア　**問８**　イ　**問９**　ウ　**問10**　ウ　三　**問１**　美しさ　**問２**　イ　**問３**　(例)

一定の条件をつければ障害のない人でも競技できるということ。　**問４**　周囲の声や　**問５**　イ　**問６**　あたりまえ　**問７**　ア　**問８**　イ

●漢字の書き取り

一　**問１**　①　背　②　敬　③　宝庫　④　臨時

解説

一　漢字の書き取りと語句の知識

問１　①「背にする」は，“後ろ側に来るようにする”という意味。　②　音読みは「ケイ」で，「尊敬」などの熟語がある。　③　貴重な資源などがたくさんある場所。　④　一時的に。

問２　①「過《あやま》ちをおかす」は，“良くないことをしてしまう”という意味。　②「敵をつくる」は，“相手の不快に思うことを言ったりしたりして，きらわれる”という意味。　③　行き過ぎると，「単なるわがままとなる」可能性があるものは，「自由」である。

二　出典はアナトール・フランス作，岸田國士《きしだくにお》訳の『母の話』による。小さな弟のそばを離《はな》れずに歩くという約束を守らなかったために，四人の年上の者たちは泥《どろ》まみれになってしまう。

問１　①　作ること。　②　行進などの足並みが，ぴたりとそろっているようす。　③　落ち込《こ》んで，しょげかえるようす。

問２　次の段落にあるように，エチエンヌは「小さすぎる」ので，「一生懸命《けんめい》，足を速め」ても，「どうしても仲間について行け」ないのである。よって，イが選べる。

問３　エチエンヌがいくらがんばっても，仲間について行けないという「いつでも同じ結果」になるのは，「小さすぎる」という「同じ原因」があるからである。五人の「調子が揃《そろ》う」には，年上の四人が「自分の脚《あし》に応じた歩き方」をやめて，エチエンヌの歩調に合わせるしかないが，四人はそれをしないので，当然，差は広がってしまうのである。よって，イがふさわしい。

問４　「それは駄目《だめ》」の「それ」は，「エチエンヌの足にあわせて歩いて」やることである。よって，ここでの「それは駄目」は，直後の「この子たちにはそもそも註文《ちゅうもん》するだけ無理」とほとんど同じ意味と考えられる。

問５　「世間の強い人たち」が「弱い人たちをおいてきぼり」にするように，「この子たち」も小さいエチエンヌを「おいてきぼり」にしてしまうところが，大人と「同じ」なのである。よって，エがよい。

問６　草原の中に入ることは，道から外れることである。また，「柔《やわら》かい地面に，足がめり込んでいく」とは，「泥の中にはまり込み」つつあるということであり，泥だらけになるということは，「大きい人や強い人には大変な災難《さいなん》が降りかかって来るということ」である。それはまた，「いいつけを守らない四人」への罰《ばつ》を表していると考えられる。よって，エが合う。

問７　母親から「一番小さいエチエンヌのそばを決して離れないこと」といいつけられていたにもかかわらず，エチエンヌが遅《おく》れても歩みをゆるめずにいた四人は，「緑の草原の精」に「泥のゲートル」をはかされ，足をとめられたのだから，アがふさわしい。

問８　エチエンヌは，泥まみれになった四人を見て，「喜んでいいのか，悲しんでいいのかわからないような気持《きもち》」になり，「大きい人や強い人には大変な災難が降りかかって来るということ」について，「いろいろと考えて」いる。つまり，エチエンヌは遅れてきたため，何で四人の足が泥だ

らけになっているのかがわからなかったのだろう。よって，イが合う。

問９　大人も子どもも，「強い人たち」は「弱い人たちをおいてきぼり」にするが，それは良くないことだということを，四人の子たちが泥だらけになるという罰を通して伝えていると考えられる。よって，ウがふさわしい。

問10　問９でもみたように，この物語で伝えられているのは，四人の子どもたちが小さなエチエンヌを「おいてきぼり」にした，すなわち，「強い人たち」が「弱い人たちをおいてきぼり」にすることに対するいましめと考えられる。よって，ウがよい。

三　**出典は好《よし》井《い》裕明《ひろあき》の『「今，ここ」から考える社会学』による。**筆者は障害者スポーツを通して，常識や価値が転倒《てんとう》していくことについて述べている。

問１　障害者スポーツに取り組む選手たちの姿に，私たちが「驚《おどろ》き，感動」するのは，「ひととしての美しさ」を感じ取るからだと筆者は考えている。

問２　筆者は，障害者スポーツに対する固定的な見方から離《はな》れることで，自らが持つ「あたりまえ」の知が確実に揺《ゆ》らぎ，結果として「障害という『ちがい』それ自体とよりまっすぐに向きあえるようになる」と述べている。このプロセスは「成長」といえるので，イがよい。

問３　筆者は，「車いすバスケットの試合」を見て，これは「障害ある人々だけが参加することができるスポーツなのだろうか」という疑問を持っている。また，「ブラインドサッカーの試合」を見ていても，「同じことを思う」とあるので，これらの競技について筆者は，障害のある人だけではなく，障害のない人も楽しめるものだと考えていると想像できる。

問４　筆者は，自分がブラインドサッカーをやるとしても，「視覚が遮《さえぎ》られたなかで，周囲の声や音を聞きわけ，状況《じょうきょう》を瞬時《しゅんじ》に判断し，次のプレーに移れる能力」が，視覚障害のある選手に劣《おと》っているので，うまくプレーできないと述べている。「研ぎ澄ませるべき力」とは，この「能力」であると考えられる。

問５　私たちは，普段「見えること」に価値を置いているが，ブラインドサッカーは，「見えない」なかでプレーするので，「見える」ことに価値があるという常識は，通用しないのである。よって，イがよい。

問６　筆者は，「普段《ふだん》私たちが『あたりまえ』だと思いこんでいる支配的な常識や価値が見事に転倒される」ことが，障害者スポーツの持つおもしろさだと考えている。つまり，障害者スポーツによって，「あたりまえ」とされていた「常識や価値」が確実に揺《ゆ》るがされつつあると筆者は述べていると考えられる。

問７　障害のある人々に対する数々の「あたりまえ」(「決めつけ」や「思いこみ」など)が自分の中からなくなることで，彼らと対等になり，ともに生きていくための一歩がふみ出せると筆者は述べている。よって，アが選べる。

問８　障害という「ちがい」のもつ意味や意義について，想像力が働くようになるには，普段私たちが「あたりまえ」だと思いこんでいる「支配的な常識や価値」にとらわれないことが必要である。よって，イが選べる。

2023年度 聖学院中学校

【算　数】〈第１回アドバンスト試験〉（50分）〈満点：100点〉

（注意）１．図は必ずしも正確ではありません。

２．必要なときには円周率を3.14としなさい。

1 (1) $320\div(22-18)\div5-3\times\{4\times(9-6)-7\}=$ [あ]

(2) $4.5-\frac{7}{9}\div2\frac{1}{3}+0.5\times\frac{5}{3}=$ [い]

(3) $2.5+\left(\boxed{\text{う}}\div\frac{5}{7}-1.1\right)\times\frac{5}{3}=10$

(4) $\left(\frac{7}{10000}\text{m}^3+500\text{cm}^3\right)\times6+(80\text{dL}-2800\text{mL})\div2=$ [え] L

(5) $12.3\times9.24-7.38\times3.6+4.92\times7.3=$ [お] （この問題は工夫して計算し，求める過程をかきなさい）

2 (1) 赤玉は１つで５点足され，白玉は１つで３点足され，青玉は１つで２点引かれます。箱から６個取り出したとき，点数の合計は12点で，白玉の個数と青玉の個数は同じでした。赤玉は [か] 個取り出しました。

(2) ある商品に仕入れ値の２割増しの定価をつけ，その15％引きで売りました。売値が1530円のとき，仕入れ値は [き] 円です。

(3) ある池を，Ａさんは60秒で，Ｂさんは72秒で１周します。２人が同時に同じ方向に出発し，Ａさんが２周したとき，Ｂさんはスタート地点から近いほうで200ｍのところにいました。この池の周囲は [く] ｍです。

(4) Ａ，Ｂ，Ｃの３人で合わせて54枚の折り紙を持っています。はじめにＡさんが持っていた枚数の $\frac{1}{3}$ をＢさんに渡しました。次にＢさんが持っている枚数の $\frac{1}{3}$ をＣさんに渡したら，３人が持っている枚数は同じになりました。はじめにＣさんは [け] 枚持っていました。

(5) ３つの数Ａ，Ｂ，Ｃがあります。ＡとＢの平均は27，ＢとＣの平均は33，ＣとＡの平均は20です。このとき，Ａは [こ]，Ｂは [さ]，Ｃは [し] です。

(6) 右の図の三角形ABCの面積は60cm^{2}です。APの長さとPCの長さの比は１：２で，BQの長さとQPの長さの比は３：１です。三角形CPQの面積は [す] cm^{2}です。

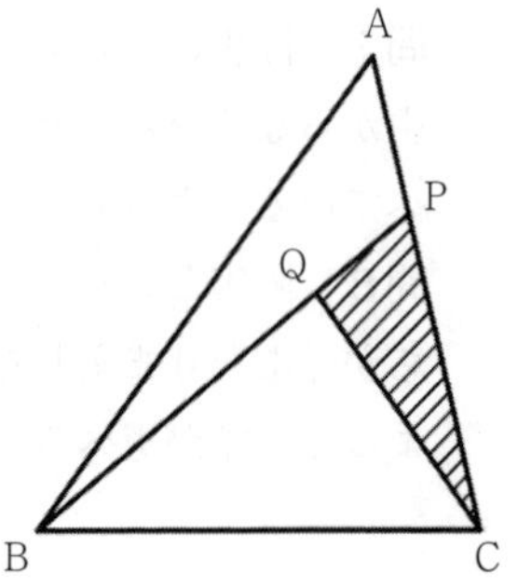

3　午前８時に家を出発し，時速５km の速さで公園に向かって歩きました。と中，カフェで40分間休み，そこからは時速４km の速さで歩いたので，公園には午前10時58分に着きました。公園で２時間遊び，来た道を時速８km の速さで走ると，午後２時13分に家に着きました。

(1)　家から公園までの道のりは [せ] km です。

(2)　家からカフェまでの道のりは [そ] km です。(この問題は求める過程をかきなさい)

4　ある壁(かべ)に色をぬるとき，Ａさんが11時間作業をした後，ＡさんとＢさんの２人で作業をすると，残りの壁をぬるのに６時間かかります。また，Ａさんが８時間作業をした後，Ｂさんだけで作業をすると，残りの壁をぬるのに12時間かかります。

(1)　この壁は，Ａさんが [た] 時間作業をした後，Ｂさんだけで６時間作業するとちょうどぬり終わります。

(2)　Ａさんが色をぬる速さとＢさんが色をぬる速さの比は [ち] : [つ] です。

(3)　この壁にＡさんとＢさんの２人で同時に色をぬると，ぬり終わるまでに [て] 時間 [と] 分かかります。(この問題は求める過程をかきなさい)

(4)　この壁にＡさんとＢさんの２人で同時に色をぬっていましたが，と中でＡさんだけが休けいをしたため，作業は全部で11時間かかりました。Ａさんが休けいしたのは [な] 分です。

5　右の図は半径が10cm，中心角が105度のおうぎ形です。また，おうぎ形の中心Ｏと点Ｂが重なるように折ったときにできる折り目を AD とします。

(1)　AB の長さは [に] cm です。

(2)　角(ア)の大きさは [ぬ] 度です。

(3)　しゃ線部分の面積は [ね] cm^2 です。

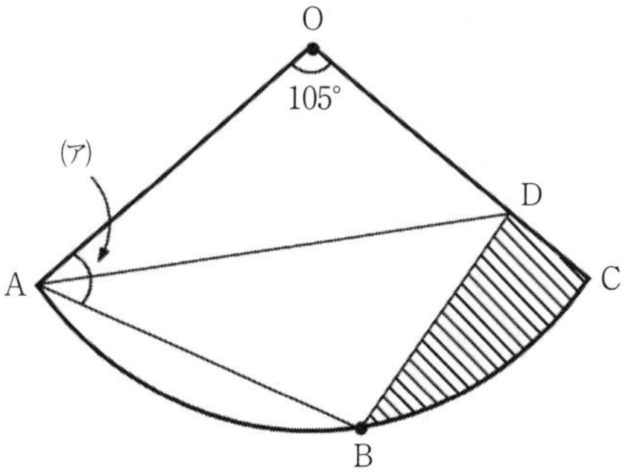

【社　会】〈第１回アドバンスト試験〉（理科と合わせて50分）〈満点：50点〉

1　次の会話文を読んで，あとの問いに答えなさい。

学　　先生，ふるさと納税って聞いたことがありますか。昨日，お父さんと話していたんです。

先生　もちろん知っているし，先生もふるさと納税をやっているよ。

学　　僕はあまり仕組みがよくわかっていないのですが，お父さんはとてもお得だって言っていました。

先生　名称は「ふるさと納税」だけど，実際は自治体に対する寄付なんだ。その寄付に対して，その自治体が関係する業者などからお礼の品を送ってくれるというのが，お父さんの言ってる「お得だ」という点かな。ただ，単純な寄付ではなくて，寄付した総額から２千円を差し引いた額を，その年度の所得税や次の年に払う住民税から差し引いてくれるので，本来地元に払うべき税金を寄付した自治体に払っているようにみえるから「納税」と言っているんだね。

学　　だったら，ふるさと納税をすればするだけお得ですね。

先生　さすがにそうはいかないよ。戻ってくる税金の上限というのが決まっていて，おおまかに言うと，支払っている住民税のおよそ２割までなんだ。それ以上は，単純に自治体への寄付になるよ。

学　　そうだったのですか。自治体からの返礼品って，具体的にはどんな物があるのでしょうか。

先生　多くみられるのが食料品かな。例えばお米の生産高が日本一の（　１　）にある魚沼市の返礼品にはお米のコシヒカリがあるね。同じくお米の生産高が全国第２位の北海道にある旭川市では，道産のお米である，ななつぼしが返礼品になっている。ほかにも北海道では生産高日本一になっている【　A　】なども返礼品になっているんだ。また，①のりの養殖で有名な所に，（　２　）の三河湾があるけど，ここに属する西尾市には焼きのりが返礼品として用意されているよ。

学　　僕は果物が好きなのですが，高級なシャインマスカットもありますか。

先生　ぶどうの生産高日本一である（　３　）の笛吹市をはじめとして，シャインマスカットは人気があるため，いくつもの自治体で扱っているよ。ほかの果物では，やはり生産高日本一で，さくらんぼが取れる季節に送ってくれる（　４　）の村山市などもある。りんごの生産高日本一の（　５　）の弘前市は，糖度13度の甘さをほこる高級りんごだけじゃなく，りんごジュースまで返礼品になっているよ。

学　　ほかに何か変わった返礼品ってありますか。

先生　（　６　）の浜松市はローランドという楽器メーカーがあるので，電子ピアノが返礼品になっているよ。ちなみに，浜松市から②富士市にかけての駿河湾沿岸は【　B　】工業地域を形成しているね。また，三重県にある【　C　】半島は③真珠の養殖で有名だけれど，【　C　】市の返礼品の中には真珠のネックレスもあるんだ。ところで，学君の家には，和室はあるかい。

学　　はい，たたみの部屋ですよね。

先生　たたみの表面は，い草から作るのだけれど（　７　）の八代平野は，い草の栽培が盛んなんだ。それもあって，八代市の返礼品にはたたみ表《おもて》が用意されているよ。また温泉で有名な（　８　）の別府市では，温泉旅館の宿泊券といった返礼品もあるんだ。（　８　）にある唯一の空港は国《くに》東《さき》半島にあるので，別府までは車で１時間近く掛かってしまうけれどね。

学　ふるさと納税ってすごいですね。

先生　確かに，地方の活性化などメリットも多いふるさと納税だけど，必ずしも④メリットだけじゃない。そうした点もよく考えて，君も将来，ふるさと納税を利用してみて欲しいな。

問１　文中の（１）～（８）にあてはまる都道府県名を下から選びなさい。

北海道　青森県　山形県　新潟県　富山県　山梨県　静岡県　愛知県
島根県　山口県　長崎県　熊本県　大分県　福岡県　鹿児島県

問２　文中の【Ａ】にあてはまるものを下から２つ選び，記号で答えなさい。

ア．キャベツ　イ．みかん　ウ．ピーマン　エ．じゃがいも　オ．たまねぎ

問３　文中の【Ｂ】・【Ｃ】にあてはまるものを答えなさい。

問４　下線部①について，のりの養殖地として生産高日本一であるものを下から選びなさい。

浜名湖　広島湾　諏訪湖　有明海

問５　下線部②について，富士市で代表的な工業を下から選び，記号で答えなさい。

ア．造船業　イ．製鉄業　ウ．セメント業　エ．製紙業

問６　下線部③について，真珠の養殖地としてあてはまるものを下から２つ選び，記号で答えなさい。

ア．宇和海　イ．陸奥湾　ウ．広島湾　エ．大村湾　オ．仙台湾

問７　下線部④に関して，ふるさと納税のデメリット（問題点）と考えられることを，「自治体」という語を用いて，20字以上で答えなさい。

2　次の文章を読んで，あとの問いに答えなさい。

Ａ　コレラは古来，インドガンジス川のデルタ地帯の風土病でした。世界の一体化が進んだ19世紀にコレラが大流行し，諸外国にその記録が残されています。欧米諸国が接近してきた日本においても①安政のころ，深刻な事態が生じました。この事態は「安政コロリ」と名づけられ，江戸だけで約３万人の死者が出ました。長崎に入港したアメリカのミシシッピー号の乗組員より持ち込まれたと言われています。

Ｂ　天然痘《とう》は，日本では②聖武天皇の時代に大流行し，大仏の建立はこれを鎮《しず》めるためともいわれています。古来より世界規模で幾度《いくど》となく大流行をくり返してきた天然痘ですが，その中で最も衝撃的なのは，ラテンアメリカでの大流行でしょう。コルテスやピサロなど，スペイン人が大陸に持ち込んだ天然痘その他の伝染病に対して，抗体を持たないインディオ（現地の人々のこと）たちは，スペイン人と接触しただけで死んでしまう人が続出したといいます。コロンブスがアメリカ大陸（実際は西インド諸島）に到達した数十年後のできごとでした。このころ日本ではポルトガル人が③九州の南方の島に漂着し，やがて戦争のやり方を一変することになる，④新兵器をもたらしました。

Ｃ　20世紀のはじめに人類は，あるウイルスのために短期間で多くの命を失いました。そのウイルスの大流行は「スペイン風邪《かぜ》」などと名づけられましたが，その正体はインフルエンザでした。全世界での死者数は５千万～１億人ともいわれ，この伝染病が⑤第一次世界大戦の終結を早めたともいわれています。日本もこの戦争に参戦していたためか被害が拡大し，38万人以上の人々が亡くなりました。開戦当時日本の首相は⑥大隈重信でした。

Ｄ　結核《けっかく》も古来から社会に蔓延《まんえん》した感染症です。何度も大流行しましたが，近代では19世紀のイ

ギリスのロンドンでの被害が大きかったようです。日本では⑦高杉晋作，陸奥宗光，石川啄木，⑧樋口一葉といった多くの有名人が結核で命を落としました。また，この時代は⑨「【　　】強兵」・「殖産興業」のスローガンのもと，欧米諸国に追いつき追いこすことを実現するために工業化を進めていました。しかしながら，労働環境に問題があり，⑩工場で働いていた人々のあいだにも被害が広がりました。

Ｅ　紀元前３千年ごろの西アジアが最初の流行地と考えられている麻疹《はしか》は，日本でも古来，何度も大流行しています。麻疹で亡くなったといわれる有名人の一人が，第５代将軍徳川綱吉です。第３代将軍⑪家光の子供に生まれた彼はとても学問好きで儒学を幕府の学問とし，孔子をまつる聖堂を上野忍《しのぶ》ケ岡から⑫ある場所に移しました。また，財政が苦しく貨幣の質を落としましたが，経済が混乱し，⑬ある人物が貨幣の質をもとに戻《もど》しました。

問１　下線部①について，この元号の時代の出来事を下から２つ選び，記号で答えなさい。

ア．大老井伊直弼が吉田松陰などを，次々に処刑した。

イ．将軍徳川吉宗が中心となって様々な改革をすすめた。

ウ．参勤交代の制度が整えられた。

エ．日米修好通商条約が結ばれ，アメリカとの貿易が始まった。

オ．将軍徳川慶喜が朝廷に政権を返上した。

問２　下線部②について，この人物に関係するものを下から選び，記号で答えなさい。

ア．藤原不比等らに命じて大宝律令をつくらせた。

イ．第１回遣唐使を派遣した。

ウ．妃《きさき》の光明皇后は施薬院を建て病人や貧しい人々のためにつくした。

エ．太《おおの》安《やす》万《ま》侶《ろ》らに命じて『古事記』をつくらせた。

問３　下線部③について，あてはまるものを漢字３字で答えなさい。

問４　下線部④について，あてはまるものを答えなさい。

問５　下線部⑤について，この戦争の戦勝国の組み合わせとして正しいものを下から選び，記号で答えなさい。

ア．ドイツ・イギリス・フランス

イ．トルコ・イギリス・フランス

ウ．オーストリア・日本・フランス

エ．イギリス・フランス・日本

問６　下線部⑥について，この人物が行なったことを下から２つ選び，記号で答えなさい。

ア．幕臣として開国運動に携《たずさ》わった。

イ．イギリスの流れをくむ立憲改進党を結成した。

ウ．条約改正に携わり，治外法権の撤廃に成功した。

エ．日本代表の外相としてポーツマス条約を結んだ。

オ．東京専門学校(後の早稲田大学)を創設した。

問７　下線部⑦について，この人物が行なったことを下から選び，記号で答えなさい。

ア．奇兵隊を組織した。

イ．自由党を結成した。

ウ．初代内閣総理大臣になった。

エ．日本代表の外相として下関条約を結んだ。

問８　下線部⑧について，この人物が行なったことを下から選び，記号で答えなさい。

ア．青鞜《せいとう》社をつくり，雑誌『青鞜』を発行した。

イ．岩倉使節団の一員として渡米し，後に女子英学塾(後の津田塾大学)を創設した。

ウ．小説家で，『たけくらべ』，『にごりえ』などを著した。

エ．「君死にたもうことなかれ」が有名になった歌人であり，日露戦争に反対した。

問９　下線部⑨について，【　】にあてはまるものを漢字２字で答えなさい。

問10　下線部⑩について，明治時代に群馬県に建てられた官営工場を答えなさい。

問11　下線部⑪について，この人物が行なったことを下から選び，記号で答えなさい。

ア．御成敗式目をつくらせた。

イ．生類憐みの令を廃止した。

ウ．島原・天草一揆を鎮圧《ちんあつ》させた。

エ．株仲間を公認した。

問12　下線部⑫について，あてはまる場所を下から選びなさい。

湯島　　下田　　箱根　　長崎

問13　下線部⑬について，あてはまる人物を下から選びなさい。

渋沢栄一　　田沼意次　　新井白石　　松平定信

問14　文章Ａ～Ｅの内容として正しいものを下から２つ選び，記号で答えなさい。

ア．19世紀，イギリスのロンドンにおいて大流行したのは結核であった。日本でも流行し，陸奥宗光，石川啄木，樋口一葉といった多くの有名人が結核で命を落とした。

イ．麻疹で亡くなった有名人としては第５代将軍徳川綱吉がいる。この将軍は学問好きで仏教を幕府の学問にした。そのため，孔子をまつる聖堂を上野忍ケ岡に移した。

ウ．コレラは世界の一体化が進んだ19世紀に世界中で大流行した。日本にも伝わり，日本全体で約３万人の死者がでた。長崎に入港した，イギリスのミシシッピー号の乗組員が持ち込んだといわれている。

エ．コロンブスがアメリカ大陸に到達した直後に天然痘が大流行した。コルテスやピサロなど，ポルトガル人が大陸に持ち込んだ天然痘その他の伝染病に対して，抗体を持たないインディオたちは，ポルトガル人と接触しただけで死んでしまう人が続出したという。

オ．全世界で５千万人以上の死者を出したといわれたのが「スペイン風邪」である。これの正体はインフルエンザであった。このインフルエンザの大流行が第一次世界大戦の終結を早めたといわれている。

３　次の文章を読んで，あとの問いに答えなさい。

2022年７月10日，①参議院議員通常②選挙が行なわれました。今回の選挙では，消費税の廃止や③所得税の税率変更などを公約に掲げる候補者がいました。

もし法律として制定された場合，実際に運用するのは④内閣です。また⑤法律が憲法に違反していないかを監視《かんし》するのは裁判所です。三権は，互いに協力関係を持ちながら監視をしあい，⑥国民の権利を尊重しています。

問１　下線部①について，現在の参議院議員の定数を下から選び，記号で答えなさい。

ア．124　　イ．248　　ウ．348　　エ．465

問２　下線部②に関して，「一票の格差」が問題視されている。「一票の格差」の問題点を下から選び，記号で答えなさい。

ア．全ての選挙区において当選する人数(議席数)が２人であること。

イ．争う立候補者間で，たった一票の差により当落が分かれてしまうこと。

ウ．有権者の持つ票の数が異なること。

エ．有権者の持つ票の価値が異なること。

問３　下線部③について，所得税は累進課税制度が採用されている。累進課税制度について正しいものを下から選び，記号で答えなさい。

ア．所得が多い人ほど税率が高い。

イ．年齢が高い人ほど税率が高い。

ウ．年齢や収入に関わらず，全員一律に同じ額が徴収される。

エ．間接税のひとつである消費税においても，累進課税制度が採用されている。

問４　下線部④に関して，以下の問いに答えなさい。

(1)　内閣総理大臣は，内閣の構成員である【　Ａ　】を自由に任免できる。その過半数は国会議員でなければならない。【Ａ】にあてはまるものを，漢字４字で答えなさい。

(2)　内閣の仕事や権限として正しいものを下から選び，記号で答えなさい。

ア．条約の承認　　　　イ．天皇の国事行為への助言と承認

ウ．法案への拒否権　　エ．最高裁判所長官の任命

問５　下線部⑤について，この権限を何というか，漢字７字で答えなさい。

問６　下線部⑥について，国は国民の基本的人権を「【　Ｂ　】の福祉」に反しない範囲で，最大限保障しなければならない。【Ｂ】にあてはまるものを漢字２字で答えなさい。

【理　科】〈第１回アドバンスト試験〉（社会と合わせて50分）〈満点：50点〉

1　聖《きよし》君は家でメダカを飼うことにしました。メダカが卵をよく産むようにするために，水温を一定にすることにしました。水温を調整するにはヒーター，温度センサーが必要です。聖君はヒーターを自作しました。ただし，ヒーターで発生した熱はすべて水の温度を上げるために使われるものとします。

問１　導線に電流が流れるかを確認するために，右の図のような回路をつくりました。導線の下に方位磁針を置き，スイッチを入れました。方位磁針の向きが変わったため，電流が流れることが確認できました。電流が流れているとき，方位磁針はどの向きになりますか。次の**ア**～**エ**から選び記号で答えなさい。

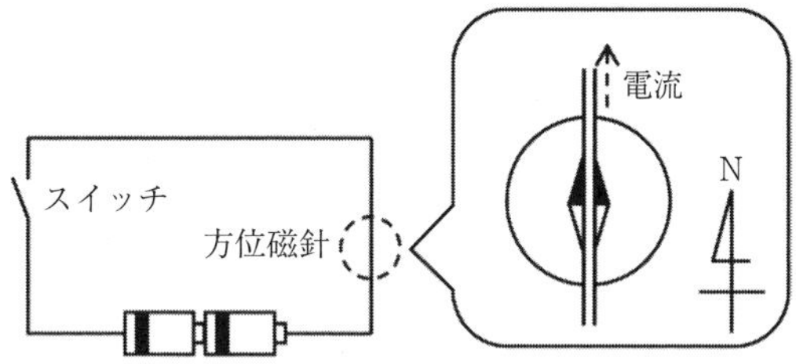

問２　電熱線を用いてヒーターをつくりました。水500ｇに電熱線を入れ，下の図のような回路で電熱線に電流を流すと，水温の変化は下のグラフのようになりました。ただし，使用した電池はすべて同じものとし，水は熱が外へ出ない容器に入っているものとします。

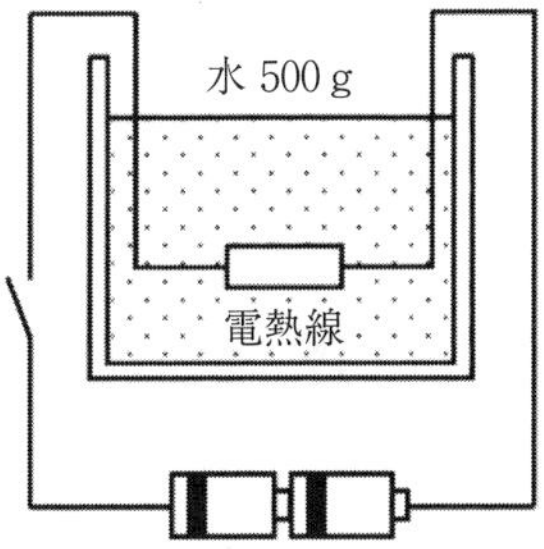

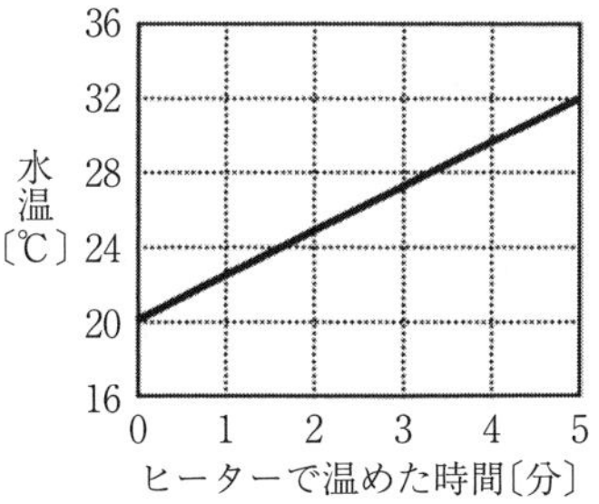

(1)　水温が１℃上昇《しょう》するのにかかる時間は何秒ですか。

(2)　電池を取りかえる回数を減らすために，電池を４つ用いることにしました。電熱線による水の温度上昇を変えずに，長くヒーターを使うには４つの電池をどのようにつなげばよいですか。次の**ア**～**ウ**から選び記号で答えなさい。

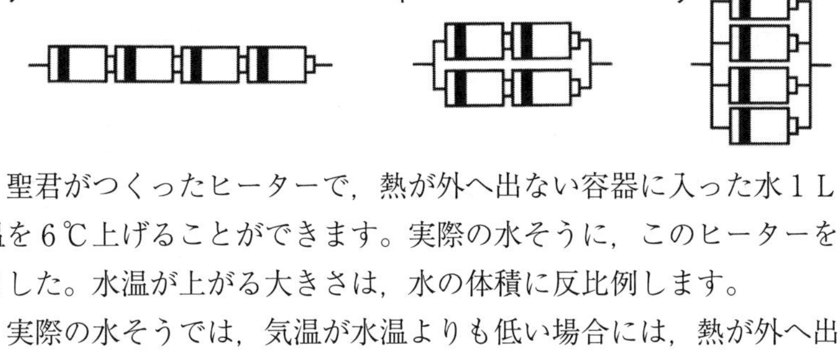

問３　聖君がつくったヒーターで，熱が外へ出ない容器に入った水１Ｌを温めると，10分間で水温を６℃上げることができます。実際の水そうに，このヒーターを入れて使用することにしました。水温が上がる大きさは，水の体積に反比例します。

実際の水そうでは，気温が水温よりも低い場合には，熱が外へ出るので水温が下がります。そのため，熱が外に出ない容器よりも水を温めるのに時間がかかります。

水そうにヒーター，温度計，温度センサー，水10Ｌを入れ，水温を測定しました。水温を調整し，メダカが生活しやすい環境《かんきょう》をつくりました。ただし，熱が外へ出ていくことによる水温の下がり方は一定と考えます。

(1)　ヒーターで水10Ｌを温めました。熱が外へ出ないとするならば，10分間で水温は何℃上がると考えられますか。

(2)　ヒーターをつけずに，水そうの水温を測定すると右のグラフのようになり，熱が外へ出ていくことがわかりました。10分間で水温は何℃下がると考えられますか。

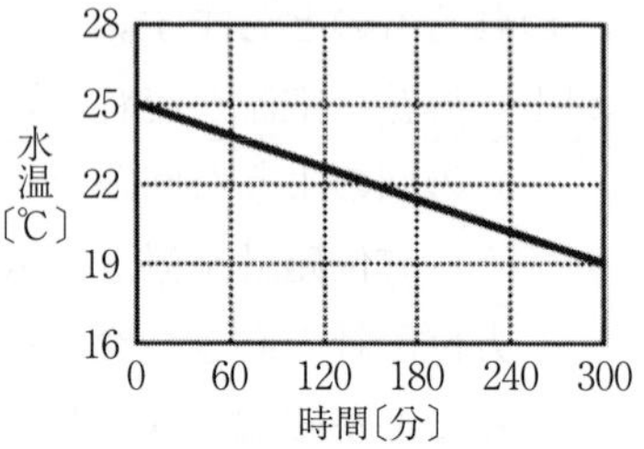

(3)　聖君は，水そうの水温が19℃以下になるとヒーターをつけ，25℃以上になるとヒーターを止めるように温度センサーを設定しました。19℃でヒーターをつけると何分後に25℃になりますか。

問４　電池の代わりに光電池を用いることにしました。しかし，光電池は夜に電気をつくることができないため，昼につくった電気をためる必要があります。電気をためることができる部品は，次のうちどれですか。**ア**～**エ**から選び記号で答えなさい。

ア　LED　　**イ**　モーター　　**ウ**　コイル　　**エ**　コンデンサー

問５　聖君は水そうに砂利や水草を入れ，メダカを飼い始めました。

(1)　メダカの飼い方として，正しく述べたものはどれですか。次の**ア**～**エ**から選び記号で答えなさい。

ア　温度を均一にするために水をよくかき混ぜる。

イ　水そうには，水道水をそのまま入れる。

ウ　水そうは明るく，直射日光が当たらないところに置く。

エ　産んだ卵は水そうに残しておく。

(2)　水草の役割として，まちがっているものは次のうちどれですか。**ア**～**エ**から選び記号で答えなさい。

ア　水温を一定にする。

イ　メダカが卵を産み付ける場所になる。

ウ　メダカのかくれ場所になる。

エ　水中の酸素を増やす。

問６　問３(3)では，「水温が19℃以下になるとヒーターをつけ，25℃以上になるとヒーターを止める」ように温度センサーの設定をしました。この設定にプログラミングを用いました。

例えば，人感センサーのついたライトでは，「人が動いたら電気をつける」ような設定にします。そのプログラムは右の図のように書くことができます。

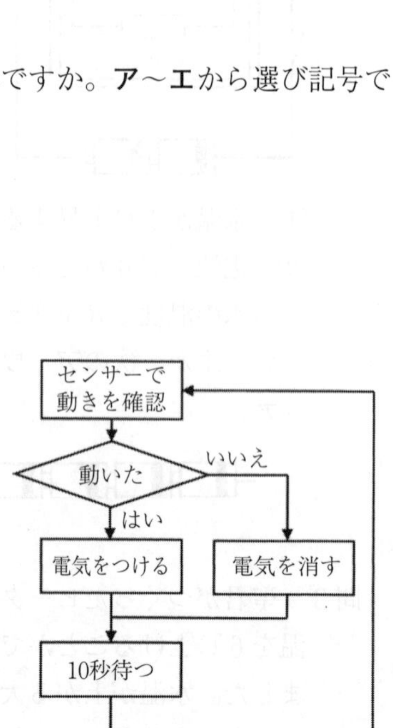

次の図は，聖君がヒーターを設定するために書いたプログラムを表しています。**A**，**B**に入る条件，**C**に入る動作で，適切なものを下の**ア**～**エ**から選び記号で答えなさい。

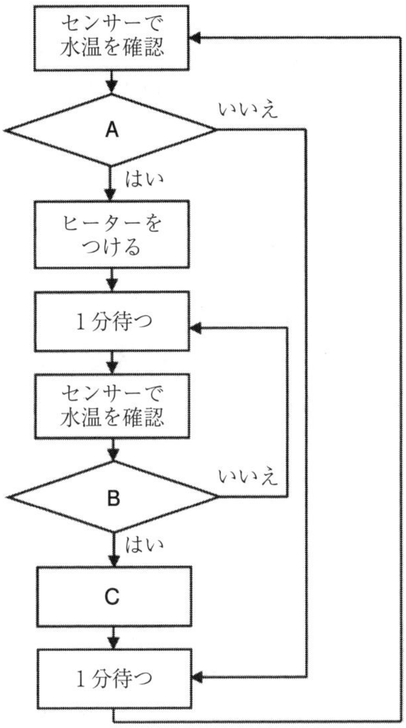

	A	B	C
ア	19℃以下	25℃以上	センサーで水温を確認する
イ	25℃以上	19℃以下	センサーで水温を確認する
ウ	19℃以下	25℃以上	ヒーターを止める
エ	25℃以上	19℃以下	ヒーターを止める

2　2030年までに達成すべき持続可能な開発目標であるSDGsには，「安全な水とトイレを世界中に」という項目《こうもく》があります。地球上にはたくさんの水がありますが，大部分は海水(3.4%の濃《こ》さの食塩水)のためそのまま飲むことができません。食塩がほとんど含《ふく》まれていない淡水《たんすい》は地球上の水の2.5%しかありません。さらに，河川や湖など，比かく的簡単にとることができる淡水は0.01%しか無いのです。下の図のように，太陽の熱によって海水が蒸発し，水蒸気が雨となって地上にふることで淡水となります。限られた淡水を有効に使うこと，また，海水を利用できるようにすることが，SDGsの達成のために大切なことであると考えられます。

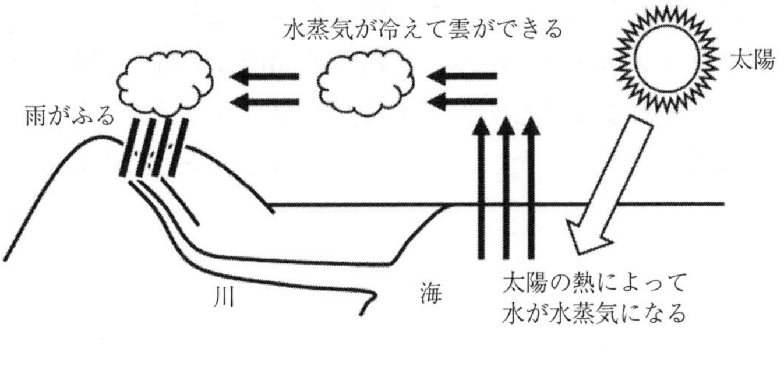

問１　海水と同じ濃さの食塩水を500ｇつくります。必要な食塩は何ｇですか。

問２　1.2ｇの食塩が溶《と》けている150ｇのみそ汁《しる》があります。海水に含まれる食塩の濃さは，このみそ汁の何倍ですか。

問３　私たちは通常，水溶《よう》液の濃さを「％」(百分率《ひゃくぶんりつ》)で表します。しかし濃さがとても小さい水溶液は「ppm」という単位で表すことがあります。ppmは日本語で百万分率といいます。0.01％は何ppmと表すことができますか。

問４　海水をそのまま飲んでしまうと，体内の余分な塩分を取り除くための臓器に負担がかかってしまいます。この臓器は何ですか。次の**ア**～**オ**から選び記号で答えなさい。

ア　心臓　　**イ**　かん臓　　**ウ**　じん臓

エ　大腸　　**オ**　胃

問５　海水から塩分(食塩)を効率的に取り除くことができれば，人工的に淡水をつくり出すことが可能になり，水不足などに対応できると考えられます。海水から淡水をつくる工場を脱塩《だつえん》施設《しせつ》といい，世界各地で建設が進んでいます。

(1)　脱塩施設を建設しても意味がない土地はどこですか。次の**ア**～**オ**から２つ選び記号で答えなさい。

ア　離《り》島

イ　氷でおおわれた山脈の近く

ウ　海に面した乾燥《かんそう》した気候の国

エ　内陸にある乾燥した気候の国

オ　塩分を含んだ地下水がある内陸の国

(2)　脱塩施設では，取り除かれた塩分がどんどんたまっていくことにより，非常に濃い食塩水もつくられます。この食塩水をブラインといい，ブラインをそのまま捨てると環境汚《かんきょうお》染《せん》を引き起こしてしまいます。ブラインの濃さは最大でもおよそ26％で，これ以上濃くすることは難しいです。それは，一定の水に溶かすことのできる固体の最大量は物質によって決まっているからです。濃さ26％のブラインにさらに食塩を溶かしたいとき，最も効果が高い方法は次のうちどれですか。**ア**～**オ**から選び記号で答えなさい。

ア　ブラインの温度を上げる

イ　ブラインの温度を下げる

ウ　ブラインと同量の海水を加える

エ　エタノールを加える

オ　二酸化炭素をふきこむ

(3)　脱塩施設には，塩分の取り除き方のちがいで「逆浸透《しんとう》法」と「フラッシュ法」の２つの種類があります。逆浸透法とは，塩分を通さない特殊《しゅ》な膜に海水を通すことで，淡水だけを取り出す方法です。一方でフラッシュ法は，海水に，ある原始的な処理をすることによって，淡水を取り出す方法です。これまではしくみが単純なフラッシュ法が主流でしたが，技術の進歩によって逆浸透法も増えてきました。フラッシュ法はどのように淡水を取り出す方法だと考えられますか。

3 火山について，次の問いに答えなさい。

問１　過去１万年以内にふん火した火山と，現在活動している火山を活火山といいます。日本には活火山がいくつありますか。次の**ア**～**エ**から選び記号で答えなさい。

ア　47　　**イ**　111　　**ウ**　381　　**エ**　987

問２　マグマが冷え固まってできた岩石を火成岩といいます。下の写真は，２つとも火成岩です。マグマの成分は同じですが，冷え固まる速さのちがいで，岩石の中の結晶《けっしょう》のようすが異なっています。左は急に冷えた火成岩で結晶は小さく，右はゆっくり冷えた火成岩で結晶が大きくなっています。

関東地方で，地表に最も多くみられる火成岩は何ですか。次の表を参考に，下の**ア**～**カ**から選び記号で答えなさい。

		岩石の色		
		白っぽい	←→	黒っぽい
マグマの冷え方	急に冷える	流もん岩	安山岩	げんぶ岩
	ゆっくり冷える	花こう岩	せん緑岩	はんれい岩

ア　流もん岩　　**イ**　安山岩　　**ウ**　げんぶ岩

エ　花こう岩　　**オ**　せん緑岩　　**カ**　はんれい岩

問３　火山がふん火するとき，溶岩《ようがん》や火山灰がふき出します。

(1)　火山灰について正しく書かれたものはどれですか。次の**ア**～**エ**から選び記号で答えなさい。

ア　火山灰が飛ぶ距離《きょり》は，粒《つぶ》の大きさに比例する。

イ　火山灰がつくる地層の厚みは，ふん火地点からの距離に比例する。

ウ　火山灰は，火口近くの木や落ち葉が酸素と結びついてできる。

エ　火山灰は，ふくまれる鉱物の種類によって色が変わる。

(2)　日本では，火口の東側に火山灰が多く積もる傾向《けいこう》がみられます。このことと最も関連のある現象は何ですか。次の**ア**～**エ**から選び記号で答えなさい。

ア　日本付近では，天気が西から東に移り変わる。

イ　日本の地下の岩石には，西から東に向かって大きな力が働いている。

ウ　方位磁針のＮ極は，北極の向きを指す。

エ　海岸付近の土地では，昼と夜で風向きが変化する。

問4　最近の研究で，南極大陸は世界最大級の火山地域であることがわかりました。火山活動が活発になって，南極の氷がとけた場合は，地球全体の海水面が上昇《じょうしょう》することになります。

（海水面が上昇する高さ）＝（氷の体積）÷（地球の表面積）

と考えて，海水面が何m上昇するかを計算します。ただし，それぞれの数値は，下の表の値を用います。

	およその数値
地球の半径［km］	6400
南極大陸の面積［km^2］	1400万
南極大陸の氷の平均の厚さ［m］	2000

(1)　球の表面積は，次の式で求めることができます。

（球の表面積）＝ 4 ×（円周率）×（球の半径）×（球の半径）

この式を用いて計算したとき，地球の表面積はおよそ何km^{2}ですか。最も近い値を次の**ア**～**エ**から選び記号で答えなさい。ただし，円周率＝3.14とします。

ア　16万km^2　　**イ**　5億1000万km^2　　**ウ**　16億km^2　　**エ**　510億km^2

(2)　南極大陸にある氷の体積は，およそ何km^{3}ですか。最も近い値を次の**ア**～**エ**から選び記号で答えなさい。ただし，大陸のほぼ100％が氷でおおわれているものとします。

ア　7000km^3　　**イ**　700万km^3　　**ウ**　2800万km^3　　**エ**　280億km^3

(3)　南極大陸の氷がすべてとけた場合，海水面の上昇は何mになりますか。最も近い値を次の**ア**～**エ**から選び記号で答えなさい。

ア　5m　　**イ**　10m　　**ウ**　50m　　**エ**　100m

問5　火口から流れ出た溶岩が固まった場所には，はじめ土がありません。長い年月が経って岩石が細かくくだかれ，生物の体が分解されると，少しずつ土ができていきます。溶岩が固まったあとの，水分や養分が少ない環境《かんきょう》でみられる生物は，次のうちどれですか。**ア**～**エ**から選び記号で答えなさい。

ア　コケの仲間　　**イ**　ムカデの仲間　　**ウ**　キノコの仲間　　**エ**　クモの仲間

と次のようになります。

世間《よのなか》を　憂《う》しとやさしと　思へども
　飛びたちかねつ　鳥にしあらねば

訳：世の中をつらい、耐《た》えがたいと思うけれども、鳥ではないのでどこかへ飛び立つこともできない。

この和歌と本文をヒントにして、――線部６について説明したものとして最も適切なものを次の中から選びなさい。

ア　ＳＮＳなどの発達により人間関係が希薄《きはく》になった現在、憶良の歌にあるような深い人間関係が見直されている。

イ　ＳＮＳなどの発達でコミュニケーションの時代になったため、憶良の歌のような思いは人々に忘れられつつある。

ウ　憶良の歌にも歌われたような集団での人間関係のつらさは、現在まで千年以上にわたり日本に存在し続けている。

エ　憶良の歌の時代にあったような世の中のつらさは無くなったが、代わりに自粛《じしゅく》警察などが日本に出現した。

問八　この文章の内容をとおして[二]（文学的文章）の「わたし」の心情を分析《ぶんせき》したとき、適切なものを次の中から選びなさい。

ア　「わたし」にかけられる言葉は、黒田くんのように「世間」の身近な人間関係によって「わたし」を助けてくれるものもあったが、多くは「友情の誓《ちか》い」などの「社会」のルールによるものであり、「卒業式に出たくない」という「わたし」の気持ちをくみとってはもらえず、怒りがこみあげていった。

イ　「わたし」にかけられる言葉は、土居くんやみんなのように「社会」のルールによるものばかりで、「わたし」は苦しんでいたが、中には黒田くんのような「世間」の言葉もあり、そうした状況《じょうきょう》に救われた気持ちになりながらも、気遣《づか》ってくれることに申し訳なさがつのっていった。

ウ　「わたし」にかけられる言葉は、表面上は「友情の誓い」などの「社会」のルールにのっとり「わたし」を気遣うものであるように見えるが、その中身は、全員参加の「思い出の一言」への参加を強制する、教室という「世間」の同調圧力であり、その二重構造のなかで「わたし」の心は追い詰《つ》められていった。

で物事を決め、従わせること。

イ　少数意見や異論をもつ人に対し、暗黙《あんもく》のうちに周囲と同じ言動をするように強制すること。

ウ　周りの人もやっているからという理由で、思ってもいない差別や偏見《へんけん》を行うよう求めること。

エ　周りの人もやっているからという理由で、法のルールを破るような行動をしてしまうこと。

問三　――線部2について、

①　この問いへの答えとして適切になるように、次の文中の「　」内に入る言葉を、本文中から漢字二字で抜《ぬ》き出して答えなさい。

答　日本には「　　」というものが存在するから。

②　①のような日本に対して、欧米《おうべい》では災害などの非常時に略《りゃく》奪《だつ》や暴動が発生するのはなぜだと考えられますか。本文中の記述を参考にしながら、次の【語群】の語をすべて使って答えなさい。語を使用する順番は問いません。また、語群の語は何度使ってもかまいません。

【語群】　欧米　世間
　　　　社会　ルール

問四　――線部3「社会」と「世間」の違《ちが》いについて、鴻上氏の考えと佐藤氏の考えをそれぞれ後のようにまとめました。これについて、次の問いに答えなさい。

①　鴻上氏の考えについて、それぞれの空欄に入る適切な語を本文中から抜き出して答えなさい。字数などの指示がある場合はそれに従うこと。

②　佐藤氏の考えについて、解答欄の言葉に合うように言葉を考えてまとめなさい。

【鴻上氏の考え】

○「世間」＝現在以降の時間軸《じく》で、［　1　］で形成される世界

＝［　2（十二字）　］で成り立っている世界

例：会社や学校、隣近所などの身近な人々

○「社会」＝現在または将来で、［　3　］で形成される世界

＝あなたと何も関係がない人たちがいる世界

例：同じ電車に乗り合わせた人
すれ違っただけの人
映画館で隣に座った人

【佐藤氏の考え】

○佐藤氏の考える「社会」とは（　　　　）であり、一方「世間」とは（　　　　）である。

問五　――線部4の具体例として**適切ではないもの**を次の中から選びなさい。

ア　エレベーターで同乗した知らない人と、何気ない会話をする。

イ　知らない人とは、ホテルの廊下《ろうか》ですれ違っても挨拶《あいさつ》をしない。

ウ　災害時の無秩序《むちつじょ》状態においても、食糧《しょくりょう》配給の列に順番に並ぶ。

エ　料理中にしょうゆが切れてしまったので、隣の家の人に貰《もら》う。

問六　――線部5を表す慣用句として**適切ではないもの**を次の中から選びなさい。

ア　困ったときはお互《たが》い様　　イ　旅は道連れ、世は情け

ウ　あうんの呼吸　　エ　持ちつ持たれつ

問七　――線部6に関連して、直前の山上憶良の和歌を現代語にする

を見上げているとか。同じ「世間」の人ではないからですね。

佐藤　欧米の人はホテルの廊下《ろうか》ですれ違った際にも挨拶《あいさつ》をしてきますね。

鴻上　何で僕が「世間」と「社会」の違いを言い続けているかというと、今は「世間」というものが中途半端《ちゅうとはんぱ》に壊《こわ》れてしまっていると考えてもいるからなんです。たとえば江戸時代――いや、明治から大正、昭和の終戦前後まで含《ふく》めてもいいと思っているのですが、隣近所とお米とかしょうゆの貸し借りが都会でも当たり前のようにおこなわれていました。まだ「世間」が充分《じゅうぶん》に機能していたんですね。5「世間」がいわゆる「セイフティーネット」の役割を担っていて、同じ「世間」に生きる人を守ってもくれていたのです。

ところが、「世間」が中途半端に壊れてきた今は結局、守ってくれるものが中途半端なかたちでしか存在しない。だから、僕たちがつながらなければいけないというか、手を伸《の》ばさなければいけないのは、「社会」という自分とは無縁《むえん》の人たちの世界で、その人たちとどう関係をつくっていくか。そこにしか日本人の未来はないんじゃないかと思っているのです。でもいま、ＳＮＳという、とても利用しがいのあるものを手にしたのに、社会とつながって、社会を広げていくのではなく、逆に「幻《まぼろし》の世間」、今ではセイフティーネットの役割をあまり果たしていない「世間」にすがろうとしてみんな苦しんでいるんじゃないか。それが僕の時代認識です。佐藤さん、補足でも異論でもけっこうですから、続けてください。

世間と社会の二重構造

佐藤　異論というほどでもないのですが、少し違うとすれば、「中途半端に壊れている」というあたりですね。あとで述べますが、僕は二〇〇〇年ほど前に「世間」が復活・強化されたと考えています。「世間」と「社会」をごく簡単に定義すると、社会というのは「ばらばらの個人から成り立っていて、個人の結びつきが法律で定められているような人間関係」だと考えています。

鴻上　法律で定められている人間関係が「社会」。ああ、なるほど。

佐藤　一方「世間」というのは、「日本人が集団となったときに発生する力学」と考えています。それはある種の人間関係のつくりかたのことなんですが、「力学」と言ったのは、そこに同調圧力などの権力的な関係が生まれるからです。「世間」という言葉はすでに『万葉集』で山上憶良《やまのうえのおくら》が「世間《よのなか》を憂《う》しとやさしと思へ《え》ども飛びたちかねつ鳥にしあらねば」と歌っていますが、一〇〇〇年以上の歴史があります。6日本人は長いことこの「世間」に縛《しば》られてきた。極端《きょくたん》に言えば、日本人の人間関係のつくりかたは、これだけスマホなどの電子的なコミュニケーションの手段が発達しているのに、一〇〇〇年以上の間ほとんど変わっていないと思います。

社会は、当然ながら江戸時代にはなく、一八七七年ごろにソサエティ（society）を翻訳《ほんやく》してつくった言葉です。これを「世間」と訳さなかったのは、社会が個人や人間の尊厳と一体となった言葉であることが分かったからではないでしょうか。問題なのは、日本人は「世間」にがんじがらめに縛られてきたために、「世間」がホンネで社会がタテマエという二重構造ができあがったことです。おそらく現在の日本の社会問題のほとんどは、この二重構造に発していると言ってもいい。

鴻上　だから、「世間」と「社会」の違いが大事ですね。

（鴻上尚史・佐藤直樹『同調圧力　日本社会はなぜ息苦しいのか』より）

問一　「世間」の読み方を、ひらがな三文字で書きなさい。

問二　――線部１「日本社会の同調圧力」とはどのようなものですか。本文中での説明として適切なものを次の中から選びなさい。

ア　少数意見や異論を持つ人に対し、意見は聞くが結局は多数決

も怖い。

もちろんコロナ以前にもさまざまなかたちでの同調圧力は存在しました。たとえば学校や会社のなかで先輩《せんぱい》や上司に言われたことはどんなにムチャな命令でも黙《だま》って従うべきだとか、会社が苦しいんだからいまは我慢《がまん》しろとか、さまざまな理不尽《りふじん》を受け入れるしかない空気がありました。僕が以前からくりかえし述べている「空気を読め」の風潮です。それが、コロナによって、明確に、そして狂暴《きょうぼう》になって現れてきたように感じるんです。コロナは、確かに存在するくせに日本人および日本社会があいまいにしていたものを私たちに突《つ》きつけた気がします。

今回、佐藤さんに対談をお願いしたいと思ったのは、そうした同調圧力はどこから生まれるのか、どんなかたちで私たちに影響《えいきょう》を与《あた》えるのか、そして私たちはどう生きたらよいのかをじっくりお話ししたかったからなんです。

【文章B】

世間と社会はどこが違うのか

佐藤　「自粛」と聞いて僕がすぐに思い出したのは、二〇一一年の東日本大震災《しんさい》直後に人の姿が消えた異様な街の風景でした。あのとき、被災《ひさい》地に大挙して入ってきた外国メディアから絶賛されたのは、海外だったらこうした無秩序《むちつじょ》状態でおこりうる略奪《りゃくだつ》も暴動もなく、被災者が避難《ひなん》所できわめて冷静にかつ整然と行動していたことです。

今回の自粛もそうですが、命令があったわけでもないのに、2いったいなぜこういった行動を取れるのでしょう。僕の答えは簡単で、日本には海外、とくに欧米《おうべい》には存在しない「世間」があるからです。震災で「法のルール」がまったく機能を失っても、避難所では被災者の間で自然発生的に「世間のルール」が作動していたんですね。ところが欧米には社会はあるが、「世間」がないために、震災などの非常時に警察が機能しなくなり、社会のルールである「法のルール」が崩壊《ほうかい》すると、略奪や暴動に結びつきやすい。アメリカなどで災害時にスーパーなどが襲《おそ》われ、商品が略奪されるのはそのためです。

鴻上　肝心《かんじん》なのはそこです。3「世間」と「社会」はどこが違《ちが》うのか。

佐藤　それがきわめて重要です。日本においては、「世間」と「社会」の違いこそが、ありとあらゆるものの原理となっているのですから。

鴻上　おそらく学者である佐藤さんと、作家である僕では、語るべき言葉の質が違うと思います。まずは僕からその違いについて説明させてください。僕がいつも単純に説明しているのは、「世間」というのは現在及《およ》び将来、自分に関係がある人たちだけで形成される世界のこと。分かりやすく言えば、会社とか学校、隣《となり》近所といった、身近な人びとによってつくられた世界のことです。そして「社会」というのは、現在または将来においてまったく自分と関係のない人たち、例えば同じ電車に乗り合わせた人とか、すれ違っただけの人とか、映画館で隣に座った人など、知らない人たちで形成された世界。つまり「あなたと関係のある人たち」で成り立っているのが「世間」、「あなたと何も関係がない人たちがいる世界」が「社会」です。ただ、「何も関係がない人」と、何回かすれ違う機会があり、会話するようになっても、それはまだ「社会」との関係にすぎませんが、やがてお互《たが》いが名乗り、どこに住んでいるということを語り合う関係に発展すれば、「世間」ができてくる。

佐藤　4日本人は「世間」に住んでいるけれど、「社会」には住んでいない、ということですね。

鴻上　はい、昔からよく言われますね。エレベーターなどで知らない人と同乗すると、日本人はお互いに何の会話もしないまま、光る数字

ア　Aで「わたし」をしゃべらせてくれた黒田くんが、Bでは「わたし」を傷つけたから。
イ　Aで「わたし」を勇気づけてくれた黒田くんが、Bでは「わたし」にとってどうでもよくなったから。
ウ　Bで言ってほしくないことを言ったのが、Aで「わたし」が強い共感をおぼえていた黒田くんだったから。
エ　Bで言ってほしくないことを言ったのが、Aで「わたし」が嘘《うそ》っぽいと感じていた黒田くんだったから。

問五　物語文の読解では、人物の行動や、その変化から心情の変化を読み取ることができます。次の表は、本文中の**太字**になっている「わたし」（千葉さん）の行動をまとめたものです。ここに挙げた行動の変化や、本文の場面の変化を読むと、「わたし」の心情はどのように変化していったといえますか。考えて書きなさい。（行動について書くとき、【表】の①～③の数字を使ってかまいません。）

【表】「わたし」の行動の変化
① **右手は、いつものようにハンカチを握《にぎ》りしめる形になっている。**
② **右手をギュッと握りしめた。手のひらに爪《つめ》が食い込んだ。**
③ **ポケットの中で、右手は握り拳《こぶし》になっていた。**

問六　本文全体を踏《ふ》まえると、――線部3の「〈欠席〉」はどのような意味をもつ言葉だといえますか。適切なものを選びなさい。
ア　クラスのみんなは「わたし」のためを思って言ってくれているとわかっているのに、何も言えないのが苦しい「わたし」が、せめて文字で伝えようとした感謝の言葉。
イ　クラスのみんなからのさまざまな声に押《お》しつぶされそうになり、苦しみに飲み込まれた「わたし」が、なんとかしぼりだした、精いっぱいの拒絶《きょぜつ》の言葉。
ウ　クラスじゅうが「わたし」のことを考えてくれているのに、このままでは申し訳ないと思った「わたし」が、とっさに席を立って書いた謝罪の言葉。
エ　クラスじゅうから浴びせられた「わたし」を批判する声に、悲しみでいっぱいになってしまった「わたし」が、声のかわりに書いた怒《いか》りの言葉。

問七　この文章の中に登場する「ハンカチ」は、「わたし」にとってどのようなものですか。本文を踏まえながら、考えて書きなさい。

三　次に挙げる二つの文章（文章Aと文章B）は、鴻上尚史《こうかみしょうじ》氏と佐《さ》藤直樹《とうなおき》氏の対談『同調圧力　日本社会はなぜ息苦しいのか』の一部です。これらを読んで、後の問いに答えなさい。

【文章A】

異論を許さない空気

鴻上　二〇二〇年の前半はコロナ禍《か》によってさまざまな風景が現れました。「自粛《じしゅく》警察」「マスク警察」といった言葉に代表される、監視《かんし》や排除《はいじょ》の心情、あるいは差別と偏見《へんけん》。そうしたものが一気に炙《あぶ》り出されたと思います。なかでも、より分かりやすいかたちで可視化されたのが、1日本社会の同調圧力だったのではないでしょうか。
同調圧力とは、少数意見を持つ人、あるいは異論を唱える人に対して、暗黙《あんもく》のうちに周囲の多くの人と同じように行動するよう強制することです。こうしたものに、僕《ぼく》はいまも、息苦しさを感じています。コロナが怖《こわ》い、確かにその通りなのですが、それ以上に、何かを強いられることが、そして異論が許されない状況《じょうきょう》にあることが、何より

部活に勉強にがんばりました〉だけだから、なんとかなるんじゃない？」

　ならない。絶対に無理。**ポケットの中で、右手は握り拳《こぶし》になっていた。**

　教室の風景から色が消えた。厚みがなくなった。男子も女子も顔が同じになって、誰《だれ》が誰だか見分けられない。

「千葉ちゃん、千葉ちゃん、千葉ちゃんってば」「黒板に書けばいいんだよ、マジ」「じゃあ黒板でいいですから、読みたい番号書いてください」「千葉ちゃん、十五番いいよ」「あ、俺もそっちにしようかな」「なに言ってんだよ塚原《つかはら》、おまえはいいんだよ、どれでも読めるんだから」「ちょっと、早くしてくんないかなあ、みんな待ってんだし」「そういう言い方やめなよ、『友情の誓《ちか》い』違反《いはん》だよ、第七条、ひとそれぞれのマイペースを尊重すること」「違反だ違反だ」「反省文書けよ」「そんなのあとでいいから、千葉さん、書いてください」「千葉ちゃん、二十三番も短いよ」「長さ関係ないんじゃねえの？」「そうそうそう、長さじゃないと思う、俺も」「在校生の拍手《はくしゅ》の直後とかいいんじゃない？」「うん、ちっちゃな声だったから聞こえませんでしたってことで」「でもそれ不自然だって」「っていうか、俺らが勝手に決めても意味ないじゃん、本人のことなんだから」「そうだよ、勝手なことばっかり言ってると、『ハートのポスト』に手紙出されちゃっても知んねえぞ」……。

　いま、わかった。

　ポケットの中のハンカチは、わたしの声だけを吸い取ってくれていたのではない。みんなの声も、ハンカチがフィルターになってくれていたのだと、思う。

　わたしの心と体は、ばらばらになって、散らばって、どんどん離《はな》れていって、気づいたら黒板の前に立っていた。

3〈欠席〉

チョークをポキポキ折りながら大きな字で書いたのは、わたしの体だったのだろうか、心だったのだろうか。

　戸口に立つ村内先生を突き飛ばすようにして、外に出た。廊下を走った。階段を駆《か》け上った。美術室を目指したのは、体のほう？　心のほう？　ハンカチを拾い忘れたのは、体のせい？　心のせい？

（重松　清『青い鳥』より）

問一　空欄《らん》[ア]〜[ウ]に入る語を、【語群】から選んで書きなさい。

【語群】　にやにや　ちらちらと　じっと　げらげら

問二　――線部1とありますが、

①「わたし」の当たったフレーズは何番だと考えられますか。漢数字で答えなさい。

②それはどんな内容だと考えられますか。簡潔に書きなさい。

③なぜ「わたしの当たった箇所はサイテー」なのですか。本文をふまえて簡潔に書きなさい。

問三　――線部2での土居くんの心情として適切なものを選びなさい。

ア　誰《だれ》も変更《へんこう》しないだろうと思っていたのに、「わたし」が突然手を挙げておどろいた。

イ　誰かが変更したらいやだと思っていたので、「わたし」が手を挙げてがっかりした。

ウ　変更を希望する人がいたことにおどろいたが、それが「わたし」だと気づいて納得した。

エ　変更を希望する人がいて面倒《めんどう》だと思ったが、それが「わたし」だと気づき冷静になった。

問四　波線部A・Bから考えると、「わたし」はなぜ「黒田くんであってほしくなかった」と思ったのですか。理由として適切なものを選びなさい。

するように、ほんとうにだいじょうぶなのかと疑うように、やめなよ見ちゃ悪いよと隣《となり》の席の子に肘《ひじ》をつかれながら……。

　こっち見るな、ばか。ハンカチを握りしめる。机の天板にプリントされた薄《うす》い木目をにらみつける。

「はい、あと三十秒です」

　卒業式には出ない。決めている。まだ親には話していないけど、いざとなったら、当日おなかが痛くなったことにしてもいい。

　読めない。無理だ。絶対に。リハーサルで順番が来ても、わたしの声はハンカチにしか届かない。みんなどうするのだろう。わたしの箇所で途切《とぎ》れたまま、次のプログラムに進むのだろうか。ひたすらわたしが声を出すのを待つのだろうか。それとも、四十八番は「なかったこと」にして、運動会からいきなりボランティア実習の思い出パート2に飛ぶのだろうか。1やっぱり、わたしの当たった箇所はサイテーだった。パート2なら、そこを飛ばしても、なんとか次の合唱大会の思い出につながるのに。

「あと十五秒……十、九、八、七、六……」

　顔を上げた。村内先生と目が合った。先生もわたしを見ていたんだと気づくと、頭の中が真っ白になった。

「三、二、一……」

　ゼロになるのと同時に、ポケットの中から右手を出して、挙げた。土居くんは一瞬びっくりした顔になったけど、2あ、そうか、というふうに中途半端《ちゅうとはんぱ》な笑いを浮かべた。

「えーと、じゃあ、変更《へんこう》希望は千葉さん一人っていうことで……千葉さん、変更でほんとにいいんですか？」

　うなずいて右手を下ろし、またポケットの中に入れた。

　その瞬間――こめかみが冷たくなった。

　ハンカチがない。

　ポケットから手を出したはずみに、床《ゆか》に落としてしまった。

「で、千葉さんは、四十八番の代わりに何番がいいですか？　読みたいフレーズの番号言ってください」

　なにもない。読みたいフレーズも、読めるフレーズも。

　うつむいて首を横に振《ふ》った。ハンカチは足元に落ちている。かがんで手を伸ばせばすぐに拾える。でも、体が動かない。体と心がつながっていない。ばらばらになった。

「とりあえず希望を訊《き》くだけなんで、何番でもいいですよ」

　右手は、いつものようにハンカチを握りしめる形になっている。でも、手のひらの中にはなにもない。指に伝わる感触《かんしょく》もない。

　体が小刻みに震《ふる》えはじめた。寒気がする。なのに、頰《ほお》は、焼けるように熱い。

「あのさー、土居っち」

　男子の声。黒田くん。だと、思う。

「黒板に数字書いてもらえばいいじゃん。そのほうが早いっつーか、かわいそうじゃん」

　やっぱり黒田くんの声だ。B黒田くんであってほしくなかったのに、黒田くんだった。

「なっ？　そのほうがいいだろ？」

　黒田くんはまわりの子に訊いた。そんなことしてほしくないのに、訊いた。

　右手をギュッと握りしめた。手のひらに爪《つめ》が食い込んだ。

　みんなも黒田くんに賛成して、うなずきながらわたしを見た。

「千葉ちゃん、前に出て書いちゃいなよ」

真澄美《ますみ》――。

「短いやつとか、目立たないやつとか、けっこうあるじゃん。わたしも一緒《しょ》に探してあげようか？　ほら、十五番とか、〈初めての夏休み、

2023年度 聖学院中学校

【国　語】〈第一回アドバンスト試験〉（五〇分）〈満点：一〇〇点〉

一　次の問いにそれぞれ答えなさい。

問一　次のカタカナを漢字に直しなさい。

①　カンゴ学校に通っています。
②　弓で的をイる。
③　この料理にはサトウが少し足りない。
④　この家のウラには空き地がある。

問二　次の格言の空欄《らん》に入る語としてふさわしいものを前後の文脈をふまえて考え、記号で答えなさい。

①　（　　）――それはお互《たが》いに見つめあうことでなくて、いっしょに同じ方向を見つめることである。　　サン・テグジュペリ
②　（　　）に直面した時に、本当の友達がわかる。　　ヘルダー
③　若者は（　　）があるということだけで幸福である。　　ゴーゴリ

ア、我慢《がまん》　　イ、愛　　ウ、未来　　エ、不幸

二　中学三年生の「わたし」（千葉さん）は、特定の場面になると声が出せなくなってしまう「場面緘黙《かんもく》症」を抱《かか》えています。次の場面は、卒業式で生徒全員が一言ずつ言葉を読み上げる「思い出の一言」を行うことになり、担当するフレーズを決める場面です。これを読んで、あとの問いに答えなさい。

教壇《きょうだん》に立ったクラス委員の土居《どい》くんは、「明日の全体練習から、リハーサルを始めます」と言った。「二日前までは原稿《げんこう》を持って読んでもかまいませんが、なるべく早く暗記してください」
男子の何人かが「うげーっ」「長えよ、俺《おれ》の」「覚えきれるわけないじゃん」と声をあげた。「なんか、すっげえ嘘《うそ》くさいし」――黒田くんが言った。Aそう、そう、ほんと、そう、こんなの平気な顔で言える子いないって。わたしの声は、握《にぎ》りしめたハンカチに染み込《こ》んでいく。
「まあ、いろいろ不満はあると思いますが、義務教育なんで、そこはひとつご理解のほど、よろしく」
土居くんが冗談《じょうだん》ぽく言うと、みんな笑った。戸口に立つ村内先生は、腕《うで》組みをしてうつむいて、サンダルを履《は》いた自分の足元を［ア］見つめていた。
「あと……」
土居くんは教室を見渡《わた》して、少しあらたまった様子でつづけた。
「基本的に、クジで決まった担当はそのままやってほしいんですが、もしも、どうしても別の箇所《かしょ》に替《か》えてほしいという意見のあるひとがいたら、いまのうちに申し出てください。ホームルームのあと委員会を開いて、最後の調整をしますから。明日になって言われても、もう間に合わないので、いまから一分以内に決めてください」
教室がざわついた。でも、みんな本気で迷ったり悩《なや》んだりしているわけではない。ただの私語だ。どこを読んでも同じだとわかっているから。どうせ心を込《こ》めて読むようなものではないのだから。しゃべることは、わたし以外の子にとっては、簡単とか難しいとかを考えるまでもない、あたりまえのことなのだから。
［イ］、こっちを見る視線を感じた。何人もいる。男子より女子のほうが多い。あたりまえのことができないわたしを、心配そうに、不安そうに、おもしろがって、冷ややかに、［ウ］笑って、同情

2023年度

聖学院中学校

▶解　答

※　編集上の都合により，第１回アドバンスト試験の解説は省略させていただきました。

算　数　＜第１回アドバンスト試験＞（50分）＜満点：100点＞

解　答

1　あ　1　い　5　う　4　え　9.8　お　123　2　か　2　き　1500　く　600　け　9　こ　14　さ　40　し　26　す　10　3　せ　10　そ　4　4　た　17　ち　2　つ　3　て　10　と　24　な　90　5　に　10　ぬ　60　ね　14.25

社　会　＜第１回アドバンスト試験＞（理科と合わせて50分）＜満点：50点＞

解　答

1　**問１**　**1**　新潟県　**2**　愛知県　**3**　山梨県　**4**　山形県　**5**　青森県　**6**　静岡県　**7**　熊本県　**8**　大分県　**問２**　エ，オ　**問３**　**B**　東海　**C**　志摩　**問４**　有明海　**問５**　エ　**問６**　ア，エ　**問７**　（例）　本来地方税が納められる自治体の税収が減ってしまうこと。　2　**問１**　ア，エ　**問２**　ウ　**問３**　種子島　**問４**　鉄砲（火縄銃）　**問５**　エ　**問６**　イ，オ　**問７**　ア　**問８**　ウ　**問９**　富国　**問10**　富岡製糸場　**問11**　ウ　**問12**　湯島　**問13**　新井白石　**問14**　ア，オ　3　**問１**　イ　**問２**　エ　**問３**　ア　**問４**　(1)　国務大臣　(2)　イ　**問５**　違憲立法審査権　**問６**　公共

理　科　＜第１回アドバンスト試験＞（社会と合わせて50分）＜満点：50点＞

解　答

1　**問１**　ア　**問２**　(1)　25秒　(2)　イ　**問３**　(1)　0.6℃　(2)　0.2℃　(3)　150分後　**問４**　エ　**問５**　(1)　ウ　(2)　ア　**問６**　ウ　2　**問１**　17g　**問２**　4.25倍　**問３**　100ppm　**問４**　ウ　**問５**　(1)　イ，エ　(2)　ウ　(3)　（例）　海水を加熱して水を蒸発させ，できた水蒸気を冷やして淡水にする方法。　3　**問１**　イ　**問２**　イ　**問３**　(1)　エ　(2)　ア　**問４**　(1)　イ　(2)　ウ　(3)　ウ　**問５**　ア

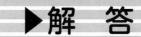

国　語　＜第１回アドバンスト試験＞（50分）＜満点：100点＞

解　答

一 **問１**　下記を参照のこと。　**問２**　①　イ　②　エ　③　ウ　二 **問１**　**ア**　じっと　**イ**　ちらちらと　**ウ**　にやにや　**問２**　①　四十八(番)　②　ボランティア実習の思い出パート１　③　(例)「わたし」のあたった箇所がないと，前後のつながりが途切れてしまうため，飛ばすことができないから。　**問３**　ウ　**問４**　ウ　**問５**　(例)　まず①で「わたし」の心は少しあわてはじめており，②になってかなり追い詰められている状態になり，③になるともう耐えきれないような心情になっている。　**問６**　イ　**問７**　(例)「わたし」の心に「みんな」の声がそのまま入ってくるのを防いでくれて，厳しく冷たい状況から必死で守ってくれているようなもの。　三 **問１**　せけん　**問２**　イ　**問３**　①　世間　②　(例)　欧米には日本のような「世間」がなく，人々は「社会」のルールによって生きているので，災害などで「社会」のルールである法が崩壊すると，守るべきルールが無くなってしまうから。　**問４**　①　**1**　自分に関係がある人たち(だけ)　**2**　あなたと関係のある人たち　**3**　(まったく)自分と関係のない人たち　②　(例)　(佐藤氏の考える「社会」とは)ばらばらの個人から成り立っていて，個人の結びつきが法律で定められているような人間関係(であり，一方「世間」とは)日本人が集団となったときに発生する力学(である。)　**問５**　ア　**問６**　ウ　**問７**　ウ　**問８**　ウ

●漢字の書き取り

一 **問１**　①　看護　②　射　③　砂糖　④　裏

2023年度 聖学院中学校

〈編集部注：編集上の都合により筆記の問題のみを掲載しております。〉

【英　語】〈英語特別試験〉（50分）〈満点：100点〉

[Part 1]

I. 例にならって、 ________に入る最も適当な語を選んで、記号で答えなさい。

例） Animal : Dog = Flower : ___D___

(A) Cat

(B) Carrot

(C) Salmon

(D) Tulip

(1) Big : Small = Far : __________

(A) Low

(B) Close

(C) Clean

(D) Kind

(2) Son : Daughter = Nephew : __________

(A) Uncle

(B) Cousin

(C) Relative

(D) Niece

(3) School : Student = Hospital : __________

(A) Medicine

(B) Ambulance

(C) Patient

(D) Disease

(4) Lion : Animal = Salmon : ________

(A) Fish

(B) Plant

(C) Occupation

(D) Shape

(5) Many : Few = Much : ________

(A) Amount

(B) Little

(C) Low

(D) Very

(6) Tennis : Play = Letter : ________

(A) Write

(B) Paper

(C) Pen

(D) Call

(7) Where : Place = Who : ________

(A) Time

(B) Thing

(C) Reason

(D) Person

(8) English : England = Portuguese : ________

(A) Portugal

(B) Spain

(C) Mexico

(D) Poland

(9) Ear : Hear = Mouth : ________

(A) See

(B) Feel

(C) Eat

(D) Smell

(10) Up : Down = Front : __________

(A) Go

(B) Right

(C) Back

(D) Left

Ⅱ. __________に入る適切なものを選び、記号で答えなさい。

(1) That is the tallest __________ in Kyoto. My father works there.

(A) dish

(B) building

(C) computer

(D) textbook

(2) The train will __________ for New York at five o'clock this evening.

(A) go

(B) visit

(C) leave

(D) take

(3) Tim is still angry with his sister because she __________ his computer yesterday.

(A) broke

(B) fixed

(C) wrote

(D) called

(4) I usually __________ the bus when it rains.

(A) have

(B) take

(C) put

(D) pass

(5) A : How _________ does it take to the hotel from the station?

B : It takes about 10 minutes on foot.

(A) long
(B) far
(C) much
(D) many

(6) A : Do you play the guitar, Mark?

B : Yes, I do. But I can't play it as well _________ my brother Jim.

(A) in
(B) than
(C) as
(D) of

(7) My mother gets up _________ every morning to make breakfast for us.

(A) late
(B) hard
(C) fast
(D) early

(8) A : _________ bag do you like better, the red one or the yellow one?

B : I like the yellow one. Yellow is my favorite.

(A) Who
(B) Which
(C) Whose
(D) What

(9) I have _________ to the U.S. more than three times.

(A) been
(B) lived
(C) left
(D) stayed

(10) A：Do you have the ________ ? I want to know where we are now.
B：Sure. Here you are.
(A) pen
(B) ticket
(C) time
(D) map

[Part 2]

I. 以下の英文を読んで、 最も適当なものを選んで記号で答えなさい。

People sometimes have problems keeping their weight the same. We can get information about staying fit from a variety of sources, not only from books, but also the Internet and rumors. Some people have succeeded in improving their health by doing so. However, many people still have not been able to solve their problems. Over half of Americans are overweight, and this is happening in other countries too. The food we eat affects our weight. Today, healthier options are becoming more expensive as food becomes more processed. This is because producers nowadays care more about taste and how long food lasts than about health. As a result, the food people eat worldwide has *worsened. Popular and often cheaper foods, such as cured meats like ham and sausages, and fast food like pizzas and hamburgers, have become common, causing problems with our weight.

Eating unhealthy food does not only make us fat; it can also increase our risk of lifestyle diseases. Lifestyle diseases are diseases we can sometimes protect ourselves from if we change how we live and what we eat. Foods full of fats and chemicals make diseases like *diabetes, high blood pressure, *stroke, and certain cancers more common. Around the world, being overweight and *obese causes the fifth-largest number of deaths. Almost three million people die because of this. If this does not stop, the numbers will only get higher.

These concerns have caused a growing interest in weight management. Though diet and exercise can help manage our weight, there are still many others who can't seem to win the battle against fat, and it is not because they have not tried. Research has found many other reasons other than the food we eat. Scientists have found natural reasons for weight gain and maintenance in some of our bodies, along with mental and chemical reasons. These things, along with what and how we eat, affect our weight. It is now believed that our bodies have a weight management system. This is why weight changes slightly in most people in most cases. To maintain our weight healthily, we have to keep this in mind.

*worsened：悪化した　　*diabetes：糖尿病
*stroke：脳卒中　　*obese：肥満

(1) How can some people keep their weight the same?
(A) By taking medicine.
(B) By reading a newspaper.
(C) By getting knowledge on keeping healthy.
(D) By eating less.

(2) Why has the food people eat worldwide become worsened?
(A) Because producers need to make processed food.
(B) Because people like cured meats better than healthy food.
(C) Because sellers know that fast food is popular.
(D) Because makers think the flavor and *expiration-day is more important than health.　　*expiration-day：賞味期限

(3) What is the appropriate action to prevent lifestyle diseases?
(A) To get the number of deaths lower.
(B) To change where we live.
(C) To eat unhealthy food.
(D) Not to eat oily food too much.

(4) To maintain our weight healthily, what do we have to keep in mind?
(A) That we can gain or lose weight little by little.
(B) That what and when we eat affects our weight.
(C) That we should give up losing weight.
(D) That we should eat expensive food.

(5) Choose the most appropriate title for the text.
 (A) The Problems in America
 (B) Maintaining Healthy Weight
 (C) Lifestyle Diseases
 (D) How to Lose Weight

Ⅱ. 以下の英文を読んで、 最も適当なものを選んで記号で答えなさい。

Diwali is an important religious celebration happening every mid-October to mid-November across India. A festival of lights, it is mostly celebrated by *Hindus, *Jains, *Sikhs, and *Buddhists. It has a rich history going back thousands of years, and is a great time for celebration and happiness. A long festival, it lasts for around five days each year, and represents light winning the fight against darkness, and of good over evil. As such, Diwali is a joyous festival that appeals to many.

To prepare for Diwali, people clean their houses. Many see this as a type of cleansing, as they throw out old things and buy new things in place. This is also done in many other cultures. Across European influenced cultures, many people clean at special times of year, like the start of Spring or Christmas. But, in Diwali, much more is done. After cleaning, people decorate their houses and workplaces by using colorful chalk to draw beautiful pictures called *rangolis*, and oil lamps called *diyas*. They wear their nicest clothes, share gifts, have feasts, and *worship the Hindu goddess Lakshmi, the goddess of wealth and *prosperity. The invitation of Lakshmi is perhaps the most important part of the festival, and is believed to happen on the third day. This activity is called the Lakshmi Pooja.

During the Lakshmi Pooja, legend says that the goddess Lakshmi visits the people who worship her, sharing gifts and blessings. People leave their doors and windows open, and use *diyas* and *rangolis* to make their houses as beautiful as possible to draw the goddess. As Lakshmi walks around, she feels happy because of the nice houses, and she will reward the families greatly with health and wealth. It is also believed that she will visit the cleanest house first, and the household *broom is respected as a form of the goddess.

The day of the Lakshmi Pooja is a national holiday in many countries, such as India, Nepal, Guyana, Fiji, and Trinidad and Tobago. Even though other gods are celebrated during Diwali on the other four days, Lakshmi is the most worshipped god, and the Lakshmi Pooja is by far the most celebrated day of Diwali.

*Hindus：ヒンドゥー教徒　*Jains：ジャイナ教徒　*Sikhs：シク教徒
*Buddhists：仏教徒　*worship：崇拝する　*prosperity：繁栄
*broom：ほうき

(1) Choose the one that best fits the text.
- (A) Diwali is a religious celebration held about one month in the spring.
- (B) Diwali is a celebration with a short history.
- (C) Diwali will be held for about five days.
- (D) Diwali is a celebration of the beauty of light.

(2) Choose the one that best fits the text.
- (A) People clean their homes for Diwali.
- (B) People use beautiful chalk called *rangolis* to decorate their houses and workplaces for Diwali.
- (C) Lakshmi is the god of clothing and gifts.
- (D) Lakshmi is believed to come in the first half of the festival.

(3) Choose one that **<u>differs</u>** from the text.
- (A) It is believed that there is an order in which Lakshmi enters the house.
- (B) Lakshmi is believed to like clean, beautiful homes.
- (C) Lakshmi is believed to keep people healthy and wealthy.
- (D) People open doors and windows to drive evil out of their homes.

(4) Choose the one that best fits the text.
- (A) The Diwali period is a national holiday.
- (B) During Diwali, various gods are celebrated.
- (C) Lakshmi is a male god.
- (D) The day of the Lakshmi Pooja is the calmest day in Diwali.

(5) Choose the most appropriate title for the text.
- (A) Comparison of Diwali and Lakshmi
- (B) Diwali Advantages
- (C) History of Diwali
- (D) Introduction to Diwali

[Part 3]

Write an essay on the following opinion. You must write more than 150 words.

Opinion: **Students should learn more computer skills at school.**

Do you agree or disagree with this statement?

Use examples or your own personal experience to support your view.

2023年度

聖学院中学校

▶解　答

※　編集上の都合により，英語特別試験の解説は省略させていただきました。

英　語　＜英語特別試験＞（50分）＜満点：100点＞

解　答

[Part 1]　Ⅰ　(1)　(B)　(2)　(D)　(3)　(C)　(4)　(A)　(5)　(B)　(6)　(A)　(7)　(D)　(8)　(A)　(9)　(C)　(10)　(C)　Ⅱ　(1)　(B)　(2)　(C)　(3)　(A)　(4)　(B)　(5)　(A)　(6)　(C)　(7)　(D)　(8)　(B)　(9)　(A)　(10)　(D)　[Part 2]　Ⅰ　(1)　(C)　(2)　(D)　(3)　(D)　(4)　(A)　(5)　(B)　Ⅱ　(1)　(C)　(2)　(A)　(3)　(D)　(4)　(B)　(5)　(D)　[Part 3]　省略

2022年度　聖学院中学校

〔電　話〕 (03) 3917－１１２１
〔所在地〕 〒114-8502　東京都北区中里３－12－１
〔交　通〕 JR山手線・東京メトロ南北線－「駒込駅」より徒歩７分
JR京浜東北線－「上中里駅」より徒歩12分

【算　数】〈第１回一般試験〉(50分)〈満点：100点〉

(注意)　１．図は必ずしも正確ではありません。
　　　　２．必要なときには円周率を3.14としなさい。

1

(1)　$35-2\times(5+6)=$ [　あ　]

(2)　$\{30-3\times(10-4)\}\div4=$ [　い　]

(3)　$4\frac{4}{5}\div2\frac{2}{3}=$ [　う　]

(4)　$1\frac{1}{3}+\frac{3}{7}\times3\frac{1}{2}=$ [　え　]

(5)　$34.6\times0.35=$ [　お　]

(6)　$34.68\div0.12=$ [　か　]

(7)　$45+6\times($ [　き　] $-7)=93$

(8)　時速36km＝分速 [　く　] m

(9)　2.4km：1400m＝ [　け　] ： [　こ　]　(もっとも簡単な整数の比で表しなさい)

(10)　40分＋2.3時間－1200秒＝ [　さ　] 分

2

(1)　時速60km の自動車が40分で進む道のりは [　し　] km です。

(2)　[　す　] ページの本を，１日40ページずつ一週間読んで，次の日に残りの半分を読んだら，まだ100ページ残っていました。

(3)　ある商品に，仕入れ値の２割の利益を見込んで定価をつけました。しかし，あまり売れなかったので，次の日は定価から117円引いた663円で売りました。仕入れ値は [　せ　] 円です。

(4)　あるテーマパークの入場料は，大人４人と子ども２人で4000円，大人３人と子ども１人で2750円です。大人１人の入場料は [　そ　] 円です。

(5)　$\frac{5}{37}$ の小数第10位の数は [　た　] です。

(6)　子ども１人にあめを３個ずつ配ると11個余り，４個ずつ配ると12個足りません。子どもは [　ち　] 人います。

(7)　０から４までの数を１つずつ書いた５枚のカードで，２けたの数を作ります。20以上の数は全部で [　つ　] 個作れます。

(8)　図の角(ア)の大きさと，角(イ)の大きさの比が７：５のとき，角(ア)の大きさは [　て　] 度です。

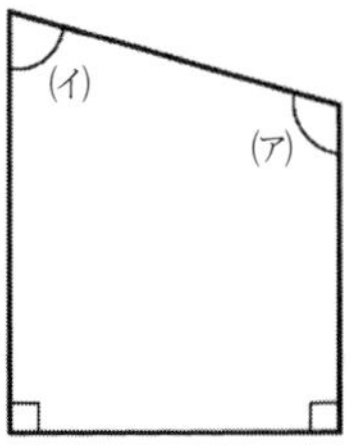

3　ある規則にしたがって数字が並んでいます。

1，9，0，6，0，9，1，9，0，6，0，9，1，9，0，6，0，9，1，9，…

(1)　50番目の数は［　と　］です。

(2)　2022番目の数は［　な　］です。

(3)　最初の数から2022番目の数までたすと合計で［　に　］になります。

(4)　2022番までに出てきた０の数は［　ぬ　］個です。

4　２つの食塩水Ａ，Ｂがあります。Ａは264ｇの水に36ｇの食塩を混ぜた食塩水，Ｂは14ｇの食塩が入っている７％の食塩水です。

(1)　食塩水Ａの濃度は［　ね　］％です。

(2)　食塩水Ｂは［　の　］ｇあります。

(3)　食塩水Ａと食塩水Ｂを混ぜたときにできる食塩水Ｃの濃度は［　は　］％です。

(4)　(3)で作った食塩水Ｃを温めて水を蒸発させ，20％の食塩水を作りました。蒸発させた水は［　ひ　］ｇです。

5　正方形の中に正方形の一辺の長さを半径とするおうぎ形を３つかき，その交点と正方形の頂点を図のようにつなぎました。

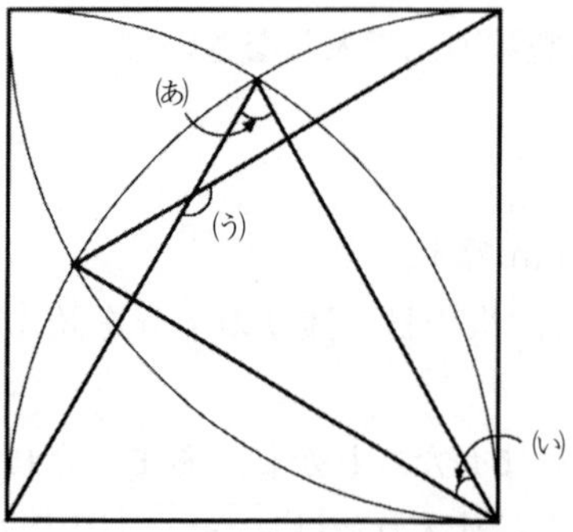

(1)　角(あ)の大きさは［　ふ　］度です。

(2)　角(い)の大きさは［　へ　］度です。

(3)　角(う)の大きさは［　ほ　］度です。

【社　会】〈第１回一般試験〉（理科と合わせて50分）〈満点：50点〉

1　次の文章を読んで，あとの問いに答えなさい。

2021年７月，「奄美大島，徳之島，①沖縄島北部及び西表《いりおもて》島」が日本で24番目の②世界遺産となることが決定しました。これらの島々は固有性の高い生態系を有することや，絶滅危惧《きぐ》種の生息地であることが世界自然遺産にふさわしいと評価されました。日本は東西に約3000kmもある島国です。海岸線の長さが100m以上である島の数は，③埋め立て地を除き6852もあります。日本の島についてみていきましょう。

北海道，本州，四国，④九州を除き，日本で最も大きな島は択捉島です。島の面積は3167km^{2}であり，これはトキの繁殖《はんしょく》で有名な新潟県の（　１　）島と比べ，約3.7倍もの大きさがあります。古くから人々が生活をおくり，水産資源が豊富なことから⑤漁業が盛んに行なわれてきました。しかし，（　２　）との⑥領土問題を抱えており，現在も両国で話し合いが続いています。

⑦東京都にも島があり，小笠原諸島もその一つです。ここは「東洋のガラパゴス」と呼ばれるくらい固有種が豊富です。この自然豊かな環境を守るため空港はなく，⑧フェリーでしか行くことはできません。しかし2011年に世界遺産として認められたこともあり，ここを訪れる観光客は増えています。他にも八丈島や三宅島などを含む伊豆諸島が東京都の一部です。これらはいずれも⑨火山島であり，かつて人々が避難したこともありました。一方で，本場黄八丈《ほんばきはちじょう》など⑩島特有の工芸品もみられ，これらの保存が期待されています。

本州と四国の間にみられる島が淡路島です。この島は本州と⑪世界一長いつり橋で結ばれており島内では⑫玉ねぎの生産が盛んです。他にも（　３　）県とを結んだ大鳴門《なると》橋の海峡部には地形や海流が影響してできた渦潮《うずしお》がみられ，観光スポットとなっています。

問１　文中の（１）にあてはまるものを下から選びなさい。

　小豆　　佐渡　　屋久　　与那国

問２　文中の（２）にあてはまるものを下から選びなさい。

　中国　　韓国　　ロシア　　フィリピン

問３　文中の（３）にあてはまるものを漢字で答えなさい。

問４　下線部①に関して，那覇市の雨温図として正しいものを下から選び，記号で答えなさい。

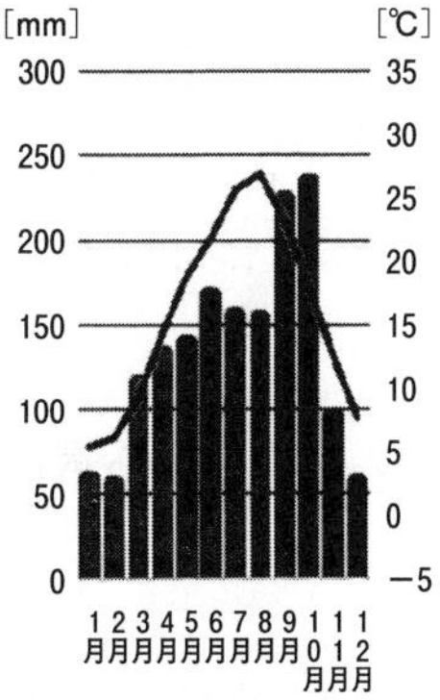

(ア)

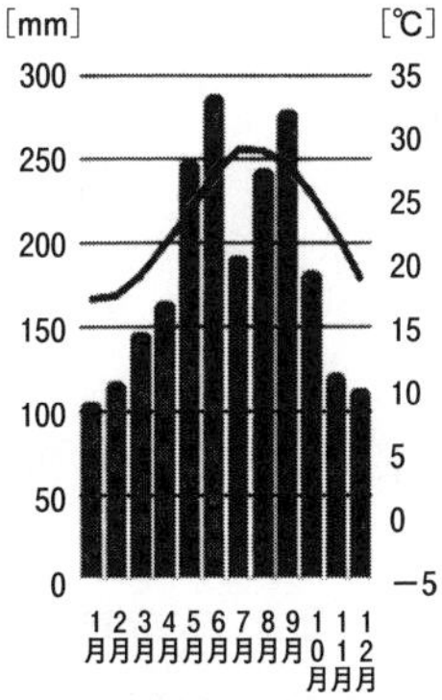

(イ)

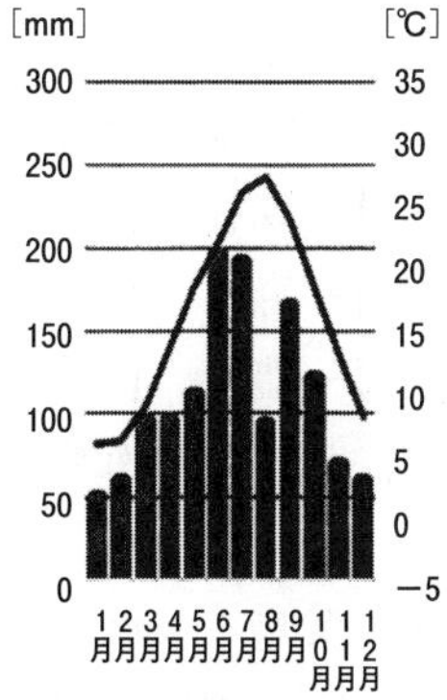

(ウ)

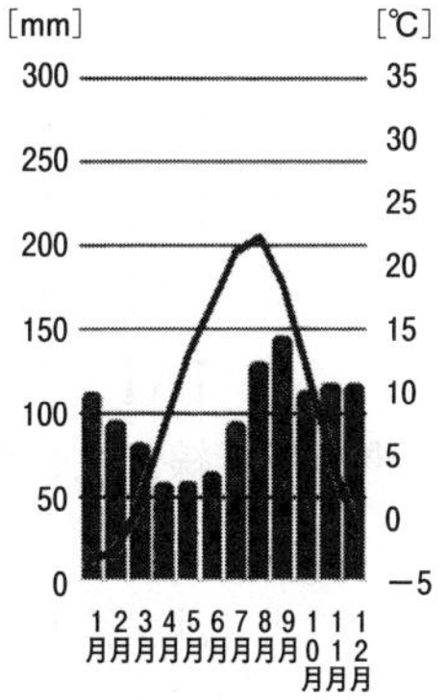

(エ)

すべて『1991～2020年　気象庁観測データ』より作成

問５　下線部②について，日本の世界遺産として認定されていないものを下から選び，記号で答えなさい。

ア．富岡製糸場　　イ．富士山　　ウ．伊勢神宮　　エ．白川郷

問６　下線部③について，正しいものを下から選び，記号で答えなさい。

ア．埋め立て地は新しい時代に整備されたことから，もともとの地盤と比べ地震に強い構造となっている。

イ．再利用ができないゴミを処分する場所はゴミ埋め立て地と呼ばれ，日本においては満杯まで200年程度とされ，比較的余裕がある。

ウ．岩手県にある八郎潟は，水鳥保護を目的として海を埋め立てて作られた干潟である。

エ．東京都港区や江東区の海沿いの埋め立て地には高層マンションが建ち並んでいる。

問７　下線部④について，下の図Ａ，Ｂは九州にある県の形をあらわしている。これらの組み合わせとして正しいものを下から選び，記号で答えなさい。ただし図Ａについてはこの県に含まれる周辺の島を除いて示している。なお，これらの図の縮尺は一定ではない。

図Ａ

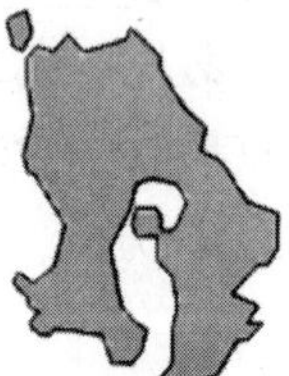

図Ｂ

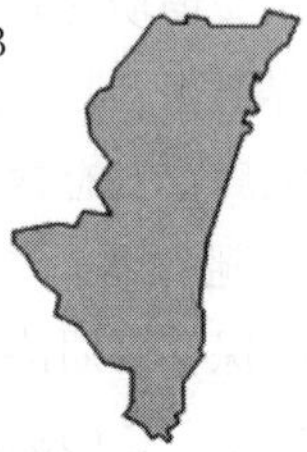

ア．図Ａ　鹿児島県　図Ｂ　宮崎県

イ．図Ａ　鹿児島県　図Ｂ　大分県

ウ．図Ａ　熊本県　　図Ｂ　宮崎県

エ．図Ａ　熊本県　　図Ｂ　大分県

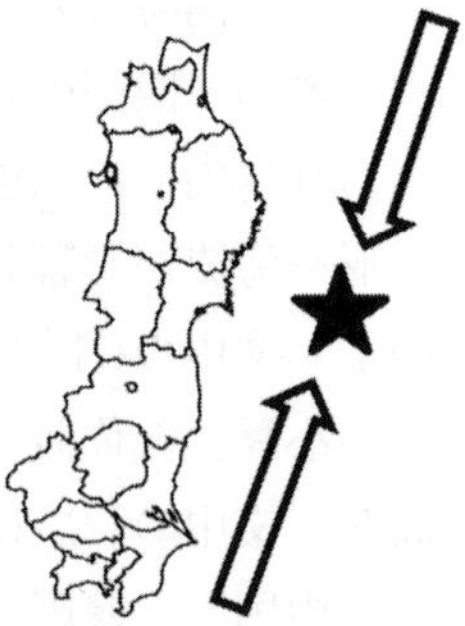

問８　下線部⑤について，右の図中の★は寒流と暖流がぶつかり豊かな漁場となっている。これを何というか，答えなさい。

問９　下線部⑥に関して，右の表は日本の国土利用の推移を示したものである。表中の【Ａ】～【Ｃ】にあてはまるものの組み合わせとして正しいものを下から選び，記号で答えなさい。

日本の国土利用の推移　（万 ha）

	1980年	2000年	2018年
【 Ａ 】	546	483	442
【 Ｂ 】	2526	2511	2503
水面・河川・水路	115	135	135
道路	104	127	140
【 Ｃ 】	140	179	196

『矢野恒太記念会 日本国勢図会 2021/22』より作成

ア．【Ａ】―農地　【Ｂ】―宅地　【Ｃ】―森林

イ．【Ａ】―農地　【Ｂ】―森林　【Ｃ】―宅地

ウ．【Ａ】―宅地　【Ｂ】―森林　【Ｃ】―農地

エ．【Ａ】―宅地　【Ｂ】―農地　【Ｃ】―森林

問10　下線部⑦に関して，日本の最南端は東京都に属する島である。この島を下から選び，記号で答えなさい。

ア．沖ノ鳥島　　イ．父島　　ウ．南鳥島　　エ．硫黄島

問11　下線部⑧に関して，下の図は2018年の船，鉄道，飛行機，自動車の旅客輸送および貨物輸送の割合を示している。船にあてはまるものを図中の【ア】～【エ】から選び，記号で答えなさい。なお２つの図の記号は同じ交通をあらわしている。

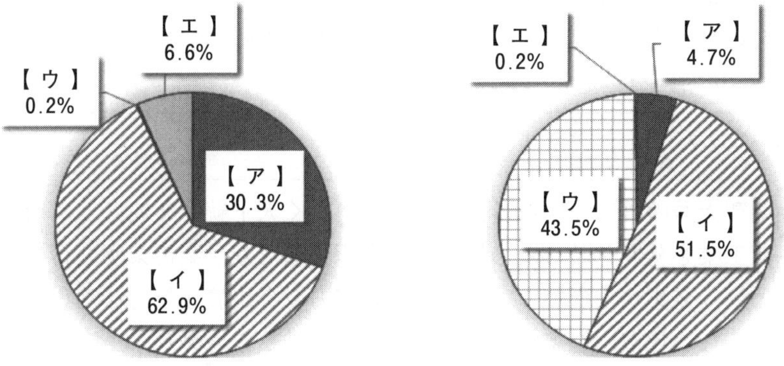

国内旅客輸送量(2018年)　　**国内貨物輸送量**(2018年)

ともに『矢野恒太記念会 日本国勢図会 2021/22』より作成

問12　下線部⑨に関して，下の図はかつて火山が噴火したことによってできたくぼ地をあらわしている。この地形を何というか，答えなさい。

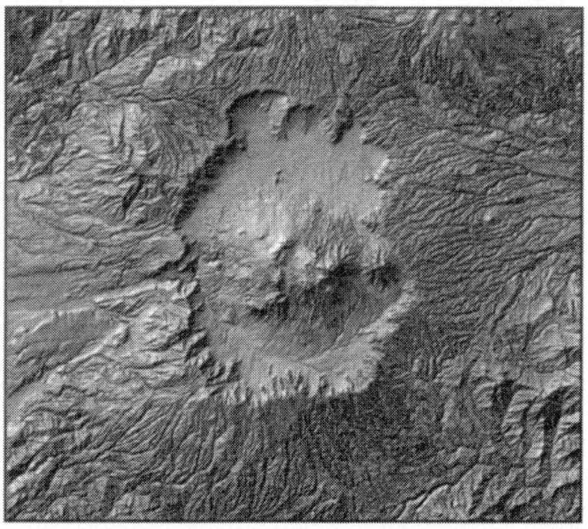

『国土数値情報』，『基盤地図情報』をもとに作成

問13　下線部⑩に関して，国は伝統工芸品として認められるものを右のマークであらわしている。指定を行なっている官庁を下から選び，記号で答えなさい。

ア．厚生労働省　　イ．国土交通省

ウ．文部科学省　　エ．経済産業省

問14　下線部⑪について，この橋の名称を下から選び，記号で答えなさい。

ア．関門橋　　イ．明石海峡大橋　　ウ．錦帯橋　　エ．瀬戸大橋

問15　下線部⑫について，下の図は日本の玉ねぎの収穫量の割合を示すものである。図中の【A】にあてはまる都道府県名を答えなさい。

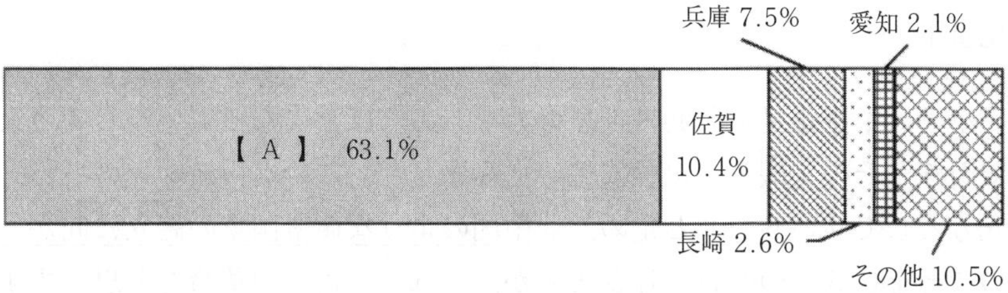

『2019年　作物統計調査』より作成

2　歴史好きの中学生５人が「世の中に一番影響を与えた，あるいはその可能性があった人物」というテーマで話し合いをしました。次の文章を読んで，あとの問いに答えなさい。

＜Ａ君の意見＞

人物名：織田信長

理由：なぜなら，明智光秀の裏切りがなければ，間違いなく天下統一を成しとげただろうと思うからです。商工業を発展させるために，関所を廃止したり，楽市楽座を行なって自由な営業を認めるという発想がすごいです。東海一の実力者今川義元を討った(　１　)の戦いは奇跡です。それから①比叡山《ひえいざん》を焼き討ちにしたように神仏をも恐れず，宗教をよりどころにしていないことも並みではありません。このような人物だから，②足利将軍を追放して室町幕府を滅ぼすことができたのでしょう。

問１　文中の(１)にあてはまるものを答えなさい。

問２　下線部①に関して，９世紀はじめにこの山を拠点にして天台宗をひらいた僧は誰か，答えなさい。

問３　下線部②について，追放された人物を下から選びなさい。

足利尊氏　　足利義満　　足利義昭　　足利義政

＜Ｂ君の意見＞

人物名：後醍醐天皇

理由：なぜなら，鎌倉幕府から政治の実権を取り戻すために思い切った行動にでたからです。天皇は(　２　)などの武将を味方につけ，楠木正成などの「悪党」も味方にして③幕府を倒すことを計画して実行しました。もし，足利尊氏と直義《ただよし》兄弟に裏切られ，彼らに追われて京都から(　３　)に追いやられることがなければ，歴史が大きく異なっていたに違いありません。天皇は商業や市場に強い関心があり，貨幣鋳造《かへいちゅうぞう》の計画もあったらしいです。

問４　文中の(２)にあてはまるものを下から選びなさい。

新田義貞　　山名持豊　　源義経　　平将門

問５　文中の(３)にあてはまるものを下から選びなさい。

堺　　隠岐　　長崎　　吉野

問６　下線部③に関して，この後の政治を何というか，あてはまるものを下から選びなさい。

建武の新政　　摂関政治　　院政　　執権政治

＜Ｃ君の意見＞

人物名：中大兄皇子

理由：④中大兄皇子は中臣鎌足らと共に天皇の力をしのぐほどになっていた(　４　)入鹿《いるか》を天皇の目の前で斬《き》り，その父蝦夷《えみし》を自殺に追い込みました。このクーデターのあと，新政権は日本初の元号として「(　５　)」と定め，⑤中国のような律令国家の確立に向かったのです。これらのことを(　５　)の改新と呼びますが，これこそ古代の革命だと思います。

問７　文中の(４)にあてはまるものを下から選びなさい。

物部　　藤原　　北条　　蘇我

問８　文中の(５)にあてはまるものを答えなさい。

問９　下線部④について，この人物はのちに新羅と唐の連合軍と戦った。この戦いを何というか，答えなさい。

問10　下線部⑤に関して，このあとの奈良時代のできごととして間違っているものを下から選び，記号で答えなさい。

ア．公地公民の制をはじめた。

イ．６歳以上の男女に口分田という土地を与えた。

ウ．税として租・庸・調を納めさせた。

エ．各地に守護と地頭を派遣した。

＜Ｄ君の意見＞

人物名：北条泰時

理由：地味な人物だけど，北条泰時がすごいと思います。なぜなら，彼は承久の乱のときに先頭にたって働き，(　６　)上皇に勝利しました。そして何と(　６　)上皇は隠岐に流されてしまうのです。武士が上皇を一方的に罰しているなんて，とても驚きです。それから彼は(　７　)を制定しています。公平な裁判を行なうために，わかりやすい言葉で定めました。何とすごいことでしょうか。泰時さんが影響力ナンバーワンです。

問11　文中の(６)にあてはまるものを答えなさい。

問12　文中の(７)にあてはまるものを答えなさい。

＜Ｅ君の意見＞

人物名：東郷平八郎

理由：もし，彼が率いた連合艦隊が日本海海戦に勝利していなかったら，その後の日本は，どうなっていたでしょうか。日露戦争の講和条約である(　８　)条約でロシアから要求されたであろう内容は，北方領土どころじゃないと思います。本当に日本にとって悪夢です。今後は，日露戦争後の日本がなぜあのような歴史をたどったか，詳しく知りたいと思っています。満州事変や⑥太平洋戦争についても，もっともっと調べていきたいです。

問13　文中の(８)にあてはまるものを下から選びなさい。

ロンドン　　ポーツマス　　パリ　　ワシントン

問14　下線部⑥に関して，これに最も関係の深いものを下から選びなさい。

シベリア出兵　　沖縄戦　　日英同盟　　高度経済成長

3　次の文章は，2021年５月８日の読売新聞の朝刊の記事である。これを読んで，あとの問いに答えなさい。なお，読みやすいように一部ルビをふった。

近代に入り，祝日が初めて法令で定められたのは1873年のことだ。当初は年８日で，多くは皇室との関わりが深かった。例えば，２月11日は神武天皇の即位日とされる「紀元節」，11月23日は宮中祭祀《さいし》の一つ「新嘗祭《にいなめさい》」と呼ばれていた。

だが，敗戦後，①天皇制と結びついた国家神道の廃止を命じた連合国軍総司令部(＝(　あ　))は２月11日の祝日化を認めなかった。11月23日も存続の危機にあったが，「(　い　)」に名を変えることで残った。こうして，1948年制定の「国民の祝日に関する②法律」(祝日法)の下，年９日でスタートした。

２月11日が「建国記念の日」として祝日に戻ったのは，主権回復後の66年。このときの法改正で同時に９月15日を「敬老の日」，10月10日を「体育の日」(現・スポーツの日)とした。80年代に入ると再び「外圧」にさらされる。③日本人の労働時間の長さが欧米に批判され，政府は86年から，祝日に挟まれた５月４日を「国民の休日」にした。

2000年に導入された「ハッピーマンデー」では，特定の祝日を(　う　)に移し，３連休を作ることになった。観光振興や消費拡大が目的で，今は「成人の日」「スポーツの日」「海の日」「敬老の日」が対象だ。

ただ，これには異論も出ている。「海の日」は明治天皇が東北巡幸《じゅんこう》から横浜港に帰港した７月20日にちなむ。ハッピーマンデーで「７月の第３(　う　)」とされ，「趣旨が形骸化《けいがいか》している」として超党派の「海事振興連盟」が元に戻すよう求めている。

今年は④東京五輪に合わせ「海の日」「スポーツの日」「山の日」が開会式や閉会式の時期に移され，７月に４連休，８月に３連休ができる。多くの国民は歓迎するだろうが，国立歴史民俗博物館のＡさん・名誉教授(民俗伝承学)は「政治が国民の支持を集めるため，祝日を都合良く利用し過ぎている側面もある。本来の祝祭的な意味が薄れてきているのでは」と危ぶむ。

(2021年５月８日　読売新聞より抜粋)

問１　文中の(あ)にあてはまるものを下から選び，記号で答えなさい。

ア．WHO　　イ．GNP　　ウ．IOC　　エ．GHQ

問２　文中の(い)にあてはまるものを下から選び，記号で答えなさい。

ア．みどりの日

イ．勤労感謝の日

ウ．文化の日

エ．秋分の日

問３　文中の(う)にあてはまるものを下から選び，記号で答えなさい。

ア．月曜日　　イ．火曜日

ウ．木曜日　　エ．金曜日

問４　下線部①について，日本国憲法第１条では「天皇は，日本国の象徴であり，日本国民統合の象徴であって，この地位は，(　Ａ　)の存する日本国民の総意に基づく」と規定されている。(Ａ)には「国の最終的なあり方を決める権限」を指す語が入る。本文中から漢字２字で抜き出しなさい。

問５　下線部②について，法律に関する記述として間違っているものを，下から選び，記号で答えなさい。

ア．法律案は衆議院，参議院どちらからでも先に議論して良い。

イ．国会議員だけでなく，内閣も法律案を国会に提出することができる。

ウ．国民が一定数の署名を集めれば，国会は必ず議論しなければならない。

エ．国会が作成した法律が，裁判所で憲法違反と判断されることがある。

問６　下線部③について，下のグラフは年間の労働時間の推移を表している。グラフ中のア～エはアメリカ，イギリス，ドイツ，フランス，日本のいずれかを指している。下の(1)～(3)の情報を参照し，グラフの中から日本にあてはまるものをア～エから選び，記号で答えなさい。

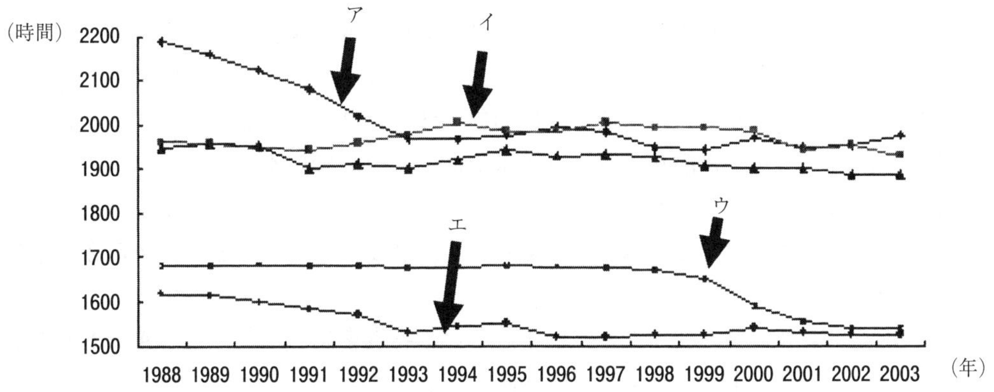

厚生労働省HP（https://www.mhlw.go.jp/shingi/2005/05/s0520-7c.html）より引用

(1)　アメリカは他の国に比べて，労働時間が比較的長い。

(2)　フランスは有給休暇の取得率が高く，労働時間が５つの国の中で比較的短い。

(3)　日本は1980年代後半の労働基準法の改正を受けて，大幅に労働時間が短くなった。

問７　下線部④に関して，東京オリンピックの次に開催される，2024年実施予定の夏季オリンピックはどこの都市で開催されるか。正しいものを下から選び，記号で答えなさい。

ア．リオデジャネイロ　　イ．ロサンゼルス

ウ．アテネ　　　　　　　エ．パリ

【理　科】〈第１回一般試験〉（社会と合わせて50分）〈満点：50点〉

１　水溶《よう》液と気体について，次の問いに答えなさい。

問１　以下の**Ａ**～**Ｉ**の水溶液があります。

Ａ	食塩水	**Ｂ**	塩酸	**Ｃ**	水酸化ナトリウム水溶液
Ｄ	砂糖水	**Ｅ**	炭酸水	**Ｆ**	過酸化水素水
Ｇ	石灰水	**Ｈ**	アンモニア水	**Ｉ**	お酢《す》

(1)　アルカリ性を示す水溶液を**Ａ**～**Ｉ**から３つ選び記号で答えなさい。

(2)　アルカリ性の水溶液をリトマス紙にたらしたときの変化として正しいものを，次の**ア**～**エ**から選び記号で答えなさい。

ア　青色リトマス紙を赤色にする。　　**イ**　赤色リトマス紙を青色にする。

ウ　緑色リトマス紙を黄色にする。　　**エ**　緑色リトマス紙を青色にする。

(3)　気体を溶《と》かしてつくる水溶液を，次の**ア**～**オ**から２つ選び記号で答えなさい。

ア　塩酸　　**イ**　水酸化ナトリウム水溶液　　**ウ**　砂糖水

エ　食塩水　　**オ**　炭酸水

(4)　２つの水溶液を混ぜて食塩水をつくります。必要な水溶液を**Ｂ**～**Ｉ**から２つ選び記号で答えなさい。

(5)　スポーツドリンクとサイダーに含《ふく》まれている物質を調べたところ，**Ａ**～**Ｉ**の水溶液を組み合わせることによって自宅でも近い味のものをつくれることがわかりました。①～③に当てはまる水溶液を**Ａ**～**Ｉ**からそれぞれ選び記号で答えなさい。なお，スポーツドリンクは汗《あせ》などで失われた成分を補うために飲むものとします。

スポーツドリンクは，（ ① ）と（ ② ）を混ぜてつくる。

サイダーは，（ ① ）と（ ③ ）を混ぜてつくる。

問２　以下の**ａ**～**ｊ**の物質があります。

水溶液

ａ	水酸化ナトリウム水溶液	**ｂ**	食塩水	**ｃ**	炭酸水
ｄ	過酸化水素水	**ｅ**	石灰水	**ｆ**	アンモニア水

気体

ｇ	酸素	**ｈ**	水素	**ｉ**	二酸化炭素	**ｊ**	アンモニア

(1)　下の表のように，ある物質**Ｘ**とある物質**Ｙ**を混ぜて気体**Ｚ**をつくる実験を３種類行いました。①～④に当てはまる物質を**ａ**～**ｊ**からそれぞれ選び記号で答えなさい。また，⑤に当てはまる物質の名前を書きなさい。

	物質Ｘ	物質Ｙ	気体Ｚ	気体Ｚの性質
実験Ⅰ	①	二酸化マンガン	②	ものを燃やすはたらき
実験Ⅱ	塩酸	石灰石	③	（ ④ ）を白くにごらせる
実験Ⅲ	塩酸	⑤	水素	空気より軽い 火をつけると爆《ばく》発する

(2)　**ｇ**～**ｊ**の気体の性質について正しく書かれているものを，次の**ア**～**オ**から選び記号で答

えなさい。

ア　水に溶けやすい気体を溶かしてつくった水溶液は必ず中性になる。

イ　水に溶けにくい気体はすべて燃えやすい性質をもつ。

ウ　上方置かん法で集めるべき気体を水に溶かすと必ず酸性になる。

エ　上方置かん法で集めるべき気体を水に溶かすと必ずアルカリ性になる。

オ　水上置かん法で集めるべき気体は，上方置かん法または下方置かん法で集めることはできない。

2　電流について，次の問いに答えなさい。

問１　電池には電流を流すはたらきがあります。そのはたらきの大きさを電圧と呼び，電池１個あたりの電圧は1.5ボルトです。この電池と電熱線を用いて，次の回路①～⑧をつくりました。電流計で電流の大きさをはかったところ，図のようになりました。ただし，それぞれの電熱線はすべて同じものとします。

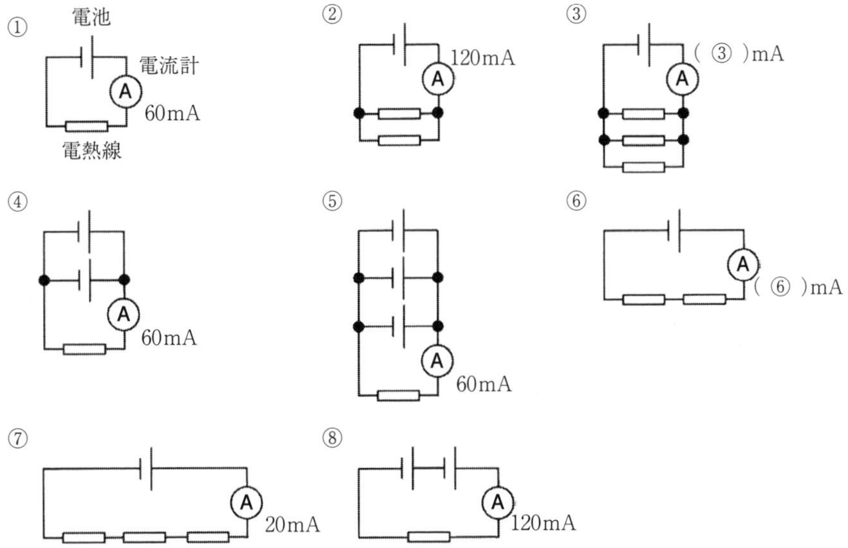

(1)　回路④について，電熱線にかかる電圧は何ボルトですか。

(2)　回路⑧について，電熱線にかかる電圧は何ボルトですか。

(3)　回路⑤について，電池１個に流れる電流は何mA ですか。

(4)　回路③について，電流計に流れる電流は何mA ですか。

(5)　回路⑥について，電流計に流れる電流は何mA ですか。

(6)　電池には電流を流すことのできる時間に限りがあります。回路①～⑧のうち，最も早く電流が流れなくなるのはどれですか。①～⑧の数字で答えなさい。

問２　右の図は電球で，フィラメントとよばれる部分に電流が流れると，明るく光ります。

(1)　発明王エジソンは数千の材料からフィラメントに適する材料をさがしたところ，当時最も良いものが日本の竹でした。現在ではタングステンという金属がフィラメントに使われています。竹の代わりに，タングステンが

使われるようになったのはなぜですか。当てはまるものを，次の**ア**～**エ**から選び記号で答えなさい。

ア　竹はやわらかいが，タングステンはとてもかたいから。

イ　竹は光を反射しにくいが，タングステンは光をよく反射するから。

ウ　竹は熱で早いうちに燃えてしまうが，タングステンは熱に強いから。

エ　竹は軽いが，タングステンはとても重いから。

(2)　電球を長持ちさせるために，電球の中の空気をぬいて，代わりにちっ素やアルゴンという気体を入れています。これは空気中にふくまれている酸素の性質が原因です。その原因と最も関係の深いものを，次の**ア**～**エ**から選び記号で答えなさい。

ア　酸素は，レバーにオキシドールをかけると発生する。

イ　酸素の入った試験管に火のついた線香《こう》を入れると，炎《ほのお》が大きくなる。

ウ　酸素は無色でにおいがない。

エ　酸素でつくったシャボン玉は，地面に向かって落ちていく。

3　東京都の河川や東京湾《わん》について，次の問いに答えなさい。

問１　東京都をふくむ関東平野は，流水のはたらきでつくられた地形です。

(1)　流水のはたらきは，運ぱん，たい積のほかに何がありますか。

(2)　川の上流と下流で比べたとき，川原の石の形や大きさにはどのような違《ちが》いがありますか。次の**ア**～**エ**から選び記号で答えなさい。

ア　上流には角ばった小さい石が多い。

イ　上流には角ばった大きい石が多い。

ウ　上流には丸みをおびた小さい石が多い。

エ　上流には丸みをおびた大きい石が多い。

問２　下の図は東京都の東部を流れる河川のようすを表したものです。図の**A**地点と**B**地点の間に蛇行《だこう》する川があります。また**C**地点は河口にできた地形をうめ立てた場所です。

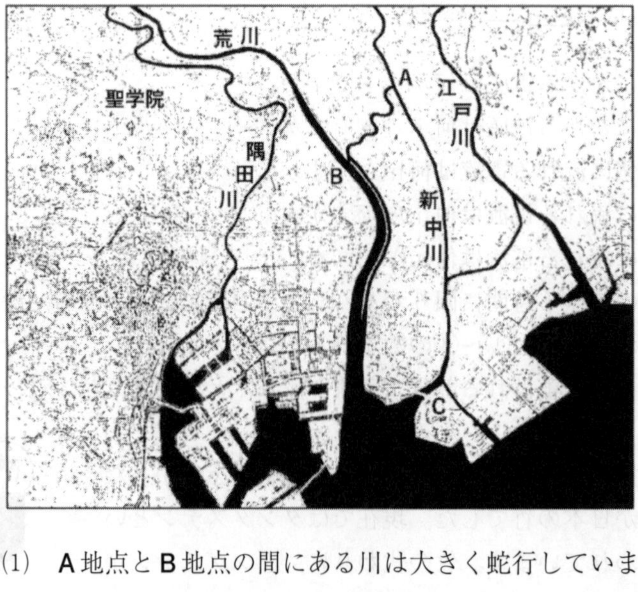

(1)　**A**地点と**B**地点の間にある川は大きく蛇行しています。このようすから，この地域の特《とく》

徴《ちょう》についてどのようなことが考えられますか。次の**ア**～**エ**から選び記号で答えなさい。

ア　この地域は火山灰がたい積した土地である。

イ　この地域の地層には，しゅう曲がみられる。

ウ　**A**と**B**は高低差がほとんどない。

エ　川岸は大きくけずられて崖《がけ》のようになっている。

(2)　東京湾の海水面の高さは，時代により変化してきました。6000年前は，現在よりも海水面が高く，現在聖学院がある場所は，当時の海岸に近いところでした。また，**A**，**B**，**C**地点は海でした。海水面が高かった理由として，どのようなことが考えられますか。次の**ア**～**エ**から選び記号で答えなさい。

ア　現在よりも寒い気候で，南極などの氷が増えていた。

イ　現在よりも寒い気候で，雪や雨が多かった。

ウ　現在よりも暖かい気候で，乾燥《かんそう》して雨が少なかった。

エ　現在よりも暖かい気候で，南極などの氷がとけていた。

(3)　うめ立ててつくられた図の**C**地点は，もともとどのような地形でしたか。次の**ア**～**エ**から選び記号で答えなさい。

ア　せん状地　　**イ**　砂丘《さきゅう》　　**ウ**　V字谷　　**エ**　三角州

問3　近年，多くの野生生物が絶滅《ぜつめつ》の危機にありますが，その主な原因は森林ばっ採，乱かくなど，私たち人間の活動にあります。河川や海岸では，人間が地形を大きく変えて生物の生息場所をうばってしまいました。

(1)　**B**地点の下流につながる大きな川は，明治時代以降につくられた人工の川です。生物を保護するために，下の図のような「ワンド」という流れのゆるやかな地形を何か所かにつくってあります。「ワンド」は魚の産卵場所や生息場所になっていることが，調査で確かめられています。

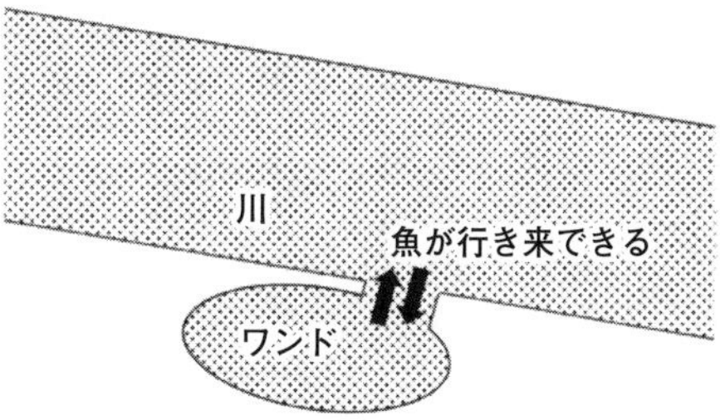

この「ワンド」には，継続《けいぞく》的な手入れが必要です。どのような手入れが必要ですか。次の**ア**～**エ**から選び記号で答えなさい。

ア　泥《どろ》がたい積しやすいので，魚の生息場所を守るために泥をくみ取る活動が必要である。

イ　カダヤシやアメリカザリガニなどの外来種の卵も減らさないように保護し続ける必要がある。

ウ　生物が住み続けられるように，水質汚染《おせん》につよい種類の魚を養しょくして放流する必要がある。

エ　河川の土砂が流されないように，アレチウリなどの成長がはやい植物だけを選んで周囲に植える必要がある。

(2)　現在はうめ立て地がほとんどですが，昔の東京湾には，潮が満ちているときには海になり，潮が引いたときには陸になる地形が大きく広がっていました。そこは多くの貝類，カニ，ゴカイなどの生息場所になっていました。

①　昔に見られたこのような地形を何といいますか。次の**ア**～**エ**から選び記号で答えなさい。

ア　大陸だな　　**イ**　サンゴ礁《しょう》　　**ウ**　干潟《ひがた》　　**エ**　海岸段丘《だんきゅう》

②　①には渡《わた》り鳥の貴重なえさとなる生物が生息し，野鳥を守る貴重な場所になっています。この他に，①に生息する生物がはたしている役割にはどういったことがあると考えられますか。次の**ア**～**エ**から選び記号で答えなさい。

ア　生物の巣が泥のたい積を増やして，陸地が減らないようにしている。

イ　よごれの原因になる物質を分解して，水をきれいにしている。

ウ　生物が海水をかきまぜて，水温を一定に保っている。

エ　生物の食物連鎖《れんさ》によって，外来生物が増えないようにしている。

進められるべきものと考えています。

（法務省ウェブサイト「選択的夫婦別氏制度（いわゆる選択的夫婦別姓制度）について」の「選択的夫婦別氏制度」とは？）

ア、子どもができたら、食費とか教育費とかで長期的に出費が多くなると思うの。納税額を少なくするために、別氏を選択したいの。

イ、ここまで成し遂《と》げてきたことがあるのに、氏が変わることで別の人間みたいにとらえられたら嫌。だから、別氏を選択したいの。

ウ、私、別氏を選択したいわ。だって、今の名前に愛着があるし、私の友達がよそよそしく感じて離れていったら、あなた、責任とれる？

エ、私、別氏を選択したいわ。結婚して自分たちの家を作ることになるから、親にはそうそう頼れないわ。ましてや国に管理されるのは嫌。

問C　……線部Ⓒ「あたかも」ということばを使って、短い一文を作りなさい。

問二　「実名敬避」について、次の問に答えなさい。

問A　実名敬避が見られる組み合わせとして最もふさわしいものを選びなさい。

ア、親と子　　イ、店員と客

ウ、審判と選手　　エ、カメラマンとモデル

問B　実名敬避の背景にあるものとして最もふさわしいものを選びなさい。

ア、信頼関係　　イ、上下関係

ウ、因果関係　　エ、前後関係

問三　――線部①について、名前を省略しない理由として最もふさわしいものを選びなさい。

ア、名前と実体は切り離せないから。

イ、体の一部を失うことを連想させるから。

ウ、その人を軽視していじめにつながるから。

エ、読み方が失礼なものになることもあるから。

問四　「名前符号観」について説明されているのはどこからか。最初の七字を抜き出しなさい。

問五　大問[三]に登場する「朋華」はどのような人物ですか。次に抜《ばっ》粋《すい》した箇所と名前を参考にして答えなさい。なお、「朋」を使う熟語として「同朋《どうほう》」や「朋党《ほうとう》」、「朋輩《ほうばい》」、「朋友《ほうゆう》」などがあります。

【抜粋①（20ページ）】

　すると朋華が横から、「すごいでしょう、梢シェフのスペシャル七夕ゼリーよぉ」と自慢する。

【抜粋②（19ページ）】

　梢が横目でとなりの朋華を見た。わたしもつられて朋華に視線を移すと、朋華はしたり顔で言った。

「ほら、お金で買ったものをあげるのもなんか違うでしょ、この場合。それでいろいろ考えたんだけど、このあいだ美貴があの高級スイーツの写真をすごく熱心に見てたから、こういうのなら喜んでくれるんじゃないかなあ、って思って」

【抜粋③（19ページ）】

「どうよ美貴、こんなデザート、さすがに前の学校でも出なかったんじゃないの？」

　朋華のおどけた科白に、わたしはうん、とうなずいた。

問六　ここではあなたは結婚を予定している女性と想定します。あなたは配偶者（パートナー）となる人に別氏を選択する希望を話し出します。どのような理由が考えられますか。本文と次の抜粋された文章をふまえて、最もふさわしいものを選びなさい。

　選択的夫婦別氏制度とは、夫婦が望む場合には、結婚後も夫婦がそれぞれ結婚前の氏を称《しょう》することを認める制度です。なお、この制度は、一般に「選択的夫婦別姓制度」と呼ばれることがありますが、民法等の法律では、「姓」や「名字」のことを「氏」と呼んでいることから、法務省では「選択的夫婦別氏制度」と呼んでいます。

　現在の民法のもとでは、結婚に際して、男性又《また》は女性のいずれか一方が、必ず氏を改めなければなりません。そして、現実には、男性の氏を選び、女性が氏を改める例が圧倒的多数です。ところが、女性の社会進出等に伴《ともな》い、改氏による社会的な不便・不利益を指摘されてきたことなどを背景に、選択的夫婦別氏制度の導入を求める意見があります。

　法務省としては、選択的夫婦別氏制度の導入は、婚姻《こんいん》制度や家族の在り方と関係する重要な問題ですので、国民の理解のもとに

をめがけて真っ黒な犬が走り寄ってきた。ちぎれるほどにしっぽを振《ふ》って飼い主に頭をなでてもらっている黒い犬を見て、飼い主のユーモアに、Ⓑほっこりした。そして、「シロ」の意味など関係なく、自分の名前に反応する犬をかわいらしく思った。これも、「シロという名前ならば白い犬だろう」という名実一体観を裏切る命名だったからこその感慨《かんがい》だろう。

名実一体観は、日本に限ったことではない。ファンタジー文学のベストセラー『ハリー・ポッター』シリーズでも、多くの魔法使いが、闇《やみ》の帝王「ヴォルデモート」を「名前を言ってはいけないあの人」と呼び、その名前を口にしないばかりか、ハリーがその名前を言うと、Ⓒあたかも、名前そのものが本人であるかのように恐ろしがる。

グリム童話の中には、自分の名前を当てられると怒って自分自身を引き裂《さ》いてしまう小人が出てくる、『がたがたの竹馬こぞう』という話がある。

名実一体観を大きく変更させたのが、明治五(一八七二)年に明治政府が発布した改名禁止令と複名禁止令である。それまでの日本では、元服、襲名《しゅうめい》、出家、隠居《いんきょ》など立場が変わるごとに改名していた。元服をすれば幼名から成人名へ(伊達梵天丸《だてぼんてんまる》→伊達政宗)、隠居をすれば改名(滝沢馬琴《たきざわばきん》→滝沢笠翁《りつおう》)、出家をすれば俗名《ぞくみょう》から戒名《かいみょう》へ、職業、立場、地位の変更が必然的に改名をともなっていた。このうち、戒名は現在でも機能している。仏壇《ぶつだん》の中の位牌《いはい》に書いてある名前だ。

さらに、官名や国名など一人の人が同時に複数の名前を使うこともまれではなかった。「赤穂浪士《あこうろうし》」で有名な大石内蔵助《くらのすけ》の「内蔵助」は官職を指し、元の名は、大石良雄だ。宮本武蔵の武蔵は、武蔵の国からきている。

江戸時代まで日本は多くの藩《はん》に分かれていた。しかし、明治時代になって、日本をひとつの国に統合しようとしていた明治政府にとっては、国民を把握《はあく》してしっかり徴兵・徴税することが重要であった。そのためには、国民が名前を変えたり、同じ人が複数の名前を使っていたのでは困る。そこで、一人がひとつの名前を使って戸籍《こせき》を編製するように定めたのだ。改名するためには、国に届けて承認してもらわなければならなくなった。

私たちにとって当たり前になっている「一人にひとつの名前」が生まれた背景には、国家が国民を管理する目的があった。以降、国家は国民の名前をさまざまな形で規制していくようになる。

これを読んで、「そんなことはない。私の好きなアーティストは、みんな、個性的な名前で活躍《かつやく》している」と、思った人がいるかもしれない。その通りだ。私など、どちらが歌の題名で、どちらが歌手の名前なのか、わからないときがある。しかし、そんなアーティストも、税金を納めるときや、健康保険に加入するときには、戸籍に登録した氏名を使っているはずだ。

一人一名主義は、名前を、個人を識別する符号のようにみなす考え方に結び付いた。その結果、現代の私たちは名前に関して名実一体観と名前符号観の両方をあわせもつにいたったのだ。

(中村桃子『「自分らしさ」と日本語』)

問一 Ⓐと……線部Ⓑ・Ⓒのことばについて、次の各問に答えなさい。

問A Ⓐに入ることばとして最もふさわしいものを選びなさい。

ア、名が売れる　イ、名を連ねる
ウ、名は体を表す　エ、名に恥じない

問B ……線部Ⓑ「ほっこりした」の意味として最もふさわしいものを選びなさい。

ア、胸を打たれた　イ、心が温まった
ウ、胸をなで下ろした　エ、ほほ笑ましく感じた

問三　次の各問に答えなさい。

問Ａ　心の底では仲なおりがしたいと考えていることがわかる美貴の振《ふ》る舞《ま》いを十五字以内で抜《ぬ》き出しなさい。

問Ｂ　自己嫌悪から気持ちが揺れ動き、涙が出るのをこらえていることがわかる美貴の振る舞いを二十字以内で抜き出しなさい。

問四　――線部②について、「この場合」とは、どのような場合ですか。最もふさわしいものを選びなさい。

ア、以前に増して良い関係になれるよう、お互いが気持ちを理解し合い、歩み寄っていく必要がある状況。

イ、かたくなになっている美貴に、梢の本当の気持ちを気づかせ、梢の謝罪を受け入れさせようとしている状況。

ウ、自身のいらいらを解消するために、美貴の知られたくないことをばらしてしまった梢が、謝ろうとしている状況。

エ、独りは寂しいはずなのに、意地を張って無視し続けている美貴の心を、ゆっくりと慎重《しんちょう》に解きほぐそうとしている状況。

問五　――線部③について、「こんな特別なメニュー」の名前を考えて答えなさい。

問六　――線部④について、足立くんがわざとらしく聞いてきた理由として最もふさわしいものを選びなさい。

ア、二人に笑顔が戻って場が和んだところで大げさにほめれば、気前よくゼリーを分けてもらえると思ったから。

イ、あえて筋違いなことを言って断られることで、美貴の気持ちを梢にはっきりと示すことができると思ったから。

ウ、ゼリーを交換してもらえないかわいそうな自分を示すことで、この場から離れるきっかけが得られると思ったから。

エ、次の機会にでも同じような豪華ゼリーが食べたいので、ゼリーを交換することで仲間に入れてもらえると思ったから。

三

次の文章を読み、後の問いに答えなさい。（、や。なども一字とします）

私たちの名前に対する考え方は、大きく二つに分けることができる。ひとつは、（　Ⓐ　）、名前はその人そのものであるという「名実一体観」。もうひとつは、名前は人物を特定する符号に過ぎないという「名前符号観」とでも呼べる考え方。私たちの名前に対する感覚は、この二つの考え方の間をさまざまな程度で行き来している。

日本の「名実一体観」は、すでに古代から神々、ミカド、天皇の名を書いたり口に出すことを避ける「実名敬避」の伝統にみられる。さらに、古代・中世においては、自分の名前を知らせることが、その人の弟子や従者になる、あるいは、敵に降伏《こうふく》する意味を持っていた。

実名敬避の伝統は、現代でも、目上の人を名前で呼ぶことを避けるという形で残っている。会社では、下の人は上の人を名前ではなく職名で呼ぶが、上の人は下の人を名前で呼ぶ。社員は、社長を「社長」と呼ぶ。しかし、社員に、「社員」と呼びかける社長はいない。「中村さん」と名前で呼ぶ。目上の人は下の人を名前で呼んでも良いのだ。家庭でも、弟は兄を「兄さん」と呼ぶが、弟を「弟さん」と呼ぶ兄はいない。学校でも、生徒は先生を「先生」と呼ぶが、生徒を「生徒」と呼ぶ先生はいない。

それ以外にも、名実一体観は、さまざまな所に顔を出してくる。

私たちは名前の言い間違い、読み間違い、書き間違いは、他のことばの間違いと比べて、失礼なことだと認識している。卒業式で、名前を読み間違えられたら、がっかりだ。①「スマホ」「パソコン」など、なんでも省略して短く言う時代でも、人の名前は本人の承諾《しょうだく》がなければ省略しない。

先日公園に行ったら、「シロ！」と呼ぶ声がした。すると、声の主

たら朋華がアイデアを出してくれて……」

梢が横目でとなりの朋華を見た。わたしもつられて朋華に視線を移すと、朋華はⒸしたり顔で言った。

「②ほら、お金で買ったものをあげるのもなんか違うでしょ、この場合。それでいろいろ考えたんだけど、このあいだ美貴があの高級スイーツの写真をすごく熱心に見てたから、こういうのなら喜んでくれるんじゃないかなあ、って思って」

わたしは言葉を失ったまま、再び梢の顔を見た。梢は目を伏《ふ》せて、わたしに謝ってきた。

「この前は、ごめん。美貴がつらいのはわかってたのに、勝手にいらついて、美貴が秘密にしておきたいことをばらしたりして……」

「違う、梢はなにも悪くない。なのにお詫《わ》びなんてもらえないわ」

わたしはとっさにそう言っていた。けれど梢は、「いいから、あたしが美貴にあげたいの。だから、はい」と、ゼリーの皿を差しだしてくる。

わたしはためらいがちにその皿を受け取った。ゼリーを飾る星型のトッピングは、全部で十個あった。トッピングはひとつのゼリーに二個。梢と朋華のゼリーからは、トッピングがなくなっていた。さらにとなりの班に目をやると、高梨さんが恥ずかしそうにほほえみ、沢村さんがいつもの無表情のまま親指を立ててみせた。それを見たわたしは、もう涙をこらえきれなくなってしまった。

「どうよ美貴、こんなデザート、さすがに前の学校でも出なかったんじゃないの?」

朋華のおどけた科白《せりふ》に、わたしはうん、とうなずいた。当たり前だ。③こんな特別なメニュー、どんな学校の給食だって、食べられるわけがない。

「ありがとう……それに、ごめんなさい」

ずっと言えなかったその言葉が、自然とわたしの口からこぼれた。にじんだ視界で梢の顔を見つめると、梢はほっとしたような笑みを浮かべていた。

④足立くんがわざとらしく聞いてきた。

「いやあ、すっげえなあ、それ。おれのと交換しねえ?」

「……だめ、これは絶対あげない」

涙まじりの笑顔でこたえると、わたしはゼリーをスプーンですくい、イチゴジャムのソースをつけて口に運んだ。

甘酸っぱい味と、ひんやりした食感が口の中に広がる。その味と食感を大切に味わってから、わたしは「おいしい」とつぶやいた。この学校に来てから、給食をおいしいと感じたのはこれがはじめてだった。

（如月かずさ『給食アンサンブル』）

問一　——線部①「あきれてものも言えない」という表現を使って、短い文を作りなさい。

問二　……線部Ⓐ～Ⓒについて、本文中のことばの意味として最もふさわしいものを選びなさい。

Ⓐ　つっけんどんに

ア、きまり悪く、にがにがしいように

イ、眼中になく、しらじらしいように

ウ、愛想がなく、とげとげしいように

エ、他人行儀《ぎょうぎ》で、よそよそしいように

Ⓑ　おずおずと

ア、しずしずと　　イ、ずけずけと

ウ、もじもじと　　エ、こわごわと

Ⓒ　したり顔

ア、得意げな表情　　イ、用心深い表情

ウ、気がかりな表情　　エ、思わせぶりな表情

わたしは誰にも聞こえない声でつぶやいた。それから、去年までの七夕ゼリーは、と思いだそうとして、もういいかげん嫌になった。どんなに強く願ったところで、どうせもうわたしは、清凜にはもどれない。だからこうやっていちいちあのころといまをくらべるのは、ただ無意味につらくなるだけだ。

　わたしはため息をついて、食パンに塗るイチゴジャムの小袋を開けようとした。するとそのとき、梢が「ねえ」とわたしに声をかけた。話をする気はなかったのに、反射的にそちらを向いてしまうと、梢は遠慮《えんりょ》がちに言った。わたしの七夕ゼリーを指差して。

「それ、くれない？」

　わたしは唖然《あぜん》として梢の顔を見つめた。梢は上目遣《づか》いにわたしの返事を待っていた。

　驚きとあきれがいらだちに変わり、けれど嫌だと返事をするのも癪《しゃく》で、わたしはゼリーのカップを乱暴に梢の給食のトレイに置いた。ありがと、と梢が言ってきたけど、わたしはそれを無視した。

　まったく、①あきれてものも言えないとはこのことだ。いくら食い意地が張っているといったって、よりにもよってわたしの給食をほしがるなんて。

　胸の中で軽蔑《けいべつ》の言葉をならべながら、イチゴジャムの袋を千切ると、いきおいよく飛びだしたジャムがトレイを汚して、頭がカッと熱くなった。けれど怒りはすぐに冷えてしぼまり、同時にわたしの心も暗く落ちこんだ。

　……どうして、あんなⒶつっけんどんにわたしたりしてしまったんだろう。気づけばわたしはそう後悔していた。しょうがないなあ、と苦笑いでも浮かべて手渡していれば、それをきっかけに梢と仲なおりできたかもしれないのに、と。

　強がってごまかすことはもうできなかった。梢と仲なおりがしたい。朋華たちともまた仲よくつきあいたい。それはわたしの本心だった。

　たしかに梢はわたしが隠していたことをばらした。だけど、もともと悪いのはわたしだ。最初の理由がなんだって、梢はずっとわたしにやさしくしてくれた。わたしをひとりにしないでくれた。なのにわたしはつまらない意地を張って見栄を張って、梢のことを傷つけて……。

　そんなことはもうとっくにわかっていたのに、それでもまだ梢のことを避け続けている自分に、心底嫌気が差した。給食に手もつけず、机の下でぎゅっと両手を握りしめていると、騒々しいまわりの声が急速に遠ざかっていくのを感じた。

　自分が泣きそうになっているのがわかった。けれど涙があふれる寸前で、「美貴」とわたしの名前を呼ぶ梢の声が耳に届いた。

　梢のほうを向いたときには、無意識にまた不機嫌な表情になってしまっていて、わたしは心の中で自分をなじった。だけどわたしの不機嫌顔は、梢の持った皿を見た瞬間、驚きで塗りつぶされていた。

　その皿のまんなかには、カップから丁寧に取りだされた七夕ゼリーが載っていた。しかもゼリーのまわりは、たくさんの星型のトッピングで飾《かざ》られ、皿にはイチゴジャムでお洒落《しゃれ》な模様が描いてあった。

　その模様とトッピングのデザインには見おぼえがあった。勉強会のときに見た、高級スイーツの写真とそっくりだったのだ。

「うおっ、なんだその豪華《ごうか》ゼリー！」

　足立くんが驚きの声をあげた。すると朋華が横から、「すごいでしょう、梢シェフのスペシャル七夕ゼリーよぉ」と自慢《じまん》する。

「美貴、これ、美貴に……」

　梢がⒷおずおずとゼリーの皿を差しだしてきた。

「えっ、なんでわたしに……」

「その、この前のお詫《わ》びにっていうか……美貴、すごく怒ってるだろうから、どうしたら許してもらえるか、みんなに相談したんだ。そし

二〇二二年度　聖学院中学校

【国　語】〈第一回一般試験〉（五〇分）〈満点：一〇〇点〉

一

問一　――部分の漢字の読みを答えなさい。

次の各問に答えなさい。

①　単純明快な答え
②　父の遺産を相続する
③　厚顔無恥《むち》も甚《はなは》だしい
④　矢を放ち攻撃する部隊
⑤　時を告げる鐘《かね》の音がする
⑥　進学か就職か思案に暮れる
⑦　悲願の金メダルを獲得できた
⑧　トラブルに対して適切な処置を施《ほどこ》す
⑨　条件を満たせば二つは相似の三角形だ
⑩　お祝いとなれば喜び勇んで駆《か》けつける

問二　――部分のカタカナを漢字に直しなさい。

①　チアンが悪い地域
②　話題のエイガを鑑賞する
③　災害のヨハに苦しめられる
④　秘伝のチョウミ料を加える
⑤　ツイカの注文をうけたまわる
⑥　雨天でもケッコウした運動会
⑦　彼の発言のイトは何だろうか
⑧　失敗から得たキョウクンを活かす
⑨　現代というゲキドウの時代を生きる
⑩　ジンボウに厚い人がリーダーとなるべきだ

二

清凜《せいりん》女子学院という小中一貫の有名お嬢様《じょうさま》学校に通っていた「美貴」は、父親が事業に失敗したために公立中学校に転校しました。美貴はそのような事情を誰《だれ》にも語らず、現実を嘆きながら学校生活を送っていました。梢《こずえ》と朋華《ともか》、高梨《たかなし》さん、沢村さんと勉強会を開くまで仲よくなった美貴でしたが、美貴の事情を知った梢とけんかになり、梢にそれをばらされてしまいました。次の文章を読み、後の問いに答えなさい。（、や。なども一字とします）

次の日から、わたしはひとりになった。教室でも部活でも、誰ともつきあわなくなった。ときどき梢が話しかけようとしてくるのがわかったけど、わたしは頑《かたく》なに気づかないふりをした。

朋華も高梨さんも沢村さんも、わたしに関わってはこなかった。関わりあいを拒絶する空気を、わたしが発していたせいかもしれないけど、もともと彼女たちは梢の友達だ。梢と仲違《なかたが》いをしたわたしと仲よくする理由はない。

せいせいした。そんなふうに強気でいられたのは、最初のうちだけだった。

清凜女子学院に通っていたころは、友達がたくさんいた。こっちに来てからも、梢がすぐに仲間の輪に入れてくれた。自ら望んでひとりになってはじめて、わたしはひとりでいることの寂《さび》しさを知った。

ひとりぼっちのまま数日が過ぎて、七夕の日になった。公立の中学でも、七夕の給食には七夕ゼリーが出るものらしい。それは紙製のカップに入った白いゼリーで、トッピングに星型の小さなゼリーが二個、申し訳程度に載っていた。

「……安っぽい」

2022年度

聖学院中学校

▶解説と解答

算　数　＜第１回一般試験＞（50分）＜満点：100点＞

解　答

[1] あ　13　い　3　う　$1\frac{4}{5}$　え　$2\frac{5}{6}$　お　12.11　か　289　き　15　く　600　け　12　こ　7　さ　158　[2] し　40　す　480　せ　650　そ　750　た　1　ち　23　つ　12　て　105　[3] と　9　な　9　に　8425　ぬ　674　[4] ね　12　の　200　は　10　ひ　250　[5] ふ　60　へ　30　ほ　150

解　説

[1] 四則計算，逆算，単位の計算，比

(1)　$35-2\times(5+6)=35-2\times11=35-22=13$

(2)　$\{30-3\times(10-4)\}\div4=(30-3\times6)\div4=(30-18)\div4=12\div4=3$

(3)　$4\frac{4}{5}\div2\frac{2}{3}=\frac{24}{5}\div\frac{8}{3}=\frac{24}{5}\times\frac{3}{8}=\frac{9}{5}=1\frac{4}{5}$

(4)　$1\frac{1}{3}+\frac{3}{7}\times3\frac{1}{2}=1\frac{1}{3}+\frac{3}{7}\times\frac{7}{2}=1\frac{1}{3}+\frac{3}{2}=1\frac{2}{6}+\frac{9}{6}=1\frac{2}{6}+1\frac{3}{6}=2\frac{5}{6}$

(5)　右の図１より，34.6×0.35＝12.11

(6)　右の図２より，34.68÷0.12＝289

図１

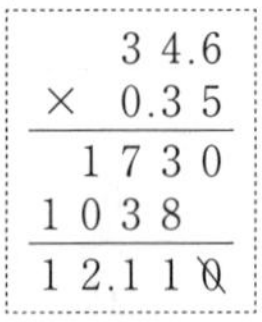

図２

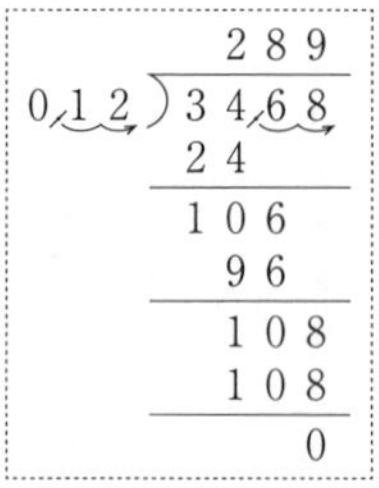

(7)　45＋６×(□－７)＝93より，６×(□－７)＝93－45＝48，□－７＝48÷６＝８　よって，□＝８＋７＝15

(8)　36×1000÷60＝600より，時速36km＝分速600m

(9)　１km＝1000mより，2.4km＝2400mだから，2.4km：1400m＝2400m：1400m＝12：７

(10)　１時間＝60分より，2.3時間は，60×2.3＝138(分)となり，１分＝60秒より，1200秒は，1200÷60＝20(分)である。よって，40分＋2.3時間－1200秒＝40分＋138分－20分＝178分－20分＝158分

[2] 速さ，相当算，売買損益，消去算，周期算，過不足算，場合の数，角度，比の性質

(1)　40分は，$40\div60=\frac{2}{3}$(時間)なので，求める道のりは，$60\times\frac{2}{3}=40$(km)である。

(2)　一週間で読んだページ数は，40×７＝280(ページ)になる。また，残りの半分を読んだら100ページ残っていたから，100ページは残りの，$1-\frac{1}{2}=\frac{1}{2}$にあたる。よって，残りのページ数は，$100\div\frac{1}{2}=200$(ページ)なので，この本のページ数は，280＋200＝480(ページ)となる。

(3)　この商品の定価は，663＋117＝780(円)とわかり，これが仕入れ値の，１＋0.2＝1.2(倍)にあたるから，仕入れ値は，780÷1.2＝650(円)である。

(4)　大人１人の入場料を㋔，子ども１人の入場料を㋙として式に表すと，右の図のア，イのようになる。アを$\frac{1}{2}$倍するとウのようになり，ウとイの式の差を考えると，㋔×３－㋔×２＝㋔×(３

㋔×４＋㋙×２＝4000(円)…ア
㋔×３＋㋙×１＝2750(円)…イ
⬇
㋔×２＋㋙×１＝2000(円)…ウ
㋔×３＋㋙×１＝2750(円)…イ

－２）＝㋔×１，つまり，大人１人の入場料は，2750－2000＝750（円）と求められる。

(5)　$\frac{5}{37}$＝５÷37＝0.135135…より，小数点以下の数は｛1，３，５｝の３個がくり返し並んでいる。10÷３＝３あまり１より，小数第10位の数までには３個の数が３回くり返され，さらに１個並ぶので，小数第10位の数は小数第１位の数と同じ１とわかる。

(6)　子ども１人にあめを３個ずつ配り，さらに，もう，４－３＝１（個）ずつ配るのに，11＋12＝23（個）必要だから，子どもの人数は，23÷１＝23（人）とわかる。

(7)　20以上の数を作るとき，十の位の数は２，３，４の３通りある。そのそれぞれの場合で，一の位の数は，十の位で使った数以外の，５－１＝４（通り）あるので，20以上の数は，３×４＝12（個）作れる。

(8)　角(ア)の大きさと角(イ)の大きさの和は，360－90×２＝180（度）なので，角(ア)の大きさは，180×$\frac{7}{7+5}$＝105（度）である。

3　周期算

(1)　｛1，９，０，６，０，９｝の６個の数がくり返し並んでいる。50÷６＝８あまり２より，50番目までには６個の数が８回くり返され，さらに２個の数が並ぶから，50番目の数は２番目と同じ９とわかる。

(2)　2022÷６＝337より，2022番目までには６個の数がちょうど337回くり返されるので，2022番目の数は６番目と同じ９となる。

(3)　６個の数の和は，１＋９＋０＋６＋０＋９＝25だから，求める数の合計は，25×337＝8425となる。

(4)　６個の数の中に０は２個あるので，2022番目までに０の数は，２×337＝674（個）ある。

4　濃《のう》度《ど》

(1)　（濃度）＝（食塩の重さ）÷（食塩水の重さ）で求められる。食塩水Ａの食塩の重さは36ｇ，食塩水の重さは，36＋264＝300（ｇ）だから，濃度は，36÷300×100＝12（％）である。

(2)　（食塩水の重さ）＝（食塩の重さ）÷（濃度）より，食塩水Ｂの重さは，14÷0.07＝200（ｇ）になる。

(3)　混ぜてできる食塩水の重さは，300＋200＝500（ｇ）で，そこにふくまれる食塩の重さが，36＋14＝50（ｇ）なので，食塩水Ｃの濃度は，50÷500×100＝10（％）と求められる。

(4)　食塩水から水を蒸発させても食塩の重さは変わらないので，水を蒸発させたあとにできる食塩水の重さは，50÷0.2＝250（ｇ）になる。よって，蒸発させた水の重さは，500－250＝250（ｇ）とわかる。

5　平面図形—角度

(1)　右下の図で，ABはおうぎ形BCDの半径，ACはおうぎ形CBEの半径だから，どちらもBCと長さが等しい。つまり，AB，BC，ACは長さが等しいので，三角形ABCは正三角形とわかる。よって，角(あ)の大きさは60度である。

(2)　(1)と同様に，三角形CEFも正三角形なので，角FCEの大きさは60度になる。角ACBの大きさも60度だから，角(い)の大きさは，60×２－90＝30（度）とわかる。

(3)　四角形BCEGで，角CBGと角CEGの大きさはそれぞれ60度なので，角(う)の大きさは，360－90－60×２＝150（度）と求められる。

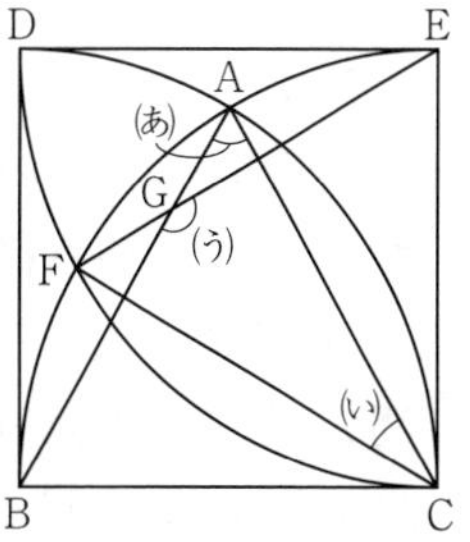

社 会 ＜第１回一般試験＞（理科と合わせて50分）＜満点：50点＞

解 答

1 **問１** 佐渡 **問２** ロシア **問３** 徳島(県) **問４** (イ) **問５** ウ **問６** エ **問７** ア **問８** 潮目(潮境) **問９** イ **問10** ア **問11** ウ **問12** カルデラ **問13** エ **問14** イ **問15** 北海道 **2** **問１** 桶狭間 **問２** 最澄 **問３** 足利義昭 **問４** 新田義貞 **問５** 吉野 **問６** 建武の新政 **問７** 蘇我 **問８** 大化 **問９** 白村江の戦い **問10** エ **問11** 後鳥羽 **問12** 御成敗(貞永)式目 **問13** ポーツマス **問14** 沖縄戦 **3** **問１** エ **問２** イ **問３** ア **問４** 主権 **問５** ウ **問６** ア **問７** エ

解 説

1 日本の島を題材にした地理の問題

問１ 日本における最後の野生のトキが，新潟県の佐渡《さど》島に生息していたことから，佐渡島にはトキの保護と繁殖《はんしょく》を行う，佐渡トキ保護センターが設置されている。

問２ 北海道北東部に位置する択捉《えとろふ》島・国後《くなしり》島・色丹《しこたん》島・歯舞《はぼまい》群島は北方領土とよばれる。日本政府は，北方領土を日本固有の領土と表明しているが，現在，ロシアによる不法占拠《せんきょ》の状態が続いており，両国間で領土問題となっている。

問３ 兵庫県の淡路《あわじ》島と本州の間は，世界一長いつり橋の明石海峡《あかしかいきょう》大橋で結ばれている。一方，四国との間には，大鳴門橋《おおなるときょう》が建設されており，徳島県と結ばれている。淡路島を南北に通って，本州と四国を結ぶこのルートを，「神戸—鳴門ルート」という。

問４ 亜《あ》熱帯の南西諸島に位置する那覇《なは》市の気候は，１年を通して降水量が多く，冬でも比較《ひかく》的気温が高い(月の平均気温が15度以上)。したがって，(イ)が那覇市の雨温図を表している。

問５ 伊勢《いせ》神宮は三重県伊勢市にある神社で，125社からなる社《やしろ》の総称《そうしょう》である。ここでは，20年に１度，建物などを新しくつくりかえる式年遷宮《しきねんせんぐう》が行われているため，保護を目的とする世界遺産の趣旨《しゅし》にはそぐわないので，世界遺産に登録されていない。なお，群馬県の富岡製糸場は2014年に「富岡製糸場と絹産業遺産群」として，富士山は2013年に「富士山—信仰《しんこう》の対象と芸術の源泉」として世界文化遺産に登録された。合掌造《がっしょうづくり》の集落がある岐阜県の白川郷《しらかわごう》は，富山県の五箇山《ごかやま》とともに1995年に世界文化遺産に登録されている。

問６ ア 埋《う》め立て地では，地震《じしん》の強いゆれによって液状化現象が起こることがあるので，地震に強い構造とはいえない。 イ 再利用や再資源化が難しいゴミを処分するための場所を最終処分場というが，日本国内の最終処分場は，あと20年程度でいっぱいになるといわれており，余裕《よゆう》があるとはいえない。 ウ 秋田県の八郎潟は，かつては日本で２番目に大きな湖であったが，大部分が干拓され，大潟村ができた。干拓の目的も，水鳥の保護ではなく，農地を拡大することであった。 エ 東京都港区や江東区の海沿いの埋め立て地(湾岸《わんがん》エリア)は，都心に近く，交通の便が良いことから人気の高いエリアで，高層マンションが立ち並んでいる。

問７ 図Aの鹿児島県は，県南部の西側に薩摩《さつま》半島，東側に大隅《おおすみ》半島がのび，２つの半島の間に桜島があることが特徴《とくちょう》である。図Bの宮崎県は，太平洋に面する東部になだらかな海岸線が南北にのびている。

問８　日本列島の太平洋側を南下する寒流の千島海流（親潮）と，北上する暖流の日本海流（黒潮）がぶつかり，潮目《しおめ》（潮境《しおざかい》）ができる。潮目は魚のえさであるプランクトンが豊富で，魚が多いため好漁場となる。

問９　日本の国土の約３分の２を森林が占《し》めていることから，表の中で最も面積が広いＢが森林だとわかる。また，近年（1980年から2018年）は農地が減少し，宅地は増加していると考えられるので，面積が減少しているＡが農地，増加しているＣが宅地である。

問10　日本最南端《たん》の島は，東京都に属する沖ノ鳥島である。サンゴ礁《しょう》からなる島で，波による浸《しん》食《しょく》を受けて消滅する危険があったため，まわりの排他《はいた》的経済水域を守るために，島の周囲をコンクリートで固める護岸工事が行われた。

問11　船は，一度に大量に重いものを安く運ぶことができるという利点があるが，速度が遅《おそ》いので，輸送時間がほかの輸送機関に比べて長くなる。したがって，貨物輸送は多いが，旅客輸送は少ないウが船にあてはまる。なお，現在の輸送の中心は自動車なので，旅客と貨物の両方とも，輸送割合が最も大きいイが自動車を表している。時間が正確なため，旅客輸送が多いアが鉄道，残ったエには飛行機があてはまる。統計資料は『日本国勢図会』2021／22年版による（以下同じ）。

問12　火山の噴火《ふんか》によってできたくぼ地をカルデラという。熊本県北東部に位置する阿蘇《あそ》山のカルデラは，世界有数の大きさをほこる。

問13　伝統工業の保護を目的とした伝統工芸品の指定は，産業に関する行政を担当する経済産業省によって行われる。指定を受けた伝統工芸品には，伝統マークのデザインを使った伝統証紙がはられている。

問14　問３の解説を参照のこと。

問15　たまねぎは，生産量の約６割が北海道で生産されているほか，温暖な瀬戸内《せとうち》の気候とミネラル豊富な土壌《どじょう》がたまねぎの栽培《さいばい》に適している淡路島でも，生産がさかんである。

２　各時代の歴史的なことがらについての問題

問１　1560年，尾張《おわり》国（愛知県）の戦国大名であった織田信長は，駿河《するが》・遠江《とおとうみ》国（静岡県）を治める今川義元を桶狭間《おけはざま》の戦いで破った。両者の兵力差は10倍近くあり，兵力が少ない織田信長が勝利したことに，多くの人々がおどろいた。

問２　唐《とう》（中国）に渡り，仏教を学んだ最澄《さいちょう》（伝教大師）は，帰国後，比叡山《ひえいざん》に延暦寺《えんりゃくじ》を建てて天台宗を開いた。

問３　足利義昭《あしかがよしあき》は織田信長とともに京都に入り，室町幕府の第15代将軍に就任した。しかし，信長と対立したため1573年に京都から追放され，室町幕府は滅亡した。なお，足利尊氏《たかうじ》は，室町幕府を開いた初代将軍，足利義満は，日明貿易を行うなど，室町幕府の全盛期を築いた第３代将軍，足利義政は，応仁の乱が起きたとき（1467年）の第８代将軍。

問４　14世紀初めには，御家人たちの不満が高まり，鎌倉幕府の勢力がおとろえ始めた。そこで後《ご》醍醐《だいご》天皇は，御家人の新田義貞《にったよしさだ》や足利尊氏，悪党（幕府や領主に従わない武士）の楠木正成《くすのきまさしげ》たちの協力を得て兵をあげ，鎌倉幕府を倒《たお》すことに成功した。なお，山名持豊《やまなもちとよ》は応仁の乱のときに，西軍の総大将として戦った人物，源義経《よしつね》は鎌倉幕府を開いた源頼朝《よりとも》の弟，平将門《たいらのまさかど》は関東地方で反乱を起こした，平安時代中期の武士。

問５，問６　鎌倉幕府の滅亡後に，後醍醐天皇が始めた建武《けんむ》の新政は，天皇や公家中心の政治だったため，武士たちが不満を持った。武士たちにおされて兵をあげた足利尊氏に敗れた後醍醐天皇は，京都から逃げ，奈良の吉野に南朝を開き，朝廷が京都の北朝と吉野の南朝とに分かれて対立する，南北朝時代が始まった。

問７，問８　飛鳥《あすか》時代には，蘇我《そが》氏の権力が天皇をしのぐほど強大化した。これに対して中大兄《なかのおおえの》皇子《おうじ》(のちの天智天皇)は，中臣鎌足《なかとみのかまたり》たちの協力を得て，蘇我入鹿《いるか》を殺して蘇我氏を倒し，天皇を中心とする中央集権国家体制の確立をめざした。この一連の政治改革は，日本で最初に定められた「大化《たいか》」という元号から，大化の改新とよばれる。

問９　660年，朝鮮半島の友好国だった百済《くだら》が唐と新羅《しらぎ》の連合軍に滅ぼされると，663年に中大兄皇子は百済を助けるため，朝鮮半島に大軍を派遣したが，唐・新羅の連合軍に大敗した。これを白《はく》村江《すきのえ》の戦いという。

問10　各地に守護や地頭を置いたのは，源頼朝である。1185年，源頼朝は源義経を追討するという名目で，国ごとに守護を，荘園や公領ごとに地頭を置くことを朝廷に認めさせた。

問11，問12　源氏の将軍が途絶えたことから，後鳥羽《ごとば》上皇は，鎌倉幕府を倒して政権を取り戻そうと考え，1221年に承久《じょうきゅう》の乱を起こした。戦いは幕府が勝利し，幕府の勢力が強まったので，第３代執権《しっけん》北条泰時《やすとき》は，1232年に武士社会の慣習・道徳などをもとに日本初の武家法である，御成敗式《ごせいばいしき》目《もく》(貞永《じょうえい》式目)を定めた。

問13　1905年，アメリカ大統領セオドア＝ルーズベルトの仲立ちによって，日露戦争の講和条約が結ばれた。この条約は，アメリカのポーツマス近郊で調印されたことからポーツマス条約とよばれ，日本は，南樺太や南満州鉄道およびそれにともなう権利などを手に入れたが，賠償金《ばいしょうきん》を得ることはできなかった。

問14　太平洋戦争末期の1945年３月から６月にかけて，アメリカ軍が沖縄に上陸し，沖縄本島を中心に激しい戦闘《せんとう》が行われた(沖縄戦)。なお，シベリア出兵は第一次世界大戦中に行われ，日英同盟は日露戦争開戦前の1902年に結ばれた。高度経済成長とは，1950年代後半から1970年代前半まで続いた日本の急速な経済成長をさす。

3　祝日を題材にした問題

問１　ポツダム宣言を受諾《じゅだく》した日本は，連合国に占領されることになり，1945年，東京に連合国軍最高司令官総司令部(GHQ)が置かれ，日本の占領・管理を行った。なお，WHOは世界保健機関，GNPは国民総生産，IOCは国際オリンピック委員会の略称。

問２　戦前，11月23日は新嘗祭《にいなめさい》という祝日で，天皇が新米を神に供え，その年の収穫《しゅうかく》を感謝する行事が行われていた。戦後は皇室行事と祝日を切り離《はな》すことになったので，新嘗祭という祝日を残すことはできず，勤労感謝の日と名称を変えて祝日として残されている。

問３　「ハッピーマンデー」は，特定の祝日を月曜日に移すことで，３連休を増やす制度である。休日の日数を増やすことで，旅行などのレジャーに出かけやすくして，観光業や運輸業などを活性化する目的で採用された。現在，成人の日が１月の第２月曜日，海の日が７月の第３月曜日，敬老の日が９月の第３月曜日，スポーツの日が10月の第２月曜日と定められている。

問４　「国の最終的なあり方を決める権限」を主権という。日本国憲法は第１条で，「天皇は，日本国の象徴であり，日本国民統合の象徴であって，この地位は，主権の存する日本国民の総意に基づく」と規定しており，国民主権を採用している。

問５　国民の署名が集まると，世論を受けて国会で議論される可能性はある。しかし，国民が一定数の署名を集めた場合に，国会で必ず議論しなければならないという規定は，憲法にも，法律にも存在しない。したがって，ウが間違っている。なお，地方自治においては，住民が有権者の50分の１以上の署名を集めることで，条例の制定や改正・廃止《はいし》を請求《せいきゅう》することができ，住民からの請求があると，地方議会で審議・議決が行われる。

問６　(3)から，日本の労働時間は1980年代後半から，大幅に短くなったと考えられる。このような変化を表しているものはアなので，これが日本にあてはまる。

問７　2024年実施予定の夏季オリンピックは，フランスの首都パリで開催《かいさい》される。なお，パリでの夏季オリンピックは1900年と1924年にも行われているので，次の開催は100年ぶり３度目の開催となる。

理　科　＜第１回一般試験＞（社会と合わせて50分）＜満点：50点＞

解　答

1　**問１**　(1)　C，G，H　(2)　イ　(3)　ア，オ　(4)　B，C　(5)　①　D　②　A　③　E　**問２**　(1)　①　d　②　g　③　i　④　e　⑤　(例)　アルミニウム　(2)　エ　**2**　**問１**　(1)　1.5ボルト　(2)　3.0ボルト　(3)　20mA　(4)　180mA　(5)　30mA　(6)　③　**問２**　(1)　ウ　(2)　イ　**3**　**問１**　(1)　しん食　(2)　イ　**問２**　(1)　ウ　(2)　エ　(3)　エ　**問３**　(1)　ア　(2)　①　ウ　②　イ

解　説

1　**水溶《よう》液と気体の性質についての問題**

問１　(1)　A～Iの９種類の水溶液のうち，食塩水と砂糖水は中性，塩酸と炭酸水，お酢《す》や過酸化水素水は酸性，水酸化ナトリウム水溶液と石灰水，アンモニア水はアルカリ性を示す水溶液である。(2)　アルカリ性の水溶液をリトマス紙にたらしたとき，赤色のリトマス紙は青色に変化し，青色のリトマス紙は青色のまま変化しない。　(3)　塩酸は気体の塩化水素，水酸化ナトリウム水溶液は固体の水酸化ナトリウム，砂糖水は固体の砂糖，食塩水は固体の食塩，炭酸水は気体の二酸化炭素が溶《と》けている。　(4)　塩酸と水酸化ナトリウム水溶液を混ぜて反応させると，中性の食塩水ができる。このように，酸性の水溶液とアルカリ性の水溶液を混ぜることで，たがいの性質を打ち消し合う反応を中和という。　(5)　スポーツドリンクは，汗《あせ》などで失われた塩分が体内に吸収されやすいように，水に食塩と砂糖を溶かしてつくる。また，サイダーは炭酸水に砂糖を溶かしたものである。

問２　(1)　実験Ⅰでは，過酸化水素水と二酸化マンガンを混ぜて酸素をつくっている。実験Ⅱでは，塩酸と石灰石が反応して二酸化炭素が発生する。また，実験Ⅲでは，塩酸にアルミニウムや鉄などの金属を入れることで，水素を発生させることができる。　(2)　ア　水に溶けやすいアンモニアの水溶液はアルカリ性である。　イ　水に溶けにくい酸素と水素のうち，酸素はものが燃えるのを助ける性質があるが，自身は燃えない。　ウ，エ　上方置かん法は水に溶けやすく，空気より

軽い気体を集めるのに適した方法である。ｇ～ｊの気体のうち，上方置かん法が適している気体はアンモニアで，アンモニアを水に溶かすとアルカリ性になる。　オ　水上置かん法は水に溶けにくい酸素や水素，少量だけ溶ける二酸化炭素を集めるのに適している。また，水素は空気より軽いので上方置かん法，二酸化炭素は空気より重いので下方置かん法でも集めることができる。

2　電気回路，電球のつくりについての問題

問１　(1)　回路④に流れる電流の大きさは回路①に流れる電流の大きさと同じなので，電熱線にかかる電圧も回路①と同じ1.5Ｖになる。　(2)　回路⑧に流れる電流の大きさは回路①の，120÷60＝２(倍)になっているので，電熱線にかかる電圧も回路①の２倍の，1.5×２＝3.0(Ｖ)となる。(3)　３個の電池が並列につながれているので，電池１個あたりに流れる電流は，60÷３＝20(mA)である。　(4)　それぞれの電熱線に流れる電流は60mAなので，電流計に流れる電流は，60×３＝180(mA)となる。　(5)　電熱線が２本直列につながれているから，電流計に流れる電流は回路①の場合の半分の，60÷２＝30(mA)とわかる。　(6)　それぞれの回路で，電池１個あたりに流れる電流の大きさは，回路①は60mA，回路②は120mA，回路③は180mA，回路④は，60÷２＝30(mA)，回路⑤は20mA，回路⑥は30mA，回路⑦は20mA，回路⑧は120mAである。したがって，回路③の電池が最も大きな電流を流しているので，最も早く電流が流れなくなる。

問２　(1)　電球のフィラメントは高温になると光を出してかがやく。エジソンはさまざまなもので実験をくり返し，炭化した竹を使ったカーボン電球を発明した。その後，さらに熱に強い金属のタングステンの加工が可能になって，現在使われている形になった。　(2)　空気に含《ふく》まれている酸素にはものを燃やすはたらきがあるため，フィラメントが燃えてしまわないように電球の中の空気をぬいて，かわりに自身が燃えたり，ものを燃やしたりするはたらきがないちっ素やアルゴンを入れている。アは酸素の発生方法，ウは酸素に色やにおいがないこと，エは酸素が空気より重いことの説明なので当てはまらない。

3　流水のはたらき，干潟についての問題

問１　(1)　流水には，しん食(けずるはたらき)，運ぱん(運ぶはたらき)，たい積(積もらせるはたらき)の，３つのはたらきがある。　(2)　流水のはたらきによって，石が上流から下流に運ばれるあいだに，川岸や川底にぶつかったり石どうしがぶつかることで，下流にいくほど石は小さくなり，角がとれて丸みをおびるようになる。

問２　(1)　川は高低差が小さくなると流れがゆっくりになり，蛇行《だこう》することが多い。　(2)　地球上の海水の量は，暖かい時代には南極周辺の氷や氷河がとけて増え，海水面が高くなる。また，熱でぼう張することで体積がふえることも考えられる。　(3)　河口付近は水の流れが非常にゆっくりで，運ばれてきた土砂がたい積し，三角州ができることが多い。

問３　(1)　ワンドには，水かさがふえたときなどに流れこんだ泥《どろ》がたい積しやすい。そこで，水深が浅くなりすぎないように，定期的に泥をくみ取る必要がある。　(2)　①　潮が満ちているときは浅い海だが，潮が引くと陸になる砂や泥でできた地形を干潟という。　②　干潟には，川の上流から運ばれてきた栄養分が豊富にあり，泥の中や泥の上には貝類やカニ，ゴカイ，トビハゼなどがすみ，それらをえさとするシギやチドリがおとずれる。これらの生物の一部や泥にすむ細菌《さいきん》(バクテリア)は，よごれの原因となる物質や生きものの死体，ふんなどを分解し，水をきれいにしている。

国　語　＜第１回一般試験＞（50分）＜満点：100点＞

解　答

一　**問１**　①　めいかい　②　そうぞく　③　こうがん　④　はな　⑤　つ　⑥　しあん　⑦　ひがん　⑧　しょち　⑨　そうじ　⑩　いさ　**問２**　下記を参照のこと。

二　**問１**　（例）　遅刻をした上に宿題を忘れるなんて，あきれてものも言えない。　**問２**　Ⓐ　ウ　Ⓑ　エ　Ⓒ　ア　**問３**　**問Ａ**　反射的にそちらを向いてしまう　**問Ｂ**　机の下でぎゅっと両手を握りしめている　**問４**　ア　**問５**　（例）　私たちの友情キラキラゼリー　**問６**　イ　三　**問１**　**問Ａ**　ウ　**問Ｂ**　エ　**問Ｃ**　（例）　あたかも未来がわかっているようなようすで話す。　**問２**　**問Ａ**　ア　**問Ｂ**　イ　**問３**　ア　**問４**　名実一体観を大　**問５**　（例）　明るく，友達思いな人物。　**問６**　イ

●漢字の書き取り

一　**問２**　①　治安　②　映画　③　余波　④　調味　⑤　追加　⑥　決行　⑦　意図　⑧　教訓　⑨　激動　⑩　人望

解　説

一　**漢字の読みと書き取り**

問１　①　わかりやすく，はっきりしていること。　②　財産を受けつぐこと。　③　あつかましいこと。　④　音読みは「ホウ」で，「放送」などの熟語がある。　⑤　音読みは「コク」で，「報告」などの熟語がある。　⑥　考えること。　⑦　ぜひともかなえたい願い。　⑧　判断を下して，そのものごとの取りあつかいを決めること。　⑨　形や性質がよく似ていること。　⑩　音読みは「ユウ」で，「勇気」などの熟語がある。

問２　①　地域や社会の安全。　②　スクリーンに映したフィルムを見るもの。　③　影響《えいきょう》やなごり。　④　「調味料」は，味つけに使う塩や砂糖などのこと。　⑤　つけくわえること。　⑥　思い切って実行すること。　⑦　発言や行動の背後にある考え。　⑧　経験にもとづく貴重な教え。　⑨　めまぐるしく変化すること。　⑩　多くの人から信頼《しんらい》されること。

二　**出典は如月《きさらぎ》かずさの『給食アンサンブル』による。**前の学校に未練があり，転校先に不満を持っていた美貴が，梢《こずえ》と仲違《なかたが》いしたことを後悔《こうかい》し，クラスメイトたちの温かい心づかいにふれて心を開いていく。

問１　「あきれてものも言えない」は，“相手のあまりに無神経な行動や発言にうんざりして，何も言う気になれない”という意味である。例文は，どのような行動や発言に対してなのかを，具体的に書く必要がある。

問２　Ⓐ　「つっけんどん」は，態度がとげとげしく冷たいこと。ここでは，美貴がゼリーを梢に渡《わた》したときのようすを表している。　Ⓑ　「おずおずと」は，“おそるおそる”という意味。ここでは，梢が美貴にゼリーの皿を差しだすときのようすを表している。　Ⓒ　「したり顔」は，得意げな顔のこと。ここでは，スペシャルゼリーが自分のアイデアだと紹介《しょうかい》された朋華《ともか》のようすを表している。

問３　**問Ａ**　「ひとりでいることの寂《さび》しさを知った」美貴は，梢を避《さ》け続けながらも，本心では

「梢と仲なおりがしたい」と思っている。だから，梢に話しかけられると，「反射的にそちらを向いてしまう」のである。　**問B**　ここでの「自己嫌悪《けんお》」は，自分のよけいな意地が，梢を傷つけているとわかっているのに，それでも，梢に対して素直《すなお》になれない自分自身に対する気持ちにあたる。「自分に，心底嫌気《いやけ》が差した」美貴は，「机の下でぎゅっと両手を握《にぎ》りしめている」のである。

問４　梢は，美貴が秘密にしていたことを言って，美貴を怒《おこ》らせてしまった。何とかして仲直りしたいと思っていたのだが，お金で買ったものを渡して解決しようとするのは，友人どうしの関係には，ふさわしくないと考えたのである。よって，アが選べる。

問５　特別なゼリーには，イチゴジャムで描いたお洒落《しゃれ》な模様と，クラスメイトから集めた「星型のトッピング」が，合わせて十個ついている。また，このゼリーは，美貴へのみんなの思いがこもったものである。見た目の特徴《とくちょう》をふまえた名前や，特別な思いがこもっていると伝わる名前をつけるとよい。

問６　足立くんは，断られるとわかっていて，わざと「おれのと交換《こうかん》しねえ？」ときいている。美貴がこの提案を断ると，美貴がこのゼリーをうれしく思っていることが，梢にも伝わる。これによって，ひどいことをしたと後悔していた梢もほっとできる。そして，二人の仲直りも，より強く印象づけられるのである。よって，イが正しい。

三　**出典は中村桃子《なかむらももこ》の『「自分らしさ」と日本語』による**。私たちは，名前に対する考え方として，古い時代からの「名実一体観」と明治以降に広がった「名前符号《ふごう》観」の，両方を持ち合わせていると説明されている。

問１　**問A**　「名実一体観」は，名前とその人が一致《いっち》することなので，“名前がそのものの性質を表している”という意味の「名は体を表す」が，あてはまる。　**問B**　ここでは，黒い犬にシロと名付けるユーモアに，筆者が笑いたくなったことを表している。　**問C**　あるものを別のものにたとえることば。「〜はあたかも〜ようだ」という形で用いる。

問２　**問A**　「実名敬避《けいひ》」は，目上の人の実名を呼ぶことを避けるものである。親や年長者を敬うという古くからの伝統にもとづいて，子は親を呼ぶときには，“お母さん”“お父さん”のように，名前を避けた呼び方をするのである。　**問B**　「実名敬避」は，「目上の人」に対するものなので，その背景にあるのは「上下関係」である。

問３　「名実一体観」とは，「名前はその人そのものである」という考え方なので，人の名前を省略することは，失礼なことにあたるのである。

問４　「名前符号観」は，明治時代に広がった考え方である。よって，「名実一体観」を大きく変更させた，明治時代の話が始まる段落を探せばよい。

問５　「朋」は，友達を表し，「華」は，はなやかであることを表す。抜粋《ばっすい》①，③からは，朋華が，クラスを明るくするムードメーカーであることが読み取れ，抜粋②からは，彼女が友達思いであることが読み取れる。

問６　「名実一体観」では，生まれもった名前は，自分そのものだと考えられている。途中《とちゅう》で変更《へんこう》するのは，好ましくない。しかし，「現在の民法のもとでは，結婚《けっこん》に際して，男性又《また》は女性のいずれか一方が，必ず氏を改めなければ」ならないのである。よって，結婚後も「別氏」を選択すると考えられる。

Dr.福井の
入試に勝つ！脳とからだのウルトラ科学

記憶に残る“ウロ覚え勉強法”とは？

人間の脳には，ミスしたところが記憶に残りやすい性質がある。順調にいっているときの記憶はあまり残らないが，まちがえて「しまった！」と思うと，その部分がよく記憶されるんだ（これは，脳のヘントウタイという部分の働きによる）。その証拠に，おそらくキミたちも「あの問題を解けたから点数がよかった」ことよりも，「あの問題をまちがえたから点数が悪かった」ことのほうをよく覚えているんじゃないかな？

この脳のしくみを利用したのが“ウロ覚え勉強法”だ。もっと細かく紹介すると，テキストの内容を一生懸命覚え，知識を万全にしてから問題に取り組むのではなく，テキストにざっと目を通した程度（つまりウロ覚えの状態）で問題に取りかかる。もちろんかなりまちがえると思うが，それを気にすることはない。まちがえた部分はよく記憶に残るのだから……。言いかえると，まちがえながら知識量を増やしていくのが“ウロ覚え勉強法”なのである。

ここで，ポイントが２つある。１つは，ヘントウタイを働かせて記憶力を上げるために，まちがえたときは「あ〜っ！」とわざとらしく驚くこと。オーバーすぎるかな……と思うぐらいでちょうどよい。

もう１つのポイントは，まちがえたところをそのままにせず，ここできちんと見直すこと（残念ながら，驚くだけでは覚えられない）。問題の解説を読んで理解するのはもちろんだが，必ずテキストから見直すようにする。そうすれば，記憶力が上がったところで足りない知識をしっかり身につけられるし，さらにその部分がどのように出題されるかもわかってくる。頭の中の知識を実戦で役立てられるようにするわけだ。

Dr.福井（福井《ふくい》一成《かずしげ》）…医学博士。開成中・高から東大・文Ⅱに入学後，再受験して翌年東大・理Ⅲに合格。同大医学部卒。さまざまな勉強法や脳科学に関する著書多数。

Memo

2022年度　聖学院中学校

〔電　話〕 (03) 3917－１１２１
〔所在地〕 〒114-8502　東京都北区中里３－12－１
〔交　通〕 JR山手線・東京メトロ南北線－「駒込駅」より徒歩７分
JR京浜東北線－「上中里駅」より徒歩12分

【算　数】〈第１回アドバンスト試験〉 (50分)〈満点：100点〉

(注意)　１．図は必ずしも正確ではありません。
　　　　２．必要なときには円周率を3.14としなさい。

1　(1)　$8+4\times\{(12-12\div3)\times3-3\times6\}=$ [あ]

(2)　$3\frac{3}{5}\div3.24-\frac{16}{25}\times1.25=$ [い]

(3)　$\left(\frac{2}{9}\times\right.$ [う] $\left.-1\frac{1}{3}\right)\times4\frac{1}{2}=1$

(4)　$\left(\frac{1}{20}\mathrm{m}^2-250\mathrm{cm}^2\right)\div5=$ [え] cm^2

(5)　$3.14\times19-6.28\times6+31.4\times0.3=$ [お]　(この問題は工夫して計算し，求める過程をかきなさい)

2　(1)　兄は毎月500円ずつ，弟は毎月300円ずつ貯金しています。今月までの貯金額は，兄が5000円，弟が7200円です。２人の貯金額が等しくなるのは [か] ヵ月後です。

(2)　８％の食塩水100ｇに20％の食塩水を [き] ｇ混ぜると，12％の食塩水ができます。

(3)　クラス会をするのに，１人400円ずつ集めると2000円不足し，１人500円ずつ集めると2500円余ります。参加者の人数は [く] 人です。

(4)　ＡさんとＢさんの算数のテストの平均点は79点です。Ｃさんが加わった３人の平均点は，ＡさんとＢさんの平均点より１点下がります。Ｃさんの得点は [け] 点です。

(5)　周囲が5.4kmの池があります。ＡさんとＢさんは同じ地点から反対方向に一周することにしました。Ａさんが毎分80m，Ｂさんが毎分100mで歩くと，２人がはじめて出会うのは [こ] 分後です。

(6)　下の図は，正三角形と点Ｏを中心とする半円を組み合わせたものです。しゃ線部分の面積は [さ] cm^2です。

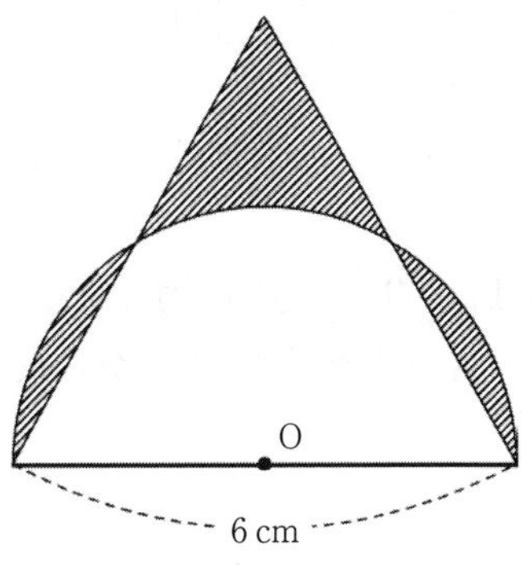

3　長方形の板の上に，短い方の辺を１辺とする正方形のシールを，はしからすき間なくはっていきます。たとえば，たて６cm，横９cmの長方形の板の場合は下の図のようになります。

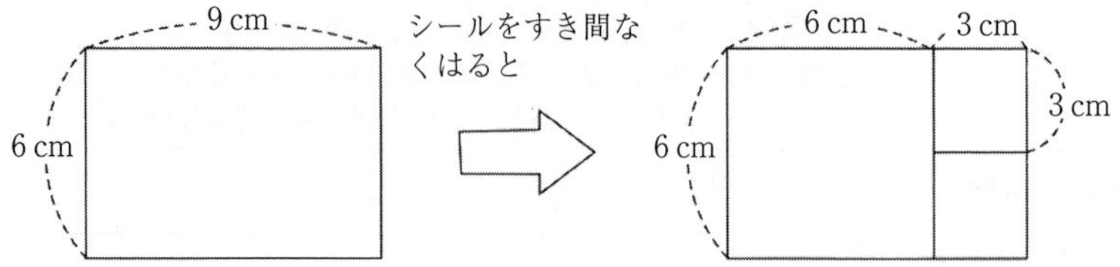

この場合，２種類の正方形のシールを３枚使うことになり，もっとも大きいシールの１辺の長さは６cm，もっとも小さいシールの１辺の長さは３cmになります。

下の図のように，たて24cm，横44cmの長方形の板があります。

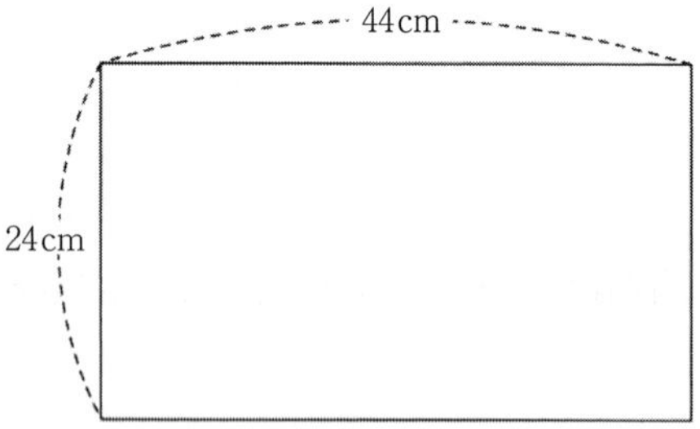

(1)　もっとも大きいシールの１辺の長さは［ し ］cmです。

(2)　もっとも小さいシールの１辺の長さは［ す ］cmです。

(3)　シールは全部で［ せ ］種類で，［ そ ］枚必要です。

(4)　上の長方形の板は，(2)で求めたもっとも小さいシールだけを［ た ］枚使って，すき間なくはりつけることができます。このことから，24と44はどちらも［ ち ］で割り切れることがわかり，これ以上大きい整数ではどちらも割り切れないことがわかります。よって，［ つ ］が24と44の最大公約数とわかります。

(5)　同じように求めると，345と506の最大公約数は［ て ］です。（この問題は求める過程をかきなさい）

4　［Ａさんの年れい］と［お父さんの年れい］の比は，今から５年前は１：５，今から５年後は２：５になります。(1)と(2)の比はもっとも簡単な整数の比で表しなさい。

(1)　［Ａさんの年れい］と［２人の年れいの差］の比は，今から５年前は［ と ］：［ な ］，今から５年後は［ に ］：［ ぬ ］です。

(2)　［今から５年前のＡさんの年れい］と［今から５年後のＡさんの年れい］の比は，［ ね ］：［ の ］です。（この問題は求める過程をかきなさい）

(3)　現在，Ａさんの年れいは［ は ］さい，お父さんの年れいは［ ひ ］さいです。

(4)　お父さんの年れいがＡさんの年れいの整数倍になるのは，Ａさんが生まれてから最大で［ ふ ］回あります。

5 図のように，円の中に正十二角形があります。

(1) 角(あ)の大きさは［ へ ］度です。

(2) 角(い)の大きさは［ ほ ］度です。

(3) 角(う)の大きさは［ ま ］度です。

(4) 角(え)の大きさは［ み ］度です。

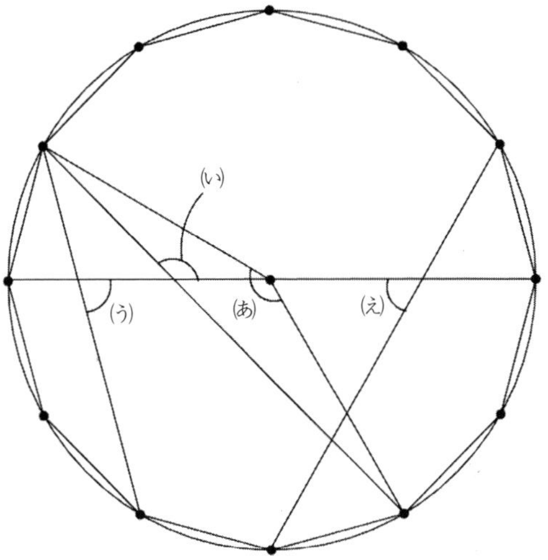

【社　会】〈第1回アドバンスト試験〉（理科と合わせて50分）〈満点：50点〉

1　下の地図は東北地方であり，A ～ F は県名をあらわしている。これをみてあとの問いに答えなさい。

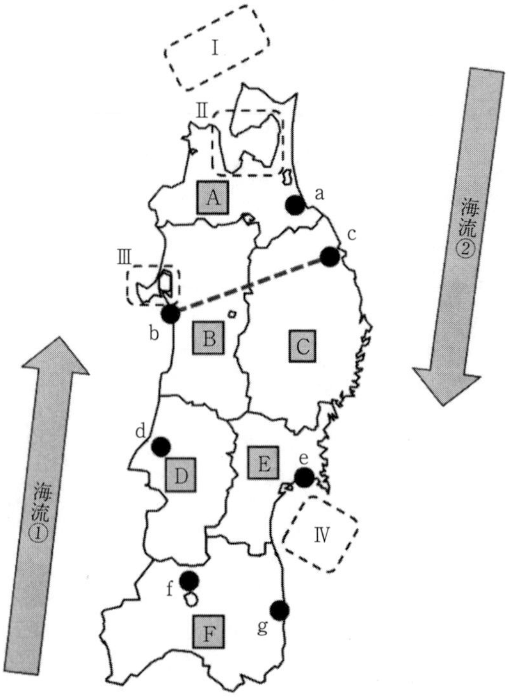

問1　地図中の A ～ F のうち，県名と県庁所在地名が異なる県の数を答えなさい。

問2　下の表は A ～ F の人口推移を示したものである。読み取り内容として間違っているものを下から2つ選び，記号で答えなさい。

	1930		1950		1970		1990		2010		2015	
	人口（万人）	人口に占める男性の割合（%）	人口（万人）	人口に占める男性の割合（%）	人口（万人）	人口に占める男性の割合（%）	人口（万人）	人口に占める男性の割合（%）	人口（万人）	人口に占める男性の割合（%）	人口（万人）	人口に占める男性の割合（%）
A	88.0	50.2	128.3	49.5	142.8	48.0	148.3	47.5	137.3	47.0	130.8	46.9
B	98.8	50.1	130.9	49.4	124.1	47.8	122.7	47.6	108.6	46.9	102.3	46.9
C	97.6	49.9	134.7	49.3	137.1	48.0	141.7	48.0	133.0	47.7	128.0	48.0
D	108.0	49.3	135.7	48.7	122.6	47.9	125.8	48.2	116.9	47.9	112.4	48.0
E	114.3	50.3	166.3	49.8	181.9	48.9	224.9	49.1	234.8	48.4	233.4	48.7
F	150.8	49.2	206.2	48.8	194.6	48.1	210.4	48.7	202.9	48.4	191.4	49.2

『1930～2015年国勢調査』より作成

ア．第二次世界大戦後，すべての県で男性よりも女性の人口割合が高い。

イ．1930年～2015年の間で最も人口が多い県はすべて E である。

ウ．D は1970年以降，一貫して人口が減少している。

エ．1990年～2010年の間で人口が増加したのは E のみである。

オ．A・B・C の人口を比較すると1970年以降は B の人口が，すべて一番少ない。

問３　下の表はある農作物の生産割合を示したものである。作物①・②にあてはまる農作物をそれぞれ答えなさい。

作物①

都道府県名	収穫量（千ｔ）	全国に占める割合
新潟	667	8.6%
北海道	594	7.7%
B	527	6.8%
D	402	5.2%
E	377	4.9%
全国	7,763	

作物②

都道府県名	収穫量（千ｔ）	全国に占める割合
A	463	66.0%
長野	135	19.3%
C	47	6.7%
D	42	5.9%
B	25	3.6%
全国	702	

ともに『2020年　作物統計』より作成

問４　東北地方では全国的に有名な祭りがいくつもある。A および E の祭りの組み合わせとして正しいものを下から選び，記号で答えなさい。

ア．A　ねぶた　　E　だんじり祭り
イ．A　ねぶた　　E　七夕祭り
ウ．A　七夕祭り　　E　だんじり祭り
エ．A　七夕祭り　　E　ねぶた
オ．A　だんじり祭り　E　七夕祭り

問５　D および E を除き，F と隣接している４つの都道府県名をすべて答えなさい。

問６　地図中のⅠは，隣接する北海道と海でへだてられており，「◯◯海峡」とよばれる。◯◯に入るものを漢字２字で答えなさい。

問７　地図中のⅡ，Ⅲの地名の組み合わせとして正しいものを下から選び，記号で答えなさい。

ア．Ⅱ　陸奥湾　Ⅲ　紀伊半島
イ．Ⅱ　駿河湾　Ⅲ　能登半島
ウ．Ⅱ　英虞湾　Ⅲ　能登半島
エ．Ⅱ　駿河湾　Ⅲ　男鹿半島
オ．Ⅱ　陸奥湾　Ⅲ　男鹿半島

問８　地図中のⅣについて，ここはある水産物の生産地として有名であり，下の図はその収穫量をあらわしたものである。この水産物を答えなさい。

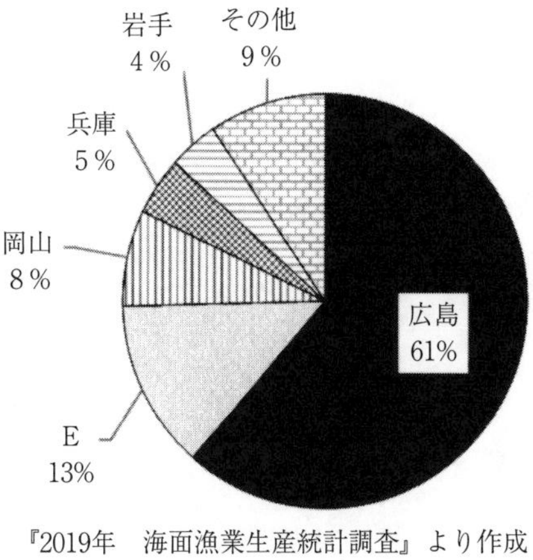

『2019年　海面漁業生産統計調査』より作成

問９　地図中の海流①，②の組み合わせとして正しいものを下から選び，記号で答えなさい。

ア．①　千島海流　②　日本海流

イ．①　千島海流　②　対馬海流

ウ．①　対馬海流　②　日本海流

エ．①　対馬海流　②　千島海流

オ．①　日本海流　②　千島海流

問10　地図中の地点ａについて，ここではあるものをつくる工場がある。下の文はこの工場で使用する原料の特徴について説明している。また下の地図は工場の位置をあらわしている。ここでつくられているものを答えなさい。

原料の特徴

- サンゴなどの生物の死骸《しがい》などが沈殿《ちんでん》し形成した。
- 日本でも産出でき，100％自給が可能である。
- 酸性の液体と反応し，気体が発生する。

『矢野恒太記念会 編　日本国勢図会 2021/22』より作成

問11　地図中の地点b―c間の断面として正しいものを下から選び，記号で答えなさい。

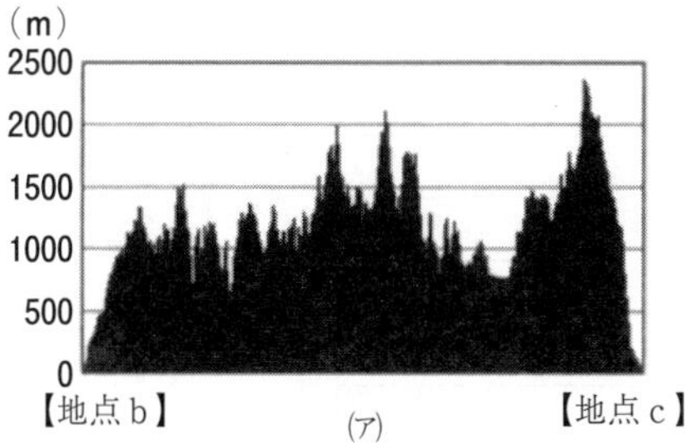

(ア)

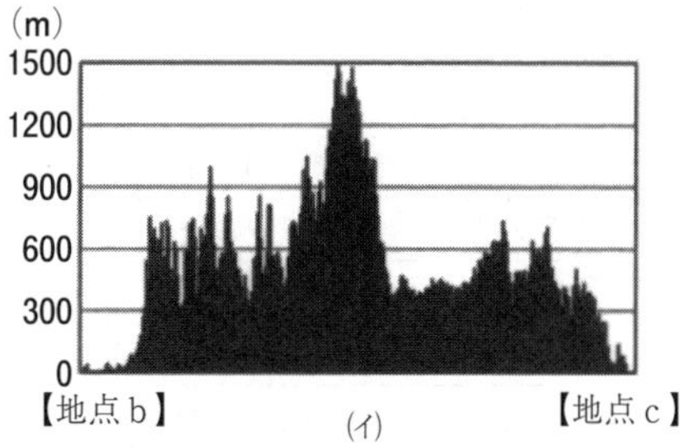

(イ)

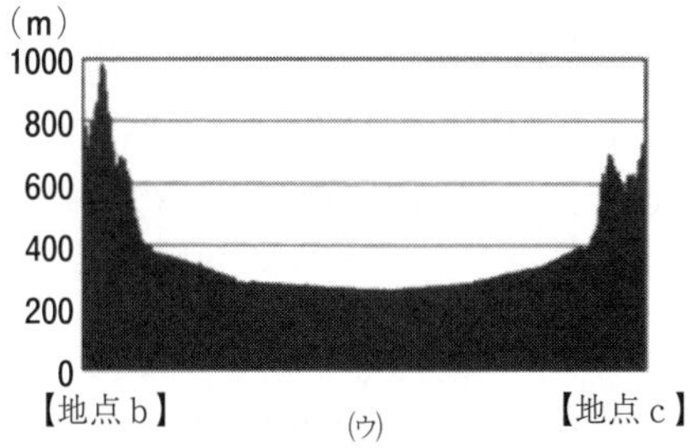

(ウ)

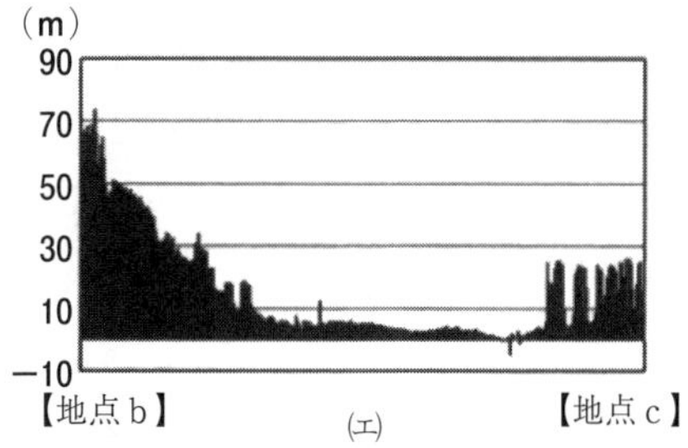

(エ)

『国土数値情報』および『基盤地図情報』より作成

問12　地図中の地点dとeの雨温図をそれぞれ下から選び，記号で答えなさい。

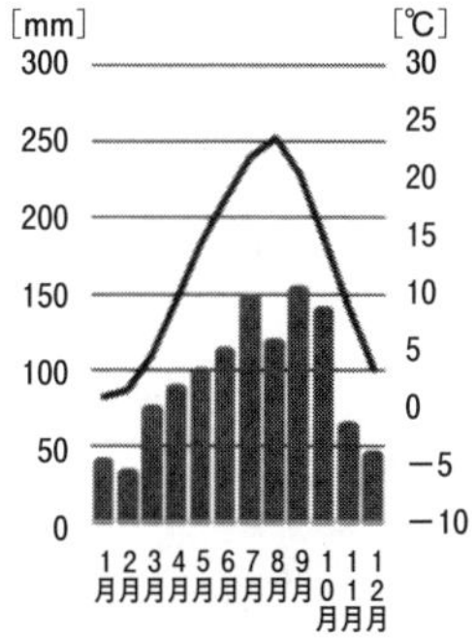

(ア)

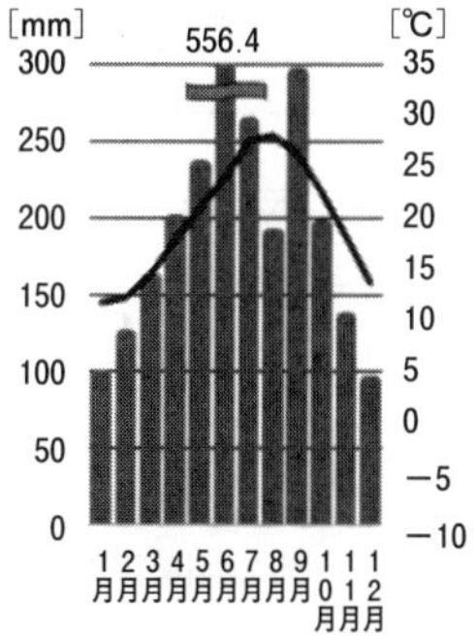

(イ)

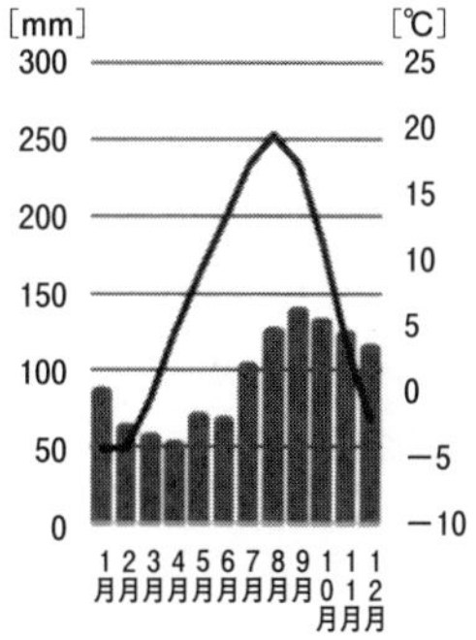

(ウ)

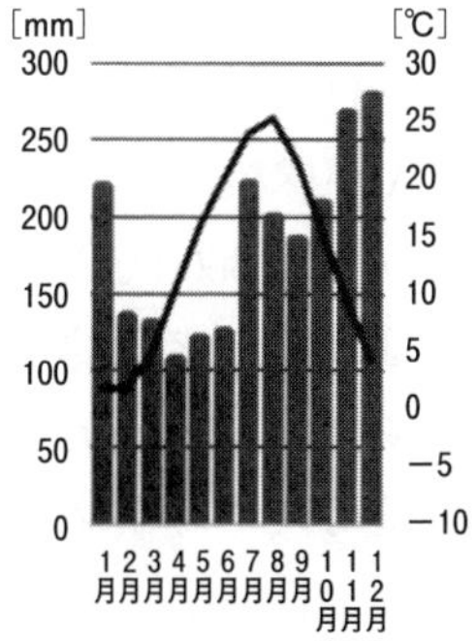

(エ)

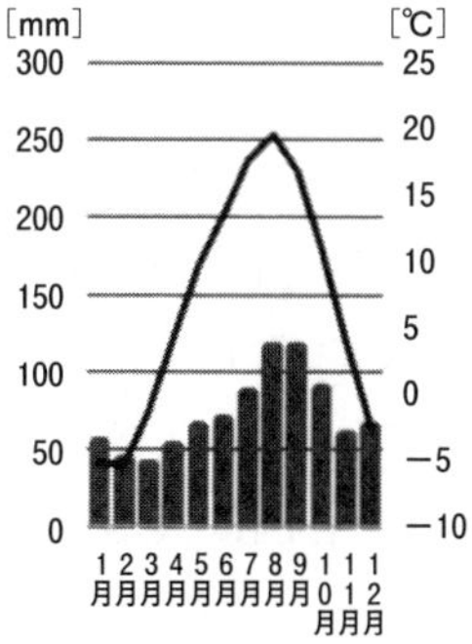

(オ)

すべて『1991～2020年　気象庁観測データ』より作成

問13　地図中の地点fに関して，この場所はある人物の生家があった場所である。下の年表は人物に関する主なできごとをまとめている。人物名を漢字4字で答えなさい。

年	できごと
1876	11月９日，Ｆ県に生まれる。
1896	医術開業後期試験に合格し医師の資格を得る。
1904	ロックフェラー医学研究所の一等助手となる。
1918	黄熱病研究のため，エクアドルへ行く。
1928	前年，研究のため訪れたガーナにて自らも黄熱病にかかり亡くなる。
1979	ガーナに記念医学研究所がつくられる。
2004	科学者として初めて1000円札の肖像画に採用される。

問14　地図中の地点ｇに関して，この場所は原子力発電所があり2011年の東日本大震災では大きな被害が発生した。下の図は1970年，1990年，2010年，2019年の日本のエネルギー割合の分布を示したものである。これらを古い順に並べかえなさい。なお図中の「その他」には地熱や太陽光などの再生可能エネルギーが含まれる。

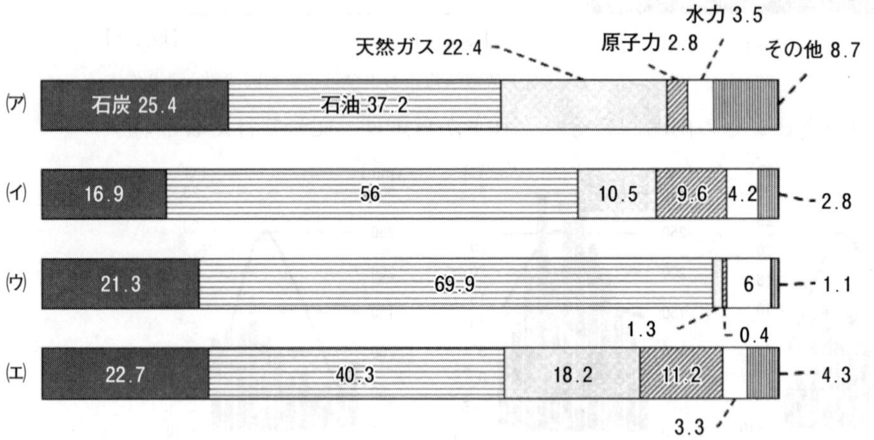

『日本国勢図会 2021/22』より作成

2　次の文章を読んで，あとの問いに答えなさい。

今から約100年前，1918年から1920年頃にかけて世界は「スペイン風邪(インフルエンザＡ型)」の流行がおきました。当時の世界人口の３割にあたる約５億人が感染し，そのうち約4000万人が死亡したといわれています。日本でも当時の日本本土の総人口約5600万人のうち，0.8％にあたる約45万人が死亡したといわれています。①日清戦争による戦死者は約１万人，②日露戦争による戦死者は約11万人といわれています。スペイン風邪の世界的な大流行により，この当時行なわれていた③第一次世界大戦に，各国は兵士をおくることができず終戦が早まったという分析もあります。

伝染病の広がりは政治や社会に大きな影響を与えました。奈良時代に天然痘《てんねんとう》という病気が広がり，都でも政治の実権を握《にぎ》っていた藤原氏一族が命を落としました。病気の流行もあいまって，混乱した社会を安定させるため，（　１　）天皇の時に開墾《かいこん》地の私有を認める（　２　）が制定されました。また，全国に国分寺・国分尼寺をつくるよう命じ，人々から人気のあった僧である（　３　）の協力も得て大仏を造りました。天然痘は日本だけでなく世界の多くの国で何度も流行が見られました。天然痘の予防に成功したのは，イギリス人のエドワード・ジェンナー

(④1749〜1823年)でした。彼は牛の病気である牛痘《ぎゅうとう》に感染した人は天然痘にならないという農民の言い伝えをもとに研究し，牛痘の菌《きん》を人に接種するという牛痘法，いまでいうワクチン接種を考え出しました。ワクチンとはヨーロッパの古い言葉であるラテン語で「オスの牛」という意味で，ジェンナーの行なったことが語源となっています。

江戸時代の後期，日本ではコレラという伝染病が広がります。⑤安政５年(1858年)，コレラは江戸市中に広がり数万人の死者を出しました。浮世絵師の(　４　)もこの時に亡くなったといわれています。この年は⑥日米修好通商条約が結ばれた年でした。コレラの広がりが⑦尊王攘夷運動に影響を与えたと分析をする学者もいます。明治時代に入っても，日本国内でコレラの感染が何度か広がりました。長崎で広がり始めていたコレラに感染していた人々が政府軍として集められ，⑧西南戦争を戦い，ともに政府軍として戦っていた全国から集められた人々が故郷に帰ったことによりコレラが全国的に広がったとされています。

問１　文中の(１)〜(３)にあてはまるものを漢字で答えなさい。

問２　文中の(４)にあてはまる人物を下から選びなさい。

井原西鶴　　歌川広重　　松尾芭蕉　　小林一茶

問３　下線部①について，以下のできごとを古い順に並べかえなさい。

ア．甲午農民戦争がおこった。

イ．下関条約が結ばれた。

ウ．江華島事件がおこった。

エ．三国干渉が行なわれた。

問４　下線部②について，間違っているものを下から２つ選び，記号で答えなさい。

ア．1902年に日米同盟が結ばれたことがきっかけで日露戦争が始まった。

イ．日露戦争の日本海海戦で日本軍がロシア軍をやぶった。

ウ．日露戦争後にポーツマス条約が結ばれた。

エ．日露戦争後，日本はロシアに樺太の南半分をゆずった。

オ．日露戦争後の講和条約が結ばれた後に，日比谷焼き打ち事件がおきた。

問５　下線部③について，間違っているものを下から２つ選び，記号で答えなさい。

ア．イギリス・フランスなどの連合国とドイツなどの同盟国が争った。

イ．日本は連合国の一員として参加し，ドイツに宣戦布告を行なった。

ウ．この戦争中に日本はドイツに対して二十一か条の要求をつきつけた。

エ．世界恐慌がおこったことが戦争開始の原因の一つとなった。

オ．この戦争中にロシアで革命が発生した。

問６　下線部④に関して，当時日本は江戸時代であった。江戸時代のできごととして間違っているものを下から選び，記号で答えなさい。

ア．伊能忠敬らにより日本地図が完成した。

イ．杉田玄白らにより『解体新書』が出された。

ウ．本居宣長により『古事記伝』が出された。

エ．観阿弥・世阿弥が能を大成した。

問７　下線部⑤に関して，安政元年(1854年)に幕府はある条約を結んで，下田と函館を開港した。条約名を漢字で答えなさい。

問８　下線部⑥に関して，正しいものを下から２つ選び，記号で答えなさい。

ア．この条約は，大老井伊直弼とペリーにより結ばれた。

イ．この条約の結果，銚子と焼津の２港が開港された。

ウ．この条約の結果，日本に関税自主権が認められた。

エ．同じ内容の条約を，日本はアメリカとだけでなくイギリスなどとも結んだ。

オ．この条約の結ばれた後に，桜田門外の変がおきた。

問９　下線部⑦について，この用語を「天皇」「外国」という語を使って説明しなさい。

問10　下線部⑧に関して，西南戦争の後，自由民権運動が盛り上がりを見せた。以下のできごとを古い順に並べかえなさい。

ア．国会開設の詔《みことのり》が出された。

イ．板垣退助が自由党を設立した。

ウ．第１回衆議院議員選挙が行なわれた。

エ．大日本帝国憲法が発布された。

3　次の文章を読んで，あとの問いに答えなさい。

①地球環境が深刻な状態にあると言われてから，すでに長い年月が経っています。②国際連合では多くの取り組みによって，地球環境の改善を世界で協力して進めようとしています。

このような国際的な活動の成果は，条約としてまとめられることがあります。条約は，それぞれの国が参加するかどうかを原則自由に決められます。それぞれの国の③憲法や考え方を尊重するためです。日本では，条約を承認するのは④国会の仕事です。国会は，このような仕事の他にも，法律案や⑤予算の審議を行なっています。国会で成立した法律は，内閣が実行します。⑥国会と内閣は一定の協力関係にあります。

現在日本では多くの問題が山積みになっていますが，地球規模で深刻な状態になっている環境問題に関しても，国会や内閣が協力しあい，解決に向けて取り組む必要に迫られています。

問１　下線部①について，間違っているものを下から選び，記号で答えなさい。

ア．オゾンホールの発生を抑えるために，家電製品にフロンガスを用いるようになった。

イ．車の排気ガスの排出が，酸性雨を引き起こす要因の一つとなっている。

ウ．過剰《かじょう》な森林伐採により，水分を保てなくなった山が土砂崩れを起こす。

エ．ビニール袋やプラスチックを海に捨てることにより，マイクロプラスチックを飲み込んだ魚が餓《が》死する。

問２　下線部②に関して，発展途上国の子どもへの福祉支援を行なっている「国連児童基金」という組織が存在する。この組織の略称を下から選び，記号で答えなさい。

ア．UNESCO　　イ．WTO　　ウ．UNICEF　　エ．WHO

問３　下線部③に関して，日本国憲法で定められている基本的人権とその説明の組み合わせとして間違っているものを下から２つ選び，記号で答えなさい。

ア．社会権：国家が積極的に生活に関わる権利のことで，教育を受ける権利などが含まれる。

イ．請求権：人権が侵害された時に，その救済を国に求めることができる権利のことで，裁判を受ける権利が含まれる。

ウ．自由権：国家が国民の生活に関わる範囲を最小限にすることを定めた権利のことで，生存権などが含まれる。

エ．平等権：国民が法の下に平等であることを示しているが，両性の本質的平等については規定されていない。

オ．参政権：国民の意見を政治に反映させることを定めており，それを具体化するために選挙を実施している。

問４　下線部④について，正しいものを下から２つ選び，記号で答えなさい。

ア．違憲立法審査権を行使できる。

イ．衆議院の解散中，参議院では緊急集会が開かれることがある。

ウ．本会議の場では，必ず公聴会が開かれる。

エ．国会は衆議院と貴族院で構成されている。

オ．予算は必ず衆議院が先に審議する。

問５　下線部⑤に関して，下の図は2021年度の日本の一般会計歳入と一般会計歳出の内訳である。この図から読み取れることとして正しいものを次ページから２つ選び，記号で答えなさい。

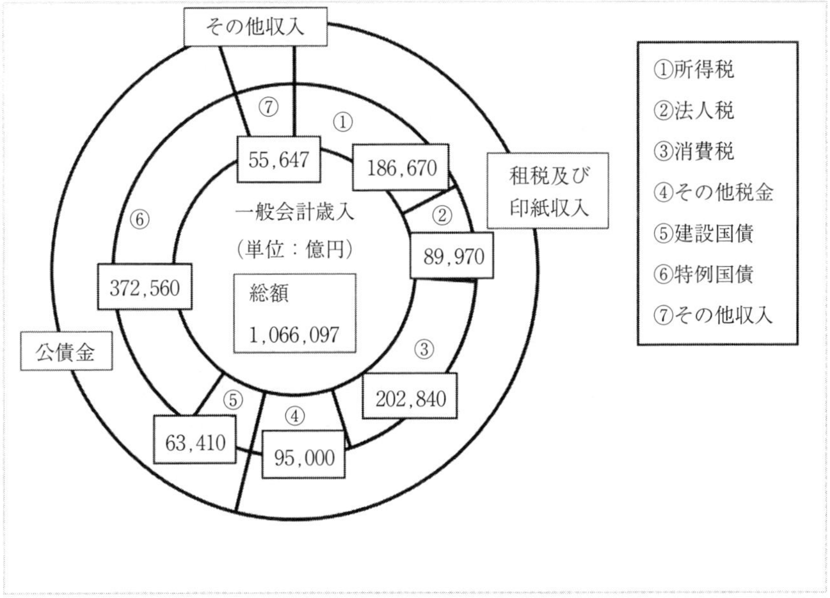

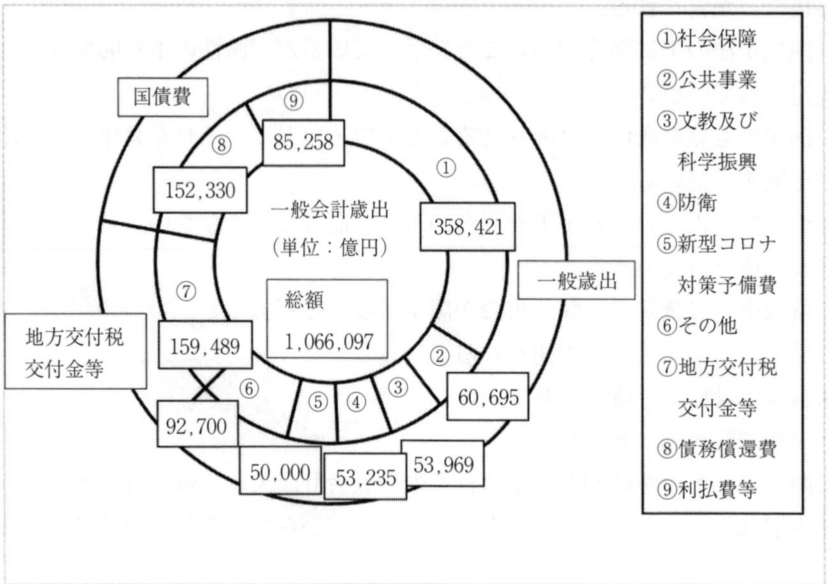

財務省ホームページ(https://www.mof.go.jp/tax_policy/summary/condition/a02.htm)
より作成

ア．債務償還費が一般会計歳出全体の約20％を占めている。

イ．租税及び印紙収入として最大の額は所得税である。

ウ．公債金が国債費を上回っていることから，返済額よりも多くの金額を新たに借金していることがわかる。

エ．一般会計歳入と一般会計歳出の総額は同じである。

オ．一般会計歳出のうち，地方交付税交付金等が最大の額である。

問６　下線部⑥について，下の文中の(　)にあてはまるものを，漢字４字で答えなさい。

内閣は，国会議員の中から選ばれた内閣総理大臣が組閣する。内閣は衆議院の解散権を持ち，衆議院は内閣の不信任決議権を持つ。このような仕組みを(　　)制という。

【理　科】〈第１回アドバンスト試験〉（社会と合わせて50分）〈満点：50点〉

1　海水について，次の問いに答えなさい。

問１　下の図は海水の中に含《ふく》まれている物質の割合を示しています。

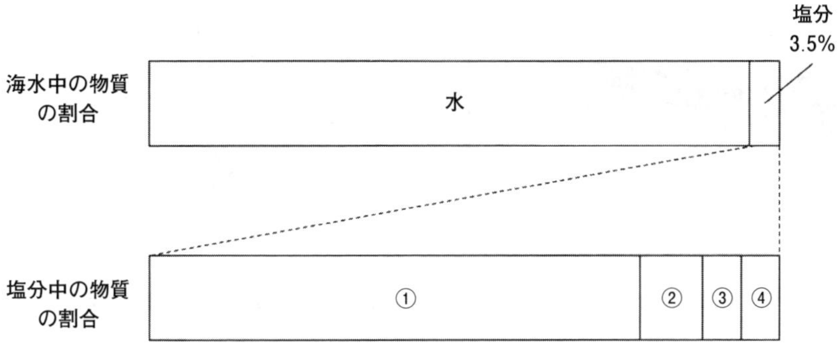

①：塩化ナトリウム　78%

②：塩化マグネシウム　10%

③：硫酸《りゅうさん》マグネシウム　6%

④：その他　6%

(1)　海水中の水は何％ですか。

(2)　１Ｌの海水に含まれる塩分は何ｇですか。ただし，海水１mL は1.02ｇであるとします。

(3)　海水中の硫酸マグネシウムは何％ですか。

(4)　海水から塩化ナトリウムを40ｇ取り出すためには，海水が何 kg 必要ですか。最も近い値を，次の**ア**～**エ**から選び記号で答えなさい。

ア　1kg　　**イ**　1.5kg　　**ウ**　2kg　　**エ**　2.5kg

問２　海水から塩を取り出す方法の一つに「揚《あ》げ浜《はま》式」という方法があります。揚げ浜式の手順を示します。

1．海水を波が来ない砂浜《はま》まで大量にくみあげ，砂浜に均等に薄《うす》くまく。

2．こまざらいという道具(図１)で砂浜の表面に薄く筋《すじ》をつける。

3．風や太陽熱で水分がすべて蒸発するのを待つ。

4．１から３をもう一度くり返す。

5．海水をまいた部分の砂を回収して，「たれ船」(図２)という箱の中に入れる。

6．「たれ船」の上から海水を注ぎ，下から出てくる「かん水」という液体を集める。

7．６で集めた「かん水」を煮《に》詰《つ》めて，塩を取り出す。

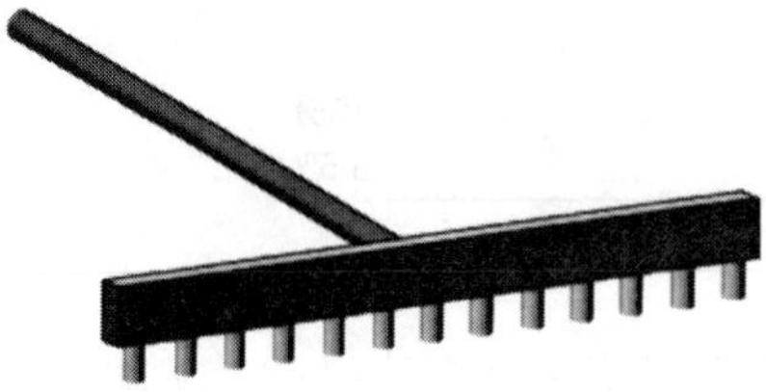

図１

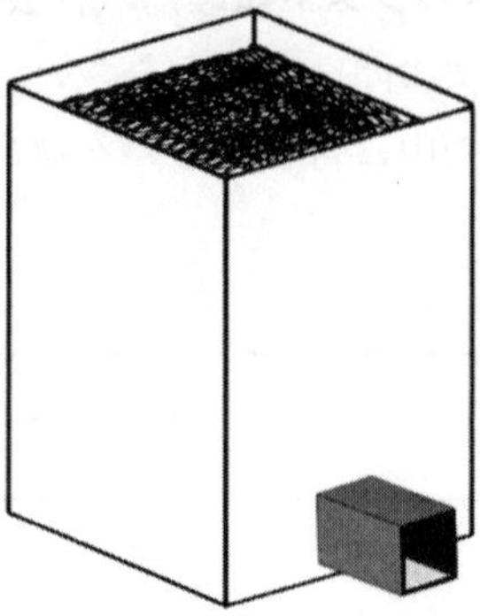

図２

(1)　手順１で海水を均等に薄くまくのはなぜですか。次の**ア**～**エ**から選び記号で答えなさい。

ア　砂浜の温度を下げるため

イ　海水の温度を下げるため

ウ　海水に混ざっている砂を取り除くため

エ　砂浜の表面だけに塩をつけるため

(2)　手順２で砂浜の表面に薄く筋をつけるのはなぜですか。次の**ア**～**エ**から選び記号で答えなさい。

ア　水分の蒸発を早くするため

イ　筋になった部分に海水をためるため

ウ　砂と塩をよく混ぜるため

エ　砂の中の生物を追い出すため

(3)　手順６では塩を効率よく取り出すために，「たれ船」の上から水ではなく海水を注ぎます。なぜ効率がよくなるのか，文中の(　)に当てはまるものを，下の**ア**～**エ**から選び記号で答えなさい。

海水を注ぐことで，水を注いだときよりも(　　　　)なるため。

ア　水温が高く

イ　「かん水」中の塩分が多く

ウ　「かん水」中の水分が多く

エ　「たれ船」の中の砂の温度が高く

2　新型コロナウイルスによって，私たちは毎日体調を心配するようになりました。聖《きよし》君は冬休みにヒトのからだと病気について調べました。次の問いに答えなさい。

問１　コロナウイルスに感染し，重症《じゅうしょう》化すると肺炎《はいえん》になることがあるとわかりました。聖君はヒトの肺について調べました。

ヒトの肺には①小さな袋《ふくろ》が，左右で７～８億個もあり，②効率よく酸素と二酸化炭素を交かんすることができます。

(1)　下線部①を何といいますか。

(2)　下線部②の理由は何ですか。

(3)　吸いこんだ空気よりもはき出した空気に多く含《ふく》まれている気体は何ですか。次の**ア**～**オ**

からすべて選び記号で答えなさい。

ア　酸素　　　　**イ**　水素　　**ウ**　ちっ素

エ　二酸化炭素　**オ**　水蒸気

(4)　ヘモグロビンという赤い色素をもち，酸素を運ぶはたらきをしている血液中の固形成分があります。これを何といいますか。

問２　ヒトに感染するコロナウイルスは，これまでに６種類見つかっていましたが，そのうち４種類は，感染するとたいていかぜとしん断されていました。かぜにかかると熱が上がったり，せきが出たりします。さらに重症化すると肺炎になることもあります。

(1)　体内に入った細きんやウイルスなどをつつみこんで食べてくれる細ぼうを白血球といいます。右の図は，37℃を100としたときの体温と白血球のはたらきの関係を表しています。この図から，かぜをひいたときなどに熱が上がる主な理由は何だと考えられますか。

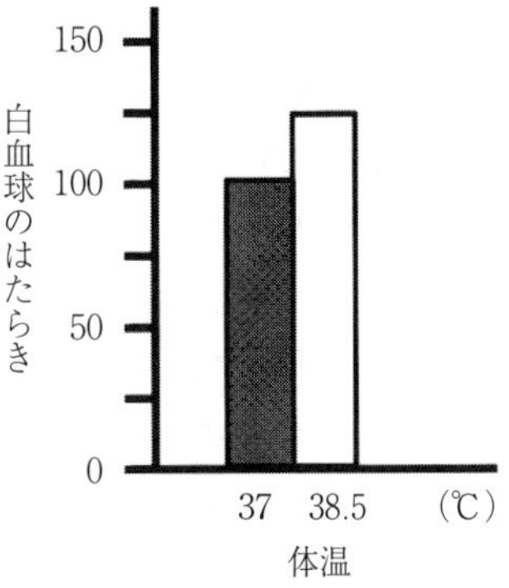

(2)　ヒトの血液は，体重の約13分の１をしめ，酸素や養分などをはこんでいます。また，血液が循環《じゅんかん》することによって，全身の各器官の温度をほぼ同じくらいに保っています。このように血液は私たちにとって大事なはたらきをしているので，全体の３分の１の量を出血すると命が危険になります。

聖君の体重は39kgです。聖君の血液は何kgになりますか。整数で答えなさい。

(3)　右の図は，安静にしている時に，どの臓器がどれくらいの割合で熱をつくっているのかを表したグラフです。日常生活では，運動をしたときに体温がさらに上がりますが，このとき，熱をつくっている主な臓器は何だと考えられますか。図の臓器から２つ選びなさい。

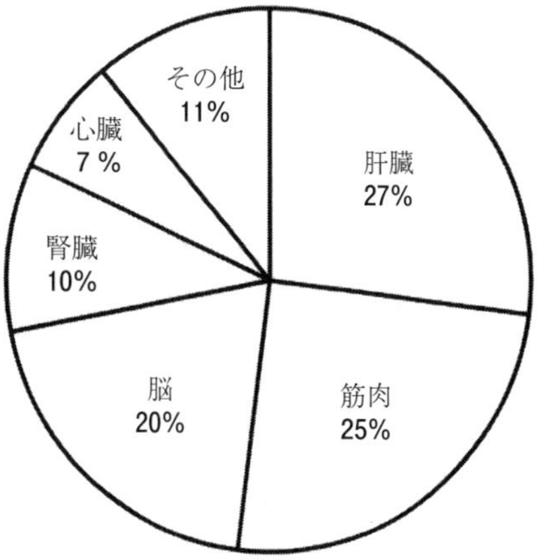

(4)　聖君はコロナウイルスのワクチンを注射しました。注射を打ってからどれくらいたてば，発症者《はっしょうしゃ》の数がおさえられるのかを調べてみると，下のグラフのようになることがわかりました。ワクチンを注射した後，何日たてば発症しにくくなると言えますか。次の**ア**～**エ**のうち最短のものを選び記号で答えなさい。

ア　０日目ごろ

イ　６日目ごろ

ウ　12日目ごろ

エ　21日目ごろ

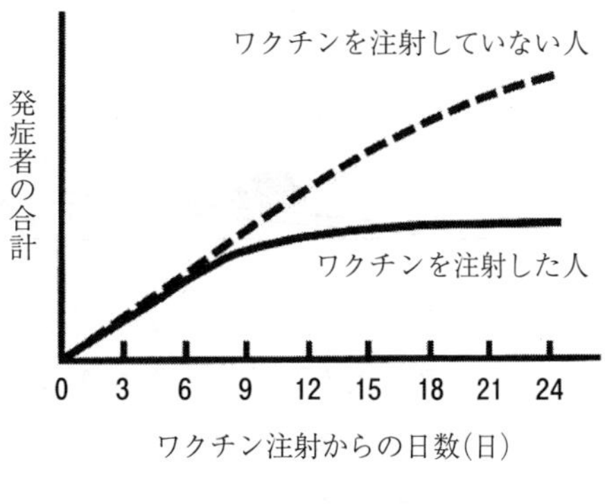

3　てこについて実験を行いました。次の問いに答えなさい。ただし，おもりをつるす糸の重さは考えないものとします。

問１　図のようにバットが水平になるようにひもでつるしました。支点の左右に同じ重さのおもりを１個ずつつるすとき，バットを水平に保つにはどのような位置につるせばよいですか。次の**ア**～**エ**から選び記号で答えなさい。

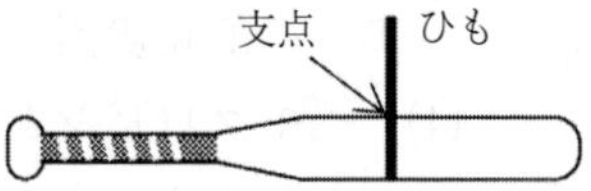

ア　太い方は支点から近い位置，細い方は支点から遠い位置

イ　太い方は支点から遠い位置，細い方は支点から近い位置

ウ　支点から等しく離《はな》れた位置

エ　バットの両はし

問２　長さが60cm で太さが一定の棒，重さが30ｇの石を１個，５ｇのおもりをいくつか使って，てこの実験をしました。

(1)　棒を中心で支え，中心から左に20cm の位置に３個のおもりをつるしました。棒がつりあうためには，中心から右に何 cm の位置に石をつるせばよいですか。

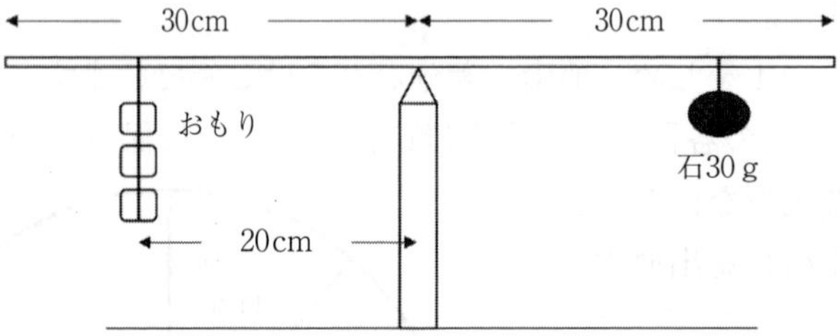

(2)　棒を中心で支え，中心から右に15cm の位置に石を１個つるしました。中心から左に15cm の位置におもりを**A**個，10cm の位置におもりを**B**個つるすと棒はつりあいました。使ったおもりの数は合計７個でした。**A**と**B**はそれぞれ何個ですか。

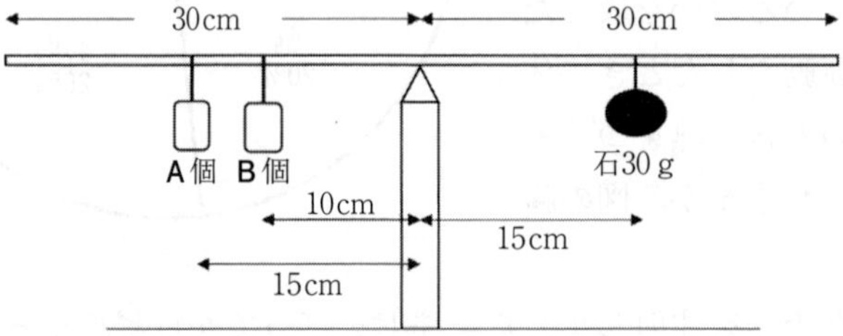

問３　聖《きよし》君がナナホシテントウについて調べていると，ナナホシテントウは地面から離れる方向に歩く性質があることがわかりました。この性質を利用して，てこの実験をしました。

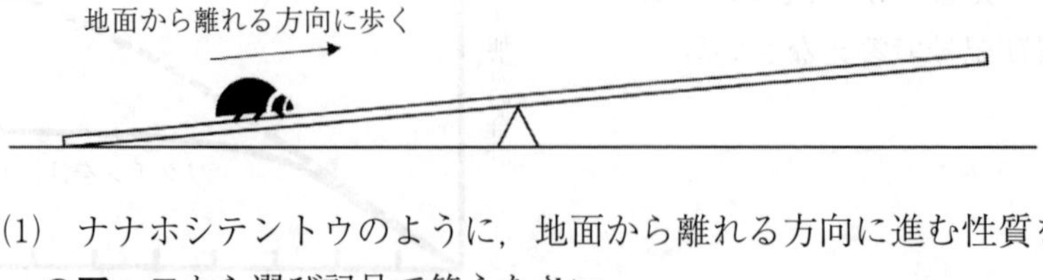

(1)　ナナホシテントウのように，地面から離れる方向に進む性質をもつ生物は何ですか。次の**ア**～**エ**から選び記号で答えなさい。

ア　ミミズ　　**イ**　ゴキブリ　　**ウ**　カタツムリ　　**エ**　ダンゴムシ

(2)　聖君はナナホシテントウをつかまえるために模様について調べると，ナナホシテントウはすべて同じ模様をしていることが分かりました。ナナホシテントウの模様を，次の**ア**～**エ**から選び記号で答えなさい。

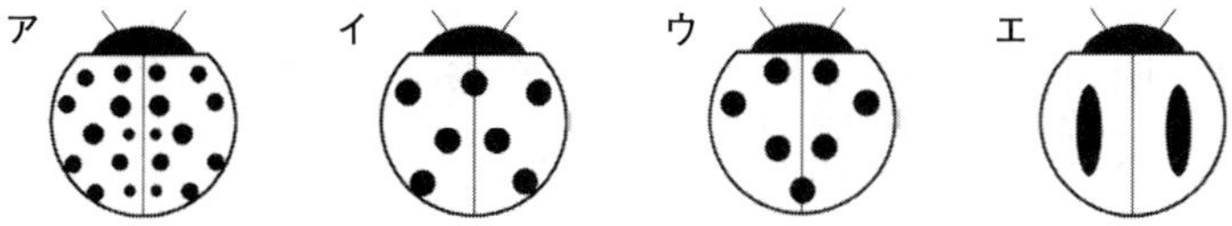

(3)　てこの原理により，１gの１円玉を使って，ナナホシテントウの重さをはかりました。長さが60cmで太さが一定の棒の中心をひもでつるしました。中心から右に25cmの位置にテントウムシ４匹《ひき》が入ったケースをつるし，中心から左に25cmの位置に空のケースをつるすと，棒は右に傾《かたむ》きました。そこで，中心から左に５cmの位置に１円玉を１個つるすと，棒を水平にすることができました。ナナホシテントウは１匹何gですか。小数で答えなさい。ただしケースの重さ，ナナホシテントウの重さはすべて同じものとします。

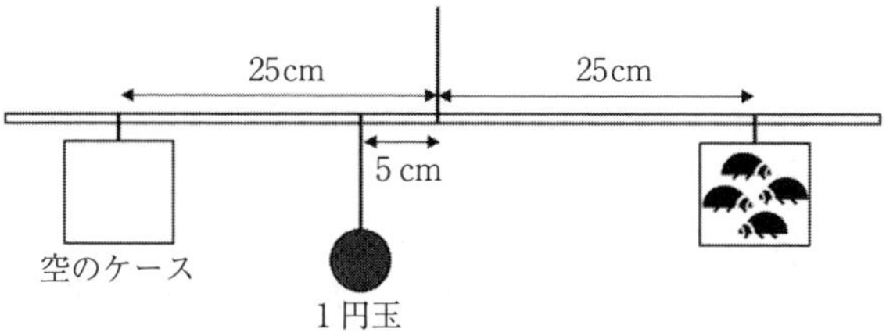

(4)　木の棒の代わりに，長さ20cmで太さが一定のストローを使ってシーソーをつくり，てこの実験をしました。シーソーにナナホシテントウを置くと下線部の性質により，高い方へ向かって歩きます。２匹のナナホシテントウをそれぞれ**A**，**B**とします。

シーソーを左に傾けてから，左はし(中心から左に10cmの位置)に**A**を置くと，右に秒速0.5cmで進みました。４秒後，左はしに**B**を置くと，**B**も右に秒速0.5cmで進みました。シーソーが水平になるのは**B**を置いてから何秒後ですか。ただし，ナナホシテントウの動く速さは一定とします。

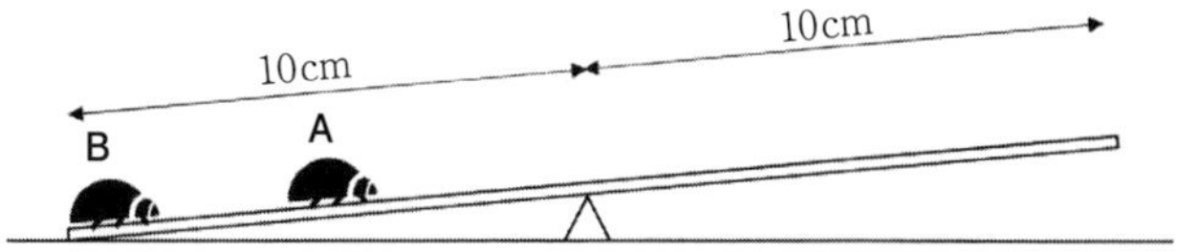

(5)　(4)でシーソーが水平になる瞬間《しゅんかん》に，ナナホシテントウと同じ重さのおもりを左はしに置くと，シーソーは再び左に傾きました。おもりを置いた後もナナホシテントウ**A**，**B**は(4)のときと同じ速さで進んでいるものとします。シーソーが水平になるのはおもりを置いてから何秒後ですか。ただし，おもりを置くのにかかる時間は考えないものとします。

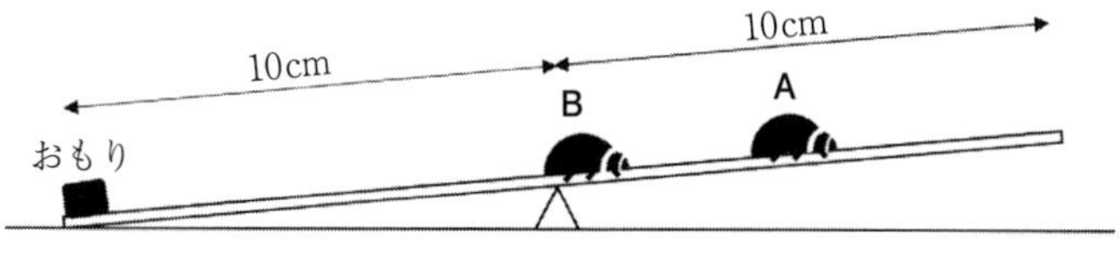

問４　――④「注ぐことは日本では仲間であることの確認の儀式にもなっている」とはどのようなことか。適するものを次から選びなさい。

ア　テーブルの飲み物を注ぎ合う行動は、日本独特の習慣を表す行動として世界で広く知られている。

イ　飲もうと飲むまいと、飲み物を注ぐ行動を通して、互《たが》いが一緒に物事を行う間柄《あいだがら》であることを確かめている。

ウ　同じポットに入った飲み物を分かち合うことに、宗教的な意味をふくませ、心の結びつきを強めている。

エ　飲まない飲み物を注ぎ合うことに意味がないとわかっていながら、古くからの習慣として守っている。

問５　――⑤について、この「エストニア人の９歳の少年」は、食事のテーブルについた時、どのようにふるまうことを当然だと思っているか説明しなさい。

問６　――⑥について、文章の最初に紹介された「日本人が進んでみんなのコップに水を注ぐ」行為は、「自己決定によって起こる能動的な行為」と言えるか、言えないか。どちらかを選び、その理由を説明しなさい。

問７　本文に照らして、問いに答えなさい。

あるクラスでは放課後の掃除《そうじ》がうまくできていない。おしゃべりをしたりふざけたりする人がいて、掃除に時間がかかったり、掃除が不十分だったりする。この状態を改善するため、美化係の生徒たちがクラス会議にある提案をした。提案の主な内容は「掃除中の不必要な会話を禁止し、違反者《いはんしゃ》に罰《ばつ》を与える」というものだった。本文の内容をふまえ、この提案に対する反対意見を述べなさい。なお、反対意見の根拠となる言葉・文を本文からぬき出しなさい。

健全にしているのは、「相手を慮《おもんぱか》る」という大義名分を掲《かか》げた「他己決定」の慣習である。

　日本では他人が自分のことをどんどん決めていく。中学高校では、制服から校外での活動にまで校則が幅《はば》を利かし、進路先も気付けば親や教師が決めている。大人を対象とするべき大学も、いまの学生は幼いから、と高校並みの学則が存在し、手取り足とり就職支援《しえん》。高齢者《こうれいしゃ》は世を渡《わた》ってきた〝つわもの〟であるにもかかわらず、施設《しせつ》に入れば、喫煙《きつえん》も飲酒も健康に悪いからと禁じられる。

　他者が敷《し》いたレールに乗って生きていくことはたやすい。しかし他者が決めることに慣れてしまえば、人間は考えることをやめてしまう。自分でなにも決めずに、ただ生きているだけの人生になんの価値があるだろうか。

　日本人はもっと「自己決定」をすべきなのである。そして、他人の自己決定の原則を尊重し、他人の決定に口出しすべきではない。⑥自己決定の効能は、能動的となることである。決定には、自分で考えなければならない。考えるための情報を集めるには、視野を外へと広げなければならない。すると、外部への関心も高まっていき、外部への働きかけもはじまる。

　さらに、自己決定の裏には常に自己責任が伴《ともな》う。これはときにハードかもしれない。自由とは、慣れていない者にとっては、不安定な状《じょう》況《きょう》へと陥りがちだ。しかし結果はすべて自分のものであり、そうした結果を予測して受け止めることで、後ろ向きに踏《ふ》みとどまるのではなく、前へ進む力にもなる。

（銭本隆行「デンマーク流『幸せの国』のつくりかた」）

【注】

＊共同体意識…同じグループの人たちを他人ではなく仲間としてとらえ、仲間のために貢献しようと互《たが》いに気にかけること。

問１　――①のように、日本では一人か二人が同じテーブルについている全員分のコップに飲み物を注ぐことが多い。注ぐ人は、どのような思いに基づいてこれをしているのか。適するものを次から選びなさい。

ア　みんなの飲み物を注ぐなんて無駄だとみんな思っているが、古くからの習慣を破るわけにもいかない。

イ　自分が率先して注ぐことは、みんなが望んでいることであり、むしろ、それをしない方が非常識だと思われてしまう。

ウ　できれば誰かに注いでほしいが、自分が注がなければだれも注ごうとしないだろうから、自分が注ぐのは仕方がない。

エ　みんなの飲み物をいち早く注いでやれば、周囲への気づかいができる優れた人物として注目してもらえるだろう。

問２　――②について、「私」はこの行動のどのような点に問題を感じているか。適するものを次から二つ選びなさい。

ア　食事や休憩の時間ぐらいリラックスすればいいのに、周りの人に気をつかいすぎている点。

イ　どれくらい飲みたいのか、飲みたくないのかを本人に確認せずに注いでしまう点。

ウ　注がれた飲み物を受け取らせることで、グループの一員としてふるまうことを暗に強いている点。

エ　テーブル上の飲み物はみんなのものなのに、まるで自分のもののように勝手に扱う点。

オ　せっかく同じテーブルについているのに、一人一人の本心のちがいを際《きわ》立たせてしまう点。

問３　③にあてはまる言葉を次から選びなさい。

ア　みなで一緒《いっしょ》に　　イ　みなそれぞれに

ウ　うちはうち、よそはよそ　　エ　人に迷惑《めいわく》をかけない

少ない量で十分という人がいなかっただろうか。ましてや、飲みたくなかった、という人はいなかったのだろうか。

　そうかといって、注ぐときにいちいち全員に「飲みますか」「どれぐらいの量ですか」と聞くのはいかにも面倒《めんどう》くさい。１人２人ならまだしも、ある程度の人数であれば、聞くなんてよもややっていられない。

　こう考えてくると、「注ぐのはいいことだ」とばかりに勝手に注ぐ行為は、相手の意思を尊重せず、かつ非経済的な行為とならないだろうか。それぞれが自分で注げば、早く、かつ適量を飲むことができる。

　第二に、注ぐことによって、無理やりそのグループへの帰属を強いてはいないだろうか。「　③　」が無条件によいものと考えている日本人にとって、こうした行為が相手に強いる圧迫《あっぱく》感というものは考慮《こうりょ》の対象にはならないものである。注ぐ、ことは、日本では、相手への思いやりというだけではなく、それをしなければならない、という半ば強制的な＊共同体意識がなせるわざでもある。

　一方デンマークでは、勝手に注ぐことは想定外の出来事であり、「え、なんで」という気持ちで感謝すらされないこともある。

　そうはいっても、注がれることを拒否《きょひ》した場合、日本では、仲間外れに陥《おちい》る危険がある。④注ぐことは日本では仲間であることの確認の儀式《ぎしき》にもなっている。

　話は少しさかのぼるが、20年前にフランスで廃品《はいひん》回収のボランティアのサマーキャンプに参加していたことがある。若者中心で、みなが寝食《しんしょく》をともにする。食事はテーブルの上の大皿をみなで回して取って食べる。筆者はいつも、水を全員のコップに注ぎ、取り皿を隣《とな》りへ回したりするのを特に聞きもせずに自動的にやっていた。筆者もこのころは、注ぐ行為はしなければならない、と半ば強迫《きょうはく》観念まで持っていた〝生粋《きっすい》の日本人〟だった。

　すると、⑤それをみたエストニア人の9歳《さい》の少年が「Excellent Service（優秀《ゆうしゅう》なサービス）」と皮肉っぽく笑った。

　衝撃《しょうげき》だった。正直、日本人の美徳をすべて否定された気分になった。なんでそういわれたのか分からなかった。だが、後々よく考えてみれば、本人の意思も確認することなく、水を注いだり、取り皿を回したりした行為は明らかにヨーロッパでは行きすぎだった。自分でほしいものは自分で意思表示して手に入れる。これこそが国際標準なのだ。

　もちろん、国際標準がなんだ、とわが道を日本人は突《つ》き進んでもいい。水注ぎの例を出したが、実はこんなことは些細《ささい》なことで本当はどうでもいいのである。

　しかし、水注ぎのような半強制的かつ非経済的お仕着せ行為が、日本の社会にはあちこちでみられないだろうか。必要ない、いやだ、と思いつつも相手に押しつけ、相手も同じく、必要ない、いらない、と思っても受け取ってしまう。

「相手はなにもいっていないけれど、いまこれを相手にしてあげておかなければ、あとで私の責任のようにいわれてしまう」

　なんとこのお仕着せは、しなければしないで自分の責任論にまで発展してしまうのである。

　行政サービスにあてはめれば、「そこに権利があるから」と必要性もないところにどんどんお金が回る。役人は「回しておかなかったら、あとで俺《おれ》が文句をいわれる」と目をつぶる。権利を持つ者も、いらないよ、と思いつつも、もらえるものはもらっておこう、で一件落着。こうしてどんどん、意味不明な施設や高速道路、空港が建っていく。なんと無駄《むだ》の多い国だろうか。これでは本当に使われるべき場所に必要なお金もなにも回らなくなってしまう。

賢明《けんめい》な読者はここまでで、すでにお分かりだろう。日本の社会を不

エ　ハルがどうしてイライラしているのか分からないが、原因は自分にあるようだ。きっとハルは自分に言いたいことがあるはずだから、自分はそれを聞かなければならない。

問4　――②のように、「アブダラくん」は大きな衝撃《しょうげき》を感じている様子である。「アブダラくん」の心の中でどのようなことが起こっているか。適するものを次から選びなさい。

ア　自分のために親切にしてくれていたハルが、とうとう意地悪な本性を表した。ハルがどんな人間なのか確かめなければならない。

イ　ハルとは何でも話せる親友だと思っていたのに、自分はハルにがまんをさせてしまっていた。親友の気持ちも分からない鈍《どん》感《かん》な自分がはずかしい。

ウ　知らず知らずのうちにハルに迷惑《めいわく》をかけていたなんて思いもしなかった。でも、ハルがやっと自分に本心を打ち明けてくれてうれしい。

エ　日本では、世話になった時には友だち同士でもお礼を言うなんて知らなかった。ハルがどうしてイライラしていたのかがやっと分かった。

問5　――③について、「ハル」にとって「目からうろこ」だったこととは、どのような内容を指しているか。具体的に答えなさい。

問6　――④について、「ハル」の心から気まずさやモヤモヤが消えていったが、これは二人がどのような行動を起こしたから生まれた結果だろうか。「ハル」と「アブダラくん」が起こした行動をそれぞれ簡潔に答えなさい。

問7　「ハル」はこの出来事を通して、いくつか大切なことを学んだ。このことについて次の問いに答えなさい。

(1)「ハル」が学んだことのうちで、あなたが最も大切な学びだと感じることは何か。

(2)あなたがこのクラスの一員だったとする。あなたは「ハル」からこんな相談を受けた。「ハル」は、あなたが(1)で答えた学びはとても大切だから、クラスのみんなにもよく分かってもらいたいと言うのだ。そして、あなたは「ハル」の提案に大賛成である。あなたの学びをクラスみんなのものにするための方法を考案し、説明しなさい。なお、あなたが考案した方法のすぐれた点が分かるように説明すること。

三　次の文章を読んで後の問いに答えなさい。

筆者は日本からデンマークの福祉《ふくし》・医療《いりょう》・教育などに関する研修をしばしば受け入れている。研修の参加者が筆者の学校で食事をする際、いつも感じることがある。学校では通常、大きな水差しとコップ、取り皿がテーブルにまとめて置かれている。それぞれが注いで飲むのだが、①日本人の場合、1人か2人が、全員分のコップに水を注ごうとする。

休憩《きゅうけい》時間でも、コーヒーのボトルが立っていようものならば、同じようにコーヒーか紅茶をたちまちコップに注いでくれる。

その場合、本人の意思を確認することもあるが、確認することなく自動的に注ぐこともしばしばだ。こうした行為《こうい》をみるたびに、ああ日本的だな、と思ってしまう。

決してこの行為は日本でもデンマークでも悪いことではない。人に注がれれば労力が省けるわけで、楽、の一語に尽《つ》きる。感謝されこそすれ、非難されるいわれはない。②しかし、私はあえて「?」としたい。

第一に、注がれた人はそもそも水を欲していただろうか。みなに均等にしっかり注がれた分量は全員が欲していた量だろうか。それより

アブダラくんは、ぼくをびっくりさせる名人だ。

同時に、④心の中にわだかまっていたイヤな気持ちが、じわりと溶けていく。

ぼくって単純……。

アブダラくんが考えてることがわかるだけで、こんなにホッとしてる。

思ってることを伝えてくれたいまは、なにをそんなに怒ってたんだろうって不思議に思うくらいだ。

冷静に考えたら、みんなと同じ給食食べてないの、アブダラくんだけじゃなかった。アレルギーのある彩乃《あやの》だって、お弁当を持ってきてる。

みんなはしないけど、小吉は毎日おかわりする。

一人ひとりが、ちがうんだ。

ぼくは、アブダラくんは「ふつう」じゃないって、腹を立ててたけど……。

よく考えたら、どうして「ふつう」じゃないといけないんだろ。そんなことといいだしたら、ぼくだって、あんまり「ふつう」じゃない。だって「男のくせに」、こっそり編みものなんて、やってんだから。

（だからこそ、口に出して相手に伝えるって、だいじなのかも……）

そんなことを思っていると、アブダラくんが、真剣な顔つきで、ぼくにむかって手を差しだす。え、握手《あくしゅ》？

うわあ、映画かよ。なにやってんだアブダラくん！

はずかしすぎると思いながら、しばらくして、ぼくは手をにぎりかえした。

「シュクリア。ありがとう」

「……シュクリア」

アブダラくんの言葉をそのままくりかえしたぼくに、てれくさそうに小さく笑う。

くすぐったい響《ひび》きのウルドゥー語。きっと、ありがとうって意味なんだろう。

たぶん、アブダラくんはこれから、ありがとうをいってくれる気がする。ぼくも、これからは、いちいちお礼をいわれなくてもそんなに気にしないと思う。

……なんか、ばかみたいにてれくさい。

ぎこちないし、ノリも空気もくそもない。でもわりかし気分がいい。

アブダラくんと、もっといろんなことを話せたらいいのにな――。

ネコスケ先生は、机にヒジをついて、ニヤニヤしながらぼくたちをながめている。楽しそう。ぼくたちが、コーヒーのお供にでもなった気分だ。

（黒川裕子「となりのアブダラくん」）

〈後半場面・問題〉

問3　――①のように、「アブダラくん」は「ハル」の机の前に「思いつめたような顔」をして立ったが、この時「アブダラくん」の心の中でどんなことが起こっているか。適するものを次から選びなさい。

ア　日本語は難しくてみんなとうまく話せないし、友だちもできない。ハルは自分のことでイライラしていて頼《たの》みづらいけれど、日本語でもっと話しかけてほしいとお願いしなければならない。

イ　授業中、ハルにななめ後ろから自分をジロジロ見られてとても気になった。いつも世話をしてくれるハルに文句を言いたくないが、やめてほしいと言わなければならない。

ウ　ハルが口をきいてくれなくなったのは、きっと自分がハルに迷惑《めいわく》をかけているせいだ。これまではずかしくて謝れなかったけれど、やはりしっかりと謝らなければならない。

(2)　あなたは(1)の答えをどの一文から読み取ったのか。最初の十字をぬき出しなさい。

(3)　「ぼくは毛糸と一対一」という言葉からどのようなことを読み取ることが可能か。あなたが読み取ったことをくわしく説明しなさい。

〈後半場面・本文〉

①授業の小休憩中《しょうきゅうけいちゅう》、めずらしく思いつめたような顔をしたアブダラくんが、机の前に立ちはだかった。

くっきりとした発音で、ぼくの名前を呼ぶ。

「ハル。なにが」

「……なにがって……なんだよ」

ぼくは、あいまいにごまかした。まず話しかけられたことにびっくりしたし、ありがとうっていってほしくてムカついてるなんて、さすがにはずかしくて口に出せない。

アブダラくんは、もどかしそうにまゆ根をよせる。

「いいます。これをください、ぜんぶ」

授業以外ではじめてきいた。アブダラくんの日本語。

——なんでもいってくださいってこと？

今日やってたフレーズ、さっそくつかってる。おどろいたけど、つい、いやみったらしくいってしまった。

「だって、いってもわかんないだろ。人にさんざん世話になっといて、ありがとうのひとつもいえないようなやつ」

いったとたん、自分の口を押《お》さえつけたい気分になった。

結局、いってんじゃん。

「ハル」

アブダラくんが、こまった顔でぼくを見てる。

……そんな顔もするのか。

ほっぺたが熱い。ぼくって、こんなにイヤなことを人にいうやつだったっけ。

前の机でスケジュール帳に目を通していたネコスケ先生が、めんどくさそうにぼくを見て、それからウルドゥー語でアブダラくんに話しかけた。

②それをきいていたアブダラくんが、意外なことをきいたというように目をみはった。何度も口を開きかけてはやめる。しばらくしてから、観念したかのように、きれいな形の唇《くちびる》から、流れるようなウルドゥー語が飛びだした。

ネコスケ先生がさらりと通訳してくれる。

『ごめん。そんなの気にしてると思わなかったんだ。ぼくは、ハルのためにできることはなんでもする。ほんとになんでもだ。だって、ハルがそうしてくれてるから。それが友だちだ。でも、ぼくは、ハルから「ありがとう」はききたくない。だって、当たり前のことだから。お礼なんて、友だちじゃないみたいだ』

ぼくはあんまりおどろいて、ポカンとしてしまった。

——そういう考え方もあるのかあ。

パキスタン流？　それともアブダラくん流？

小さなころから、なにかもらったり、してもらったりするたびに親に「ありがとうは？」といわれてきたぼくには、③目からうろこだ。

要するに、友だちだと思ってるからこそ、お礼なんていらないってことだよね。口だけの「ありがとう」じゃなくて、なにもいわない、無言実行型の「ありがとう」なんだな。

ぼくは、ありがとうがあったほうがうれしいけど、とにかくアブダラくんはそう思ってるってこと。

（というか、ぼくらって友だちだったの？　いつから？）

あんなにこわい目つきで、何度もにらんできたくせにさ。

真剣《しんけん》に授業をきいて、ときどきウルドゥー語で質問をして、一心不乱にノートをとっている。

　アブダラくんは左きき。

　ノートには、ぎこちないひらがなと、みみずがダンスしてるような文字が交互《こうご》におどる。あれが、ウルドゥー語の字なのかな。

　ぼくはといえば、＊ななめうしろの席で、ひたすらかぎ針編みをしている。

　今日つかっているのは、お気に入りのサーモンピンクの並太《なみぶと》毛糸《けいと》だ。百均《ひゃっきん》で買った五号のかぎ針で、花のモチーフを編んでいく。最初にこま編み。つぎにくさり編み。それから、ちょっとむずかしいパプコーン編み。

　毛糸をかぎで引っかけて、くぐらせて、引きぬいて……。

　ひと目ひと目、心をこめて編んでいるうちに、作品づくりに夢中になる。

　このときだけは、＊家族のことも空手のことも忘れて、ぼくは毛糸と一対一。

　いつも開けっぱなしの窓から、風がふきこんできて、ぼくの顔をそっとなでる。ふと現実にかえって、ちらりと、ななめ右前の席を見る。アブダラくんのつやつやした＊天パが、風にそよいでいる。

　――忘れていたムカムカがよみがえる。

　なのに、アブダラくんを見てしまう。どれだけ腹が立っても、気になるのは、気になる。それがまた腹立つんだよな。

〈後半場面へ続く〉

【注】

＊あんとまざー教室…用具室だった部屋を改装してできた日本語教室。日本語を教えるだけでなく、外国人の児童が学校になじめるように学校生活全体のサポートも行う。

＊ネコスケ先生…アブダラくんの転入にともなって区から派遣《はけん》されてきた日本語支援員兼《しえんいんけん》多文化共生コーディネーター。「ネコスケ」は副業の編み物作家としての名前。その世界ではまぼろしの作家として知られていて、密かに編み物に熱中している「ハル」にとってあこがれの存在だ。

＊ななめうしろの席で、ひたすらかぎ針編みをしている。…「ぼく」は、アブダラくんの日本語学習を待つ間、編み物をすることを許可されている。

＊家族のことも空手のことも忘れて…「ぼく」は父の導きで幼少時に空手を習い始め、すでに有段者だが、本心では空手よりも編み物を優先したい。しかし、両親が分かってくれる見込《みこ》みが全く持てず、どうしたらよいのか悩《なや》んでいる。

＊天パ…生まれつき縮れている髪の毛のこと。

〈前半場面・問題〉

問１　あんとまざー教室にむかう廊下で「ハル」はイライラしているが、その理由は何か。適するものを次から選びなさい。

ア　「ぼく」は苦労してアブダラくんを助けてあげているのに、アブダラくんは「ぼく」に全く感謝《かんしゃ》していないようだから。

イ　「ぼく」はいろいろな悩みごとを抱《かか》えてつらい気持ちなのに、アブダラくんはいつも気楽そうにすごしているから。

ウ　「ぼく」は早く家に帰って自由にしたいのに、アブダラくんのために退屈《たいくつ》な授業に付き合わなくてはならないから。

エ　「ぼく」がアブダラくんと友達になろうと努めているのに、アブダラくんは「ぼく」に無関心な様子だから。

問２　日本語の授業中の様子について、次の問いに答えなさい。

(1)　「アブダラくん」はどのような心構えをもって日本語学習に取り組んでいるか。

二〇二二年度　聖学院中学校

【国語】〈第一回アドバンスト試験〉（五〇分）〈満点：一〇〇点〉

一　――部のカタカナを漢字にしなさい。

1　美術の授業でジガゾウを描く。
2　白いシャツにコーヒーのシみが残ってしまった。
3　ジュモクの種類を見分けながら山道を歩く。
4　オオムギは味噌《みそ》や醤油《しょうゆ》の原料になる。
5　チョッケイ5センチメートルの円を描く。
6　織田信長は天下統一の拠点《きょてん》として安土城をキズいた。
7　半世紀以上続いた雑誌がついにキュウカンした。
8　チョウドよい大きさの板を見つけた。
9　選挙のカイヒョウ速報を見る。
10　算数の授業でカブンスウの計算方法を学んだ。

二　「アブダラくん」はパキスタンから来た転校生で、イスラム教徒です。同じクラスの「ぼく(ハル)」は、アブダラくんの世話役に任命されました。イスラム教のお祈《いの》りや食事など、日本の学校の習慣とのちがいを調整するためにハルは何かと苦心しますが、当のアブダラくんはいつもマイペースで、ハルが何かをしてあげてもそれを当たり前だと思っているようなのです。ハルはアブダラくんに不満を感じ始めました。次の文章は、そんなある日の放課後の場面です。

※この問題では、本文を前半と後半に区切って、それぞれの場面ごとに出題してゆきます。

〈前半場面・本文〉

アブダラくんとふたり、気まずくだまりこんだまま、＊あんとまざー教室にむかう。

アブダラくんは、いつもと変わらない無表情。どうせ、気まずいなんて思ってるのは、ぼくだけだろうけど。

いったんムカつきはじめると、例のモヤモヤが胸の中にたまっていって、イラついてしょうがない。

二階のうちのクラスから、四階の元用具室に行くだけの道のりなのに。うちの学校の廊下《ろうか》、こんなに長かったっけ？

あんとまざー教室のドアを開けると、いつものようにコーヒーの香りのする風がふいてきた。紫髪《むらさきがみ》を整髪料《せいはつりょう》でツンツンにした＊ネコスケ先生が、イスで行儀《ぎょうぎ》悪く足を組んで、ぼくらを待っている。

「お、きたな」

目じりにしわをよせて、にっと笑う。

立ち上がって、のびひとつして、授業スタート。

アブダラくんはいつも、前列の右の席にすわる。ぼくはうしろの左の席にすわる。

授業をしているときのネコスケ先生は、意外にもけっこうマトモだ。『こどものにほんご1』という教科書と、教具のポスターをつかって、いろんな場面でつかう日本語のフレーズを勉強していく。今日の学習テーマは、「かいものごっこ」と「これをください」。

「文房具《ぶんぼうぐ》店《てん》にきました。どんなペンがありますか？　その赤いペンはいくらですか？　ペンは百五十円、ノートは百円です。これをください……」

ネコスケ先生の授業は基本的に日本語で行われる。アブダラくんは、

2022年度

聖学院中学校

▶解　答

※　編集上の都合により，第１回アドバンスト試験の解説は省略させていただきました。

算　数　＜第１回アドバンスト試験＞（50分）＜満点：100点＞

解　答

1 **あ** 32　**い** $\frac{14}{45}$　**う** 7　**え** 50　**お** 31.4　2 **か** 11　**き** 50　**く** 45　**け** 76　**こ** 30　**さ** 4.71　3 **し** 24　**す** 4　**せ** 3　**そ** 7　**た** 66　**ち** 4　**つ** 4　**て** 23　4 **と** 1　**な** 4　**に** 2　**ぬ** 3　**ね** 3　**の** 8　**は** 11　**ひ** 35　**ふ** 8　5 **へ** 150　**ほ** 135　**ま** 75　**み** 60

社　会　＜第１回アドバンスト試験＞（理科と合わせて50分）＜満点：50点＞

解　答

1 **問１** 2　**問２** イ，ウ　**問３** ① 米　② りんご　**問４** イ　**問５** 新潟県，群馬県，栃木県，茨城県　**問６** 津軽　**問７** オ　**問８** カキ　**問９** エ　**問10** セメント　**問11** (イ)　**問12** **d**…(エ)　**e**…(ア)　**問13** 野口英世　**問14** (ウ)⇒(イ)⇒(エ)⇒(ア)
2 **問１** **1** 聖武　**2** 墾田永年私財法　**3** 行基　**問２** 歌川広重　**問３** ウ⇒ア⇒イ⇒エ　**問４** ア，エ　**問５** ウ，エ　**問６** エ　**問７** 日米和親(条約)　**問８** エ，オ　**問９** (例) 天皇を尊び，外国を排除する。　**問10** ア⇒イ⇒エ⇒ウ　3 **問１** ア　**問２** ウ　**問３** ウ，エ　**問４** イ，オ　**問５** ウ，エ　**問６** 議院内閣

理　科　＜第１回アドバンスト試験＞（社会と合わせて50分）＜満点：50点＞

解　答

1 **問１** (1) 96.5％　(2) 35.7ｇ　(3) 0.21％　(4) イ　**問２** (1) エ　(2) ア　(3) イ　2 **問１** (1) 肺胞　(2) (例) 表面積を大きくするため。　(3) エ，オ　(4) 赤血球　**問２** (1) (例) 白血球のはたらきを活発にするため。　(2) 3kg　(3) 筋肉，心臓　(4) ウ　3 **問１** ウ　**問２** (1) 10cm　(2) **A** 4個　**B** 3個　**問３** (1) ウ　(2) イ　(3) 0.05ｇ　(4) 18秒後　(5) 10秒後

国　語　＜第１回アドバンスト試験＞（50分）＜満点：100点＞

解　答

一　下記を参照のこと。　二　**問１**　ア　**問２**　(1)　(例)　一生懸命　(2)　アブダラくんは，真剣　(3)　(例)　悩みごとを忘れて作品づくりに没頭し，作業を楽しんでいる。　**問３**　エ　**問４**　エ　**問５**　(例)　友だち同士が助け合うのは当然なので，いちいちお礼を言わないこと。　**問６**　**ハル**…(例)　心の中にためていた不満を相手に伝えた。　**アブダラくん**…(例)　ハルが何を不満に思っているかがわからないから，聞いて確かめた。　**問７**　(1)　(例)　わからないことは言葉にして相手に伝えて，わかり合うこと。　(2)　(例)　文化や習慣のちがいを知るには，体験することが最も効果的だ。だから，アブダラくんをホームステイさせてあげるなど，協力してくれる人を募集する。　三　**問１**　イ　**問２**　イ，ウ　**問３**　ア　**問４**　イ　**問５**　(例)　自分が飲みたければ必要な量を注げばよく，飲みたくなければ注がなければよい。　**問６**　言えない／(例)　相手の意思を確かめて行動したわけではなく，日本人らしい習慣に従って自動的に行動しているだけだから。　**問７**　**意見**…(例)　ルールに従わせているだけでは，教室の美化に能動的にかかわるようにはならない。自分で決めたことではないので，教室の美化に対して無責任になり，状態を改善することはできない。　**根拠**…他者が敷いたレールに乗って生きていくことはたやすい。しかし他者が決めることに慣れてしまえば，人間は考えることをやめてしまう。

●漢字の書き取り

一　1　自画像　2　染　3　樹木　4　大麦　5　直径　6　築　7　休刊　8　丁度　9　開票　10　仮分数

2022年度　聖学院中学校

〔電　話〕　(03)3917－１１２１
〔所在地〕　〒114－8502　東京都北区中里３－12－１
〔交　通〕　JR山手線・東京メトロ南北線 ―「駒込駅」より徒歩７分
JR京浜東北線 ―「上中里駅」より徒歩12分

〈編集部注：編集上の都合により筆記の問題のみを掲載しております。〉

【英　語】〈英語特別試験〉（50分）〈満点：100点〉

[Part 1]

I. 例にならって、 ________に入るもっとも適当な語を選んで、記号で答えなさい。

例）Animal : Dog = Flower : ___D___

(A) Cat
(B) Carrot
(C) Salmon
(D) Tulip

(1)　Color : White = Shape : __________

(A) Circle
(B) Blue
(C) Clear
(D) Stone

(2)　Restaurant : Cook = Hospital : __________

(A) Farmer
(B) Ambulance
(C) Doctor
(D) Medicine

(3)　Tall : Short = Clean : __________

(A) Brown
(B) Dirty
(C) Long
(D) High

(4) Husband : Wife = Brother : __________

(A) Parent

(B) Sister

(C) Son

(D) Daughter

(5) Soccer : Sport = Onion : __________

(A) Fruit

(B) Eggplant

(C) Vegetable

(D) Sweet

(6) Book : Read = Picture : __________

(A) Write

(B) Listen

(C) Play

(D) Draw

(7) Summer : Hot = Winter : __________

(A) Cold

(B) Warm

(C) Boiling

(D) Fall

(8) Daytime : Bright = Night : __________

(A) Sleep

(B) Owl

(C) Dark

(D) Bed

(9) Eyes : See = Nose : __________

(A) Hear

(B) Smell

(C) Feel

(D) Taste

(10) Cup : Drink = Fork : __________

(A) Knife

(B) Lunch

(C) Plate

(D) Eat

Ⅱ.__________に入る適切なものを選び、記号で答えなさい。

(1) Where's the post office? I want a __________.

(A) map

(B) movie

(C) plane

(D) ruler

(2) We like our school __________. Many students go there and borrow books.

(A) gym

(B) classroom

(C) country

(D) library

(3) Please wash your hands __________ eating.

(A) before

(B) but

(C) and

(D) by

(4) Tom is taller __________ his father.

(A) as

(B) than

(C) in

(D) because

(5) A : This is a nice _________, Mike.
B : Yes. I stay here every winter.
(A) paper
(B) hand
(C) station
(D) hotel

(6) It's Kate's birthday tomorrow. I'm going to give _________ a doll.
(A) her
(B) herself
(C) hers
(D) she

(7) A : Did you _________ a good time at the festival?
B : Yes, it was fun!
(A) play
(B) take
(C) tell
(D) have

(8) A : What time do you go to school?
B : I _________ my house at 8:00 every morning.
(A) answer
(B) leave
(C) take
(D) catch

(9) My father always watches the _________ on TV after breakfast.
(A) wall
(B) radio
(C) news
(D) books

(10) A： ＿＿＿＿＿ bag is yours, this one or that one?

B：This one.

(A) Whose

(B) Which

(C) How

(D) Who

[Part 2]

I　以下の英文は、あるラジオ番組の一部です。英文を読んで、 最も適当なものを選んで記号で答えなさい。

Vincent: Hello. I'm Vincent.

Ellen: And I'm Ellen.

Vincent: Do you know shampooing could become a thing of the past?

Ellen: What do you mean?

Vincent: According to a recent study by Nielsen, a consumer analysis company, because more people are working from home and fewer people are smoking, they are using shampoo less often than before.

Ellen: I've heard that shampoo sales have recently dropped dramatically as more and more people change their hair washing habits in the UK.

Vincent: Yes. Moreover, according to the ecosalon.com website, regular shampooing may be the cause of *greasy hair. Shampooing dries out the *scalp, so the head produces more oil, which require other hair shampoos to get rid of the new oil. This site says: "Shampooing less often will naturally reduce *sebum production on the scalp." I wonder if the shampoo market will become smaller in the future...

Ellen: I see. However, I don't think that's necessarily true. Many people still say that shampoo is good for their hair. Mark Coray, former president of the National Hairdressers' Federation in the UK, says that there is no benefit to not washing hair. He also said, "Shampoo is not *abrasive or irritating to the scalp. The ingredients in shampoo help your hair to look shiny. It may start to look shiny because of the oil buildup in your hair, but ... it doesn't *cleanse itself."

Vincent: Oh, I've read that article before too. Others have also mentioned the importance of shampoo. In London, The Belgravia Centre, a hair loss clinic, said, "Just rinsing your hair is not very effective after exercising, saunas, or any activity that makes your scalp sweat." It added, "Rinsing alone will also not remove bacteria or clean the excess oil from your scalp if you have greasy hair."

Ellen: There seems to be a lot of arguments, but until we come to a definite conclusion, (A) I feel too uncomfortable not shampooing my hair after sweating it out at the gym!

greasy:脂っぽい　scalp:頭皮　sebum:皮脂
abrasive:すり減らす　cleanse:清潔にする

(1) What happened to shampoo sales in the United Kingdom recently?
(A) They were the same as last year.
(B) They went crazy.
(C) They hit a record high.
(D) They went down.

(2) What does the scalp produce less of if you shampoo less?
(A) dandruff　(B) oil　(C) hair　(D) soap

(3) How many benefits did Mark Coray say there were to not washing hair?
(A) 7　(B) 2　(C) 0　(D) 5

(4) Put the most appropriate sentence in (A).
(A) I'll shampoo.
(B) I'll stop shampooing.
(C) shampooing is too much trouble.
(D) I want to take a bath and relax.

Ⅱ. 英文[A][B]を読んで、(1)~(6)の問に答えなさい。

[A]

Pigs are smart and can play video games. The researchers tested their gaming skills. The researchers asked four pigs to play a simple game with different levels. They moved the *cursor by moving the joystick with their nose. If they did that, they got a treat. The lead researcher said that the pigs could understand what to do.

The research was very extensive. The pigs spent many days playing the game. During the last 50 rounds, the pigs played the game on three different levels. “The pigs clearly understood the relationship between their actions, the joystick, and what was happening on the screen,” the scientists said. The researchers hope to understand how pigs learn and understand.

cursor:カーソル(コンピュータの操作画面で、現在の入力位置を指し示す小さな図形や記号のこと。)

(1) What do the pigs get when they can play video games well?

(A) scolding

(B) treat

(C) nothing

(D) more games

(2) How did the pigs play video games?

(A) with their legs

(B) with their nose

(C) with their head

(D) with their treat

(3) What’s the best title for this passage?

(A) Pigs Can’t Enjoy Video Games

(B) Stop Video Games

(C) Pigs Understand How To Play Video Games

(D) The Connection Between Games And Intelligence

[B]

More and more children are suffering from "eco-anxiety". This is a condition that causes people to worry a lot about the future of the planet and life on earth. Teachers want more eco-lessons in schools. They say that schools need eco-lessons for all age groups. According to the ecology group, only four percent of school children were well informed about the environment.

The Earth Rangers Campaign Group said that environmental concerns affect children in many ways. They feel afraid. The group wants to help children with their negative emotions: fear, despair and hopelessness. It wants school activities so that children can teach their parents about protecting nature. "Children are at the forefront of climate change," it said.

(4) What does eco-anxiety cause people to worry about?

(A) children
(B) animals
(C) Earth
(D) whales

(5) What feelings might children have besides hopelessness?

(A) confusion and loss
(B) depression and sadness
(C) hopefulness and optimism
(D) fear and despair

(6) Where did the Earth Rangers Campaign say children are?

(A) at the front lines of climate change
(B) under grey skies
(C) between a rock and a hard place
(D) in an environmental nightmare

[Part 3]

Write an essay on the following opinion. You must write more than 150 words.

Opinion: **You can't really learn from manga or anime.**

Do you agree or disagree with this statement?

Use examples or your own personal experience to support your view.

2022年度

聖学院中学校

▶解　答

※　編集上の都合により，英語特別試験の解説は省略させていただきました。

英　語　＜英語特別試験＞（50分）＜満点：100点＞

解　答

[Part 1]　Ⅰ　(1)　(A)　(2)　(C)　(3)　(B)　(4)　(B)　(5)　(C)　(6)　(D)　(7)　(A)　(8)　(C)　(9)　(B)　(10)　(D)　Ⅱ　(1)　(A)　(2)　(D)　(3)　(A)　(4)　(B)　(5)　(D)　(6)　(A)　(7)　(D)　(8)　(B)　(9)　(C)　(10)　(B)　[Part 2]　Ⅰ　(1)　(D)　(2)　(B)　(3)　(C)　(4)　(A)　Ⅱ　[A]　(1)　(B)　(2)　(B)　(3)　(C)　[B]　(4)　(C)　(5)　(D)　(6)　(A)

[Part 3]　省略

Memo

Memo

2021年度　聖学院中学校

〔電　話〕 (03) 3917－1121
〔所在地〕 〒114-8502　東京都北区中里３－12－１
〔交　通〕 JR山手線・東京メトロ南北線－「駒込駅」より徒歩７分
JR京浜東北線－「上中里駅」より徒歩12分

【算　数】〈第１回一般試験〉(50分)〈満点：100点〉

（注意）１．図は必ずしも正確ではありません。
２．必要なときには円周率を3.14としなさい。

1
(1) $21-4\times(8-3)=$ [あ]
(2) $\{16+4\times(8-6)\}\div 3=$ [い]
(3) $2\frac{2}{3}\times 3\frac{3}{4}=$ [う]
(4) $\frac{3}{4}+\frac{3}{10}\div 2\frac{2}{5}=$ [え]
(5) $31.5\times 0.18=$ [お]
(6) $18.36\div 0.48=$ [か]
(7) $32+8\times($ [き] $-4)=48$
(8) 分速100m＝時速 [く] km
(9) 2400m：1.8km＝ [け] ： [こ] （もっとも簡単な整数の比で表しなさい）
(10) 1620秒＋1.8時間－35分＝ [さ] 分

2
(1) 時速24kmの自転車が25分で進む道のりは [し] kmです。
(2) １から100までの整数で，４でも６でも割り切れる数は [す] 個あります。
(3) 定価 [せ] 円の品物の30%引きの値段は5950円です。
(4) ４%の食塩水300gに水を100g加えると， [そ] %の食塩水になります。
(5) 小数第１位を四捨五入すると，2021になる数は [た] 以上 [ち] 未満です。
(6) １本120円のえんぴつと１本200円のボールペンを合わせて９本買ったところ，代金の合計は1400円でした。買ったボールペンは [つ] 本です。
(7) 右の図において，AB＝BC，AB＝AC，AC＝CDのとき，角 x の大きさは [て] 度です。

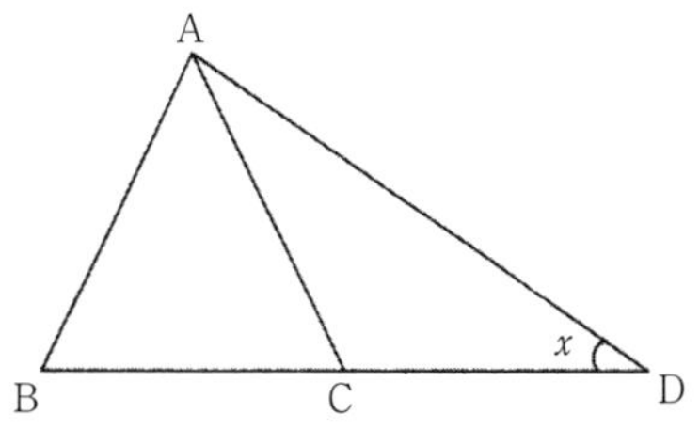

3 $A*B=A\times A-2\times B$ と約束します。たとえば，$8*3=8\times 8-2\times 3=58$ となります。
(1) $5*2=$ [と]
(2) $5*(4*3)=$ [な]
(3) $6*$ [に] $=16$
(4) $7*(7*$ [ぬ] $)=31$

4　ＡさんとＢさんが２人で買い物に行きました。Ａさんは所持金全体の$\frac{2}{5}$を使い，ＢさんはＡさんと同じ金額のお金を使いました。すると，ＡさんとＢさんの所持金の比が２：１になりました。２日目はＡさんだけ買い物に行き，前日の残金の半分を使ったところ，所持金が600円になりました。

(1)　２日目にＡさんが買い物をする前の所持金は［ね］円です。

(2)　１日目にＢさんが買い物をした後の所持金は［の］円です。

(3)　１日目の買い物でＡさんとＢさんは［は］円ずつお金を使いました。

(4)　最初のＡさんとＢさんの所持金の比は［ひ］：［ふ］です。（もっとも簡単な整数の比で表しなさい）

5　図１のように，立方体から直方体を切り取った立体があります。

(1)　この立体の体積は［へ］cm^3です。

(2)　この立体の表面積は［ほ］cm^2です。

(3)　この立体には水が入っており，図２の「ア」の面を下にして置くと，ちょうど７cmの高さに水面があります。そのまま水がもれないように「イ」の面を下にして置いたとき，水面の高さは［ま］cmになります。

図１

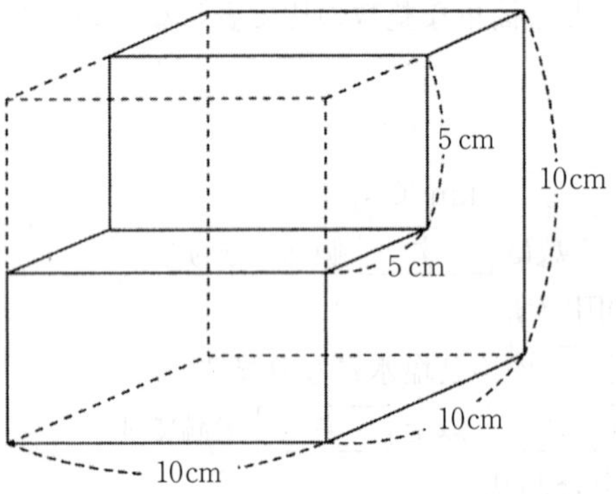

図２

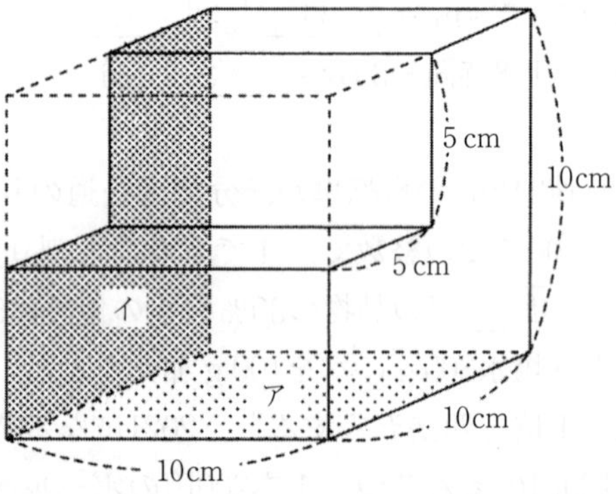

【社　会】〈第１回一般試験〉（40分）〈満点：100点〉

1　日本の工業について，あとの問いに答えなさい。ただし，統計類については，矢野恒太記念会編『日本国勢図会 2020/21』による。

問１　次の日本の工業地帯・地域について，それぞれの説明にあてはまるものを下から選び，記号で答えなさい。また，次のページの地図からあてはまる場所をそれぞれ選び，記号で答えなさい。

(1)　京浜工業地帯
(2)　瀬戸内工業地域
(3)　鹿島臨海工業地域
(4)　阪神工業地帯
(5)　北九州工業地帯
(6)　中京工業地帯
(7)　関東内陸工業地域

ア．四大工業地帯の中では，一番生産額が大きな工業地帯であり，特に自動車生産の占める割合が高い。

イ．京浜工業地帯の用地不足から内陸部にのびてきた工業地域であり，栃木県・群馬県・埼玉県に広がっている。機械工業が中心である。

ウ．かつての軍用地や塩田を利用したり，埋め立てによって工業用地が得やすかった。造船業の呉などはこの工業地域に属する。

エ．茨城県の東南部に広がり，製鉄と石油化学工業が中心である。太平洋に面して作られた掘り込み港がある。

オ．駿河湾沿岸に広がり，地元の原材料を利用した食料品工業も行なわれているが，機械工業の占める割合が一番高い。

カ．この工業地帯でも機械工業の占める割合が高いが，印刷工業が全国の16%を占めている。

キ．明治時代にできた日本で最初の官営製鉄所を中心に発達してきた工業地帯であり，石炭の産地が近くにあったことで発展したが，近年生産額は伸び悩んでいる。

ク．日本で最初に発達した工業地帯であり，中小工場が多い工業地帯である。四大工業地帯の中で，機械工業の占める割合が一番小さい。

ケ．化学工業の占める割合が日本一であり，工業用地も埋め立てによるものが多い。

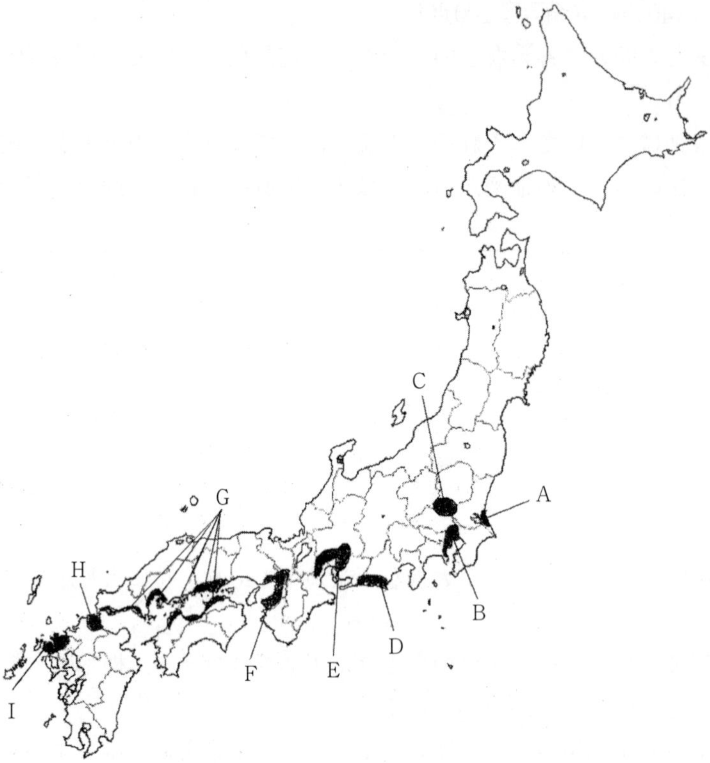

問２　次のページの地図は[Ａ群]のいずれかの工場の分布を示したものである。あてはまるものを[Ａ群]からそれぞれ選び，記号で答えなさい。また，その説明として正しいものを[Ｂ群]からそれぞれ選び，記号で答えなさい。

[Ａ群]

ア．セメント工場

イ．半導体工場

ウ．自動車工場

[Ｂ群]

カ．製品が比較的軽くて小型であるため，輸送に便利なように高速道路や空港近くの内陸に工場が建てられた。

キ．製品の輸出に便利なように，臨海部に建設された工場が多い。

ク．製品の消費地が主に大都市であるために，大都市の近郊に工場が多く建設された。

ケ．国内で原材料が取れるため，産地の近くに工場が建設された。

コ．広大な敷地が必要であることから，地方自治体などが用意した工業用地に建設されることが多い。

(1)

(2)

(3)

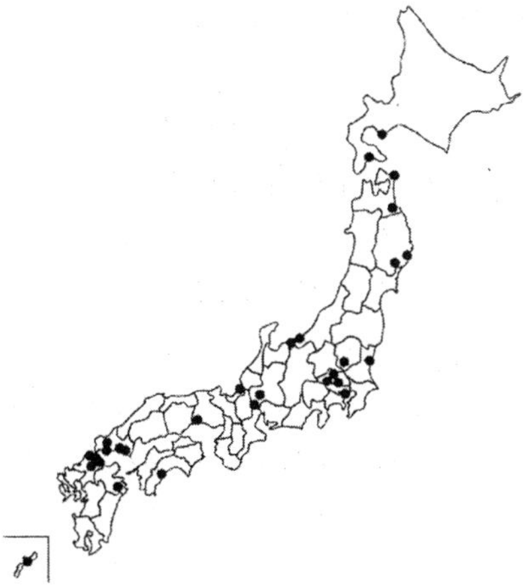

2 次の文章を読んで，あとの問いに答えなさい。

暗号通貨とは貨幣の代替に用いられるもので，デジタル通貨であるビットコインなどが有名です。では，暗号通貨は現代に突然生まれた貨幣なのでしょうか。どこの国でも貨幣は時代と共に大きく変化を続けてきました。私たちが当たり前に使用をしている「円」や①その紙幣も明治時代に生まれたものになります。そこで，貨幣の歴史をたどりながら，貨幣が持つ役割や経済の中で果たす役割について，歴史の流れを追ってみたいと思います。

貨幣の大きな役割として，「交換手段」という機能があります。日本では②縄文時代から，矢じりなどを物品貨幣として，物々交換を行なっていました。③708年に発行された貨幣から，958年に発行された貨幣まで，朝廷は全12種類の貨幣を発行しましたが，貨幣経済には移行せず，物品経済が継続し，（　1　）などが交換手段として用いられていました。貨幣が存在していたにも関わらず，律令制下の税制である租庸調において，租として（　1　）を納めさせたのもこの影響と言われています。

こうした状況の中，日本に流入してきたのが中国銭です。12世紀中頃には（　2　）が博多，さらには④大輪田泊の港湾開発に力を入れ，中国王朝の宋との貿易が本格化しました。この貿易の中で輸入されたものが中国製の銅銭で，⑤長い間日本国内に流通することになりました。朝廷は中国銭の使用を禁止し，⑥鎌倉幕府でも当初この流れを引き継ぎましたが，当時の日本では，⑦中国銭の流通は拡大していきました。こうした背景には，荘園数増加に伴う物品生産の多様化があります。743年に土地の永久所有を認める(　3　)法によって成立した荘園の数が増加し，平安時代後半から鎌倉時代には各荘園村落で木製農具の先端に鉄製部品が装備されました。農作業の効率が増したことから，裏作で麦を栽培する(　4　)や，楮《こうぞ》・藍《あい》・えごまなどを栽培する村落，漆器《しっき》・畳《たたみ》など加工品を生産する村落が現れました。物品の多様化が，交換手段としての貨幣の流通を促進しました。

また，貨幣には取引を完了させる役割もありました。⑧江戸時代には，遠隔《えんかく》地貿易が発展し，貨幣で決済することを約束して，遠隔地どうしの取引相手と決済できる工夫が生み出されました。江戸時代では三種類の貨幣が行き交っており，⑨江戸を中心に金貨，京都・大阪を中心に銀貨，小さな取引では銅貨が全国的に使用されていました。その中で，ある種の貨幣をそれと等しい額の他の種類の貨幣と交換する(　5　)という商売も増加しました。

こうして，貨幣が「交換手段」，「取引を完了させる役割」という機能を備えるためには，貨幣の価値の裏付けが必要になります。さらに，明治時代以降は国家間での貿易も促進され，貨幣が国境を越えて移動することになります。この時，貨幣の価値を裏付けたのが，国際金本位制になります。日本がこの体制に参加したのは，1895年の(　6　)条約の賠償金《ばいしょうきん》や⑩この際に得た遼東半島を返却した際の賠償金を元にしてのことでした。しかし，金が貨幣の価値を保証した期間は決して長くなく，1931年に⑪犬養毅内閣が発足すると大蔵大臣であった高橋是清《これきよ》がこの体制からの脱却を徐々に始め，⑫1942年には完全に脱却することになります。また，⑬1970年代には金が貨幣の価値を保障する体制自体が崩れていきました。

暗号通貨は様々な交換手段や決済の形を私たちに示してくれています。しかし，国際的な枠組みをどのように作るのかが，大きな課題として残っています。

問１　文中の(１)～(６)にあてはまるものを下から選び，記号で答えなさい。

ア．座　　イ．平清盛　　ウ．ポーツマス　　エ．二毛作
オ．両替商　　カ．ベルサイユ　　キ．布　　ク．平将門
ケ．源頼朝　　コ．米　　サ．株仲間　　シ．新田開発
ス．農地改革　　セ．班田収授　　ソ．墾田永年私財　　タ．下関

問２　下線部①に関して，右の資料は戦前の紙幣の肖像に選ばれた人々の一覧である。この人々の共通点は，ある身分の人物を助けた人々である。この人々が助けた身分について，あてはまるものを下から選び，記号で答えなさい。

ア．天皇　　イ．摂政
ウ．関白　　エ．太政大臣

資料―戦前の紙幣の肖像に選ばれた人物

聖徳太子
藤原鎌足
菅原道真
楠木正成
新田義貞

問３　下線部②に関して，右の資料は，資料中の●遺跡から発見された黒曜石やヒスイの分布であり，縄文時代の交易の根拠とされている。●にあてはまる遺跡を下から選び，記号で答えなさい。

ア．岩宿遺跡

イ．三内丸山遺跡

ウ．野尻湖遺跡

エ．吉野ヶ里遺跡

資料

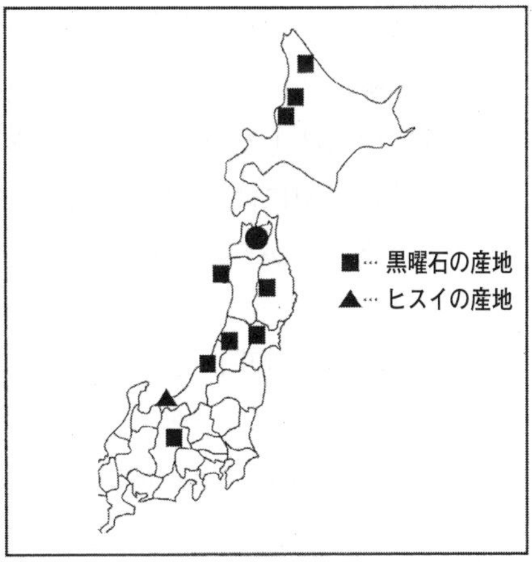

問４　下線部③について，以下の資料は，この貨幣の模式図になる。貨幣の特徴は，中央に穴が開けられている。空欄Ａにあてはまる漢字１字を答えなさい。

資料

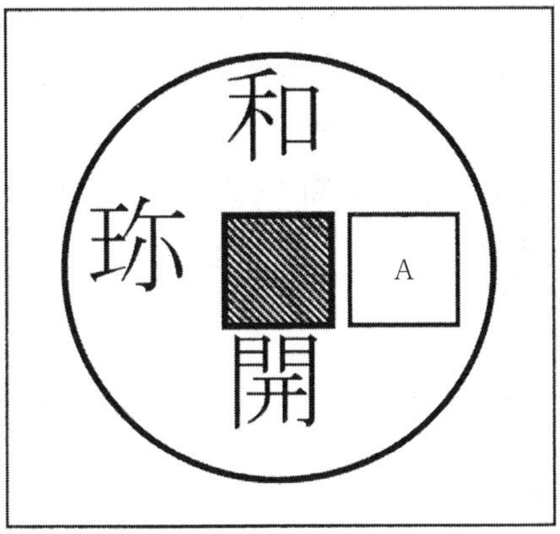

問５　下線部④について，大輪田泊が位置した都道府県を，右の地図から選び，記号で答えなさい。

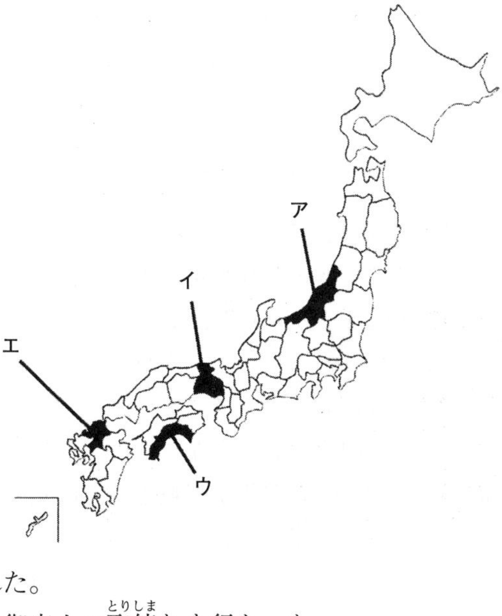

問６　下線部⑤に関して，日本国内における貨幣の製造は，武田信玄や豊臣秀吉が製造するまで行なわれなかった。日本では約何年間，貨幣の製造が行なわれなかったか，下から選び，記号で答えなさい。

ア．300年　　イ．400年

ウ．500年　　エ．600年

問７　下線部⑥に関して，鎌倉幕府の統治機構について，間違っているものを下から選び，記号で答えなさい。

ア．将軍を補佐する役職として，管領が置かれた。

イ．政所は政治一般を取り扱い，侍所は軍事や御家人の取締《とりしま》りを行なった。

ウ．朝廷の監視を目的として，六波羅探題が京都に設置された。

エ．地方では，守護が御家人を統率し，地頭が土地の管理などを行なった。

問８　下線部⑦に関して，中国銭の流通は室町時代になるとより多くなり，明銭も流通した。明との貿易の際に，倭寇《わこう》と識別《しきべつ》するために用いられた札の名称を答えなさい。

問９　下線部⑧について，右の資料は江戸時代の陸上交通の模式図である。資料の説明に関して，間違っているものを，下から選び，記号で答えなさい。

資料

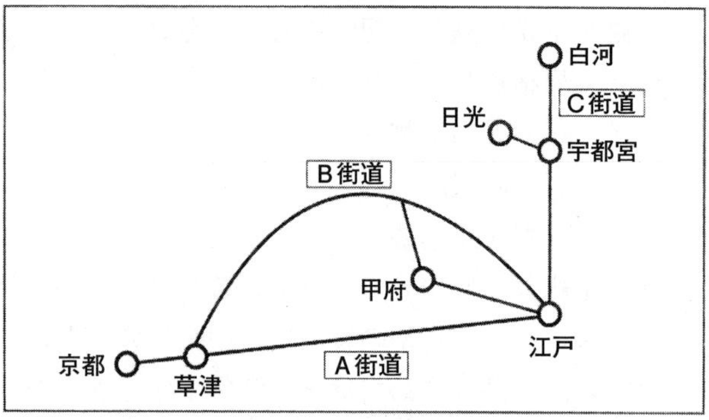

ア．A街道は東海道で，この街道は十返舎一九の『東海道中膝栗毛』や歌川広重の『東海道五十三次』などの舞台や題材となった。

イ．B街道は中山道で，この街道には箱根などの関所が置かれ，江戸に入る鉄砲や江戸から出ていく女性を厳しく審査した。

ウ．C街道は奥州街道で，他の街道同様に大名が参勤交代で，民衆は旅行などでも使用した。

エ．五街道は地図中A～C街道の他に甲州街道・日光街道がある。

問10　下線部⑧について，以下の資料は，江戸時代の海上交通の模式図である。航路Ｄ～航路Ｆのうち，東回り航路にあてはまるものを，下から選び，記号で答えなさい。

資料

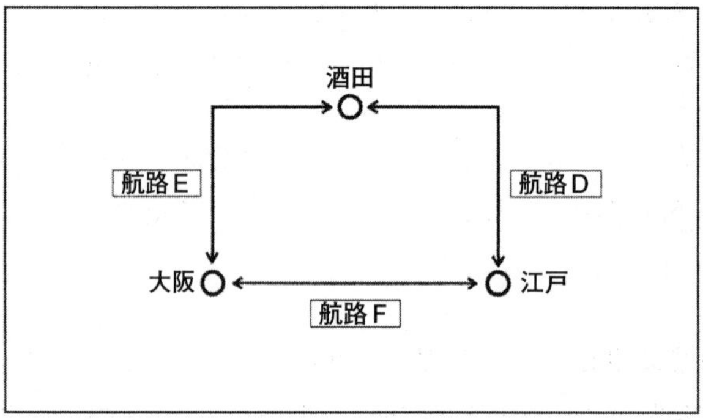

問11　下線部⑨について，江戸時代にはこうした金や銀が外国に流出することが問題となった。そこで，６・７代将軍の下で政治を行ない，長崎貿易を制限して，金銀の流出を防ごうとした人物を下から選び，記号で答えなさい。

ア．新井白石　　イ．田沼意次　　ウ．松平定信　　エ．水野忠邦

問12　下線部⑩について，ロシアなどを中心とした国々によって，日本が遼東半島を清に返すに至った出来事を答えなさい。

問13　下線部⑪の首相が暗殺され，政党政治が終わった出来事について，あてはまるものを，下から選び，記号で答えなさい。

ア．五・四運動　　イ．三・一運動

ウ．五・一五事件　　エ．二・二六事件

問14　下線部⑫について，1942年以降の出来事として，正しいものを下から選び，記号で答えなさい。

ア．日本はアメリカ・イギリスに宣戦布告し，太平洋戦争が開戦した。

イ．日本が国際連盟を脱退した。

ウ．日本本土の空襲が激しくなり，学童疎開《そかい》や配給が実施された。

エ．日中戦争が始まった。

問15　下線部⑬について，アメリカが金とドルの交換を停止した背景の一つとして考えられる，冷戦下の東南アジアにおける戦争の名称を下から選び，記号で答えなさい。

ア．カンボジア内戦　　イ．朝鮮戦争

ウ．ビルマ紛争　　　　エ．ヴェトナム戦争

3　次の文章を読んで，あとの問いに答えなさい。

聖学院中学校の１年Ａ組では，Ａくん，Ｂくんと先生の３人で，学級委員長の決め方を話し合っています。

Ａくん「ぼくは，学級委員長になってほしい人をみんながそれぞれ推薦しあって決める方法が良いな。」

先　生「なるほど。もしその方法で決まらなかった場合，先生が学級委員長を指名するので良いですか。」

Ｂくん「それだと，今度は①みんなの意見が通らないからいやです。ぼくは，学級委員長にやってほしいことをみんなで話し合って，それを実行できる人に立候補してほしいです。立候補した人の中でみんなで投票をするんです。」

先　生「それは名案かもしれないですね。立候補する人には，学級委員長になったときに，②どんなことを実行するかをあらかじめ宣言してもらうと，より良いかもしれません。」

Ａくん「確かにそれは良い案かも。でも，③学級委員長にならなかった人に入れられた票は意見が結果に反映されにくいですね。」

先　生「たくさんの選び方があるね。どんな選び方でも１つの方法だけで全員が完全に納得するのは難しいかもしれないね。今の日本における④国会議員の選び方がどうなっているか知っていますか。」

Ｂくん「小選挙区制，大選挙区制などですね。また，⑤地方の選挙は方法が異なると聞きました。先生，質問です。⑥内閣総理大臣はどうやって選ばれているのですか。」

先　生「良い質問だね。国会議員とは異なる選ばれ方をするよ。具体的な内容は⑦日本国憲法などで決まっているんだ。」

問１　下線部①に関して，社会や政治などの問題について，国民が持つさまざまな意見を何というか，漢字２字で答えなさい。

問２　下線部②に関して，選挙において政党や候補者が行なう政策の約束を何というか，下から選び，記号で答えなさい。

ア．公約　　イ．条約　　ウ．法律　　エ．条例

問３　下線部③について，このように落選者に入った票のことを何というか，漢字２字で答えなさい。

問４　下線部④について，以下の問いに答えなさい。

(1)　現在日本の国会では二院制を採用している。参議院と（　　）院である。（　）にあてはまるものを漢字２字で答えなさい。

(2)　右の表は参議院の特徴をまとめたものである。空欄にあてはまるものの組み合わせとして正しいものを下から選び，記号で答えなさい。

任期	（ａ）年
解散	（ｂ）

ア．ａ―４　ｂ―あり

イ．ａ―４　ｂ―なし

ウ．ａ―６　ｂ―あり

エ．ａ―６　ｂ―なし

(3)　国会の仕事として間違っているものを下から選び，記号で答えなさい。

ア．予算の議決　　イ．弾劾裁判

ウ．条約の承認　　エ．違憲立法審査

問５　下線部⑤に関して，地方自治について正しいものを下から選び，記号で答えなさい。

ア．知事は議会からは選ばれず，住民によって直接選ばれる。

イ．条例は，その地域だけで適用されるルールのため，憲法に違反しても良い。

ウ．住民は条例をつくることを地方公共団体に求める権利がない。

エ．地方の財政のうち地方交付税交付金や国庫支出金が占める割合が増えると，地方自治の自主性が高まる傾向にある。

問６　下線部⑥について，内閣総理大臣を指名するものを下から選び，記号で答えなさい。

ア．内閣　　イ．国会　　ウ．最高裁判所　　エ．天皇

問７　下線部⑦について，以下の問いに答えなさい。

(1)　日本国憲法に規定された基本的人権として間違っているものを下から選び，記号で答えなさい。

ア．平等権　　イ．自由権　　ウ．行政権　　エ．社会権

(2)　日本国憲法の三原則は「国民主権」「基本的人権の尊重」「（　　）主義」である。（　）にあてはまるものを漢字２字で答えなさい。

【理　科】〈第１回一般試験〉（40分）〈満点：100点〉

1　人体について，次の問いに答えなさい。

問１　次の文は，消化と吸収および排出《はいしゅつ》について書かれています。

消化管とは，口から食道，（ ① ），（ ② ），（ ③ ）を通ってこう門までつながる食べものの通り道のことである。（ ① ）や（ ② ）で消化された養分は，水分とともに（ ② ）で吸収される。

養分は血液によって全身に運ばれるが，その一部は（ ④ ）にたくわえられ，必要なときに使われる。

吸収した養分は，体内で使われた後に不要物に変化する。血液中にある不要物は，（ ⑤ ）でこし出され，余分な水分とともに（ ⑥ ）となって，一度ぼうこうにためられて体の外に出される。

(1)　文中の①～⑥に当てはまる言葉は何ですか。次の**ア**～**ク**からそれぞれ選び記号で答えなさい。

ア　汗《あせ》　**イ**　尿《にょう》　**ウ**　かん臓　**エ**　すい臓

オ　じん臓　**カ**　大腸　**キ**　小腸　**ク**　胃

(2)　文中の②には，柔毛《じゅうもう》という細かい毛のようなつくりがたくさん見られ，さらにそれぞれの柔毛の表面は微柔毛《びじゅうもう》でおおわれています。このようなつくりになっている理由は何ですか。次の**ア**～**エ**から選び記号で答えなさい。

ア　②の表面積を増やし，吸収の効率をよくするため。

イ　②がつくる消化液の量を増やすため。

ウ　②に入ってきた食物の逆流を防ぐため。

エ　②で繁殖《はんしょく》するウイルスや細菌《さいきん》の活動をおさえるため。

(3)　文中の②から④に向かって流れる血液の特徴《とくちょう》は何ですか。次の**ア**～**エ**から選び記号で答えなさい。

ア　ブドウ糖と脂肪《しぼう》が多くふくまれる。

イ　ブドウ糖とアミノ酸が多くふくまれる。

ウ　酸素が多くふくまれる。

エ　消化酵素《こうそ》が多くふくまれる。

問２　ヒトの体のしくみについて，聖《きよし》君と学《まなぶ》君が本で調べています。次の会話を読んで，問いに答えなさい。

聖君「動物の体は約３分の２が水分だって聞いたよ。ヒトの場合もそうなのかな。学君が持っている本に書いてある？」

学君「書いてあるよ。成人の男性で，体重の約60％が水分だよ。それと，体重の約８％は血液の量だって。」

聖君「血液はそのくらいかなと思うけど，水はずいぶん多いね。１日に飲む水の量はそれほど多くないけれど，何Ｌくらい飲んでいるかな？」

学君「水が出入りしている量は，成人の男性で１日では約2.5Ｌと書いてあるよ。体内に入る水は，飲み水だけでなくて，食べ物の中にある水分も含むんだ。だから飲む量だけというのはわからないけど，飲み水と食べ物の水分の合計で2.5Ｌだね。体外へ出ていく水は，尿や便だけでなくて呼吸や汗もあるんだって。」
聖君「汗は意外と多いかもね。夏におこる熱中症《ねっちゅうしょう》は，大量の汗が原因だよ。」
学君「やはり水分補給が大事だって言われるよね。でもここに『①水分だけを補給しているとかえって熱中症の症状を悪化させることもあるので注意が必要』って書いてあるよ。後で読んでみよう。」
聖君「こっちの本には，熱中症になったら体の中で冷やす場所が出ているよ。冷たい飲み物をとるだけでなく，体をもっと冷やさないといけないんだね。」
学君「②冷えた水が入ったペットボトルなどで，首の付け根やわきの下などにしっかりと当てて冷やすことが効果的なんだって。覚えておこう。」

(1) 体重が65kgの成人の男性では，血液の量は約何Ｌですか。血液１kgは１Ｌとします。小数点以下を四捨五入して，整数で答えなさい。

(2) 下線部①について，水分以外の何を補給するようにすすめていると考えられますか。次の**ア**～**エ**から選び記号で答えなさい。

ア 水分量が急に増えると，血液がうすまり酸素不足になるので，赤血球のもとになる鉄分も補わなければならない。

イ 水分量が急に増えると，消化液のはたらきが弱まるので，アルカリ食品も補わなければならない。

ウ 血液中の尿素が汗で排出されてしまうので，尿素のもとになるタンパク質も補わなければならない。

エ 血液中の塩分が汗で排出されてしまうので，水１Ｌあたり１～２ｇの食塩も補わなければならない。

(3) 次のＡ～Ｄには，会話の内容と合っているものが２つあります。その２つはどれですか。下の**ア**～**カ**から選び記号で答えなさい。

Ａ 飲んだ水が1.2Ｌだとすると，食事にふくまれた水は1.3Ｌになる。
Ｂ 飲んだ水が2.5Ｌだとすると，汗の量は約2.5Ｌになる。
Ｃ 飲んだ水が2.5Ｌだとすると，体内に吸収される水は1.5Ｌになる。
Ｄ 尿と便で1.6Ｌの水が失われたとすると，呼吸と汗で排出した水分は0.9Ｌになる。

ア ＡとＢ　**イ** ＡとＣ　**ウ** ＡとＤ
エ ＢとＣ　**オ** ＢとＤ　**カ** ＣとＤ

(4) 下線部②について，これらの場所を冷やすことが効果的なのはなぜですか。次の**ア**～**エ**から選び記号で答えなさい。

ア 太い動脈が体表の近くにある場所で，大量の血液が速く流れているから。
イ 太い動脈が体表の近くにある場所で，大量の血液がゆっくり流れているから。
ウ 太い静脈が体表の近くにある場所で，大量の血液が速く流れているから。
エ 太い静脈が体表の近くにある場所で，大量の血液がゆっくり流れているから。

2 聖君《きよし》と学君《まなぶ》は，星の観察をする前に知っておくと役立ちそうなことを調べました。

● 聖君の調べたこと　＜星の基礎《そ》知識＞

・ 星の明るさは等級という単位で表す。等級は（ ① ）の大三角形の一つであること座の（ ② ）

の明るさを基準として決められて，明るいものから順に１等星，２等星，３等星，と分けられている。③私たちの目では６等星くらいの星まで見ることができる。

・　星には明るさの他に(　④　)にもちがいがある。これは星の表面の温度がちがうためである。

●　学君の調べたこと　＜星を見つけるためのポイント＞

・　方位を知りたいときは方位磁針を使うか，⑤北極星を見つけると良い。

・　⑥地平線からの高さは角度を使って表す。その角度は腕を前にのばして指や手のひらの幅《はば》でおおまかにはかることができる。

・　⑦星座早見を使って，観察する日時に見える星を前もって調べておく。

・　月が明るいと暗い星が見えなくなるので，⑧月明かりのない夜を選んだ方が良い。

問１　空欄《らん》①，②に入る言葉の組み合わせとして正しいものを，次の**ア**～**カ**から選び記号で答えなさい。

ア　①　夏　②　デネブ　　　**イ**　①　冬　②　デネブ

ウ　①　夏　②　アルタイル　**エ**　①　冬　②　アルタイル

オ　①　夏　②　ベガ　　　　**カ**　①　冬　②　ベガ

問２　下線部③について聖君は，明るさと等級の関係が分かりやすいように，最も暗い６等級の明るさを１として表にまとめました。

等級	1	2	3	4	5	6
明るさ	100	40		6.3	2.5	1

(1)　１等級は２等級の何倍の明るさですか。

(2)　このように表すと３等級の明るさはいくつになりますか。小数になったときは四捨五入して整数で答えなさい。

問３　空欄④に適切な言葉を入れなさい。

問４　下線部⑤について下の問いに答えなさい。図は北の空の模式図です。

(1)　図の北極星の右側にある星座の名前を答えなさい。

(2)　に入る北斗七星の並び方として正しいものを，次の**ア**～**エ**から選び記号で答えなさい。

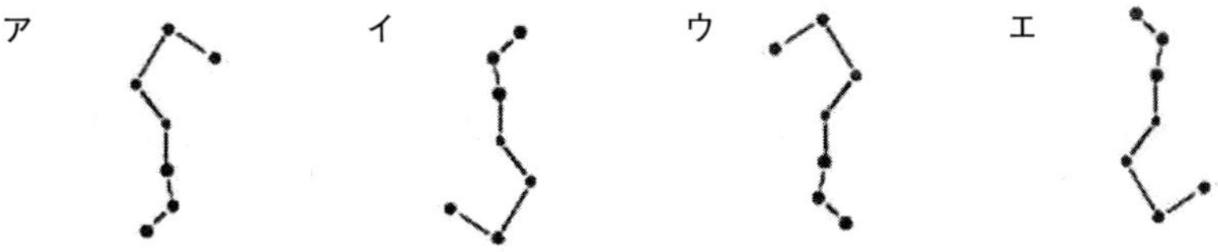

(3)　北極星が１年を通して同じ位置に見える理由として正しいものを，次の**ア**～**エ**から選び記号で答えなさい。

ア　北極星は地球と同じように，太陽の周りを公転しているため。

イ　地球の自転軸《じく》がある北極の真上に見えているため。

ウ　地球の自転と同じ速度で，北極星も自転しているため。

エ　北極星を中心に北の空の星が公転しているため。

問５　下線部⑥について，東京(北緯《い》36°，東経135°)で北極星を見つけたところ，右図のように見えました。手のひら１枚が表す高度として最も近いものを，次の**ア**～**オ**から選び記号で答えなさい。

ア　10°　　**イ**　20°　　**ウ**　40°

エ　60°　　**オ**　70°

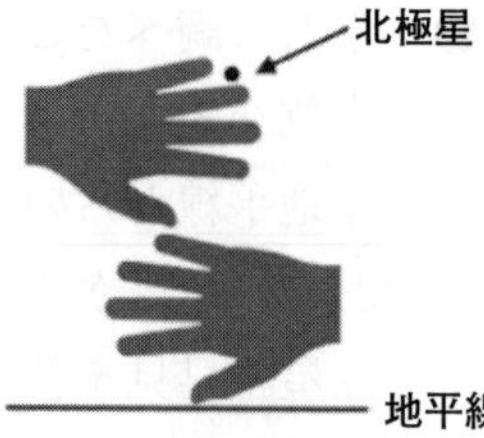

問６　下線部⑦について，その模式図を示しました。**B**と**C**の方位の組み合わせとして正しいものを，次の**ア**～**エ**から選び記号で答えなさい。

ア　**B**：西　**C**：南

イ　**B**：西　**C**：北

ウ　**B**：東　**C**：南

エ　**B**：東　**C**：北

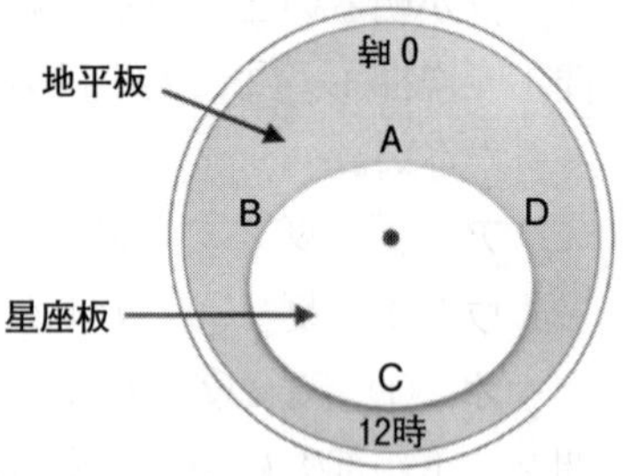

問７　下線部⑧について考えるために，学君は右のような模式図を書いて考えることにしました。これを見ながら月の出入りや南中と月の満ち欠けの関係をまとめた表を完成させました。

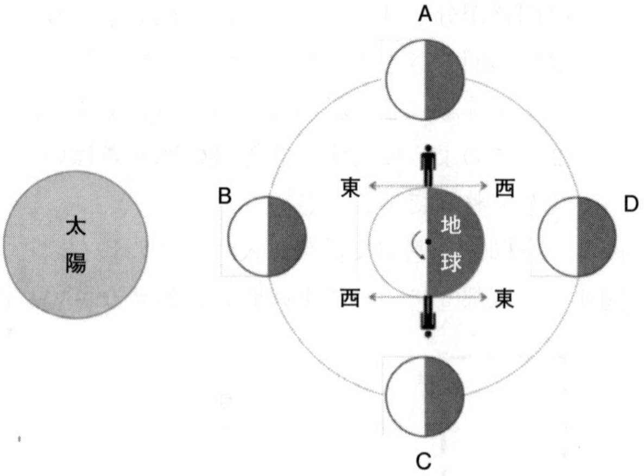

満ち欠け	月の出	南中	月の入り
新月	朝	昼	夕
上弦	昼	夕	夜
満月	夕	夜	朝
下弦	夜	朝	昼

(1)　日食や月食が起こるときの月の位置の組み合わせとして，正しいものを次の**ア**～**エ**から選び記号で答えなさい。

ア　日食：**A**　月食：**C**

イ　日食：**B**　月食：**D**

ウ　日食：**C**　月食：**A**

エ　日食：**D**　月食：**B**

(2)　12月の夜７時ごろに星の観察をするには，新月のころの他にもう一つ機会があることが分かりました。それはどの満ち欠けのころですか。次の**ア**～**エ**から選び記号で答えなさい。

ア　**A**　　**イ**　**B**

ウ　**C**　　**エ**　**D**

3 てこについて，次の問いに答えなさい。

問１ **図１**は，棒を利用して重い石を動かそうとしているところを表しています。

(1) 棒を支えているところはどこですか。**図１**の**A～E**から選び記号で答えなさい。

(2) 石に力をはたらかせているところはどこですか。**図１**の**A～E**から選び記号で答えなさい。

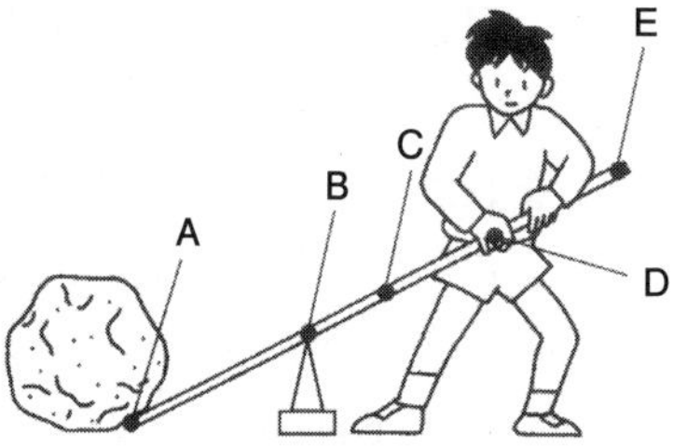

図１

(3) このように棒を使うしくみを，てこといいます。てこでは，**図１**の**D**のようなところを何と呼びますか。

(4) 一番小さい力で石を動かすには，どこに力を加えればよいですか。**図１**の**B～E**から選び記号で答えなさい。

(5) **図１**のとき，加える力と距離《きょり》について正しいものはどれですか。次の**ア～カ**から２つ選び記号で答えなさい。

ア **A**から**D**までの距離が短い方が，加える力が小さくてすむ。

イ **D**から**E**までの距離が長い方が，加える力が小さくてすむ。

ウ **A**から**B**までの距離が短い方が，加える力が小さくてすむ。

エ **A**から**B**までの距離が長い方が，加える力が小さくてすむ。

オ **B**から**D**までの距離が短い方が，加える力が小さくてすむ。

カ **B**から**D**までの距離が長い方が，加える力が小さくてすむ。

(6) てこを利用していない道具はどれですか。次の**ア～エ**から選び記号で答えなさい。

ア のこぎり　**イ** くぎぬき　**ウ** ペンチ　**エ** つめ切り

問２ **図２**のように，棒とプラスチックのコップ，ガラスのコップを使って，てんびんをつくりました。**B**は棒の中心にあります。ただし，棒の重さは考えないものとします。

(1) コップに何も入れていないとき，**AB**の長さが２cm，**BC**の長さが６cmの位置でてんびんはつりあいました。ガラスのコップの重さは，プラスチックのコップの重さの何倍になりますか。

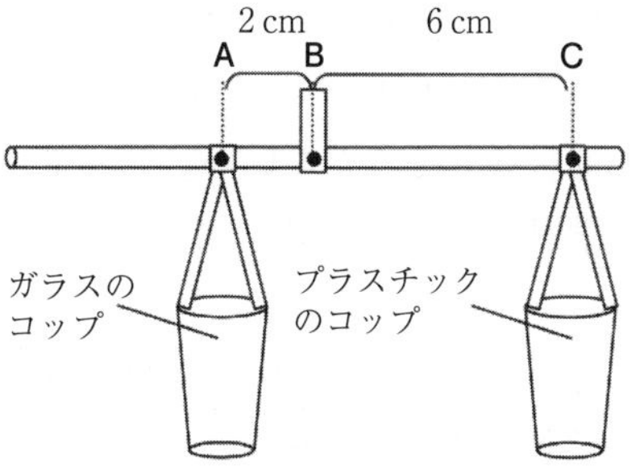

図２

(2) てんびんがつりあっているとき，両方のコップに水を10cm^3ずつ入れました。このときてんびんはどうなりますか。次の**ア～ウ**から選び記号で答えなさい。

ア つりあう　**イ** 右が下がる　**ウ** 左が下がる

(3) **図２**のように，てんびんがつりあっています。それぞれのコップに，１個の重さが同じ鉄球をいくつか入れたとき，てんびんがつりあうのはどの場合ですか。次の**ア～オ**から選び記号で答えなさい。

ア ガラスのコップに１個，プラスチックのコップに１個の鉄球を入れる。

イ ガラスのコップに２個，プラスチックのコップに１個の鉄球を入れる。

ウ ガラスのコップに３個，プラスチックのコップに１個の鉄球を入れる。

エ ガラスのコップに１個，プラスチックのコップに２個の鉄球を入れる。

オ　ガラスのコップに１個，プラスチックのコップに３個の鉄球を入れる。

問３　**図３**のように，支点を**ア**～**ケ**の位置に移動できるてこと，いくつかのおもりを使って，実験をしました。ただし，てこの重さは考えないものとし，支点とおもりの位置は別にします。

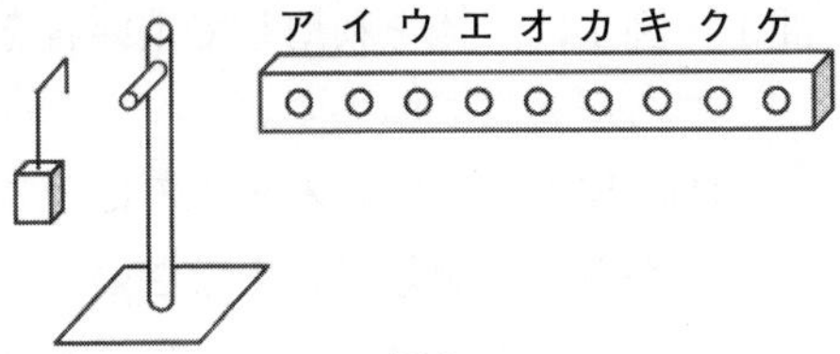

図３

⑴　**図３**の**イ**の位置には40ｇのおもりを，**ク**の位置には80ｇのおもりをつり下げました。支点を動かして，てこをつりあわせるためには，支点をどの位置にすればよいですか。**図３**の**ア**～**ケ**から選び記号で答えなさい。

⑵　**図３**のてこを使って，20ｇのおもり１個と別の重さのおもり１個をつりあわせます。別の重さのおもりは最大で何ｇになりますか。

4　化学部で実験をするために，聖《きよし》君と学《まなぶ》君は家にあるものを学校に持ちよりました。次の図はそのリストです。下の会話を読んで，問いに答えなさい。

リスト
食塩　　砂糖　　重そう　　石けん
炭酸水　　片栗《くり》粉　　梅干しがつかっていた汁《しる》
水酸化ナトリウム　　ハイター(塩素系漂白剤《ひょうはくざい》)

部長「みんな，いろんなものを持ってきたね。それでは，それぞれをビーカーに入れて，水を加えてとかしてみよう。」
聖君「あ，ビーカーに何を入れたか，書いておかなかったから，どれが何だかわからなくなっちゃったよ。」
部長「しょうがないな。じゃあ，実験で何なのかを当てていこう。どうやったらいいかな。」
学君「そうだなあ。まず，この２つの水溶《よう》液は，下に白い粉がたまっているから，(　①　)か(　②　)だね。」
部長「(　①　)，(　②　)を区別するためには，どうしたらいいかな。」
学君「加熱してみるとわかると思う。」
聖君「そうか。こっちはとろみがついてきたから，これが(　①　)だね。麻婆豆《まーぼーどう》腐《ふ》をつくるときに使うよね。(　②　)はどうなるんだろう。」
学君「見て。(　②　)は加熱をしたら，泡《あわ》がたくさん出てきたよ。これは何の泡かな。」
部長「その泡は，(　③　)の中にとけている気体と同じだね。」
聖君「残りのビーカーの水溶液について，BTB溶液やリトマス紙を使って調べてみよう。」
学君「リトマス紙の色が変わらなかったものがあるから，これは(　④　)か(　⑤　)だね。」
聖君「(　④　)，(　⑤　)を区別するには，なめてみればいいね。(　④　)なら甘《あま》いはずだ。」
学君「BTB溶液で青色になったから，これは(　⑥　)，(　⑦　)，(　⑧　)だね。」
聖君「すごいよ，見て。(　⑥　)の方は，リトマス紙の青色がだんだん消えて真っ白になってきた。」
部長「(　⑦　)と(　⑧　)はどうやって区別しよう。」

学君「(⑦)ならかき混ぜると泡立つはずだ。やってみよう。」

聖君「(⑧)はかき混ぜても変化はなかったけれど，アルミはくを入れたらアルミはくがとけてA気体が出てきたよ。」

学君「確か，塩酸にアルミはくを入れても，同じように気体が出てくるよね。」

部長「アルミはくを入れたときに出てくる気体は同じ気体だよ。その気体の正体はどうやって調べられるかな。」

学君「B火を近づけてみるとわかるよ。」

聖君「最後に残ったのはC梅干しがつかっていた汁だ。これで全部だね。」

問１　文中の①～⑧に当てはまるものを，次の**ア**～**ク**からそれぞれ選び記号で答えなさい。

ア　食塩　**イ**　砂糖　**ウ**　重そう　**エ**　石けん

オ　炭酸水　**カ**　片栗粉　**キ**　水酸化ナトリウム　**ク**　ハイター(塩素系漂白剤)

問２　③の中にとけている気体は何ですか。

問３　下線部A，Bについて，正しく説明しているのはどれですか。次の**ア**～**カ**から選び記号で答えなさい。

ア　気体は酸素で，火を近づけると燃え方が激しくなる。

イ　気体は酸素で，火を近づけるとポンと音が鳴る。

ウ　気体はアンモニアで，火を近づけると燃え方が激しくなる。

エ　気体はアンモニアで，火を近づけるとポンと音が鳴る。

オ　気体は水素で，火を近づけると燃え方が激しくなる。

カ　気体は水素で，火を近づけるとポンと音が鳴る。

問４　BTB溶液を加えた⑧の水溶液に，塩酸を少しずつ加えていくと，緑色になりました。この水溶液を蒸発皿に入れて加熱すると，白い固体が残りました。この固体は何ですか。

問５　下線部Cについて，戦時中のお弁当といえば，金属でできたお弁当箱に，梅干しが１つご飯の真ん中に入っている「日の丸弁当」が主流でした。毎日同じお弁当だったため，お弁当箱のふたの真ん中に，穴が空いてしまっているものがほとんどだったそうです。なぜ，お弁当箱のふたに穴が空いてしまったのでしょうか。

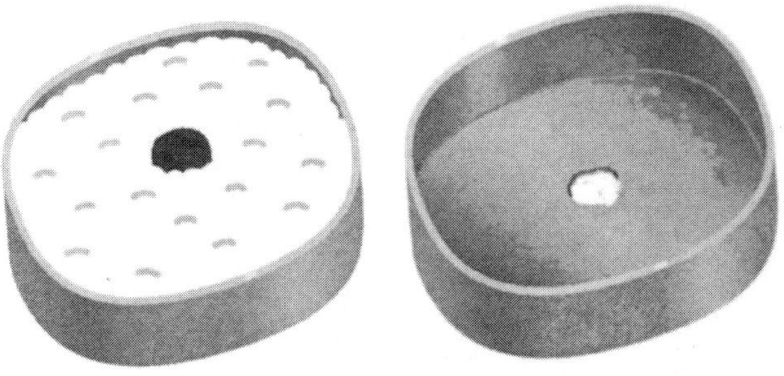

（池上　彰『知らないと損する　池上彰のお金の学校』）

問一　――①「商談成立の可能性」が高い場面は、次のうちどれですか。もっともふさわしいものを選びなさい。

ア　野菜を持っている人が肉を食べたい時に、野菜を持っていてしかも肉を食べたいと考えている人と出会う場合。

イ　肉を持っている人が野菜を食べたい時に、野菜を持っていてしかも肉を食べたいと考えている人と出会う場合。

ウ　魚を持っている人が肉を食べたい時に、野菜を持っていてしかも魚を食べたいと考えている人と出会う場合。

エ　肉を持っている人が魚を食べたい時に、魚を持っていてしかも野菜を食べたいと考えている人と出会う場合。

問二　――②「仲立ち物」とはどのようなものですか。もっともふさわしいものを選びなさい。

ア　お米のように持ち運びが便利で、市場に持っていくことが容易なもの。

イ　布のように簡単に手に入り、誰もが人にゆずってもいいと考えるもの。

ウ　実用性のある金のように、生活必需《ひつじゅ》品としてみなされているもの。

エ　中国ではめずらしい子安貝のように、みんながほしがる希少なもの。

問三　――③「サラリー」と同じ意味で使われている語句をここより前の文章から探し、二文字でぬき出しなさい。

問四　[A] に入る語句として正しいものを本文中から漢字三文字でぬき出しなさい。

問五　――④について、現代の日本においてこのようなはたらきをもっているところはどこですか。具体例を単語で答えなさい。

問六　――⑤「『預かり証』自体が『お金』になっていきます」とありますが、その理由としてもっともふさわしいものを選びなさい。

ア　「預かり証」を多く持っている人がお金持ちとみなされるようになったから。

イ　「預かり証」は貴重品として多くの人がほしがるものになったから。

ウ　「預かり証」さえあればいつでも金貨を手に入れることができるから。

エ　「預かり証」をお店に持っていけば商品と交換することができるから。

問七　筆者が説明する「お金」の特徴《とくちょう》として、もっともふさわしいものを選びなさい。

ア　かつての稲や貝は「みんなが欲しがる共通の物」であり、それは現代社会でも変わらない。

イ　かつての稲や貝は「交換手段」としてすぐれており、大規模な商取引で使われていた。

ウ　かつての稲や貝は「みんなが欲しがる物」で、現代のお金はみんなが信用するものである。

エ　かつての稲や貝は物と物をつなぐ「仲立ち物」で、現代でもその役割を果たしている。

て、物と物をつなぐ、「②仲立ち物」が生まれたわけです。

ちなみに中国では、「仲立ち物」として、珍《めずら》しい貝が選ばれました。子安貝です。模様の綺麗《きれい》な貝殻《かいがら》でみんなが欲しがるので、とりあえず子安貝を持っておけば、いつでも他の物と交換することができる。そして実はこの子安貝が「お金」の起源なのです。

ちょっと注意してお金に関係した漢字を見てみてください。すべて「貝」が入っていますね。貴重品の「貴」の下の部分。貧しいの「貧」の下の部分。貨幣の「貨」の下の部分。購買《こうばい》の「購」の左側。賄賂《わいろ》という字にも妙《みょう》に多くの貝の字が入っていますね。「買う」という字の下の部分にも入っている。「売る」という字には入っていないではないかと思う人もいるかもしれませんが、「売」の旧字は「賣」です。どうですか、ちゃんと下に貝が付いているでしょう。このようにお金に関する漢字にはすべて貝が入っているのです。

ここでマメ知識を一つ。古代ローマでは兵士への給料は塩でした。当時、塩は貴重品だったのです。とりあえず塩を持っていれば、他の物といつでも交換できた。ラテン語では、塩のことをサラリウムと言います。ここから「③サラリー」という言葉が生まれたわけです。

ご紹介《しょうかい》した通り、「お金」の起源としては、稲、布、貝、塩……など地域によってさまざまなものが使われていました。しかし時代が下るにつれて、「やはりこれは使いにくい」という反省も出てきますし、他の地域では「こんなに便利なものを使っているぞ」という情報も伝わってきます。そうした競争・淘汰《とうた》を経る中で、もっとも「使い勝手の良い物」とされたのが、金・銀・銅でした。

まず金・銀・銅はすぐには手に入りません。道端《みちばた》に転がっているわけではない、[A]です。つまり、「みんなが欲しがる共通の物」として非常に価値が高いわけです。金は今でも非常に価値がありますね。さらに大切なことは、金・銀・銅は、現代から考えれば本当に幼《よう》稚《ち》な古代の技術力でも簡単に溶《と》かすことができたことです。溶かして鋳型《いがた》に流し込《こ》むことで、持ち運びのしやすい金貨・銀貨・銅貨を作ることができたんですね。こうして世界的に金・銀・銅が「お金」として使われるようになっていきました。

さらに時代が下ると、「お金」を介《かい》して大規模な商取引も行われるようになります。すると金貨・銀貨・銅貨をジャラジャラ持って歩くのは危険だということになる。単純に重たいですし、途中《とちゅう》で強盗《ごうとう》にあうかもしれない。そこでみんなどうしたのか。④金貨や銀貨をたくさん持っているお金持ちのところへ行って、自分の持っている金貨・銀貨を預けたのです。するとそのお金持ちは、「確かに預かりました」と、預かり証を発行してくれる。「その書付を持ってくれば、いつでも金貨と交換してあげますよ」というわけです。

お金持ちには「信用」があります。あのお金持ちならお金をたくさん持っているから、この「預かり証」さえ持って行けば、いつでも必ず金貨に換えてくれる。みんながそう信用した瞬間《しゅんかん》から、お金持ちに発行してもらった「預かり証」を商取引の前に金貨に換える必要がなくなります。つまり、「いつでも絶対に金貨に換えてもらえる」という信用を背景にして、「預かり証」のまま他の物と交換できるようになるわけです。こうして金貨・銀貨・銅貨から、⑤「預かり証」自体が「お金」になっていきます。紙の「預かり証」ならば折りたたんで持ち運びできる。何より軽いし、強盗にあう心配もかなり減らすことができる。これが「紙幣」の始まりです。

結局、お金というのは、欲しい物を得るための「交換手段」です。場所もそれほど取らず、長時間保管しておいても腐《くさ》らない、とても便利なもの。でもあくまで「交換手段」ですから、お金だけをどれだけたくさん持っていても仕方がありません。使ってこそ価値が出る。それがお金だとも言えます。

問六　――⑥について、母がこのように言う背景にはどのような気持ちがありますか。もっともふさわしいものを選びなさい。

ア　自分と同じアレルギー症状をもっているティムのつらさに共感する気持ち。

イ　ティムのことを花粉症だという息子の気配りを受け止めようとする気持ち。

ウ　ティムにさりげなく制服を渡すことができて晴れ晴れとした気持ち。

エ　自分がティムの立場だったらつらい思いをしただろうと後悔《こうかい》する気持ち。

四　次の文章を読み、後の問に答えなさい。（、や。なども一字とします）

大昔には、「お金」などというものは存在していませんでした。もともとはみな物々交換《こうかん》をして欲しいものを手に入れていました。でも実のところ、物々交換というのは非常に効率が悪いものなのです。仕組みはとてもわかりやすいのですが、商談そのものがなかなか成立しません。たとえば、魚を持っている人が肉を食べたいという時は、肉を持っていてしかも魚を食べたいと考えている人と出会わないと取引が成立しません。つまり確率で考えてみると、①商談成立の可能性がとても低いのです。

そこで、少しでも条件の合う人同士が「出会う」可能性を高めるために、始まったのが「市場」でした。つまり、「何か欲しいものがある人はどこかに集まろう。たくさんの人数が集まれば、条件が合う人もいるだろう」と考えたわけですね。「婚活《こんかつ》」のための、合コンや結婚相談所のようなものでしょうか。これは、非常に合理的なアイデアでした。この市場ができたことによって、取引が成立する確率は飛躍《ひやく》的に上がることになります。

でもいくら多くの人が広場に集まったとはいっても、その中からなかなか交換条件のぴったり合う人を探すのは大変です。もう一つ工夫が欲しい。そこで、とりあえず「みんなが欲しがる物」と自分の持ち物を交換しておくということが実行されるようになります。自分がいつも「みんなが欲しがる物」を持っていれば、魚でも肉でも「自分の欲しい物」を持っている人を見つけた時点ですぐに交換することができる、というわけです。

こうした流れの中で、交換する元となる「みんなが欲しがる共通の物」が生まれてきました。日本の場合、それは稲《いね》でした。つまりお米です。現代日本は飽食の時代を迎えて、米が余って値崩《くず》れしないように、わざと生産調整をしているような状態ですが、昔はそれはそれは貴重品でした。つまり「みんなが欲しがる物」だったのです。

当時は稲を「ネ」と発音していました。それで「これはどれだけのネと交換できるの？」「これはどれだけのネになるの？」という会話が一般《いっぱん》的になされるようになり、そこから財物の価値のことを「ネ」と呼ぶようになりました。これが値段の「値」の語源です。

実は稲の他に日本で使われた「みんなが欲しがる共通の物」がもう一つあります。布です。布は、切ったり縫ったりすることで、着るものや、履《は》くものにしたり、部屋の飾《かざ》りにしたり……、とさまざまな物に換えることができます。つまり、交換用品として優れていたのです。紙幣《しへい》の「幣」の字は、「布」という意味。ここにも痕跡《こんせき》が残っています。

とりあえず自分の持ち物を布か稲に交換しておき、「どなたかこれを肉と交換してくれませんか？」と市場の中を聞いて回る。これが市場を効率よく利用する一般的なスタイルになりました。このようにし

（ブレイディみかこ『ぼくはイエローでホワイトで、ちょっとブルー』）

注釈
※１　年季が入った…よく使いこまれた様子
※２　トリッキーな…罠やひっかけがあって油断ならないさま
※３　ベタ過ぎる…ありきたりなこと
※４　くすねる…こっそりごまかして自分のものとすること
※５　一瞥をくれる…ちらっと見ること

問一　――①について、息子がそのように迷った理由としてもっともふさわしいものを選びなさい。
ア　学校の中でリサイクル品を渡すと、ティムのことをからかう人たちに邪魔《じゃま》されると考えたから。
イ　売らなければならないリサイクル品を無料で渡したと知られたら、先生から叱《しか》られると考えたから。
ウ　学校でからかわれているティムに制服を渡したと知られたら、自分もからかわれると考えたから。
エ　学校の中で渡すと、ティムがリサイクル品をもらったことが周りに知られてしまうと考えたから。

問二　――②について、なぜそのように想像したのですか。説明としてもっともふさわしいものを選びなさい。
ア　ティムは自分が貧乏だと感じずに過ごせているのに、それを自覚させてしまう危険性があると考えたから。
イ　ティムに貧乏だということを自覚させてしまい、はずかしいと思わせてしまう可能性があると考えたから。
ウ　ティムの制服は傷んでいるけれども、あえて新しい制服を買わない理由があるのかもしれないと考えたから。
エ　ティムはかつての自分と同じ状況《じょうきょう》だから、家が貧乏なことを気にしていない可能性もあると考えたから。

問三　――③について、どのような点が「特殊」なのですか。説明としてもっともふさわしいものを選びなさい。
ア　世の中には裕福《ゆうふく》な人も貧しい人もいるが、サークルでは貧しい人ばかりが集まっていた点。
イ　貧しい人ばかりが集まる場所ゆえに、自分が貧しいことを周りに隠《かく》す必要がなかった点。
ウ　他人を助ける余裕がないにもかかわらず、そこにいる人たちは自然と助け合いをしていた点。
エ　同じ立場の人たちが集まっていたため、人と人との結束力がいっそう強かった点。

問四　――④について、ここで息子がティムに制服を渡さなかった理由としてもっともふさわしいものを選びなさい。
ア　あとで渡したほうがティムが喜んでくれると判断したから。
イ　ティムに渡す予定の制服を母がまだ修理できていないから。
ウ　制服を渡すよりも先にふたりでゲームをしたいと考えたから。
エ　どのように渡せばティムを傷つけずにすむのかがわからないから。

問五　――⑤について、このときのティムの心情としてもっともふさわしいものを選びなさい。
ア　友人が制服をくれることはうれしいけれども、人前で喜ぶことは恥ずかしいことだと考えている。
イ　期せずして制服をもらえることに喜びながらも、急に友人から親切にされて戸惑《とまど》いを覚えている。
ウ　自分が古くなった制服のことを気にしており、それを見透かされて指摘されたようで怒《いか》りを感じている。
エ　制服を手に入れるチャンスだが、いくら払《はら》えばゆずってもらえるのかわからず回答に困っている。

学生の子どもを預けに来たらしいが、ティムの母親は仕事のシフトが入ったから、従弟の面倒《めんどう》を見るのを手伝えと言われたらしい。

「うちの叔母《おば》ちゃんの子ども、双子《ふたご》なんだけど、わがままで大変なんだ。兄ちゃんはキレやすいタイプだから、僕が帰ったほうがいいと思う」

　そう言ってティムがソファから腰を上げた。

　こんなにすぐ帰るとは想定してなかったので、えっ、まだ制服を渡してないじゃん、と焦《あせ》っていると、息子も同じことを考えているようで、わたしのほうを振り向いた。ティムのためにとっておいた制服は紙袋に入れてミシンの脇《わき》に置いてある。「あれー、これティムのサイズじゃん」とかいうわざとらしい芝居《しばい》をする準備もまだ全くしていなかったのである。

「母ちゃん、それ」

　と息子が言うので、わたしは急いで紙袋を彼に渡した。玄関《げんかん》のほうに歩いていくティムの後ろを袋を下げた息子が追いかけていく。

「ティム、これ持って帰る？」

　息子はそう言ってティムに紙袋を差し出した。ティムは「何、これ？」と言ってそれを受け取り、中に手を入れて制服を出した。

「母ちゃんが繕ったやつ。ちょうど僕たちのサイズがあったから（※４）くすねちゃったんだけど。ティムも、いる？」

　ティムはじっと息子の顔を見ていた。

「持って帰って、いいの？」

「もちろん」

「じゃあ、お金払《はら》う。だってミセス・パープルが怒《おこ》るだろ。今度来るときに持ってくる」

　ティムがそう言うので、わたしが脇から彼を納得させるために言った。

「気にしなくていいよ。どうせいくつ制服があるかなんて誰《だれ》も数えてないんだし。それに、わたしがお直し不可能と判断した制服は捨てていいことになっているから、全然問題ない」

　ティムは半信半疑というような目つきでこちらに（※５）一瞥《いちべつ》をくれた。

⑤「でも、どうして僕にくれるの？」

　ティムは大きな緑色の瞳《ひとみ》で息子を見ながら言った。

　質問されているのは息子なのに、わたしのほうが彼の目に胸《むね》を射抜《ぬ》かれたような気分になって所在なく立っていると、息子が言った。

「友だちだから。君は僕の友だちだからだよ」

　ティムは「サンクス」と言って紙袋の中に制服を戻《もど》し、息子とハイタッチを交わして玄関から出て行った。

「バーイ」

「バーイ。また明日、学校でね」

　玄関の脇の窓から、シルバーブロンドの小柄《こがら》な少年が高台にある公営団地に向かって紙袋を揺《ゆ》らしながら坂道を登っていく後ろ姿が見えた。

　途中《とちゅう》、右手の甲《こう》でティムが両目を擦るような仕草をした。彼が同じことをもう一度繰り返したとき、息子がぽつりと言った。

「ティムも母ちゃんと一緒で花粉症《しょう》なんだよね。晴れた日はつらそう」

⑥「うん。今日、マジで花粉が飛んでるもん。今年で一番ひどいんじゃないかな」

　息子はいつまでも窓の脇に立ち、ガラスの向こうに小さくなっていく友人の姿を見送っていた。ティムの手元でぶらぶら揺れる日本の福砂屋のカステラの黄色い紙袋が、初夏の強い光を反射しながらてかてかと光っていた。

息子は学級委員っぽい神妙《しんみょう》な顔つきで言った（いつの間にか彼《かれ》は今度は学級委員になってしまっているのだった）。

「持ってっていいよ。袋《ふくろ》の中から小さいサイズを探して持ってきて。先に縫っちゃうから。2枚ぐらい持ってってあげたらいい。あと、ズボンも」

と言うと、居間に並べてある黒いゴミ袋を開いてごそごそと中古の制服を物色し始めた。が、急に手を止め、こちらを振《ふ》り返って言った。

「①でも、どうやって渡《わた》せばいいんだろう」

「え？」

「学校に持って行って渡すのは、ちょっと難しいと思う」

「ああ、そうだね」

息子は人目のあるところでは渡しにくいと言っているのであり、それはなぜかというと、ティムが受け取りにくいからだということがわかる年頃《としごろ》になったのだ。

「リュックの中に入れておいて、帰り道で2人になったときに渡せば？」

とわたしが提案すると、息子は言った。

「それもなんとなくわざとらしいっていうか、第一、何て切り出せばいいの？」

「……」

確かにそうである。②高校時代に、貧乏《びんぼう》といったら死ぬ、と私が思っていたように、ティムだって友だちから制服をもらって嬉《うれ》しいとは限らない。傷つけてしまう可能性もある。

むかし、貧困家庭の人々が集まる託児所《たくじしょ》に勤めていた頃は、その託児所じたいが低所得者や無職者を支援《しえん》するセンターの中にあったから、こういうことは考えずに物をあげたり、もらったりした。そこに来ているのはみんな困っている人々だという大前提があったので、利用者たちの間では、気取る必要も、恥《はじ》をかくという意識もなかったのである。

③けれどもその貧者の相互扶助《そうごふじょ》サークルは閉じた特殊《とくしゅ》な世界でもあったのだ。

一歩その外側に出れば、困っている人を助けるということはこんなにも（※2）トリッキーなことになり得る。

「学校帰りに、うちに連れておいで」

そうは言ったものの、彼の前でこれ見よがしにガタガタとミシンをかけながら、「あれー、このサイズ、ちょうどティムぐらいじゃん、持って帰る？」とか言うのもなんか（※3）ベタ過ぎるよなあとか、「これだけあるんだからこっそり好きなの持って帰っていいよ」とか言って自分で袋の中を物色させたとしてもティムのサイズの制服だけすでにちゃんと繕《つくろ》ってあるのも変だよなあとか、考えている間に月曜日がやってきて、学校帰りに息子がティムを連れてきた。

とりあえず、なんとなくミシン作業をはじめておこう、と決めて居間に制服のゴミ袋を並べてミシンをかけながら2人の到着を待っていたのだが、息子と一緒に部屋に入ってきたティムは、制服の山に目を留めた。

「何、これ」

「④母ちゃんが、制服のリサイクルを手伝い始めたんだ。ほら、ミセス・パープルがやってるやつ。不要な制服があったら持って来いって、こないだもプリント配ってたじゃん」

「ふうん」

2人はソファに腰《こし》かけてゲームを始めた。熱中している様子なので、とりあえずジュースとお菓子《かし》を出し、そのままわたしもミシン作業を行っていたのだが、突然《とつぜん》ティムの兄から彼の携帯《けいたい》に電話がかかってきた。すぐ帰ってくるように言われたという。ティムの母親の妹が、小

二〇二一年度 聖学院中学校

【国語】〈第一回一般試験〉（五〇分）〈満点：一〇〇点〉

一 ――の漢字の読みを答えなさい。

① 友だちからのたのみごとを承知した。
② 観衆からの注目をあびる。
③ 日本列島を縦断する旅に出る。
④ 山の中腹にまでたどり着いた。
⑤ すばらしい演技に舌をまく。
⑥ お店の人からつり銭を受け取った。
⑦ 会場へ入るために券を買う。
⑧ 母はどちらかといえば洋画のほうが好きだ。
⑨ スパイの密告によって真実が明かされた。
⑩ チームの横断幕が選手を勇気づけた。

二 ――のカタカナを漢字で書きなさい。

① 病人を助けるにはユケツが必要だ。
② テンランカイの準備を進める。
③ 努力のカテイを評価された。
④ 野球の大会は雨天でエンキになった。
⑤ 公園でのボール遊びをキンじられた。
⑥ 貴重な写真が火事でヤけてしまった。
⑦ どんな人にもキュウソクは必要だ。
⑧ 朝はかならず天気ヨホウをみる。
⑨ 頭を打ってイシキがはっきりしない。
⑩ 父はとてもジュンスイな人だ。

三 次の文章を読み、後の問に答えなさい。（、や。なども一字とします）

女性教員たちと母親たちが始めた制服のリサイクル活動は、５０円や１００円で制服を売ることが目的で行われているわけではない。だから、「制服が必要な生徒を知っていたら、販売《はんばい》会まで待たずとも、自由にあげていいよ」と言われた。

真っ先に思いついたのは、息子の友人のティムのことだった。学校帰りにうちの息子と一緒《いっしょ》に歩いている姿を見かけたとき、制服のトレーナーがずいぶん（※１）年季が入った感じに変色し、ズボンの裾《すそ》が擦《す》れてギザギザになっていたことを思い出したからだ。

週末にミシンで作業していると息子が言った。

「ねえ、母ちゃんが縫《ぬ》ってる制服、僕《ぼく》が買うことは許されてるの？」

「え？　でもあんた制服は全部２枚ずつ持ってるじゃん。どっかほつれてるならいま一緒に縫っちゃうから持ってきて」

「いや、僕じゃないんだ。友だちにあげたいんだけど……」

「……ティム？」

同じことを考えていたのかなと思って尋《たず》ねると息子は頷《うなず》いた。

「トレーナーの肘《ひじ》のところが薄《うす》くなってきてて、なんかちょっと、腕《うで》が透《す》けて見えちゃうようになったから、お兄ちゃんのお古のトレーナーを着て来るようになったんだけど、トレーナーの袖《そで》や丈《たけ》が長すぎて、笑ってるやつらとかいてムカつくんだ」

「いつもそうやって必ず笑うやつらがいるんだよね」

「もしもまた学校で喧嘩《けんか》とかしちゃったら、今度はティム、停学とか大変なことになっちゃうかもしれないし」

2021年度

聖学院中学校

▶解説と解答

算　数　＜第１回一般試験＞（50分）＜満点：100点＞

解　答

1　あ　1　い　8　う　10　え　$\frac{7}{8}$　お　5.67　か　38.25　き　6　く　6　け　4　こ　3　さ　100　2　し　10　す　8　せ　8500　そ　3　た　2020.5　ち　2021.5　つ　4　て　30　3　と　21　な　5　に　10　ぬ　20　4　ね　1200　の　600　は　800　ひ　10　ふ　7　5　へ　750　ほ　550　ま　8

解　説

1　四則計算，逆算，単位の計算

(1)　$21-4\times(8-3)=21-4\times5=21-20=1$

(2)　$\{16+4\times(8-6)\}\div3=(16+4\times2)\div3=(16+8)\div3=24\div3=8$

(3)　$2\frac{2}{3}\times3\frac{3}{4}=\frac{8}{3}\times\frac{15}{4}=10$

(4)　$\frac{3}{4}+\frac{3}{10}\div2\frac{2}{5}=\frac{3}{4}+\frac{3}{10}\div\frac{12}{5}=\frac{3}{4}+\frac{3}{10}\times\frac{5}{12}=\frac{3}{4}+\frac{1}{8}=\frac{6}{8}+\frac{1}{8}=\frac{7}{8}$

(5)　右の図１より，31.5×0.18＝5.67

(6)　右の図２より，18.36÷0.48＝38.25

図１

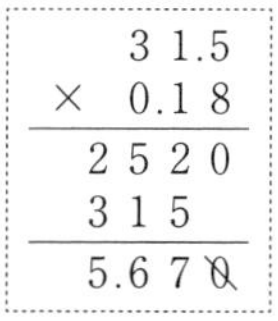

図２

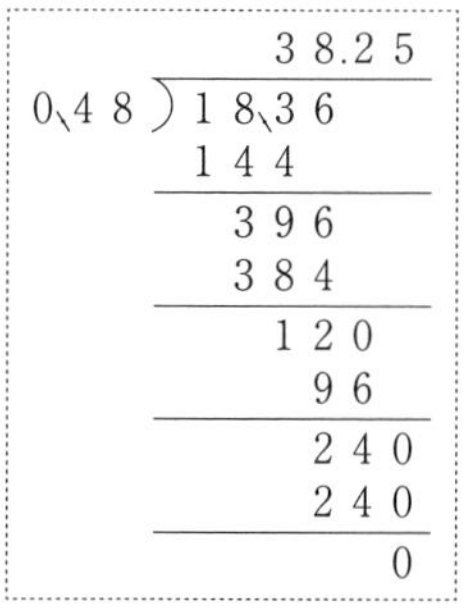

(7)　32＋８×(□－４)＝48より，８×(□－４)＝48－32＝16，□－４＝16÷８＝２　よって，□＝２＋４＝６

(8)　１時間＝60分より，分速100mは時速，100×60＝6000(m)であり，１km＝1000mだから，時速6000mは時速，6000÷1000＝６(km)である。

(9)　１km＝1000mより，2400m：1.8km＝2400m：1800m＝2400：1800＝４：３と求められる。

(10)　１分＝60秒，１時間＝60分より，1620秒は，1620÷60＝27(分)，1.8時間は，60×1.8＝108(分)だから，1620秒＋1.8時間－35分＝27分＋108分－35分＝100分と求められる。

2　速さ，約数と倍数，割合と比，濃度《のうど》，数の性質，つるかめ算，角度

(1)　１時間＝60分より，25分は，25÷60＝$\frac{5}{12}$(時間)だから，時速24kmの自転車が25分で進む道のりは，24×$\frac{5}{12}$＝10(km)である。

(2)　１から100までの整数で，４でも６でも割り切れる数は４と６の公倍数だから，４と６の最小公倍数である12の倍数となる。よって，100÷12＝８余り４より，８個ある。

(3)　定価の30％引きの値段は，定価の，100－30＝70(％)になる。これが5950円にあたるので，定価は，5950÷0.7＝8500(円)とわかる。

(4)　４％の食塩水300ｇにふくまれる食塩の重さは，300×0.04＝12(ｇ)で，水を100ｇ加えると，300＋100＝400(ｇ)の食塩水ができる。よって，ふくまれる食塩の重さは12ｇのままだから，その濃度は，12÷400×100＝３(％)になる。

(5)　小数第１位が５以上のときは切り上げ，５未満のときは切り捨てになるから，小数第１位を四捨五入すると2021になる数は，2020.5以上2021.5未満である。

(6)　１本120円のえんぴつを９本買うと，代金の合計は，120×９＝1080(円)となり，実際の代金よりも，1400－1080＝320(円)少なくなる。えんぴつをボールペンと１本かえるごとに代金は，200－120＝80(円)ずつ増えるから，買ったボールペンは，320÷80＝４(本)とわかる。

(7)　右の図で，AB＝BC，AB＝ACより，三角形ABCは正三角形なので，角ACBの大きさは60度である。また，三角形ACDは，AC＝CDの二等辺三角形だから，角CADの大きさは角xと等しくなる。よって，角ACDの大きさは，180－60＝120(度)となるから，x＝(180－120)÷２＝30(度)と求められる。

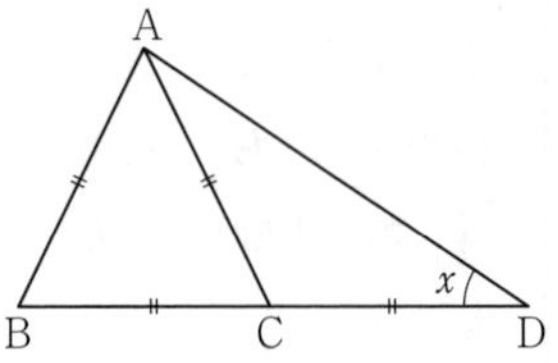

3 約束記号

(1)　５＊２＝５×５－２×２＝21

(2)　４＊３＝４×４－２×３＝16－６＝10より，５＊(４＊３)＝５＊10＝５×５－２×10＝25－20＝５

(3)　６＊□＝６×６－２×□＝16となるので，２×□＝６×６－16＝36－16＝20より，□＝20÷２＝10となる。

(4)　７＊(７＊□)＝７×７－２×(７＊□)＝49－２×(７＊□)＝31となるので，２×(７＊□)＝49－31＝18より，７＊□＝18÷２＝９とわかる。よって，７×７－２×□＝49－２×□＝９となるから，２×□＝49－９＝40より，□＝40÷２＝20と求められる。

4 還元算

(1)　２日目にＡさんは，買い物をする前の所持金の半分を使ったところ，残金が600円になったので，買い物をする前の所持金の，$1-\frac{1}{2}=\frac{1}{2}$が600円にあたる。よって，２日目にＡさんが買い物をする前の所持金は，$600\div\frac{1}{2}$＝1200(円)とわかる。

(2)　１日目にＡさんとＢさんが買い物をした後の所持金の比は２：１であり，Ａさんが１日目に買い物をした後の所持金は，(1)より1200円だから，Ｂさんが１日目に買い物をした後の所持金は，$1200\times\frac{1}{2}$＝600(円)となる。

(3)　１日目にＡさんは所持金全体の$\frac{2}{5}$を使い，残金が1200円になったので，Ａさんの最初の所持金の，$1-\frac{2}{5}=\frac{3}{5}$が1200円にあたる。よって，Ａさんの最初の所持金は，$1200\div\frac{3}{5}$＝2000(円)だから，Ａさんが１日目に使ったお金は，2000－1200＝800(円)とわかる。Ｂさんは１日目にＡさんと同じ金額を使ったので，１日目にＡさんとＢさんは800円ずつ使ったことになる。

(4)　Ｂさんは１日目に800円使って，残金が600円になったから，Ｂさんの最初の所持金は，600＋800＝1400(円)となる。よって，最初のＡさんとＢさんの所持金の比は，2000：1400＝10：７と求められる。

5 立体図形―体積，表面積，水の深さと体積

(1)　右の図で，イの面を底面とすると，底面積は，10×10－５×５＝75(cm^2)で，高さは10cmだから，体積は，75×10＝750(cm^3)である。

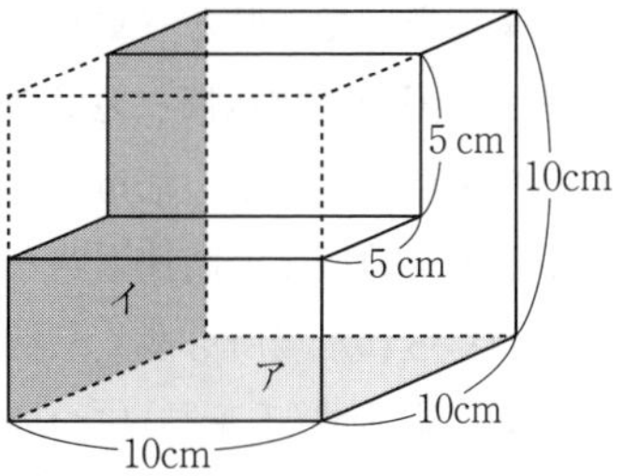

(2)　イの面のまわりの長さは，10×２＋５×４＝40(cm)だから，側面積は，たて10cm，横40cmの長方形の面積と等しくなり，10×40＝400(cm^2)とわかる。よって，表面積は，400＋75×２＝550(cm^2)と求められる。

(3)　アの面を下にして置いたとき，水は，高さ５cmより下の部分に，10×10×５＝500(cm^3)，高さ５cmから７cmまでの部分に，10×５×(７－５)＝100(cm^3)入っているから，水の体積は，500＋100＝600(cm^3)とわかる。よって，イの面を下にして置くと，水面の高さは，600÷75＝８(cm)になる。

社　会　＜第１回一般試験＞（40分）＜満点：100点＞

解　答

1　**問１**　（説明，場所の順で）(1)　カ，B　(2)　ウ，G　(3)　エ，A　(4)　ク，F　(5)　キ，H　(6)　ア，E　(7)　イ，C　**問２**　（A群，B群の順で）(1)　ウ，キ　(2)　イ，カ　(3)　ア，ケ　**2**　**問１**　**１**　コ　**２**　イ　**３**　ソ　**４**　エ　**５**　オ　**６**　タ　**問２**　ア　**問３**　イ　**問４**　同　**問５**　イ　**問６**　エ　**問７**　ア　**問８**　勘合　**問９**　イ　**問10**　（航路）D　**問11**　ア　**問12**　三国干渉　**問13**　ウ　**問14**　ウ　**問15**　エ　**3**　**問１**　世論　**問２**　ア　**問３**　死票　**問４**　(1)　衆議　(2)　エ　(3)　エ　**問５**　ア　**問６**　イ　**問７**　(1)　ウ　(2)　平和(主義)

解　説

1　日本の工業についての問題

問１　(1)　京浜工業地帯は東京都と神奈川県を中心とする工業地帯で，製造品出荷額等に占《し》める機械工業の割合が高い。また，首都である東京は日本の政治・経済・文化の中心であるため，情報を発信する印刷関連の工業がさかんである。　(2)　瀬戸内海沿岸に広がる瀬戸内工業地域は，海運が発達していたこと，かつての軍用地や塩田跡地《あとち》が利用できたこと，遠浅の海を埋《う》め立てて造成したことなどによって形成された。石油化学工業や鉄鋼業がさかんで，鉄鋼と石油化学のコンビナートがある岡山県倉敷市の水島地区をはじめ，自動車工業がさかんな広島市，鉄鋼業・造船業がさかんな呉《くれ》市(広島県)などの工業都市がある。　(3)　鹿島臨海工業地域は，茨城県南東部の太平洋岸にある工業地域で製鉄業や石油化学工業が発達している。鹿島港は，大型の船が接岸できるように遠浅の海をY字型に掘《ほ》ってつくられた掘り込《こ》み港として知られる。　(4)　阪神工業地帯は，大阪府と兵庫県の大阪湾沿岸を中心とする工業地帯で，臨海部には金属や石油化学の大工場が，内陸部には電子機器や生活用品をつくる中小工場が多い。　(5)　北九州工業地帯は，明治時代に操業を始めた八幡製鉄所を中心に発達した。第二次世界大戦後，鉄鋼の原料である石炭や鉄鉱石がおもにオーストラリアから輸入されるようになるとしだいに衰《おとろ》え，その地位が低下した。　(6)　中京工業地帯は愛知県と三重県の伊勢湾沿岸から岐阜県南部にかけて広がる工業地帯で，製造品出荷額等が全国の工業地帯・地域の中で最も多い。機械工業が発達しており，自動車工業がさかんな愛知県豊田市がその中心都市となっている。　⑺　関東内陸工業地域は埼玉県・群馬県・栃木県に広がる工業地域で，高速道路などの交通網《もう》の発達を背景に成長してきた。計画的に大規模な工業団地がつくられた場所も多く，機械工業がさかんである。　なお，オは東海工業地域(静岡県)，ケは京葉工業地域(千葉県)について説明している。

問２　⑴　愛知県や関東内陸に工場が多いことから，自動車工場の分布を示しているとわかる。自動車工場は製品の輸出に便利な臨海部だけでなく，高速道路がのびる関東内陸地域にも工場が多い。⑵　東北地方や九州地方にも工場が多いことから，半導体工場の分布と判断できる。半導体は小型・軽量のわりに高価なため，トラックや航空機で費用をかけて輸送しても採算が合う。そのため，空港や高速道路のインターチェンジ近くに工場が建てられることが多い。なお，半導体の原料がシリコンであることから，半導体工場が多い東北地方は「シリコンロード」，九州地方は「シリコンアイランド」とよばれる。　⑶　セメントの原料となる石灰石が山口県や埼玉県で産出することから，セメント工場は原料の産地に近い山口県や埼玉県に多い。

2　**各時代の歴史的なことがらについての問題**

問１　**1**　律令制度の税のうち，租は収穫した稲の３％を地方の役所に納めるものである。　**2**　平清盛は12世紀半ばに大輪田泊《おおわだのとまり》(現在の神戸港)を整備して日宋貿易を行い，大きな利益を上げた。**3**　奈良時代には人口増加などによって口分田が不足するようになったため，743年，朝廷は開墾《かいこん》した土地の永久所有を認める墾田永年私財法を出し，開墾をうながした。　**4**　鎌倉時代には，米の裏作として麦などを栽培する二毛作が近畿地方で始まった。二毛作とは，１年に同じ土地で２種類の異なる作物を栽培することである。　**5**　金貨・銀貨・銭貨の３種類の貨幣《かへい》が流通した江戸時代，これらを交換《こうかん》して手数料を得る両替商が現れ，現在の銀行の役割をはたすようになった。**6**　1895年，日清戦争の講和条約として下関条約が結ばれ，清(中国)は朝鮮が独立国であると認めること，日本に賠償《ばいしょう》金を支払うこと，台湾や遼東《リャオトン》半島などの領土を譲《ゆず》り渡すことなどが決められた。

問２　聖徳太子は推古天皇の摂政《せっしょう》となって天皇を助け，藤原(中臣《なかとみの》)鎌足《かまたり》は大化の改新で中大兄《なかのおおえの》皇子(のちの天智天皇)に協力し，天皇中心の政治を目指した。また，菅原道真は宇多天皇に仕え，楠木《くすのき》正成《まさしげ》や新田義貞《よしさだ》は後醍醐《ごだいご》天皇に協力して鎌倉幕府を滅《ほろ》ぼした。天皇が主権者であり，神聖な存在とされた戦前には，天皇に対して忠誠をつくした人物が紙幣の肖像《しょうぞう》に選ばれたといえる。

問３　三内丸山遺跡は，青森県で発見された縄文時代の大規模集落跡である。三内丸山遺跡から，産地が限られる黒曜石やヒスイが出土したことは，縄文時代に広範囲《はんい》で交易が行われていたことを示す証拠《しょうこ》の１つとなっている。なお，岩宿遺跡は群馬県にある旧石器時代の遺跡，野尻湖遺跡は長野県にある旧石器時代の遺跡，吉野ヶ里遺跡は佐賀県にある弥生時代の遺跡。

問４　708年，武蔵国秩父《ちちぶ》(埼玉県)から朝廷に銅が献上されたさい，和同開珎《かいちん》がつくられた。和同開珎は平城京の造営費などにあてられたが，都やその周辺でしか流通しなかった。

問５　大輪田泊があった兵庫県は近畿地方の西部に位置し，北で日本海，南で瀬戸内海に面する。なお，アは新潟県，ウは高知県，エは福岡県。

問６　本文から，朝廷が最後に貨幣を発行したのが958年のことだとわかる。武田信玄や豊臣秀吉が活躍《かつやく》したのは1500年代半ばから後半のことなので，約600年間，日本では正式な貨幣が製造されなかったことになる。

問７　鎌倉幕府において将軍を補佐した役職は執権《しっけん》で，管領《かんれい》は室町幕府における将軍の補佐役なので，アが間違っている。

問８　1404年に始まった明(中国)との貿易では，正式な貿易船と倭寇《わこう》(日本の武装商人団・海賊《かいぞく》)の船を区別するため，勘合《かんごう》(符)とよばれる合い札が使われた。そのため，この貿易は勘合貿易ともよばれる。

問９　箱根(神奈川県)の関所は，Ａ街道の東海道に設けられ，関東の出入り口として，「入鉄砲に出女(江戸方面に持ちこまれる武器と，参勤交代の義務を逃《のが》れて江戸から国元に帰ろうとする大名の妻など)」が厳しく取りしまられた。

問10　東回り航路とは，酒田(山形県)などの日本海側の港から津軽海峡《かいきょう》を通って東北地方の太平洋沿岸を南下し，江戸にいたる航路なので，航路Ｄがあてはまる。なお，航路Ｅは西回り航路，航路Ｆは南海路とよばれる航路である。

問11　新井白石は，江戸幕府の第６代将軍徳川家宣《いえのぶ》と第７代将軍徳川家継《いえつぐ》に仕えた儒学《じゅがく》者で，正徳の治とよばれる政治を行い，長崎貿易を制限して金銀の海外流出を防いだり，貨幣の質を改善したりした。

問12　日清戦争に勝利した日本は，1895年の下関条約で清から遼東半島を得たが，日本の大陸進出を警戒《けいかい》したロシアは，フランスとドイツをさそって遼東半島を清に返還《へんかん》するよう日本に求めた。これを三国干渉《かんしょう》といい，これらの国に対抗《たいこう》するだけの力がなかった日本は，賠償金の増額と引きかえにやむなくこれを返還した。

問13　1932年５月15日，海軍の青年将校らが首相官邸《かんてい》や日本銀行などを襲撃《しゅうげき》し，犬養毅首相を暗殺した(五・一五事件)。この事件以降，軍部が政治に介入《かいにゅう》するようになり，大正時代末から続いた政党政治が終わった。なお，アの五・四運動は中国で起こった排日運動，イの三・一(独立)運動は朝鮮で起こった日本からの独立を求める運動で，どちらも第一次世界大戦後の1919年に起こった。また，エの二・二六事件は，1936年に起こった陸軍将校らによるクーデターである。

問14　1944年にサイパン島の日本軍が全滅《ぜんめつ》してアメリカ軍に占領されると，サイパン島を拠点《きょてん》とした日本本土への空襲が激しくなった。よって，ウが正しい。なお，アは1941年，イは1933年，エは1937年のできごと。

問15　1971年，アメリカのニクソン大統領がドルと金の交換を停止することを発表した。このできごとと，これを原因とする世界経済への影響を「ドル＝ショック」または「ニクソン＝ショック」という。この背景には，1960年代半ばからアメリカが本格的に介入したヴェトナム戦争による財政悪化があった。

３　政治のしくみや選挙，人権などについての問題

問１　社会や政治について国民の多くが共有して持っている考え方や意見を，世論という。世論は内閣支持率などに現れ，政治に大きな影響をおよぼす。

問２　選挙のとき，政党や候補者が有権者に対して行う，政策に関する約束を公約という。また，政権を担当したときに実施《じっし》する政策についての数値目標や実施時期を明記した公約は，マニフェストとよばれる。

問３　落選した候補者に投じられた票を死票といい，１つの選挙区から１人しか当選しない小選挙区制では死票が多くなる。

問４　⑴　日本の国会は，審議を慎重に進めるため，参議院と衆議院の二院制を採用している。

⑵　参議院議員の任期は６年（３年ごとに半数を改選）で，任期途《と》中《ちゅう》の解散はない。一方，衆議院議員の任期は４年で，任期途中の解散がある。　⑶　違憲立法審査とは，法律が憲法に違反していないかどうかを判断することで，日本では司法権を持つ裁判所にその権限が与えられている。

問５　ア　都道府県の首長である知事は，住民の選挙によって直接選ばれる。よって，正しい。　イ　地方議会は，憲法や法律の範囲内で条例を定めることができる。　ウ　条例の制定や改廃は，住民が署名を集めて直接請求権を行使すれば，地方公共団体に求めることができる。　エ　地方財政のうち，地方交付税交付金や国庫支出金は国から配分される資金なので，これらが増えると地方自治の自主性は低下する。

問６　内閣総理大臣は国会議員の中から国会で指名され，天皇によって任命される。

問７　⑴　基本的人権とは，人間が生まれながらに持っている権利で，日本国憲法が保障する基本的人権には，平等権・自由権・社会権・参政権・請求権などがある。よって，ウが間違っている。なお，行政権は国家権力の１つで，内閣が担っている。　⑵　国民主権・基本的人権の尊重・平和主義の３つが，日本国憲法の三原則である。なお，日本国憲法は平和主義について，前文と第９条で規定している。

理　科　＜第１回一般試験＞（40分）＜満点：100点＞

解　答

1　**問１**　⑴　①　ク　②　キ　③　カ　④　ウ　⑤　オ　⑥　イ　⑵　ア　⑶　イ　**問２**　⑴　５Ｌ　⑵　エ　⑶　ウ　⑷　エ　2　**問１**　オ　**問２**　⑴　2.5倍　⑵　16　**問３**　色　**問４**　⑴　カシオペヤ座　⑵　エ　⑶　イ　**問５**　イ　**問６**　ウ　**問７**　⑴　イ　⑵　ア　3　**問１**　⑴　Ｂ　⑵　Ａ　⑶　力点　⑷　Ｅ　⑸　ウ，カ　⑹　ア　**問２**　⑴　３倍　⑵　イ　⑶　ウ　**問３**　⑴　カ　⑵　140ｇ　4　**問１**　①　カ　②　ウ　③　オ　④　イ　⑤　ア　⑥　ク　⑦　エ　⑧　キ　**問２**　二酸化炭素　**問３**　カ　**問４**　食塩　**問５**　（例）　梅干しが酸性なので，金属をとかしてしまうから。

解　説

1　人体についての問題

問１　⑴　食物の通り道は消化管といい，口→食道→胃→小腸→大腸の順につながっている。食物が消化されてできた養分は小腸で水とともに吸収され，そのうちブドウ糖はかん臓に運ばれ，一部がグリコーゲンに変えられてたくわえられる。養分が体内で利用されてできた不要物は血液によって運ばれ，じん臓でこし出されて尿《にょう》として体の外に出される。　⑵　小腸の内側は柔《じゅう》毛というつくりにおおわれており，消化された食物とふれあう表面積が大きいことで吸収の効率がよくなっている。　⑶　小腸で吸収された養分のうち，ブドウ糖とアミノ酸は血液によってかん臓に運ばれる。

問２　⑴　血液は体重の約８％の重さなので，血液１Ｌが１kgであるとすると，体重が65kgの成人男性の血液の体積は，$65\times\frac{8}{100}\times1=5.2$より，およそ５Ｌであることがわかる。　⑵　体から水分が汗《あせ》として排《はい》出されるとき，水とともに生きるために必要な塩分も排出されてしまう。したがって，水分だけでなく塩分も補給することで，熱中症《しょう》をふせぐことができる。　⑶　会話から，体内に入る水は，飲み水と食べ物にふくまれる水で合計2.5Ｌ，体外に出ていく水は，尿や便にふくまれる水と呼吸や汗によって出ていく水をあわせた2.5Ｌである。　⑷　体の表面近くを流れている血管は静脈で，首の付け根やわきの下の皮ふに近いところに太い静脈が流れている。よって，この部分を冷やすと効果的に体を冷やすことができる。

２　天体の観察についての問題

問１　夏の大三角(形)をつくる星のうち，こと座の１等星であるベガは，星の明るさを表す等級の基準となっている。

問２　⑴　１等級の星の明るさは２等級の，100÷40＝2.5(倍)である。　⑵　等級が１つ上がると明るさが2.5倍になっていることから，３等級の明るさは２等級の$\frac{1}{2.5}$倍となる。したがって，$40\times\frac{1}{2.5}=16$の明るさとわかる。

問３　星の表面温度によって星の色がちがって見える。表面温度の高い星は青白色で，温度が低くなるにつれて，白色，黄色，オレンジ色，赤色となっている。

問４　⑴　図のＷの形をした星座は，北極星近くを反時計回りに回るカシオペヤ座である。　⑵　北斗《と》七星が北極星の左側に見えるときは，ひしゃくのえの部分が上に立ったような向きとなっている。　⑶　北極星は地球の地軸《じく》を北極上空へ延長した線上にあるため，地球が自転してもいつも空の同じ場所にあるように見える。

問５　北極星の高度は観察した場所の緯《い》度と等しいため，東京では地平線から36度の高さになる。図では，手のひら２枚分がおよそ36度なので，手のひら１枚分の角度は，36÷２＝18より，およそ20度とわかる。

問６　星座早見の回転の中心にある北極星に最も近いＡが北の地平線で，反対側のＣは南である。星座早見は頭上にかざして見るので，南を示すＣを手前にすると，左手側の方位Ｂは東となる。

問７　⑴　日食が起きるときは，月は太陽と地球の間にあり，新月である。また，月食が見られるとき，月が地球をはさんで太陽と反対側にあり，満月になっている。　⑵　星を観察するときは，月が空に出ていない暗い夜が適している。夜７時ごろに月が出ていないのは，真夜中に出て明け方南中する下弦《げん》の月のころである。下弦の月は左(東)側半分が光る半月で，Ａの位置のときに見られる。

３　てこについての問題

問１　⑴　てこの３点のうち，てこの棒を支え回転の中心となっている点(Ｂ)を支点という。
⑵　てこを使って力を加えることで，石に力をはたらかせているところ(Ａ)が作用点である。
⑶　てこの棒に力を加えている点(Ｄ)を力点という。　⑷　てこを回転させるはたらきは，(加える力)×(支点からの距離《きょり》)で求められることから，加える力を小さくするためには支点からの距離をできるだけ長くすればよい。したがって，棒のはしであるＥに力を加える。　⑸　支点(Ｂ)

から作用点(A)までの距離が短い方が，てこを回転させるはたらきが小さくなるため，力点に加える力は小さくてすむ。また，支点(B)から力点(D)までの距離が長いと，石を動かすのに必要な力点に加える力を小さくできる。　(6) のこぎりは物体に刃《は》を当てて前後に動かすことで切断する道具で，回転する動きがなく，てこのしくみは使われていない。

問２　(1) てこのつりあいの関係から，(ガラスのコップの重さ)×２＝(プラスチックのコップの重さ)×６が成り立つので，ガラスのコップの重さは，プラスチックのコップの，６÷２＝３(倍)の重さであることがわかる。　(2) 両方のコップに水を10cm^3ずつ加えると，どちらも10ｇずつ重さが増えるので，支点からの距離が長い右側のプラスチックのコップの方が，てこを回転させるはたらきが大きくなって，右が下がる。　(3) 支点(B)からプラスチックのコップ(C)までの距離は，支点(B)からガラスのコップ(A)までの距離の３倍なので，てこのつりあいを保つためには，ガラスのコップに入れる鉄球の数はプラスチックのコップに入れる鉄球の個数の３倍にする。

問３　(1) クにつるすおもり80ｇは，イにつるすおもり40ｇの２倍の重さであることから，てこをつりあわせるためには支点からイまでの距離を支点からクまでの距離の２倍にしなければならない。イとクの間には穴と穴の間かくが６つあるので，これを２：１に分ける点は，$6\times\frac{2}{2+1}=4$より，イから４つ右のカを支点とすればよい。　(2) このてこには全部で９個の穴があり，穴と穴の間かくは８つであることから，支点と20ｇのおもりの位置までの間かくが７，支点から別の重さのおもりまでの間かくが１のとき，別の重さのおもりの重さが最大となる。別の重さのおもりの重さを□ｇとすると，つりあいの式より，20×７＝□×１となり，□＝140(ｇ)とわかる。

4　身のまわりの物質についての問題

問１　水にとけない白い粉のうち，加熱をしてとろみが出た①は片栗《くり》粉である。片栗粉の成分であるでんぷんは加熱されると水をふくみ，のり状になる。加熱して泡《あわ》が出た②は重そうで，これは重そうの成分である炭酸水素ナトリウムが分解され，二酸化炭素が発生したためである。よって，二酸化炭素が水にとけている③は炭酸水となる。リトマス紙の色が変わらなかった④と⑤の水溶《よう》液は中性で，なめて甘《あま》かった④が砂糖，⑤は食塩とわかる。BTB溶液を加えて青色になった水溶液はアルカリ性で，漂《ひょう》白作用のある⑥はハイター(塩素系漂白剤《ざい》)で，かき混ぜると泡立った⑦が石けん，アルミはくと反応して気体が発生した⑧が水酸化ナトリウムとなる。

問２　炭酸水は気体の二酸化炭素が水にとけてできた酸性の水溶液である。

問３　水酸化ナトリウム水溶液とアルミニウムが反応して発生する気体は水素である。水素は可燃性の気体で，火を近づけるとポンと音を立てて燃える。

問４　水酸化ナトリウム水溶液に塩酸を加えると中和がおこる。ここでBTB溶液が緑色になるときには，ちょうど中和して中性の食塩水になっている。食塩水を加熱して水を蒸発させると，食塩の結しょうが出てくる。

問５　梅干しにふくまれるクエン酸の水溶液は酸性で，弁当箱をつくっている金属と反応するので，弁当箱を長く使うと穴が空いてしまうことがあった。

国語 ＜第１回一般試験＞（50分）＜満点：100点＞

解答

一 ① しょうち　② かんしゅう　③ じゅうだん　④ ちゅうふく　⑤ した　⑥ せん　⑦ けん　⑧ ようが　⑨ みっこく　⑩ おうだんまく　二 下記を参照のこと。　三 **問１** エ　**問２** イ　**問３** イ　**問４** エ　**問５** イ　**問６** イ　四 **問１** イ　**問２** エ　**問３** 給料　**問４** 貴重品　**問５** （例） 銀行　**問６** ウ　**問７** ウ

●漢字の書き取り

二 ① 輸血　② 展覧会　③ 過程　④ 延期　⑤ 禁　⑥ 焼　⑦ 休息　⑧ 予報　⑨ 意識　⑩ 純粋

解説

一 漢字の読み

① 依頼《いらい》や要求を聞き入れること。　② 見物に集まった人々。　③ 南北の方向に通りぬけること。　④ 山の頂上とふもとの中間あたり。　⑤ 音読みは「ゼツ」で，「筆舌」などの熟語がある。　⑥ 「つり銭」は，おつり。　⑦ 特定の資格や条件などを表した紙。切符《きっぷ》。　⑧ 西洋画。または欧米《おうべい》で製作された映画。　⑨ ひそかに告げ知らせること。　⑩ スローガンや主張などを知らせるために道路などを横断する形でかかげられる横に長い幕。

二 漢字の書き取り

① 病気の人やけがをした人に，健康な人の血液やその成分を注入すること。　② 美術品などをならべて公開する会。　③ 物事が進行して結果にたどりつくまでの道筋。　④ 期日や期限を延ばすこと。　⑤ 禁止すること。　⑥ 音読みは「ショウ」で，「燃焼」などの熟語がある。　⑦ 仕事などをやめて心身を休めること。　⑧ 前もって知らせること。　⑨ 自分や周囲の状況《じょうきょう》を認識《にんしき》できている心の状態。　⑩ 心が清らかで私欲がないこと。

三 出典はブレイディみかこの『ぼくはイエローでホワイトで，ちょっとブルー』による。友人のティムが体に合わない制服を着て笑われていることに心を痛めていた息子《むすこ》と，同じようにティムの制服が気になっていた「わたし」はティムにリサイクルの制服をあげることにする。しかし，どうすればティムを傷つけないかと思いなやんでしまう。

問１ 続く息子の言葉に注目する。「学校に持って行って渡《わた》すのは，ちょっと難しいと思う」と言っているように，学校のような「人目のあるところでは」「ティムが受け取りにくい」だろうとティムの気持ちを考えて迷っているのである。よって，エが合う。

問２ 「高校時代に，貧乏《びんぼう》といったら死ぬ」と思っていたというのは，貧乏だと人に知られたらはずかしかったということである。同じように，息子が制服を渡すことで，友だちに貧乏だと思われているとティムが感じて傷ついてしまうかもしれないと考えたのである。

問３ 傍線《ぼうせん》③の直後にあるように「貧者の相互扶助《そうごふじょ》サークル」の外では「困っている人を助ける」のにも気をつかわなくてはならないのだが，「貧者の相互扶助サークル」では，「そこに来ているのはみんな困っている人々だという大前提があったので，利用者たちの間では，気取る必要も，恥《はじ》を

かくという意識もなかった」のである。その点を「特殊《とくしゅ》」と言い表している。

問４　どうやってティムに制服を渡せばティムを傷つけないかを考えている間に「学校帰りに息子がティムを連れてきた」ので，「わたし」も息子も心の準備ができていなかったのである。よって，エが合う。

問５　息子が制服を渡した直後に，「持って帰って，いいの？」と聞いていることから，ティムが素直《すなお》に喜んでいることがわかる。ただ，お金もいらないと言われ，なぜそのように親切にしてくれるのかと「半信半疑」で傍線⑤のように聞いたのである。よって，イがふさわしい。なお，この後「君は僕《ぼく》の友だちだからだよ」という息子の言葉を聞いたティムが「息子とハイタッチを交《か》わして」帰っていることから，アの「人前で喜ぶことは恥《は》ずかしいことだと考えている」は誤り。

問６　帰っていくときに「右手の甲《こう》でティムが両目を擦《こす》るような仕草をした」のを見た息子は，ティムが涙《なみだ》を流す理由をわかっていながら，「ティムも母ちゃんと一緒《いっしょ》で花粉症《かふんしょう》なんだよね」とティムが目を擦ったのは花粉症のせいだということにした。「わたし」は，その息子のティムを思いやる気持ちを受け止め，傍線⑥のように言ったのである。

四　出典は池上彰《いけがみあきら》の『知らないと損する池上彰のお金の学校』による。物々交換《こうかん》をしていた時代の話から始まり，「お金」がどのように生まれ，どう姿を変えてきたかを説明している。

問１　直前の部分に注目する。「商談」が「成立」するのは，「魚を持っている人が肉を食べたいという時」に「肉を持っていてしかも魚を食べたいと考えている人と出会」うというように，おたがいに欲《ほ》しいと思っているものを相手が持っているという場合であるから，イがこれに合う。

問２　傍線②の四つ前の段落に，「とりあえず『みんなが欲しがる物』と自分の持ち物を交換しておく」ようになったと述べられている。そしてその後に，日本ではそれが「貴重品」であった「稲《いね》」や「交換用品として優《すぐ》れていた」「布」であったと説明されている。また，傍線②の後には，「中国では，『仲立ち物』として，珍《めずら》しい貝」である「子安貝」が選ばれたとあるので，エがふさわしい。

問３　「古代ローマ」で「兵士への給料」が塩だったことから，「ラテン語」で塩を表す「サラリウム」から「『サラリー』という言葉が生まれた」とある。「サラリー」は現在「給料」という意味で使われている。

問４　空欄《くうらん》の前後の部分に注目する。「すぐには手に入」らないものであり，「非常に価値が高い」ものを表す言葉なので，「貴重品」があてはまる。

問５　「お金」を預けておいて必要なときに受け取るところと考えると，「銀行」などがあてはまる。

問６　直前の部分に注目する。「預かり証」には「『いつでも絶対に金貨に換《か》えてもらえる』という信用」があり，それ自体が「お金」として「他の物と交換できるように」なったという文脈なので，ウが合う。

問７　本文前半では，「交換」の「仲立ち物」として使われた日本の「稲」や中国の「貝」，その後の「金・銀・銅」について紹介《しょうかい》され，「みんなが欲しがる物」が「仲立ち物」として選ばれていたことが説明されている。また，後半では，「金・銀・銅」に代わって「いつでも絶対に金貨に換えてもらえる」という信用を背景に「預かり証」が「お金」として使われるようになったと述べられているので，ウがふさわしい。

2021年度　聖学院中学校

〔電　話〕(03) 3917－１１２１
〔所在地〕〒114-8502　東京都北区中里３－12－１
〔交　通〕JR山手線・東京メトロ南北線－「駒込駅」より徒歩７分
JR京浜東北線－「上中里駅」より徒歩12分

【算　数】〈第１回アドバンスト試験〉（50分）〈満点：100点〉

（注意）１．図は必ずしも正確ではありません。
２．必要なときには円周率を3.14としなさい。

1　(1)　$650 \div \{66 - 48 \div (15 - 3 \times 4)\} =$ [　あ　]

(2)　$\left(\frac{13}{6} - 1.2\right) \div \left(3\frac{1}{2} - 0.6\right) =$ [　い　]

(3)　$72 \div \left\{\left(\right.\right.$ [　う　] $\left.\left. + 3\frac{1}{2}\right) \times 1\frac{1}{5}\right\} = 8$

(4)　43分21秒－6分54秒×2＝[　え　]分[　お　]秒

(5)　$49.5 \times 22 - 99 \times 8 + 495 \times 1.4 =$ [　か　]　（この問題は工夫して計算し，求める過程をかきなさい）

2　(1)　A君はテストを５回受け，平均点は78点でした。最初に受けた３回のテストの平均点が75点だったとき，残りの２回のテストの平均点は[　き　]点です。

(2)　[1]，[2]，[3]，[4]の４枚のカードがあります。このカードを２枚使って整数を作るとき，一番大きいぐう数と一番小さいき数の差は[　く　]です。

(3)　昼の長さを１とすると，夜の長さが$1\frac{1}{2}$になる日があります。この日の昼の長さは[　け　]時間[　こ　]分です。

(4)　48と[　さ　]の最小公倍数は144，最大公約数は24です。

(5)　6 kmの道のりを走って行く予定でしたが，と中から歩いたので50分かかりました。走る速さは時速12km，歩く速さは時速4 kmでした。走った時間は[　し　]分です。

(6)　右の図のしゃ線部分の面積は[　す　]cm^2です。

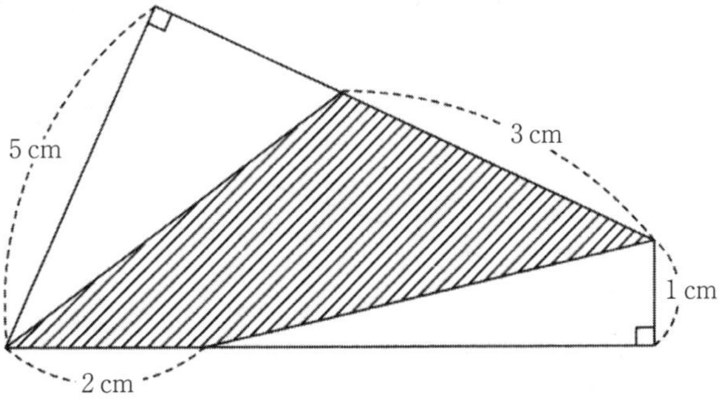

3　聖学院中学校の１年生に対して，パソコンとタブレットを利用しているかどうかのアンケートをとったところ，次のようになりました。

・パソコンとタブレットの両方を利用している人は，全体の12％で18人である。

・タブレットだけを利用している人は，全体の$\frac{2}{5}$より10人多い。

・パソコンを利用している生徒とタブレットを利用している生徒の人数の比は，３：８である。

必要な場合は次の表を使用して構いません。

	パソコンを利用する	パソコンを利用しない	合計
タブレットを利用する			
タブレットを利用しない			
合計			

(1) 中学１年生全体の人数は [せ] 人です。

(2) パソコンだけを利用している生徒は [そ] 人です。

(3) 両方とも利用していない生徒は [た] 人です。

4 X地点から4200m先のY地点まで，AさんとBさんが同じ道を歩きました。Aさんは８時にX地点を出発し，分速60mで歩きました。Bさんは８時５分にX地点を出発し，分速70mで歩きました。

(1) Bさんは [ち] 時 [つ] 分にAさんに追いつきました。

(2) Bさんは [て] 時 [と] 分にY地点に着き，１分間休んだ後にAさんと同じ速さで同じ道をもどりました。[な] 時 [に] 分にAさんと出会いました。([な] と [に] は求める過程をかきなさい)

5 図のような長方形ABCDがあり，辺AB上にBE＝6cmとなる点Eがあります。辺AD上に，EF＝FCとなるような点Fをとると，角xは90度になりました。

(1) 角アの大きさと角イの大きさの合計は [ぬ] 度です。

(2) 角ウと同じ角度になるのは [ね] です。①～③から１つ選びなさい。

① 角ア　② 角イ　③ 角エ

(3) AEの長さは [の] cmです。(この問題は求める過程をかきなさい)

(4) 四角形EBCFの面積は [は] cm^2です。

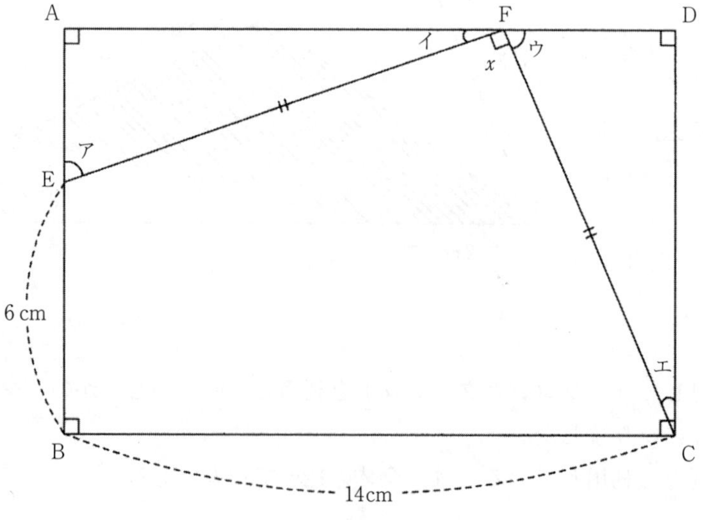

【社　会】〈第１回アドバンスト試験〉（理科と合わせて50分）〈満点：50点〉

1　次の文章(A)～(E)は日本の河川について書かれたものである。これを読んで，あとの問いに答えなさい。

(A)　この川は北海道にある大雪山《だいせつざん》に源流があります。川の名前はこの地域の①先住民の呼び名に由来すると言われています。下流部は（　１　）平野が広がり農業が盛んに行なわれます。秋になると（　２　）が川をさかのぼり，これを用いて作る（　１　）鍋が北海道の郷土料理として有名です。明治時代以降，付近一帯の開拓が進められ，この川では水運が盛んに行なわれました。

(B)　この川は②埼玉県，長野県，山梨県の境界となっている甲武信ヶ《こぶしが》岳に源流があります。長野県では千曲《ちくま》川とも呼ばれており，新潟県の日本海側に河口を持つ日本最長の河川です。流域には（　３　）平野が広がり，日本有数の米作地帯となっています。

　2019年に洪水が発生し，長野県の流域付近の住宅が浸水するなど多くの被害が発生しました。

(C)　③この川は新潟県と④群馬県の境界にある大水上《おおみなかみ》山に源流があります。途中で鬼怒《きぬ》川や渡良《わたら》瀬《せ》川，⑤茨城県にある霞ヶ浦らと合流します。古くからたびたび洪水を起こしていたことから，江戸時代に河口を太平洋に変える大きな工事が行なわれ，現在の流路となりました。流域面積は日本最大で，その広さは四国の面積の約８割にもなります。

(D)　この川は⑥山梨県に源流があり，東京湾まで流れています。下流は神奈川県と東京都の境界となり，ここでは六郷《ろくごう》川とも呼ばれます。河口部は，⑦工業地帯に面しています。江戸時代には，江戸城下の生活用水確保を目的に上流部から⑧水路が引かれました。また大正から昭和にかけて，この川の砂利《じゃり》が建築材料として利用されたことから，運搬《うんぱん》のための鉄道が敷《し》かれました。これらの一部は現在も人々の⑨交通手段として利用されています。

(E)　この川は山形県の西吾妻《にしあづま》山に源流があります。中流部では全国生産量第１位をほこる（　４　）や（　５　）が作られ，下流部では（　６　）平野が広がり米作が盛んに行なわれます。古くから交通路としても利用され，また松尾芭蕉が「五月雨を　集めてはやし　（　あ　）」と詠《よ》んだ句にあるように非常に川の流れが速いことから，日本三大急流の一つとなっています。

問１　文中の（１）・（３）・（６）にあてはまるものを漢字で答えなさい。

問２　文中の（２）にあてはまるものを下から選び，記号で答えなさい。

(ア)

(イ)

(ウ)

(エ)

問３　文中の(４)・(５)にあてはまるものを下から２つ選び，記号で答えなさい。

ア．日本なし　　イ．西洋なし　　ウ．ぶどう

エ．さくらんぼ　　オ．もも

問４　文中の(あ)の河川の名前を漢字で答えなさい。

問５　下線部①について，先住民の名をカタカナ３字で答えなさい。

問６　下線部②について，埼玉県，長野県，山梨県すべてに共通するものを下から２つ選び，記号で答えなさい。

ア．３県ともに内陸県である。

イ．３県ともに栃木県と接している。

ウ．３県ともに新幹線の停車駅がある。

エ．３県ともに1000mを超える山がある。

オ．３県ともに人口100万人以上の都市がある。

問７　下線部③について，この河川の名前を漢字で答えなさい。

問８　下線部④に関して，この県にある嬬恋《つまごい》村では冷涼な気候を利用して農業が行なわれている。この栽培方法と作物の組み合わせとして正しいものを下から選び，記号で答えなさい。

	栽培方法	作物
ア	促成栽培	キャベツ
イ	抑制栽培	キャベツ
ウ	抑制栽培	ピーマン
エ	促成栽培	ピーマン

問９　下線部⑤について，茨城県を下から選び，記号で答えなさい。なお地図の縮尺は同じではない。

(ア)

(イ)

(ウ)

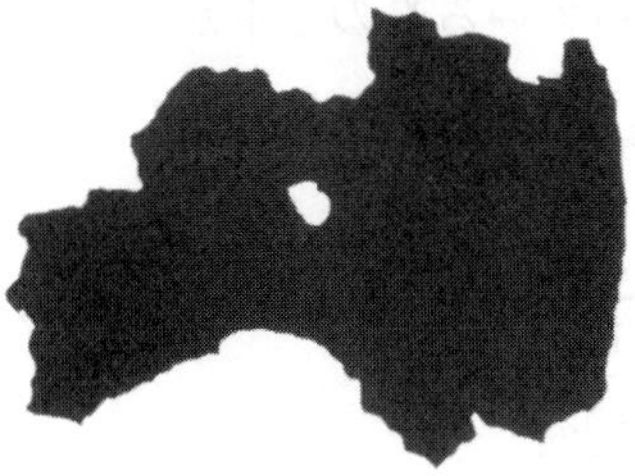

(エ)

問10　下線部⑥に関して，下の図は山梨県にある扇状地を示している。図中の(Ⅰ)—(Ⅱ)間の断面図として正しいものを下から選び，記号で答えなさい。

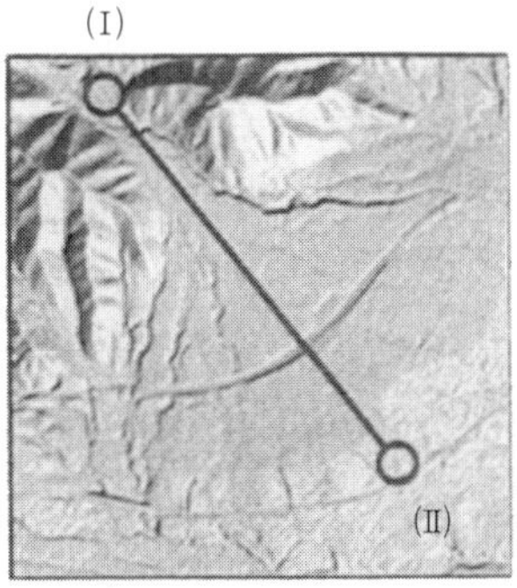

国土地理院『国土数値情報』を基に作成

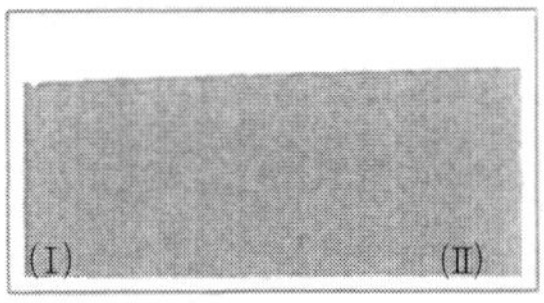

(ア)

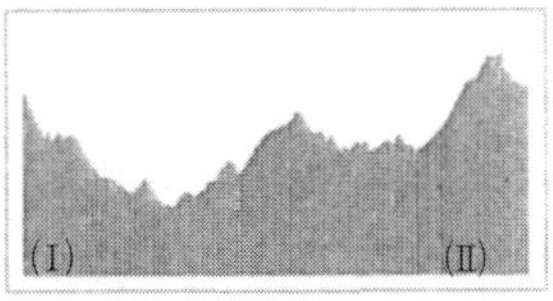

(イ)

(ウ)

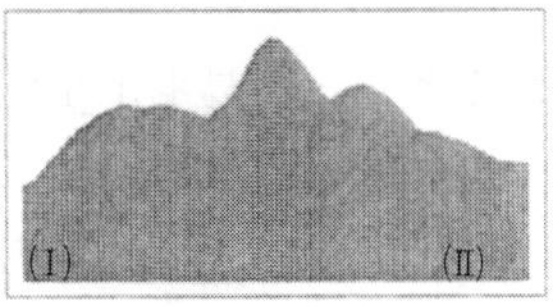

(エ)

問11　下線部⑦に関して，工業を説明した文として間違っているものを下から２つ選び，記号で答えなさい。

ア．鉄鋼業は日本を代表する工業であり，現在日本の生産額で最も多くの割合を占める。

イ．セメントは日本国内で自給できる原料であり，産地の近くで工場が発展している。

ウ．石油はほぼ輸入に頼っていることから，港の近くにコンビナートが作られることが多い。

エ．不況が長年続いたことで中小工場の多くが廃業したため，工場で働く人の多くが大工場で勤務している。

オ．ロボットを活用することにより，危険な仕事も簡単に行なえるようになったり，労働力を削減することができるようになった。

問12　下線部⑧について，現在も一部が水道施設として使用されているこの水路の名称を何というか，漢字４字で答えなさい。

問13　下線部⑨について，下の表は1955年～2015年にかけての鉄道・旅客船・航空の輸送人員の推移である。表の読み取りとして間違っているものを下から２つ選び，記号で答えなさい。

	鉄道（千人）	旅客船（千人）	航空（千人）
1955年	9,780,980	73,920	361
1965年	15,798,168	126,007	5,194
1975年	17,587,925	169,864	25,467
1985年	19,084,820	153,477	43,777
1995年	22,630,439	148,828	78,101
2005年	21,963,024	103,175	94,490
2015年	24,289,894	87,947	96,059

1955～2015年における輸送人員の推移

国土交通省『交通統計資料』より作成

ア．いずれの年も鉄道が最も多くの人を輸送する手段となっている。

イ．旅客船は，1970年代をピークに2015年にかけて輸送人員が減り続けている。

ウ．航空はすべての年で，輸送人員が最も少ない交通手段である。

エ．1955年と1975年の航空を比べた時，1975年の輸送人員は約70倍増加している。

オ．鉄道と航空は輸送人員が増加し続けている。

2 次の会話文は，受験生同士（Ｑ君とＡさん）の会話です。これを読んで，あとの問いに答えなさい。

問１ **会話例題**を参考にして，会話文１～８の中で，誤りがある場合は下線部①～③の番号を選び，正しい語句に訂正しなさい。なお誤りが一つも無い場合は（番号）の欄に「○」，（正しい語句）の欄に「なし」と答えなさい。

（会話例題）

Ｑ君 「源氏が３代で絶えると，①後鳥羽上皇が実権を取り戻そうとして御家人に北条氏を討つように命じました。御家人は幕府にこのまま仕えるべきか上皇の命令に従うべきか，とても迷いました。ですが，②北条政子が団結を訴えると御家人たちは，頼朝から受けた恩を思い出し幕府に味方しました。敗れた後鳥羽上皇は③伊豆に流されました。この出来事を承久の乱といいます。」

Ａさん「鎌倉時代は好きなところです。誤っているのは…」

この場合，正解は③，（正しい語句）「隠岐」となります。

（会話１）

Ｑ君 「まずは飛鳥時代から。飛鳥時代といえば，①冠位十二階や十七条の憲法を制定した聖徳太子（厩戸王《うまやどおう》）が活躍《かつやく》しました。それから大海人皇子が勝った②壬申の乱も重要です。あとは，③推古天皇が定めた藤原京も大切ですね。文武・元明天皇の時代も都でしたから」

Ａさん「いきなり難しいです。誤っているのは…」

（会話２）

Ｑ君 「それでは奈良時代。この時代は，口分田の不足が問題になりました。農民のやる気を高めるために，①三世一身の法や，墾田永年私財法を出して何とかしようとしました。けれど，うまくいきませんでした。それから，天平文化も大切です。舎人親王が編さんした『②風土記』や，太安万侶が筆記した『古事記』，大伴家持たちが編さんした『③万葉集』など…」

Ａさん「文化史も出るのですか。難しいですが，誤っているのは…」

（会話３）

Ｑ君　「平安時代に進みます。この時代になると，荘園が増えて領主の力も強くなりました。領主には，税（租《そ》）を納めなくてよい①不輸の権や，国司の使いの者を荘園に立ち入りさせない不入の権がありましたね。代表的な領主は藤原氏です。藤原氏といえば，自分の力を満月にたとえた②道長とその子供の頼通が有名です。頼通は鳳凰堂《ほうおうどう》を建てました。それから，紀貫之が編さんした，『③新古今和歌集』も忘れてはいけません。『土佐日記』も書いていますよ」

Ａさん「うーん，誤っているのは…」

（会話４）

Ｑ君　「それでは鎌倉時代にいきます。この時代から武士中心の世の中になります。商工業や農業の発達が見られました。高利貸業者の借上《かしあげ》や，年貢の保管や輸送を任された①問丸などが現れましたね。それから，定期市も開かれました。農業にもさまざまな工夫が見られました。草木の灰を肥料に利用したり，牛馬耕も行なわれました。それから，鎌倉時代といえば仏教です。浄土宗を開いたのは②法然，日蓮宗は日蓮，そして臨済宗は③栄西です」

Ａさん「仏教ですか。確かに大切ですよね。誤っているのは…」

（会話５）

Ｑ君　「続いて室町時代を復習します。農業や商工業が益々《ますます》発達します。自治をする力が強まった農村では，大切なことは①寄合でおきてなどを決めるところも出てきました。②二毛作が関東地方にも広がりましたし，特産物も生まれました。たとえば，宇治の茶，甲斐《かい》のぶどうなどが有名です。それから，中国から生糸やお金がたくさん輸入されるようになります。日本から輸出したのは刀剣や屏風《びょうぶ》，扇《おうぎ》など。貿易の名前は③朱印船貿易でしたね」

Ａさん「これは自信があります。誤っているのは…」

（会話６）

Ｑ君　「さらに，室町時代からもう一つ。15世紀前半に，馬借が立ち上がったことをきっかけとして徳政を要求したのは，①正長の土一揆です。さらに，地侍《じざむらい》に指揮《しき》された農民たちが畠山氏を追い出して，８年間も自分たちで支配したのは②山城の国一揆でした。それから③加賀の一向一揆では守護を滅ぼし，約１世紀も国を支配しました」

Ａさん「私，室町時代が得意かも。誤っているのは…」

（会話７）

Ｑ君　「では次は，先生が大好きな安土桃山時代です。全国統一が可能であった信長には，有名な軍師がいません。楽市楽座や，比叡《ひえい》山の①延暦寺焼き討ちなどを，全部自分の判断で行なったのです。天下人になる資格があると思いませんか。それから，豊臣秀吉。東南アジアのシャムやルソンと貿易をしました。本願寺の跡《あと》には②安土城を築きました。すごいですね。でも，最後が残念でした。③文禄の役や慶長の役など，２度にわたる朝鮮侵略はいけません」

Ａさん「本当ですね。私もそう思います。誤っているのは…」

（会話８）

Ｑ君　「疲れてきたから，私の先生役はこれで最後にします。江戸時代をやりましょう。三大改革をおさらいします。まずは享保の改革。将軍①綱吉の時代ですね。上げ米の制や町火消し・目安箱の設置，裁判の公平をはかった公事方御定書の制定…。さすがです。続いて老中②松平定信の寛政の改革。囲い米の制はよい制度だと思います。だけど，他のものはあまりにもきびしすぎました。あれでは誰もついてきてくれません。最後は，天保の改革。同じく老中水野忠邦です。これはダメです。なぜなら，江戸や大阪を幕府の支配地にする③上知令や人返しの法など，誰も喜びません」

Ａさん「誤っているのは…。ねえ，Ｑ君，今度は私が先生役をするわ。でも私はＱ君みたいに歴史が得意じゃないので，退屈な問題になるかも…」

Ｑ君　「そんなことないよ。Ａさん，お願いします」

問２　今度は先生役となったＡさんが質問した答えとして，正しいものをそれぞれ下から２つ選び，記号で答えなさい。

(1)　Ａさん「それでは問題を出します。日本は日清戦争に勝利しました。その後の出来事として正しいのはどれですか」

ア．朝鮮で，甲午農民戦争がおこった。

イ．ロシアが中心となり，日本に対しリャオトン半島を中国に返すようにせまった。

ウ．20世紀初めに，日英同盟が結ばれた。

エ．日本で，ノルマントン号事件がおこった。

オ．日本で，大日本帝国憲法が発布された。

(2)　Ａさん「次は第一次世界大戦についてです。第一次世界大戦の後の出来事として正しいのはどれですか」

ア．日本は勝利したものの戦後恐慌や関東大震災に苦しめられた。

イ．ヨーロッパでは，敗戦国ドイツがワシントン条約を結ばされた。

ウ．インドでは，三・一独立運動がおこり反日運動が盛んになった。

エ．中国では，五・四運動がおこり反日運動が盛んになった。

オ．日本では，米騒動がおこり騒動の責任をとって原敬内閣が総辞職した。

３　次の文章を読んで，あとの問いに答えなさい。

戦後の日本では，大日本帝国憲法に代わり，より民主的なルールが作られました。日本国憲法です。国民の権利である①基本的人権は日本国憲法に明記されており，②参政権，（　１　）権，自由権，（　２　）権，平等権から成り立っています。

例として，自由権を見てみましょう。自由権は，私たちが不当な支配や制限を受けないように作られた権利です。その中のひとつに，大学などでどのような研究を行なっても良いことを認めた「（　３　）の自由(憲法23条)」があります。大日本帝国憲法の時代は，（　３　）の自由が侵害され，③裁判にかけられたことがありました。国民の自由が守られてはじめて，民主的な国家の運営が可能となるのです。

問１　文中の(１)～(３)にあてはまるものを，漢字２字で答えなさい。

問２　下線部①について，日本国憲法における基本的人権に関する文として正しいものを下から選び，記号で答えなさい。

ア．侵すことのできない永久の権利である。

イ．基本的人権は，法律により無制限に制約をかけることができる。

ウ．自由権は，個人が所有する財産に差があることを憲法違反としている。

エ．基本的人権は，内閣総理大臣が国民に与えているものである。

問３　下線部②について，大日本帝国憲法制定以降の選挙に関する文として正しいものを下から２つ選び，記号で答えなさい。

ア．時代が進むにつれ，納税額や性別による投票権の有無などの制限が強まった。

イ．日本国憲法下の衆議院議員総選挙において，誰が誰に投票したかは公開されない。

ウ．現在の日本では，一票の格差は完全に解消された。

エ．現在の選挙に関する決まりごとは，公職選挙法で決められている。

オ．衆議院議員総選挙においてのみ間接選挙のしくみを採用している。

問４　下線部③について，以下の問いに答えなさい。

⑴　現在の日本の裁判制度について間違っているものを下から２つ選び，記号で答えなさい。

ア．刑事裁判において，被告人に黙秘権は認められない。

イ．裁判官の立場が厚く保障されているのは，良心に従って裁判にのぞめるようにするためである。

ウ．最高裁判所長官は内閣が任命する。

エ．日本では原則として三審制を採用しており，特に第二審から第三審を求めることを上告という。

オ．国会の中に開かれる裁判によって裁判官をやめさせられることがある。

⑵　日本において，2009年より国民が司法に参加するしくみが始まっている。このしくみを，解答欄にあうように漢字３字で答えなさい。

【理　科】〈第１回アドバンスト試験〉（社会と合わせて50分）〈満点：50点〉

1　聖《きよし》君と学《まなぶ》君は，電球，乾《かん》電池，スイッチを用いた実験をしました。

問１　電球の明るさと電流の関係を調べました。

(1)　右の図の電球に流れる電流を調べるためには，どのように電流計をつなげばよいですか。解答らんの電池，電球，電流計を線でつなぎ，回路を完成させなさい。

(2)　学君は(1)の電流計の－端《たん》子を500mA につなぎました。正しいつなぎ方を，次の**ア**～**ウ**から選び記号で答えなさい。

ア　流れる電流が500mA 以下だろうと予測してつないだ。

イ　はじめは５Ａにつなぎ，針のふれが小さかったので500mA にした。

ウ　はじめは50mA につなぎ，針のふれが大きかったので500mA にした。

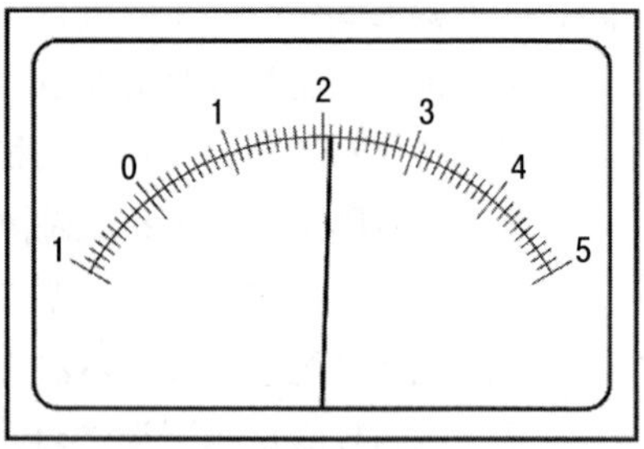

(3)　(2)のとき，電流計の目盛りは右の図のようになりました。電流は何 mA ですか。

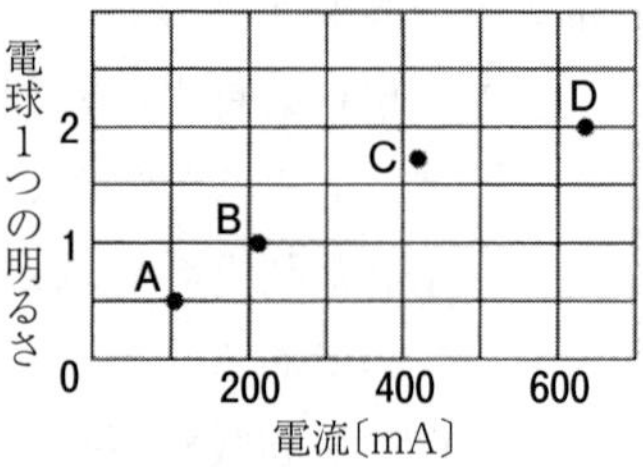

(4)　乾電池や電球の数を変えて，１つあたりの電球の明るさと電流の関係を調べました。その結果，右のグラフのようになりました。１つの乾電池に１つの電球をつなぐと点**B**となりました。乾電池を２つ，３つに増やすと，それぞれ点**C**，点**D**となりました。点**A**を測定するにはどのような回路をつくったと考えられますか。次の**ア**～**カ**から選び記号で答えなさい。

ア　１つの電球に２つの乾電池を直列につなぐ。

イ　１つの電球に２つの乾電池を並列につなぐ。

ウ　１つの乾電池に２つの電球を直列につなぐ。

エ　１つの乾電池に２つの電球を並列につなぐ。

オ　２つの乾電池を並列につなぎ，２つの電球を並列につなぐ。

カ　２つの乾電池を直列につなぎ，２つの電球を直列につなぐ。

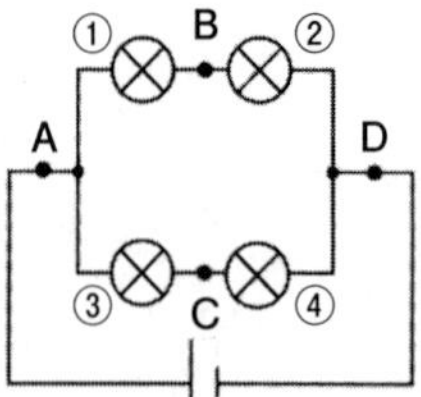

図１

問２　学君は４つの電球を用いて，図１のような回路をつくりました。電球は同じ種類のものを使いました。

図１の回路にスイッチをつないで，図２～図４の回路をつくりました。図２の回路はスイッチがオフだとすべての電球が光りませんが，スイッチをオンにするとすべての電球が同じ明るさで光りました。

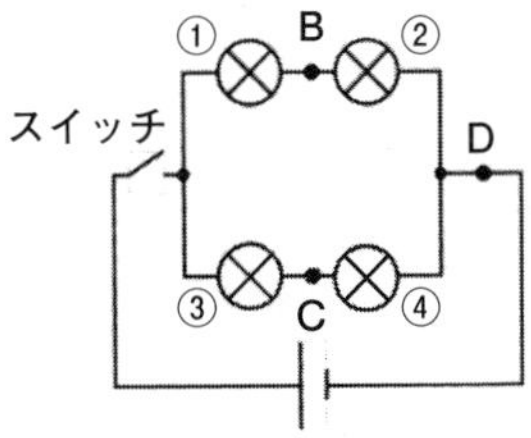

図２：点Aにスイッチを入れた場合

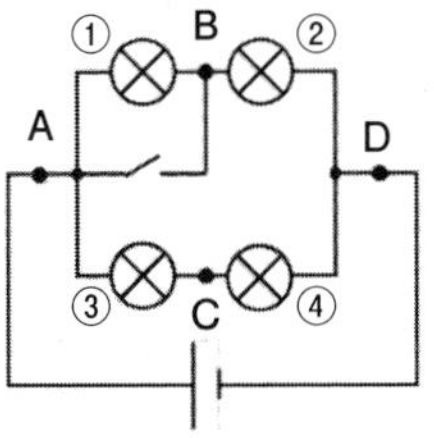

図３：点Aと点Bをスイッチで結んだ場合

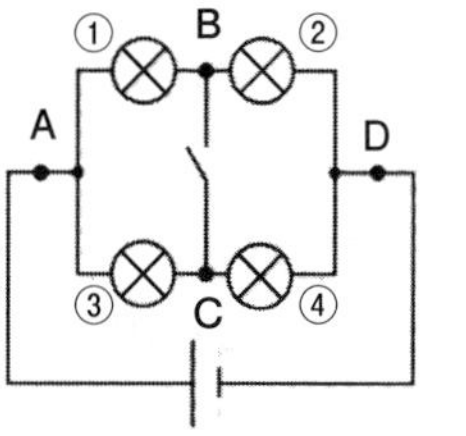

図４：点Bと点Cをスイッチで結んだ場合

(1)　図３の回路でスイッチをオンにしました。電球①，②はオフの時と比べてどのようになりますか。次の**ア**～**エ**からそれぞれ選び記号で答えなさい。

ア　明るくなる　　**イ**　暗くなる　　**ウ**　変わらない　　**エ**　光らない

(2)　図４の回路でスイッチをオンにしました。電球②はオフの時と比べてどのようになりますか。次の**ア**～**エ**から選び記号で答えなさい。

ア　明るくなる　　**イ**　暗くなる　　**ウ**　変わらない　　**エ**　光らない

(3)　図５のように，図１から電球を増やし，スイッチを２つ入れて電球の光り方を調べました。図２のように，ある点に入れたものをスイッチ１とし，図３，図４のように，ある点とある点を結んだものをスイッチ２とします。聖君と学君のつくった説明書からスイッチ１，スイッチ２はどこの点につながっていると考えられますか。下の**ア**～**ク**から選び記号で答えなさい。

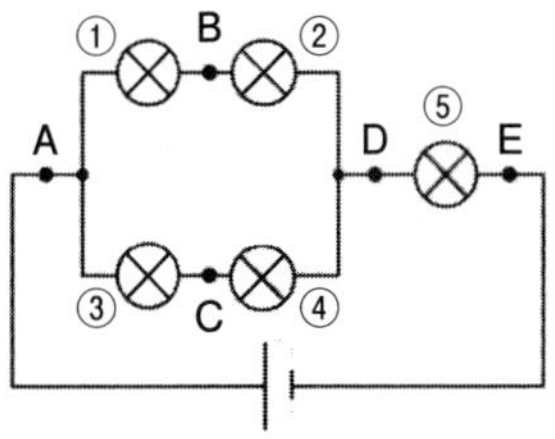

図５

電球回路　説明書

1．スイッチ１とスイッチ２がオフの状態で電源をつなぐと３つの電球が光る。
2．スイッチ２がオフの状態で，スイッチ１をオンにするとすべての電球が光る。
3．スイッチ１がオフの状態で，スイッチ２をオンにすると電球②～⑤のうち１つが消える。電球①はスイッチ２がオフの時よりも明るくなる。
4．スイッチ１と２を両方オンにすると４つの電球が光る。
電球の明るさが異なるところが美しい！

	スイッチ１	スイッチ２
ア	点B	点Aと点C
イ	点B	点Cと点D
ウ	点B	点Cと点E
エ	点B	点Dと点E
オ	点C	点Aと点B
カ	点C	点Bと点D
キ	点C	点Bと点E
ク	点C	点Dと点E

2 新型コロナウイルスへの感染は，ウイルスを含《ふく》む飛まつが直接，口や眼などの粘膜《ねんまく》にふれる，またはウイルスがついた手指で口や眼の粘膜にふれることで起こります。感染を防ぐためには，飛まつを吸いこまないようにすることや，手指のウイルスを洗い流すことが大切です。さらに，身の回りの物を消毒することで，手指につくウイルスを減らすことができます。

手指の消毒には，石けんを用いた手洗いが最も有効ですが，エタノール(アルコール)水溶《よう》液も有効です。一方で，机やドアノブなどの物の消毒には，次亜塩素酸《じあえんそさん》ナトリウム水溶液が有効です。

問1 新型コロナウイルスの消毒に有効なエタノール水溶液の濃《こ》さは，60%以上，90%以下です。

(1) エタノールの性質について正しい組み合わせのものを，表の**ア**～**エ**から選び記号で答えなさい。

	蒸発しやすい	水よりねばりけがある
燃えやすい	**ア**	**イ**
水に溶《と》けにくい	**ウ**	**エ**

(2) エタノール100g，水100gを混ぜてエタノール水溶液をつくりました。この水溶液の濃さは何%ですか。

(3) 水50gを使って，新型コロナウイルスの消毒に有効なエタノール水溶液をつくります。必要なエタノールは，何g以上，何g以下ですか。

問2 新型コロナウイルスの消毒に有効な次亜塩素酸ナトリウム水溶液の濃さは，0.05%です。お店で売っている塩素系漂《ひょう》白剤《ざい》には次亜塩素酸ナトリウムが含まれていて，その濃さは6%です。

(1) 塩素系漂白剤1gを水でうすめて，消毒に有効な次亜塩素酸ナトリウム水溶液をつくります。必要な水はおよそ何gですか。次の**ア**～**エ**から選び記号で答えなさい。

ア 30g　**イ** 120g　**ウ** 300g　**エ** 1200g

(2) 100gの水に溶かすことのできる固体の最大量を溶解度といい，そのときの水溶液をほう和水溶液といいます。次亜塩素酸ナトリウムの溶解度は30gです。次亜塩素酸ナトリウムのほう和水溶液を455gつくるためには，次亜塩素酸ナトリウムは何g必要ですか。

問3 新型コロナウイルスに関するここまでの文章や問題文からわかることは何ですか。次の**ア**～**エ**から選び記号で答えなさい。

ア 水をかけることでウイルスの毒性を弱めることができる。

イ エタノール水溶液の方が，次亜塩素酸ナトリウム水溶液よりも消毒の効果が高い。

ウ お店で売っているものだけを使って効果的な消毒薬をつくることができる。

エ エタノール水溶液を空気中に散布すれば，ウイルスを含む飛まつを消毒することもできる。

3　生態系について，後の問いに答えなさい。

地球上にはさまざまな生態系があることを学校の授業で学んだことから，聖君《きよし》は夏休みの自由研究で，さらにくわしく調べてみることにしました。聖君は調べながらメモをとっておきました。以下は調べたときのメモです。

- 生態系は，陸：**森林**，**草原**，**荒原**《こうげん》，**湿原**《しつげん》に，海：**浅海**，**外洋**にわけられる。
- **森林**は広葉樹林や熱帯多雨林などがあり，雨が多い地域。
- **草原**は森林よりも雨が少なく，ライオンがいるような地域。
- **荒原**はもっと雨が少なく，サハラ砂漠《さばく》のような地域。
- **湿原**は湿地にある草原のこと。
- **浅海**は水深200ｍまで，もっと深いところは**外洋**という。

聖君は，それぞれの生態系の特ちょうを表にまとめました。

生態系	A 面積 ［100万km²］	※1 B 生物の重さ ［億※2 t《トン》］	※3 C 光合成の量 ［億 t］	※4 D $\frac{\text{光合成の量}}{\text{生物の重さ}}$	主な生物
森林	50	17000	750	0.04	クヌギ スギ
草原	25	750	150	0.2	ススキ ササ
荒原	50	180	18	0.1	サボテン コケ
湿原	2	300	50	0.2	ミズバショウ ミズゴケ
浅海	30	30	①	5	ワカメ ヒジキ
外洋	330	②	450	45	植物プランクトン

※１　光合成をする生物の重さのこと
※２　１t《トン》＝1000kg
※３　一年間で光合成によって増える物質の重さのこと
※４　Ｃの値÷Ｂの値

問１　ジュースをこぼして表の一部がにじんで読めなくなってしまいました。そこで，生物の重さに対する光合成の量(表のＤ)の値を利用して，表の①と②を計算し直しました。それぞれいくつになりますか。

問２　表を見てみると，生物の重さ(表のＢ)が一番大きい生態系は森林だということがわかりました。森林の面積と荒原の面積は同じですが，同じ陸上でも荒原の生物の重さが最も小さいこともわかりました。そこで聖君は，森林の生物の重さは，荒原の生物の重さの約何倍あるかを計算しました。最も近い計算結果はどれですか。次の**ア**～**オ**から選び記号で答えなさい。

ア　２倍　　**イ**　５倍　　**ウ**　10倍　　**エ**　20倍　　**オ**　100倍

問３　森林の生物の重さは草原の20倍以上もあるのに，光合成の量は５倍しかありません。その理由は何だと考えられますか。次の**ア**～**ウ**から選び記号で答えなさい。

ア　温暖化が進み森林が減少しているから。

イ　森林の樹木にはほとんど光合成をしない幹の部分があるから。

ウ　森林伐採《ばっさい》によって樹木の種類が大きく変化しているから。

問４　生物の重さに対する光合成の量(表のD)では，浅海よりも外洋の数字が大きく，効率良く光合成をしていることがわかりました。その理由は何だと考えられますか。次の**ア**～**ウ**から選び記号で答えなさい。

ア　外洋の植物プランクトンは，浅海の海藻《そう》に比べてからだが小さいがほとんどの細胞《さいぼう》で光合成をおこなうため。

イ　植物プランクトンはすぐに動物プランクトンに食べられてしまい，寿命《じゅみょう》が短いため。

ウ　浅海より外洋の面積の方が大きいため。

問５　聖君は，一定の面積当たりの光合成の量を比かくするために，光合成の量(表のC)を面積(表のA)で割ってみました。そうすると，森林は100万 km^2 当たり15億 t だということがわかりました。陸上の生態系の中で，一定の面積当たりの光合成の量が最も大きいのはどの生態系ですか。次の**ア**～**エ**から選び記号で答えなさい。

ア　森林　　**イ**　草原　　**ウ**　荒原　　**エ**　湿原

問６　この自由研究からわかったことや考えたことを下に書き出しました。その中でまちがっているものを，次の**ア**～**ウ**から選び記号で答えなさい。

ア　森林は，生物の重さに対して光合成の量は小さいが，面積は大きいので地球全体の生態系にあたえる影響《えいきょう》は大きい。

イ　荒原は，陸上では面積が最も大きいが光合成の量は最も少ないので，植物の生育にとってきびしい環境《かんきょう》である。

ウ　湿原は，面積が小さいので，地球全体の生態系にあたえる影響は少ない。だから開発などで無くなったとしても構わない。

れた。あまり世の中の役には立たないけれども、文学部もとりあえずつくられた。文学部をつくってくれたということは、明治政府はまだ懐《ふところ》が深かったと言えるのかもしれません。ともかくそういう形で明治は、世襲という原理を一度は脇《わき》に置いて、全面的には受け容れない時代でした。

[B] 明治政府の元勲たちは華族《かぞく》制度をつくり、元老制度もつくっています。その点は、「ヨーロッパの貴族制度のようなものを取り入れたほうがいいのかな」という感覚はあったわけですね。イギリスが特に※3顕著《けんちょ》でしたが、当時、ヨーロッパは貴族がいて平民がいるという、強固な階級制の社会でした。それに比べると日本はあの時期、もしかすると世界でいちばん平等かもしれない社会が、突然生まれていたということになります。⑥これは本当に驚くべき変化でした。

（本郷和人『考える日本史』）

※1　推奨…すぐれている点をあげて、人にすすめること。
※2　元勲…国政に対して大きな功績があった者。
※3　顕著…際立って目につくさま。

問一　……aについて、文中での「世襲社会」の意味としてもっともふさわしいものを選び、記号で答えなさい。
ア、地位や職業などを子孫が受け継ぐ社会
イ、歌舞伎《かぶき》や俳句などの伝統文化を大切にする社会
ウ、話し合いや多数決で物事を決める社会
エ、女性よりも男性の方が重んじられる社会

問二　①について、ここに入ることわざとしてもっともふさわしいものを選び、記号で答えなさい。
ア、鳶《とび》が鷹《たか》を生む　イ、瓢簞《ひょうたん》から駒《こま》
ウ、二階から目薬　エ、出る杭《くい》は打たれる

問三　――②について、江戸時代はなぜ「出頭人」が否定される社会になったのでしょうか。その理由を次のようにまとめました。(あ)(い)に入る語の組み合わせとしてもっともふさわしいものを選び、記号で答えなさい。

江戸時代が、（あ）よりも（い）を重んじ、「生まれ」や「血筋」を優先する世襲社会だったから。

ア、(あ)　能力　(い)　平等　イ、(あ)　発展　(い)　自由
ウ、(あ)　軍備　(い)　平和　エ、(あ)　変化　(い)　安定

問四　――③について、「そうした社会」とはどのような社会でしょうか。その説明としてもっともふさわしいものを選び、記号で答えなさい。
ア、戦争がなくなった平和な社会
イ、才能や実力が尊重される合理的な社会
ウ、身分や階級の存在しない平等な社会
エ、だれも他人のことに関心を抱かない社会

問五　[A]と[B]に入る語の組み合わせとしてもっともふさわしいものを選び、記号で答えなさい。
ア、[A]　それゆえ　[B]　しかし
イ、[A]　もともと　[B]　さらに
ウ、[A]　そもそも　[B]　ただし
エ、[A]　そうして　[B]　なおかつ

問六　――④について、ここでいう「美田」とはどのような意味の語でしょうか。漢字二文字で言いかえなさい。

問七　――⑤について、なぜ「明治政府は世襲を否定」したのでしょうか。その理由を簡潔に説明しなさい。

問八　――⑥について、「本当に驚くべき変化」とありますが、筆者はどのようなことに驚いているのでしょうか。簡潔に説明しなさい。

こうした社会において、「俺《おれ》は自分の才覚で出世したいんだ」という人が出てくると、秩序《ちつじょ》が乱れることになるのですが、日本人はなんといっても草食系。「このヒエラルキーをぶっ壊《こわ》して、俺がトップまで行ってやる」という型の人はめったに出てこない。

それに頑張って出世するといっても限界があって、才覚で頭角を現そうとする奴《やつ》はだいたい嫌われます。たとえば菅原道真《すがわらのみちざね》みたいに身分の分限を超《こ》えて出世する人間が出てくると、叩《たた》かれる。妙《みょう》に分《ぶん》を超えて、世襲の殻《から》を破って出世すると叩かれます。まさに「（　①　）」です。

よく言えば、まったりして争いがない風土ですが、日本社会においては「下剋上《げこくじょう》の論理」がなかなか働かない。そうした形で国が動いてきた。下手に野心を抱《いだ》かず、下剋上なんて考えない。そういう生き方が、ずっと日本では※１推奨《すいしょう》されてきたのです。

しかし、このまったりした歴史のなかで、「血よりも能力だ」という才能主義を掲《かか》げた唯一の政府がありました。明治政府です。

生まれつきを超えて頭角を現す人のことを「出頭人《しゅっとうにん》」と言いますが、明治の前、②江戸《えど》時代は、この出頭人が否定された社会でした。戦争がなくなって社会は穏やか。秀吉《ひでよし》のような出頭人のチャンピオンはもう要らない。その結果、武士の世界は、ほぼ生まれがすべてという形になり、藩《はん》の政治も、あるいは幕府の政治も、「関与《かんよ》できるのは特定の家の人だけ」という状況《じょうきょう》になった。

だからこそ福沢諭吉《ふくざわゆきち》（一八三五―一九〇一）は、「封建《ほうけん》制度は親の仇《かたき》でござる」と言ったわけです。この言葉は「門閥《もんばつ》制度は親の仇でござる」と言い換えられることもあります。『福翁自伝《ふくおうじでん》』に書かれているのですが、「親の仇」の封建制度のなかで育った福沢は、アメリカに渡ったときに、アメリカ人にジョージ・ワシントンの子どもたちが今どこで何をしているかと訊《き》いた。そうしたら「わからない」と。福沢は「③そうした社会があるのか」とひじょうに驚《おどろ》いたと言います。実は、福沢の父親はすごく有能な人でした。しかし封建制度の下、中津《なかつ》藩の小役人で終わって、若死にしてしまっていたのです。

しかし、そうした江戸の泰平《たいへい》も、終わる。なにが終わらせたかというと、これはご存じのとおり「外圧」です。ペリーが黒船でやって来て開国を迫《せま》った。

その結果、「このまま、まったりした世襲社会でいくと、日本は植民地になってしまう」という危機感がたかまった。「西欧列強《せいおうれっきょう》に対抗《たいこう》しなければならない」と皆《みな》が考え、幕府を倒《たお》し、国の形が変わった。そうして生まれた明治政府は、日本において、世襲原理をいったん括《かっ》弧《こ》に入れた形で世の中を回そうとした、唯一の政府だったと思います。

この政府は血を否定した。［ A ］明治政府をつくった※２元勲《げんくん》たちは、才能というものを頼りに出世をしてきた、下級武士の出身者が多い。彼らは、自分の子どもや孫に対して、手厚い配慮《はいりょ》をしていません。まさに西郷隆盛《さいごうたかもり》（一八二八―一八七七）の言った「子孫に④美田を残さず」です。

たとえば大久保利通《おおくぼとしみち》（一八三〇―一八七八）、伊藤博文《いとうひろぶみ》（一八四一―一九〇九）、山県有朋《やまがたありとも》（一八三八―一九二二）の子どもたちが、次の総理大臣や軍司令官になりましたかというとなっていない。彼らクラスになると、さすがにそれはない。伊藤博文の子どもが、この場合養子でもいいのですが、養子や子どもが総理大臣になったかというとなっていない。あるいは山県有朋、山県は十一人も子どもがいて皆育たないという私生活では悲劇的な人ですが、その養子が陸軍大将にはなっていない。

⑤明治政府は世襲を否定していたのです。そのかわりに原理となったものが「立身出世」でした。とにかく勉強しなさい、世の中の役に立ちなさいということで帝国大学《ていこくだいがく》がつくられ、そこで官僚《かんりょう》がつくら

たい。私は母が向かう先とは反対に走り出す。かんかんと音をさせてアパートの階段を駆《か》け上がり、紙袋の中身を取り出した。いつのまに母が頼《たの》んだのか、それとも店員が気をきかせたのか、大中小、三つの鍋はプレゼント用に包装《ほうそう》されていた。でこぼこの包装紙のてっぺんに、ごていねいにリボンまでついている。みず色のリボン。ひとりきりになったちいさな部屋のなか、思わず私は笑ってしまう。

⑥あのとき母がくれたのは、いったいなんだったんだろうと思うことが、最近になってよくある。

もちろんそれはただの鍋である。けれど、鍋といって片づけてしまうには、あまりにもたくさんのものごとであるように思える。

（角田光代『鍋セット』）

※1　ル・クルーゼ…調理器具や食器を取り扱うフランスの会社

問一　……a・bの語の意味としてもっともふさわしいものを選び、記号で答えなさい。

a　ぶっきらぼう

ア、えらそうな態度　イ、興味をしめさない態度

ウ、相手を馬鹿にしたような態度

エ、愛想のない態度

b　素っ頓狂

ア、その場の雰囲気《ふんいき》にそぐわない

イ、いいかげんでそそっかしい

ウ、深く物事を考えていない

エ、こっけいで面白い

問二　――①について、主人公の心情としてもっともふさわしいものを選び、記号で答えなさい。

ア、道の真ん中で親子げんかするなんてはずかしくてしかたない。

イ、なんで私はおかあさんみたいに前向きになれないのだろう。

ウ、さっきからおかあさんの的外れな言葉にはもうウンザリ。

エ、おかあさんが帰ってくれないと、このままお母さんにあまえたくなってしまう。

問三　――②について、「母」は「ル・クルーゼ」をどのようなものと考えているか。もっともふさわしいものを選び、記号で答えなさい。

ア、実用性よりも、見た目を優先したもの。

イ、かざりっけのないシンプルなデザインのもの。

ウ、安っぽくてすぐにこわれそうなもの。

エ、とても大きくて頑丈《がんじょう》そうなもの。

問四　――③について、このときの「母」の気持ちが行動に表れている一文を、文中よりぬき出し、最初の五字を答えなさい。

問五　――④について、この一文には、「母」のどのような心情が表れているか。解答欄《らん》に合う形で簡潔に答えなさい。

問六　――⑤について、なぜ「この光景を、ひょっとしたら私は一生忘れないかもしれない」と思ったのか。その理由を解答欄に合う形で簡潔に答えなさい。

問七　――⑥について、「母がくれたもの」とはなにか。一五字以上三〇字以内で答えなさい。

三　次の文章を読み、後の問に答えなさい。（、や。なども一字とします）

a世襲《せしゅう》社会も悪いことばかりではありません。なんといっても、生まれたときから地位が決まっている世界だけに、争いがなくてひじょうに穏《おだ》やかです。

「鍋なんかいいよ」

「よくないわよ、鍋がなきゃなんにもできないじゃないの。あんたもね、料理くらい覚えなさい。フライパンひとつでできるものなんか料理とは言わないの、きちんと鍋を揃《そろ》えて、煮《に》炊《た》きをしなさいよ」

　母は得意げに言いながら、店先に茶碗《ちゃわん》を並べた雑貨屋に入っていく。店のなかは、食器や鍋や、ゴミ箱や掃除用品、ありとあらゆるものが所狭しと並んでいた。母は通路にしゃがみこみ、片《かた》っ端《ぱし》から鍋を手に取っていく。「これはなんだか重いわね」「これじゃあいかにも安っぽい」「こんなに馬鹿でかくても困るしね」ひとりごとをつぶやきながら、鍋をひっくり返したり片手で揺《ゆ》すってみたりしている。私は母のわきに突《つ》っ立って、隅《すみ》に整然と並んでいる※１ル・クルーゼの鍋を見ていた。高校生のころ、女性誌で見て、ひとり暮らしをしたら買いたいと決めていたル・クルーゼである。色も橙《だいだい》色と決めていた。けれど、これがほしいと母にはなんだか言えなかった。②こんなもので料理なんかできませんと母は言うような気がした。実際、母の作るもの、母の作ってきたものは、ル・クルーゼとは不釣《つ》り合いだった。あのアパートに橙のル・クルーゼがあっても、なんだか滑稽《こっけい》だとも思った。

「これがいいわ」

　思いきり立ち上がった母ははずみでよろけ、体を支えようと咄嗟《とっさ》に棚《たな》に手をつき、積んであった鍋がものすごい音を出して転がり落ちる。店内にいた客が陳列《ちんれつ》棚から首だけ出してこちらを見ている。

「やだ、もう」顔が火照るのを感じながら私はつぶやく。

「やだもうはこっちのせりふよ」③母も赤い顔をして、転げ落ちた鍋を懸命《けんめい》に元に戻している。「大丈夫《だいじょうぶ》ですかあ」店員が歩いてくる。

「あらまあ、ごめんなさいね、あのね、この子、春からこの先のアパートでひとり暮らしをするの、それで鍋と思ってね、選びにきたんだけど、やだ、こんなにしちゃって。大丈夫かしら、傷なんかついてない？　えーと、私が選んだのはどれだったかしら、しょうがないわねえ」

　おばさんらしい饒舌《じょうぜつ》さで母はべらべらとしゃべり、さっき選んだ鍋を店員に押《お》しつけるように渡している。鍋は大、中、小と三つあった。

「三つもいらないんじゃない」

「いるわよ、ちいさい鍋で毎朝お味噌汁《みそしる》を作りなさい、大きい鍋は筑《ちく》前《ぜん》煮とか、あとお魚を煮るときにね。中くらいのは南瓜《かぼちゃ》とか里芋《さといも》とか、そういうちょっとしたものを煮るのに便利だから」まだ顔の赤い母は念押しするように説明しながら、バッグから財布を取り出している。

「この子ね、はじめてひとり暮らしするんですよ。ご近所だし、何かあったらよろしくお願いいたしますね」

　母は若い店員に向かって頭を下げ、鍋を包んでいた店員は困ったように私を見、かすかに会釈《えしゃく》した。

　母とは店の前で別れた。アパートにいって荷ほどきをすると母は言い張ったが、ひとりで大丈夫だと私はくりかえした。

「そうね。これからひとりでやっていかなきゃならないんだもんね」

④母は自分に言い聞かせるようにつぶやいて、幾度《いくど》か小刻みにうなずくと、顔のあたりに片手をあげて、くるりと背を向けた。ふりかえらず、よそ見をすることなく、陽のあたる商店街を歩いていく。母に渡《わた》された重たい紙袋《ぶくろ》を提げ、遠ざかる母のうしろ姿を私はずいぶん長いあいだ眺めていた。母のうしろ姿はあいかわらず陽にさらされてちかちかと光っている。カートを引いて歩く老婆《ろうば》、小走りに駅へ向かうスーツ姿の男、幼い子どもの手を引く若い母親、いつもと変わらぬ町を歩く人々の合間を、母はまっすぐ歩いていく。雲のない空の下で商店街はふわふわと明るい。⑤この光景を、ひょっとしたら私は一生忘れないかもしれない、ふいにそんなことを思った。そんなことを思ったら急に泣き出しそうになった。ひとりになって泣くなんて子どもみ

二〇二一年度　聖学院中学校

【国　語】〈第一回アドバンスト試験〉（五〇分）〈満点：一〇〇点〉

一

――のカタカナを漢字にしなさい。

① パンクしたシャリンをとりかえる。
② シカク試験に合格する。
③ 読書に関するコウエンを聞く。
④ 先生のシジをしっかり聞く。
⑤ 父はショウケン会社につとめている。
⑥ 世界各国とボウエキする。
⑦ 文章をノートにウツす。
⑧ お墓に花をソナえる。
⑨ 長い時間をツイやして完成した作品。
⑩ もう一度ケントウする必要がある。

二

次の文章を読み、後の問に答えなさい。（、や。なども一字とします）

駅近くにあった蕎麦《そば》屋で、母と向き合って天ぷら蕎麦を食べた。びっくりするくらいまずかった。うちの近所の村田庵《むらたあん》だってもっとましな蕎麦を出す。なのに母ときたら、おいしい、おいしい、おいしいと連発する。「やっぱり東京の店は違《ちが》うわね」なんて言う。私はむっつりとして、半分残して箸《はし》を置いた。もったいないと言い、私の残したぶんまで食べる母に、苛立《いら》ちを通り越《こ》して嫌悪《けんお》まで覚えはじめる。

蕎麦屋を出る。春特有のふわふわした陽射しが商店街を染め抜《ぬ》いている。

「じゃあここで、もう帰っていいよ、おかあさん」私はａぶっきらぼうに言った。

「でも、まだ荷ほどきもしてないじゃない」

「あれっぽっちの荷物、私ひとりだって、すぐ片づいちゃう」

「掃除《そうじ》も、もう一回したほうがいいんじゃない」

「さっきしたばかりじゃないの」

「だけど、台所はなんだか汚《よご》れが落ちなかったし」

店先で言い合う母子を、通りすがりの人がちらりと眺《なが》めていく。

「もういいって」強い口調で私は言った。本当のことを言うと、母といっしょにあのしょぼけたアパートに帰りたかった。何度でもいっしょに掃除をしてもらいたかった。あの狭《せま》苦しい台所で、夕食の支度をしてほしかった。魚の煮《に》つけ、切り干し大根、たらこと葱《ねぎ》の入った卵焼き、家のテーブルに並ぶような夕食。そして、布団を並べていっしょに眠《ねむ》ってほしかった。苛立った私の八つ当たりを、とんちんかんな言葉で受け流してほしかった。けれど今日泊《と》まってもらったら、明日も泊まってもらいたくなる。私は今日から、たった今から、ひとりで、あの部屋で、なんとか日々を過ごしていかなくてはならないのだ。

①「もういいって。帰って」私は言った。泣きそうな自分の声が耳に届く。

「あっ、いやだ、おかあさん、忘れてた」突然《とつぜん》母がｂ素《す》っ頓狂《とんきょう》な声で叫《さけ》ぶ。

「何、忘れもの？」

「そうじゃないの、あのね、鍋《なべ》。鍋を用意してあげるのを忘れてた」

母は言い、すたすたと商店街を歩き出す。コートを着た母のうしろ姿が、陽をあびてちかちかと光る。私はちいさな子どものように、母のあとを追う。

2021年度

聖学院中学校

▶解　答

※　編集上の都合により，第１回アドバンスト試験の解説は省略させていただきました。

算　数　＜第１回アドバンスト試験＞（50分）＜満点：100点＞

解　答

1　あ　13　い　$\frac{1}{3}$　う　4　え　29　お　33　か　990　**2**　き　82.5　く　29　け　9　こ　36　さ　72　し　20　す　8.5　**3**　せ　150　そ　15　た　47　**4**　ち　8　つ　35　て　9　と　5　な　9　に　8　**5**　ぬ　90　ね　①　の　4　は　100

社　会　＜第１回アドバンスト試験＞（理科と合わせて50分）＜満点：50点＞

解　答

1　問１　１　石狩　３　越後　６　庄内　問２　(エ)　問３　イ，エ　問４　最上川　問５　アイヌ　問６　ア，エ　問７　利根川　問８　イ　問９　(ア)　問10　(ウ)　問11　ア，エ　問12　玉川上水　問13　ウ，オ　**2**　問１　１　③，持統天皇　２　②，日本書紀　３　③，古今和歌集　４　○，なし　５　③，勘合貿易　６　○，なし　７　②，大阪城　８　①，吉宗　問２　(1)　イ，ウ　(2)　ア，エ　**3**　問１　１　社会　２　請求　３　学問　問２　ア　問３　イ，エ　問４　(1)　ア，ウ　(2)　裁判員(制度)

理　科　＜第１回アドバンスト試験＞（社会と合わせて50分）＜満点：50点＞

解　答

1　問１　(1)　右の図　(2)　イ　(3)　210mA　(4)　ウ　問２　(1)　①　エ　②　ア　(2)　ウ　(3)　カ　**2**　問１　(1)　ア　(2)　50％　(3)　75ｇ以上450ｇ以下　問２　(1)　イ　(2)　105ｇ　問３　ウ　**3**　問１　①　150　②　10　問２　オ　問３　イ　問４　ア　問５　エ　問６　ウ

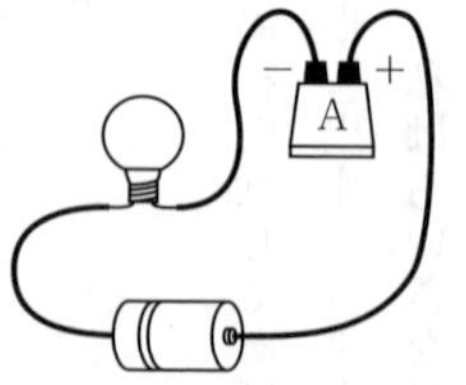

国　語　＜第１回アドバンスト試験＞（50分）＜満点：100点＞

解　答

一　下記を参照のこと。　　二　**問1**　a　エ　b　ア　**問2**　エ　**問3**　ア　**問4**　おばさんら　**問5**　（例）もうこれ以上，「私」に世話を焼くのはやめよう(という決意が表れている。)　**問6**　（例）親と別れて，初めてひとり立ち(をしたときに見た光景だから。)　**問7**　（例）これから一人で生きていく自分に対して送られた母からのエール。　三　**問1**　ア　**問2**　エ　**問3**　エ　**問4**　イ　**問5**　ウ　**問6**　財産(遺産)　**問7**　（例）ペリーが開国を迫ったことで外圧が強まり，「西欧列強に対抗するため才能や実力を優先しなければならない」と考えたから。　**問8**　（例）ほぼ生まれがすべてという形であった江戸時代から，勉強すれば出世することができる才能主義の明治時代に，短期間で大きく変化したこと。

●漢字の書き取り

一　①　車輪　②　資格　③　講演　④　指示　⑤　証券　⑥　貿易　⑦　写　⑧　供　⑨　費　⑩　検討

2021年度　聖学院中学校

〔電　話〕　(03)3917－１１２１
〔所在地〕　〒114－8502　東京都北区中里３－12－１
〔交　通〕　JR山手線・東京メトロ南北線 ―「駒込駅」より徒歩７分
JR京浜東北線 ―「上中里駅」より徒歩12分

〈編集部注：編集上の都合により筆記の問題のみを掲載しております。〉

【英　語】〈英語選抜試験〉（50分）〈満点：100点〉

[Part 1]

I. 例にならって、 ________に入るもっとも適当な語を選んで、記号で答えなさい。

例）Animal：Dog = Flower：____D______

(A) Cat
(B) Carrot
(C) Salmon
(D) Tulip

(1)　Bed：Sleep = Chair：__________

(A) Sit
(B) Come
(C) Cry
(D) Drive

(2)　School：Teacher = Shop：__________

(A) Player
(B) Clerk
(C) Watch
(D) Ancestor

(3)　Good：Bad = Hungry：__________

(A) High
(B) Long
(C) Special
(D) Full

(4) Man : Woman = Uncle : ________

(A) Cousin

(B) Child

(C) Brother

(D) Aunt

(5) Trumpet : Flute = Violin : ________

(A) Song

(B) Guitar

(C) Club

(D) Ball

(6) Lunch : Eat = Mountain : ________

(A) Climb

(B) Meet

(C) Run

(D) Follow

(7) First : Tenth = January : ________

(A) February

(B) May

(C) July

(D) October

(8) High : Low = Wide : ________

(A) Main

(B) Many

(C) Native

(D) Narrow

(9) Why : Reason = How : ________

(A) Place

(B) Way

(C) Thing

(D) Time

(10) Pencil : Write = Scissors : __________

(A) Clean

(B) Push

(C) Cut

(D) Talk

Ⅱ. __________に入る適切なものを選び、記号で答えなさい。

(1) I don't know this word. I need a __________.

(A) chair

(B) desk

(C) stamp

(D) dictionary

(2) A : Do you have any flowers?

B : No. I don't like __________ very much.

(A) animals

(B) plants

(C) dolls

(D) subjects

(3) A : When did you go to China, Akane?

B : About ten years __________.

(A) quickly

(B) ago

(C) first

(D) soon

(4) A : Here's my phone number. Please __________ me anytime.

B : Thanks.

(A) run

(B) know

(C) call

(D) say

(5) A : Can I talk to you at lunchtime, Mary?

B : Sure. I'll eat in the ＿＿＿＿＿.

(A) elevator

(B) bed

(C) cafeteria

(D) hour

(6) A : When ＿＿＿＿＿ your school start?

B : Next week.

(A) do

(B) does

(C) is

(D) was

(7) A : Mom, may I play video games now?

B : No. You have to ＿＿＿＿＿ your room first.

(A) clean

(B) play

(C) do

(D) talk

(8) My ＿＿＿＿＿ subject is math. But my friends don't like it.

(A) happy

(B) long

(C) like

(D) favorite

(9) A : I'm going to kick the ball!

B : OK. I'm ready to ＿＿＿＿＿ it.

(A) catch

(B) ask

(C) wake

(D) sleep

(10) My father eats breakfast early __________ the morning.

(A) from

(B) on

(C) in

(D) of

[Part 2]

Ⅰ 英文を読んで、本文中の(1)~(4)に当てはまるものを選んで記号で答えなさい。
また、本文の内容に合うよう、(5)の問に最も適当なものを選んで記号で答えなさい。

The History of Purple

Until a few hundred years ago, only the richest people wore purple clothes. For example, kings and queens wore purple as a sign of their high rank. (1), many people thought of it as a color that only powerful people could wear. The reason that purple clothes were so special was that, until the 19th century, purple was a very (2) color to make.

Thousands of years ago, a way to make purple cloth was discovered in a country in the Middle East known as Phoenicia, but it took a lot of time and effort. The Phoenicians made the color from a shellfish called "murex," and it took 250,000 of these shellfish just to make about 30 grams of purple color. Therefore, it was very expensive. The Phoenicians sold it to the Greeks and the Romans, but (3) people could use it because of the price. Later, in around A.D. 400, a Roman law was made so that only the emperor could wear clothes made with the best purple cloth.

During the 15th century, people started looking for new ways to make purple color. For example, some people tried using various types of insects or fish. They were successful, and this made purple clothing a little cheaper. However, it was still too expensive for most people. Then, in 1856, a scientist name William H. Perkin discovered a chemical called "mauveine." This made it possible for ordinary people to (4) purple clothes. The color soon became very fashionable, and today purple clothing can be found in almost any store.

（1） A. In spite of this　B. Surprisingly　C. Because of this　D. Firstly

（2） A. strange　B. difficult　C. clean　D. gentle

（3） A. few　B. most　C. many　D. least

（4） A. return　B. wash　C. forget　D. purchase

（5） What was one reason why making the color purple was so expensive?

A. So only rich people could buy it.

B. Because not many people knew how to make it.

C. Because it wasn't an easy color to make.

D. Because the shellfish used to make the color was rare.

Ⅱ. 英文を読んで、(1)~(4)の問に答えなさい。また(5)は日本語で答えなさい。

Driving for the Earth

Most people know that taking a bus is safer and less expensive than driving a car. Also, riding buses is better for the environment. However, buses are not a perfect answer to environmental problems. One reason for this is because they use more fuel than they need to. Because of this, some people say that bus drivers should be trained to practice "eco-driving."

Eco-driving means helping the environment by driving in a way that uses less fuel. A large amount of fuel is wasted when bus drivers do certain things, such as speeding up quickly or leaving the engine on when the bus is not moving. Some cities have started to train their bus drivers to stop doing (5) these things to save both fuel and money. In order to teach bus drivers eco-driving, SmartDrive, a company in the United States, has recently developed a special system.

The system uses small lights to tell the driver how he or she is driving. It is put on the bus in a place that the driver can easily see. A green light comes on when the driver is driving well. A red light, on the other hand, tells the driver that he or she is wasting fuel. The idea is to teach the drivers while they are driving. In a test study, SmartDrive found that they could improve drivers' fuel savings by as much as 18.7 percent.

Stagecoach Bus, a company in the United Kingdom, uses a system similar to that of SmartDrive. According to Stagecoach Bus, another benefit of eco-driving is that it is safer. The company says that they are using the system both to lower fuel costs and to reduce traffic accidents. To do this, Stagecoach Bus is offering its drivers extra money if they can improve their driving style. These new systems are helping to make taking the bus an even better option for the future.

(1) What is one problem with buses?

A. It is hard to train the drivers.

B. It is hard to make them safer than cars.

C. They use more fuel than is needed.

D. They use an expensive kind of fuel.

(2) “Eco-driving” means

A. keeping buses moving as much as possible.

B. changing the engines in buses to ones that need less fuel.

C. making drivers pay money when they harm the environment.

D. driving in ways that are better for the environment.

(3) How does the SmartDrive system work?

A. It uses lights to tell drivers how well they are driving.

B. It has a red light to tell drivers when to turn on the engine.

C. It tests people on how much they know about global warming.

D. It stores fuel in another part of the bus so that it is not wasted.

(4) What is one thing that Stagecoach Bus is trying to do?

A. Get a prize for their eco-driving system.

B. Create a new type of bus that uses no fuel.

C. Make money by teaching drivers at other bus companies.

D. Reduce the number of accidents caused by poor driving.

(5) In paragraph 2, explain in Japanese what two things the phrase “these things” refers to?

[Part 3]

Write an essay on the following opinion on the paper provided. You must write more than 150 words.

Opinion: Learning online is better than learning in a classroom.

Do you agree or disagree with this statement? Use examples or your own personal experience to support your view.

2021年度

聖学院中学校

▶解　答

※　編集上の都合により，英語選抜試験の解説は省略させていただきました。

英　語　＜英語選抜試験＞（50分）＜満点：100点＞

解　答

[Part 1]　I　(1)　(A)　(2)　(B)　(3)　(D)　(4)　(D)　(5)　(B)　(6)　(A)　(7)　(D)　(8)　(D)　(9)　(B)　(10)　(C)　II　(1)　(D)　(2)　(B)　(3)　(B)　(4)　(C)　(5)　(C)　(6)　(B)　(7)　(A)　(8)　(D)　(9)　(A)　(10)　(C)　[Part 2]　I　(1)　C　(2)　B　(3)　A　(4)　D　(5)　C　II　(1)　C　(2)　D　(3)　A　(4)　D　(5)　(例)　急加速とエンジンのつけっぱなし　[Part 3]　省略

Dr.福井の入試に勝つ！脳とからだのウルトラ科学

復習のタイミングに秘密あり！

算数の公式や漢字，歴史の年号や星座の名前……。勉強は覚えることだらけだが，脳は一発ですべてを記憶することができないので，一度がんばって覚えても，しばらく放っておくとすっかり忘れてしまう。したがって，覚えたことをしっかり頭の中に焼きつけるには，ときどき復習をしなければならない。

ここで問題なのは，復習をするタイミング。これは早すぎても遅すぎてもダメだ。たとえば，ほとんど忘れてしまってから復習しても，最初に勉強したときと同じくらい時間がかかってしまう。これはとっても時間のムダだ。かといって，よく覚えている時期に復習しても何の意味もない。

そもそも復習とは，忘れそうになっていることを見直し，記憶の定着をはかる作業であるから，忘れかかったころに復習するのがベストだ。そうすれば，復習にかかる時間が一番少なくてすむし，記憶の続く時間も最長になる。

では，どのタイミングがよいか？　さまざまな研究・発表を総合して考えると，1回目の復習は最初に覚えてから1週間後，2回目の復習は1か月後，3回目の復習は3か月後――これが医学的に正しい復習時期だ。復習をくり返すたびに知識が海馬《かいば》(脳の，知識をためる倉庫みたいな部分)にだんだん強くくっついていくので，復習する間かくものびていく。

この計画どおりに勉強するには，テキストに初めて勉強した日付と，その1週間後・1か月後・3か月後の日付を書いておくとよい。あるいは，復習用のスケジュール帳をつくってもよいだろう。もちろん，計画を立てたら，それをきちんと実行することが大切だ。

ちなみに，記憶量と時間の関係を初めて発表したのがドイツのエビングハウスという学者で，「エビングハウスの忘却《ぼうきゃく》曲線」として知られている。

えーと
1週間後
あ，そうだった！
1カ月後
あ，思い出した！
3カ月後
もう，覚えてるよ

Dr.福井(福《ふく》井《い》一成《かずしげ》)…医学博士。開成中・高から東大・文Ⅱに入学後，再受験して翌年東大・理Ⅲに合格。同大医学部卒。さまざまな勉強法や脳科学に関する著書多数。

Memo

Memo

2025年度用
中学スーパー過去問

■編集人 声の教育社・編集部
■発行所 株式会社 声の教育社
〒162-0814 東京都新宿区新小川町8-15
☎03-5261-5061㈹ FAX03-5261-5062
https://www.koenokyoikusha.co.jp

※本書の内容についての一切の責任は当社にあります。内容・解説・解答・その他は当社ホームページよりお問い合わせ下さい。

ストリーミング配信による入試問題の解説動画

2025年度用web過去問　ラインナップ

■ **男子・女子・共学（全動画）見放題**
36,080円（税込）

■ **男子・共学　見放題**
29,480円（税込）

■ **女子・共学　見放題**
28,490円（税込）

● 中学受験「声教web過去問（過去問プラス・過去問ライブ）」（算数・社会・理科・国語）

3〜5年間 **24校**

過去問プラス

麻布中学校	桜蔭中学校	開成中学校	慶應義塾中等部	渋谷教育学園渋谷中学校
女子学院中学校	筑波大学附属駒場中学校	豊島岡女子学園中学校	広尾学園中学校	三田国際学園中学校
早稲田中学校	浅野中学校	慶應義塾普通部	聖光学院中学校	市川中学校
渋谷教育学園幕張中学校	栄東中学校			

過去問ライブ

栄光学園中学校	サレジオ学院中学校	中央大学附属横浜中学校	桐蔭学園中等教育学校	東京都市大学付属中学校
フェリス女学院中学校	法政大学第二中学校			

● 中学受験「オンライン過去問塾」（算数・社会・理科）

3〜5年間 **50校以上**

東京	青山学院中等部	東京	国学院大学久我山中学校	東京	明治大学付属明治中学校	千葉	芝浦工業大学柏中学校	埼玉	栄東中学校
	麻布中学校		渋谷教育学園渋谷中学校		早稲田中学校		渋谷教育学園幕張中学校		淑徳与野中学校
	跡見学園中学校		城北中学校		都立中高一貫校 共同作成問題		昭和学院秀英中学校		西武学園文理中学校
	江戸川女子中学校		女子学院中学校		都立大泉高校附属中学校		専修大学松戸中学校		獨協埼玉中学校
	桜蔭中学校		巣鴨中学校		都立白鷗高校附属中学校		東邦大学付属東邦中学校		立教新座中学校
	鷗友学園女子中学校		桐朋中学校		都立両国高校附属中学校		千葉日本大学第一中学校	茨城	江戸川学園取手中学校
	大妻中学校		豊島岡女子学園中学校	神奈川	神奈川大学附属中学校		東海大学付属浦安中等部		土浦日本大学中等教育学校
	海城中学校		日本大学第三中学校		桐光学園中学校		麗澤中学校		茗渓学園中学校
	開成中学校		雙葉中学校		県立相模原・平塚中等教育学校		県立千葉・東葛飾中学校		
	開智日本橋中学校		本郷中学校		市立南高校附属中学校		市立稲毛国際中等教育学校		
	吉祥女子中学校		三輪田学園中学校	千葉	市川中学校	埼玉	浦和明の星女子中学校		
	共立女子中学校		武蔵中学校		国府台女子学院中学部		開智中学校		

web過去問 Q&A

過去問が動画化！
声の教育社の編集者や中高受験のプロ講師など、
過去問を知りつくしたスタッフが動画で解説します。

Q **どこで購入できますか？**

A 声の教育社のHPでお買い求めいただけます。

Q **受講にあたり、テキストは必要ですか？**

A 基本的には過去問題集がお手元にあることを前提としたコンテンツとなっております。

Q **全問解説ですか？**

A 「オンライン過去問塾」シリーズは基本的に全問解説ですが、国語の解説はございません。「声教web過去問」シリーズは合格のカギとなる問題をピックアップして解説するもので、全問解説ではございません。なお、「声教web過去問」と「オンライン過去問塾」のいずれでも取り上げられている学校がありますが、授業は別の講師によるもので、同一のコンテンツではございません。

Q **動画はいつまで視聴できますか？**

A ご購入年度２月末までご視聴いただけます。
複数年視聴するためには年度が変わるたびに購入が必要となります。

よくある解答用紙のご質問

01

実物のサイズにできない

拡大率にしたがってコピーすると，「解答欄」が実物大になります。配点などを含むため，用紙は実物よりも大きくなることがあります。

02

A3用紙に収まらない

拡大率164％以上の解答用紙は実物のサイズ（「出題傾向＆対策」をご覧ください）が大きいために，A 3に収まらない場合があります。

03

拡大率が書かれていない

複数ページにわたる解答用紙は，いずれかのページに拡大率を記載しています。どこにも表記がない場合は，正確な拡大率が不明です。

04

1ページに2つある

1ページに2つ解答用紙が掲載されている場合は，正確な拡大率が不明です。ほかの試験回の同じ教科をご参考になさってください。

聖学院中学校

【別冊】入試問題解答用紙編

解答用紙は本体からていねいに抜きとり、別冊としてご使用ください。

※　実際の解答欄の大きさで練習するには、指定の倍率で拡大コピーしてください。なお、ページの上下に小社作成の見出しや配点を記載しているため、コピー後の用紙サイズが実物の解答用紙と異なる場合があります。

●入試結果表

— は非公表

年度	回	項目	国語	算数	社会	理科	２科合計	４科合計	２科合格	４科合格
2024	第１回 一般	配点(満点)	100	100	50	50	200	300	最高点	最高点
		合格者平均点	—	—	—	—	—	—	—	—
		受験者平均点	—	—	—	—	—	—	最低点	最低点
		キミの得点							114	166
	第１回 ｱﾄﾞﾊﾞﾝｽﾄ	配点(満点)	100	100	50	50	200	300	最高点	最高点
		合格者平均点	—	—	—	—	—	—	—	—
		受験者平均点	—	—	—	—	—	—	最低点	最低点
		キミの得点							86	114
2023	第１回 一般	配点(満点)	100	100	50	50	200	300	最高点	最高点
		合格者平均点	—	—	—	—	—	—	—	—
		受験者平均点	—	—	—	—	—	—	最低点	最低点
		キミの得点							117	174
	第１回 ｱﾄﾞﾊﾞﾝｽﾄ	配点(満点)	100	100	50	50	200	300	最高点	最高点
		合格者平均点	—	—	—	—	—	—	—	—
		受験者平均点	—	—	—	—	—	—	最低点	最低点
		キミの得点							124	180
	〔参考〕：英語特別の合格者最低点、合格者平均点、受験者平均点は非公表です。									
2022	第１回 一般	配点(満点)	100	100	50	50	200	300	最高点	最高点
		合格者平均点	—	—	—	—	—	—	—	—
		受験者平均点	—	—	—	—	—	—	最低点	最低点
		キミの得点							138	197
	第１回 ｱﾄﾞﾊﾞﾝｽﾄ	配点(満点)	100	100	50	50	200	300	最高点	最高点
		合格者平均点	—	—	—	—	—	—	—	—
		受験者平均点	—	—	—	—	—	—	最低点	最低点
		キミの得点							114	167
	〔参考〕：英語特別の合格者最低点、合格者平均点、受験者平均点は非公表です。									
2021	第１回 一般	配点(満点)	100	100	100	100	200	400	最高点	最高点
		合格者平均点	—	—	—	—	156.1	288.3	185	372
		受験者平均点	—	—	—	—	—	—	最低点	最低点
		キミの得点							141	260
	第１回 ｱﾄﾞﾊﾞﾝｽﾄ	配点(満点)	100	100	50	50	200	300	最高点	最高点
		合格者平均点	—	—	—	—	124.1	176.2	164	239
		受験者平均点	—	—	—	—	—	—	最低点	最低点
		キミの得点							100	151
	〔参考〕：英語選抜の合格者最低点、合格者平均点、受験者平均点は非公表です。									

※　表中のデータは学校公表のものです。

声の教育社

2024年度　　聖学院中学校

算数解答用紙　第1回一般

番号		氏名		評点	／100

1

あ　い　う　え　お

か　き　く　け　こ

さ　し　す

2

せ　そ　た　ち

つ　て　と

3

な　に　ぬ　ね　の

4

は　ひ　ふ　へ

5

ほ　ま　み　む　め

（注）この解答用紙は実物を縮小してあります。B５→B４(141%)に拡大コピーすると、ほぼ実物大の解答欄になります。

〔算　数〕100点(学校配点)

1　あ～き　各３点×7　く～こ　３点　さ・し　３点　す　３点　2　各４点×7　3～5　各３点×14

２０２４年度　聖学院中学校

社会解答用紙　第１回一般

番号		氏名		評点	／50

1

問1	(1)		(2)		(3)						
問2		問3		問4		問5		問6		問7	
問8		問9		問10		問11		問12			

2

問1		問2		問3	(1)	(2)	
問4		問5		問6		問7	
問8		問9		問10		問11	
問12		問13	⇒　⇒				

3

問1		問2		問3		問4		問5	
問6		問7							

（注）この解答用紙は実物を縮小してあります。Ｂ５→Ａ３（163%）に拡大コピーすると、ほぼ実物大の解答欄になります。

〔社　会〕50点（学校配点）

1　問１　各２点×３　問２～問７　各１点×６　問８　２点　問９，問10　各１点×２　問11，問12　各２点×２　2　問１　１点　問２　２点　問３　各１点×２　問４　２点　問５，問６　各１点×２　問７　２点　問８，問９　各１点×２　問10，問11　各２点×２　問12　１点　問13　２点<完答>　3　問１　１点　問２　２点　問３　１点　問４　２点　問５　１点　問６　２点　問７　１点

２０２４年度　聖学院中学校

理科解答用紙　第１回一般

番号		氏名		評点	／50

1

問１	(１)	換気扇	トイレ	(２)					
問２	(１)		(２)		(３)	①		②	
問３	(１)		(２)						

2

問１	(１)						
	(２)						
	(３)	①		②		③	
問２	(１)		(２)		(３)		(４)

3

問１										
問２	(１)		(２)	①		②		③		④
問３		問４								

（注）この解答用紙は実物を縮小してあります。Ｂ５→Ｂ４(141%)に拡大コピーすると、ほぼ実物大の解答欄になります。

〔理　科〕50点(学校配点)

1 問１　(1)　各１点×２　(2)　２点　問２　各２点×４　問３　(1)　２点　(2)　３点　2 問１　(1)　１点　(2), (3)　各２点×４　問２　各２点×４　3　各２点×８

2024年度　聖学院中学校

国語解答用紙　第一回一般

番号　　氏名　　評点　/100

一
問一　1　2　3　4
問二　1　2　3

二
問一　C　D　F
問二
問三
問四　(1)　(2)
問五
問六
問七
問八

三
問一
問二　(1)　①　②　③
(2)
問三　あ　い　う
問四
問五
問六
問七　2　3

(注)　この解答用紙は実物を縮小してあります。B5→A3(163%)に拡大コピーすると、ほぼ実物大の解答欄になります。

〔国　語〕100点(学校配点)

一　問1　各1点×4　問2　各2点×3　二　問1，問2　各3点×4　問3　5点　問4　(1)　5点　(2)　4点　問5，問6　各4点×2　問7　5点　問8　6点　三　問1　4点　問2　(1)　各3点×3　(2)　5点　問3，問4　各3点×4　問5　5点　問6　4点　問7　各3点×2

２０２４年度　聖学院中学校　第１回アドバンスト

算数解答用紙　No.１

番号		氏名	

評点	／100

1

あ		い		う	

え		お		か	

(5)

き	

2

く		け		こ		さ	

し		す	

２０２４年度　　聖学院中学校　第１回アドバンスト

算数解答用紙　No. 2

3

せ		そ		た		ち	

(4)

つ	

4

て		と		な	

(4)

に		ぬ	

5

ね		の		は	

(注)　この解答用紙は実物を縮小してあります。Ｂ５→Ｂ４(141%)に拡大コピーすると、ほぼ実物大の解答欄になります。

〔算　数〕100点(学校配点)

1　あ〜う　各４点×３　え〜か　４点　き　６点　2　各５点×６　3　せ〜ち　各３点×４　つ　６点　4　て〜な　各４点×３　に・ぬ　６点　5　各４点×３

２０２４年度　聖学院中学校　第１回アドバンスト

社会解答用紙

番号		氏名		評点	／50

1

問1 (1)　(5)　問2　問3

問4　問5　問6

問7　問8　新幹線　新幹線

問9　問10　半島

問11　問12

問13

2

問1 (1)　(2)　問2

問3　問4　問5　問6

問7　問8

問9

問10　問11　問12

3

問1 (1)　(2)　(3)

問2 (1)　(2)　(3)　問3

（注）この解答用紙は実物を縮小してあります。Ｂ５→Ｂ４(141%)に拡大コピーすると、ほぼ実物大の解答欄になります。

〔社　会〕50点(学校配点)

1　問１～問７　各１点×８　問８～問13　各２点×６＜問８，問９，問11は完答＞　2　問１，問２　各２点×３　問３，問４　各１点×２　問５　２点　問６　１点　問７　２点＜完答＞　問８　１点　問９　２点　問10，問11　各１点×２　問12　２点　3　問１　(1)，(2)　各２点×２　(3)　１点　問２　(1)，(2)　各１点×２　(3)　２点　問３　１点

２０２４年度　聖学院中学校　第１回アドバンスト

理科解答用紙

番号		氏名		評点	／50

1

問1	(1)	①		②		③	
	(2)						
問2	(1)	cm^3	(2)	cm^3	(3)	cm^3	

2

問1	g	問2	万倍		
問3		問4			
問5		問6		問7	

3

問1						
問2	(1)	g	(2)	cm		
問3	(1)	g	(2)	g		
	(3)	秒後	(4)		(5)	

（注）この解答用紙は実物を縮小してあります。B５→B４（141%）に拡大コピーすると、ほぼ実物大の解答欄になります。

〔理　科〕50点（学校配点）

1　問1　(1)　各2点×3　(2)　各1点×2　問2　各3点×3　2　問1，問2　各3点×2　問3〜問7　各2点×5　3　問1，問2　各2点×3　問3　(1)，(2)　各2点×2　(3)　3点　(4)，(5)　各2点×2

2024年度　聖学院中学校　第一回アドバンスト

国語解答用紙

番号　　氏名　　評点　／100

一	問1	1　2　3　4
	問2	①　②　③
二	問1	Ⅰ　Ⅱ
	問2	①　②　③
	問3	
	問4	
	問5	
	問6	①　②
	問7	
三	問1	
	問2	Ⅰ　①　②　③　④　⑤　⑥　⑦　⑧
		Ⅱ
		Ⅲ
	問3	
	問4	
	問5	

（注）この解答用紙は実物を縮小してあります。Ｂ５→Ａ３（163％）に拡大コピーすると、ほぼ実物大の解答欄になります。

〔国　語〕100点（学校配点）

一　問１　各１点×４　問２　各２点×３　二　問１　各５点×２　問２　各１点×３　問３～問６　各５点×５　問７　７点　三　問１　６点　問２　Ⅰ　各１点×８　Ⅱ　６点　Ⅲ　各３点×２　問３，問４　各６点×２　問５　７点

２０２３年度　聖学院中学校

算数解答用紙　第１回一般

番号		氏名	

評点	／100

1

あ		い		う		え	
お		か		き		く		け	
こ		さ		し	

2

す		せ		そ		た		ち	
つ		て		と		な	

3

に		ぬ		ね		の	

4

は		ひ		ふ	

5

へ		ほ		ま		み	

（注）この解答用紙は実物を縮小してあります。Ｂ５→Ｂ４(141%)に拡大コピーすると、ほぼ実物大の解答欄になります。

〔算　数〕100点(学校配点)

1　あ～き　各３点×7　く・け　３点　こ・さ　３点　し　３点　2　す～つ　各４点×6　て・と　４点　な　４点　3　各３点×4　4　各４点×3　5　へ，ほ　各３点×2　ま，み　各４点×2

2023年度　聖学院中学校

社会解答用紙　第１回一般

番号		氏名		評点	／50

1

問1	(1)		(2)		問2	(1)		(2)		(3)		(4)	

問3	A		D		E		問4		問5		問6	

問7		問8	

2

問1					問2		問3	

問4	(1)		(2)		問5			問6	

問7		問8		問9		問10	

問11		問12				問13	

3

問1			問2		問3	(3)		(4)	

問4		問5		問6		問7	

（注）この解答用紙は実物を縮小してあります。Ｂ５→Ａ３（163%）に拡大コピーすると、ほぼ実物大の解答欄になります。

〔社　会〕50点（学校配点）

1 問1，問2　各1点×6　問3　各2点×3　問4　1点　問5～問7　各2点×3　問8　1点　2 問1　2点　問2，問3　各1点×2　問4　(1)　2点　(2)　1点　問5　2点　問6　1点　問7　2点　問8，問9　各1点×2　問10　2点　問11，問12　各1点×2　問13　2点　3 問1，問2　各2点×2　問3～問7　各1点×6

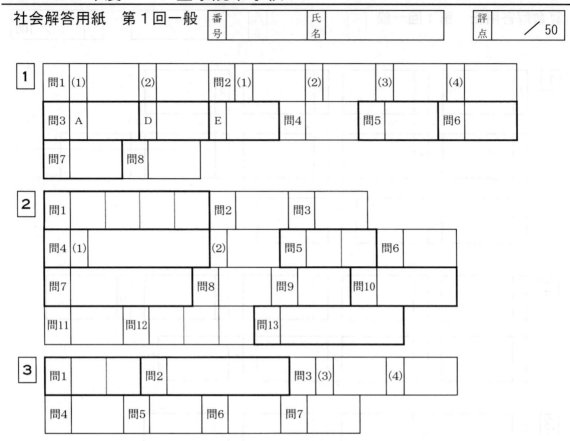

２０２３年度　聖学院中学校

理科解答用紙　第１回一般

番号		氏名		評点	／50

1

問１		問２		問３		問７	
問４		問５		問６			
問８							

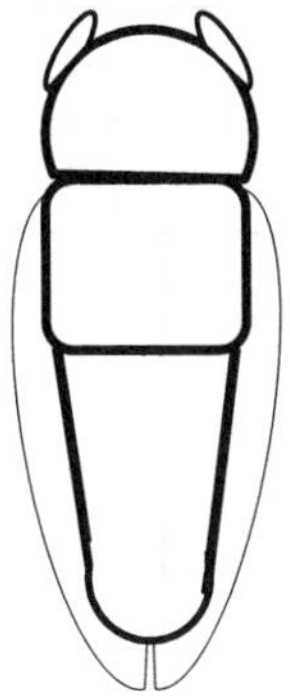

2

問１	（１）		（２）		（３）	
問２	（１）		（２）		（３）	
	（４）		（５）			

3

問１		問２					
問３		問４		問５			
問６	（１）		（２）		（３）		

（注）この解答用紙は実物を縮小してあります。Ｂ５→Ａ４（115%）に拡大コピーすると、ほぼ実物大の解答欄になります。

〔理　科〕50点(学校配点)

1 問１～問６　各２点×６　問７　３点　問８　２点＜完答＞　2 問１　(1), (2)　各２点×２　(3)　３点　問２　各２点×５　3 各２点×８

二〇二三年度　聖学院中学校

国語解答用紙　第一回一般

番号		氏名		評点	/100

一	問一	①　②　③　④
一	問二	①　②　③
二	問一	①　②　③
二	問二	
二	問三	
二	問四	
二	問五	
二	問六	
二	問七	
二	問八	
二	問九	
二	問十	
三	問一	
三	問二	
三	問三	
三	問四	
三	問五	
三	問六	
三	問七	
三	問八	

（注）この解答用紙は実物を縮小してあります。B5→B4（141%）に拡大コピーすると、ほぼ実物大の解答欄になります。

〔国　語〕100点(学校配点)

一　問1　各1点×4　問2　各2点×3　二　問1　各3点×3　問2～問10　各4点×9　三　問1，問2　各5点×2　問3　10点　問4～問8　各5点×5

２０２３年度　　聖学院中学校　第１回アドバンスト

算数解答用紙　No.1

番号		氏名	

評点	／100

1

あ		い		う		え	

(5)

お	

2

か		き		く		け	

こ		さ		し		す	

2023年度　聖学院中学校　第1回アドバンスト

算数解答用紙　No. 2

3

せ	

(2)

そ	

4

た		ち		つ	

(3)

て		と	

な	

5

に		ぬ		ね	

（注）この解答用紙は実物を縮小してあります。B5→B4（141%）に拡大コピーすると、ほぼ実物大の解答欄になります。

〔算　数〕100点（学校配点）

1　あ～え　各4点×4　お　6点　2　か～け　各5点×4　こ～し　5点　す　5点　3　各7点×2

4　た　4点　ち・つ　4点　て・と　7点　な　4点　5　各5点×3

２０２３年度　聖学院中学校　第１回アドバンスト

社会解答用紙

番号		氏名		評点	／50

1

問1	(1)		(2)		(3)
	(4)		(5)		(6)
	(7)		(8)		問2
問3	B		C		問4
問5		問6			
問7					

2

問1			問2		問3		問4
問5		問6		問7		問8	問9
問10		問11		問12			
問13		問14					

3

問1		問2		問3		問4 (1)	(2)
問5						問6	

（注）この解答用紙は実物を縮小してあります。Ｂ５→Ａ３(163%)に拡大コピーすると、ほぼ実物大の解答欄になります。

〔社　会〕50点(学校配点)

1 問１　各１点×８　問２，問３　各２点×３＜問２は完答＞　問４，問５　各１点×２　問６，問７　各２点×２＜問６は完答＞　2 問１　２点＜完答＞　問２　１点　問３　２点　問４，問５　各１点×２　問６　２点＜完答＞　問７，問８　各１点×２　問９，問10　各２点×２　問11～問13　各１点×３　問14　２点＜完答＞　3 問１～問３　各１点×３　問４　(1)　２点　(2)　１点　問５，問６　各２点×２

２０２３年度　聖学院中学校　第１回アドバンスト

理科解答用紙

番号		氏名		評点	／50

1

問1		問2	(1)	秒	(2)	

問3	(1)	℃	(2)	℃	
	(3)	分後			

問4		問5	(1)		(2)		問6	

2

問1	g	問2	倍
問3	ppm	問4	

問5	(1)			(2)		
	(3)					

3

問1		問2			
問3	(1)		(2)		
問4	(1)		(2)		(3)
問5					

（注）この解答用紙は実物を縮小してあります。Ｂ５→Ｂ４(141%)に拡大コピーすると、ほぼ実物大の解答欄になります。

〔理　科〕50点(学校配点)

1　問１〜問３　各２点×６　問４，問５　各１点×３　問６　２点　2　問１〜問３　各３点×３　問４　２点　問５　(1)　各１点×２　(2)，(3)　各２点×２　3　各２点×８

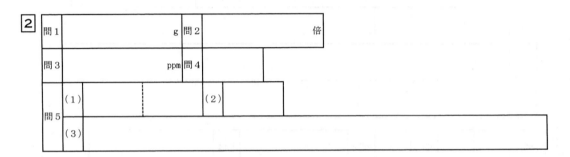

二〇二三年度　聖学院中学校　第一回アドバンスト

国語解答用紙

番号		氏名		評点	/100

一
問一 ①　②　③　④
問二 ①　②　③

二
問一 ア　イ　ウ
問二 ①　②　③
問三
問四
問五
問六
問七

三
問一
問二
問三 ①　②
問四① 1　2　3
問四② 佐藤氏の考える「社会」とは
であり、一方「世間」とは
である。
問五
問六
問七
問八

（注）この解答用紙は実物を縮小してあります。B５→A３（163%）に拡大コピーすると、ほぼ実物大の解答欄になります。

〔国　語〕100点(学校配点)

一 問１　各１点×４　問２　各２点×３　二 問１　各２点×３　問２　①，②　各１点×２　③　３点　問３，問４　各６点×２　問５　８点　問６　６点　問７　８点　三 問１　１点　問２　６点　問３　①　１点　②　６点　問４　①　各１点×３　②　各２点×２　問５〜問８　各６点×４

2023年度　聖学院中学校

英語解答用紙　英語特別

番号		氏名	

評点	／100

[Part 1]

Ⅰ.

(1)	(2)	(3)	(4)	(5)	(6)	(7)	(8)	(9)	(10)

Ⅱ.

(1)	(2)	(3)	(4)	(5)	(6)	(7)	(8)	(9)	(10)

[Part 2]

Ⅰ.

(1)	(2)	(3)	(4)	(5)

Ⅱ.

(1)	(2)	(3)	(4)	(5)

[Part 3]

(注) この解答用紙は実物を縮小してあります。Ｂ５→Ｂ４(141%)に拡大コピーすると、ほぼ実物大の解答欄になります。

〔英　語〕100点(学校配点)

Part 1　各２点×20　Part 2　各３点×10　Part 3　30点

2022年度　聖学院中学校

算数解答用紙　第1回一般

番号		氏名	

評点	／100

1

あ　い　う　え

お　か　き　く

け　こ　さ

2

し　す　せ　そ　た

ち　つ　て

3

と　な　に　ぬ

4

ね　の　は　ひ

5

ふ　へ　ほ

（注）この解答用紙は実物を縮小してあります。B５→B４(141%)に拡大コピーすると、ほぼ実物大の解答欄になります。

〔算　数〕100点(学校配点)

1　あ～く　各３点×８　け・こ　３点　さ　３点　2　各４点×８　3　各３点×４　4　ね，の　各３点×２　は，ひ　各４点×２　5　各４点×３

２０２２年度　聖学院中学校

社会解答用紙　第１回一般

番号		氏名	

評点	／50

1

問1		問2		問3	県				
問4		問5		問6		問7		問8	
問9		問10		問11		問12		問13	
問14		問15							

2

問1		問2		問3	
問4		問5		問6	
問7		問8		問9	
問10		問11		問12	
問13		問14			

3

問1		問2		問3		問4		問5	
問6		問7							

（注）この解答用紙は実物を縮小してあります。Ｂ５→Ａ３（163%）に拡大コピーすると、ほぼ実物大の解答欄になります。

〔社　会〕50点（学校配点）

1 問1～問3　各1点×3　問4　2点　問5～問7　各1点×3　問8，問9　各2点×2　問10　1点　問11　2点　問12～問14　各1点×3　問15　2点　2 問1，問2　各2点×2　問3～問7　各1点×5　問8，問9　各2点×2　問10　1点　問11，問12　各2点×2　問13，問14　各1点×2　3 問1～問3　各1点×3　問4～問6　各2点×3　問7　1点

２０２２年度　聖学院中学校

理科解答用紙　第１回一般

番号		氏名		評点	／50

1

問1	(1)		(2)		(3)					
	(4)		(5)	①		②		③		
問2	(1)	①		②		③		④		⑤
	(2)									

2

問1	(1)	ボルト	(2)	ボルト	(3) mA
	(4)	mA	(5)	mA	(6)
問2	(1)		(2)		

3

問1	(1)		(2)				
問2	(1)		(2)		(3)		
問3	(1)		(2)	①		②	

（注）この解答用紙は実物を縮小してあります。Ｂ５→Ｂ４（141%）に拡大コピーすると、ほぼ実物大の解答欄になります。

〔理　科〕50点（学校配点）

1　各１点×17　2　問１　(1)～(5)　各２点×5　(6)　３点　問２　各２点×2　3　各２点×8

二〇二二年度　聖学院中学校

国語解答用紙　第一回一般

番号　　氏名　　評点 ／100

一
問一　①　②　③　④　⑤　⑥　⑦　⑧　⑨　⑩
問二　①　②　③　④　⑤　⑥　⑦　⑧　⑨　⑩

二
問一
問二　Ⓐ　Ⓑ　Ⓒ
問三　問A　問B
問四
問五
問六

三
問一　問A　問B　問C
問二　問A　問B
問三
問四
問五
問六

（注）この解答用紙は実物を縮小してあります。Ｂ５→Ｂ４（141％）に拡大コピーすると、ほぼ実物大の解答欄になります。

〔国　語〕100点（学校配点）

一　各１点×20　二　問１　５点　問２　各３点×３　問３　各４点×２　問４～問６　各６点×３　三　問１，問２　各３点×５　問３～問５　各６点×３　問６　７点

２０２２年度　聖学院中学校　第１回アドバンスト

算数解答用紙　No.1

番号		氏名	

評点	／100

1

あ		い		う		え	

(5)

お	

2

か		き		く		け	

こ		さ	

（注）この解答用紙は実物を縮小してあります。Ｂ５→Ｂ４（141％）に拡大コピーすると、ほぼ実物大の解答欄になります。

２０２２年度　聖学院中学校　第１回アドバンスト

算数解答用紙　No. 2

3

し	す	せ	そ

た	ち	つ

(5)

て

4

と	な	に	ぬ

(2)

ね	の

は	ひ	ふ

5

へ	ほ	ま	み

〔算　数〕100点(学校配点)

1　あ〜え　各4点×4　お　6点　2　各5点×6　3　し〜そ　各1点×4　た〜つ　各2点×3　て　6点　4　と・な　2点　に・ぬ　2点　ね・の　6点　は〜ふ　各2点×3　5　各4点×4

２０２２年度　　聖学院中学校　第１回アドバンスト

社会解答用紙

番号		氏名		評点	／50

1

問1		問2			問3	①		②	

問4		問5		問6		

問7		問8		問9		問10		問11	

問12	地点d		地点e		問13				

問14	⇒	⇒	⇒

2

問1	(1)		(2)		(3)	

問2		問3	⇒	⇒	⇒	問4		

問5			問6		問7	条約	問8		

問9	

問10	⇒	⇒	⇒

3

問1		問2		問3			問4			問5		

問6				

(注) この解答用紙は実物を縮小してあります。Ｂ５→Ａ３(163%)に拡大コピーすると、ほぼ実物大の解答欄になります。

〔社　会〕50点(学校配点)

1 問１　１点　問２　２点<完答>　問３，問４　各１点×３　問５　２点<完答>　問６～問９　各１点×４　問10　２点　問11　１点　問12　２点<完答>　問13　１点　問14　２点<完答>　2 問１　(1)　１点　(2)　２点　(3)　１点　問２　１点　問３～問５　各２点×３<各々完答>　問６　１点　問７～問10　各２点×４<問８，問10は完答>　3 問１，問２　各１点×２　問３～問６　各２点×４<問３～問５はそれぞれ完答>

２０２２年度　聖学院中学校　第１回アドバンスト

理科解答用紙

番号		氏名		評点	／50

1

問１	(1)	%	(2)	g
	(3)	%	(4)	

問２	(1)		(2)		(3)	

2

問１	(1)		(2)	
	(3)		(4)	

問２	(1)				
	(2)	kg			
	(3)			(4)	

3

問１	

問２	(1)	cm	(2)	A　個	B　個

問３	(1)		(2)		(3)	g
	(4)	秒後	(5)	秒後		

（注）この解答用紙は実物を縮小してあります。Ｂ５→Ｂ４(141%)に拡大コピーすると、ほぼ実物大の解答欄になります。

〔理　科〕50点(学校配点)

1 問１ (1) ２点 (2)，(3) 各３点×２ (4) ２点 問２ 各２点×３ 2 問１ (1)，(2) 各２点×２ (3) 各１点×２ (4) ２点 問２ (1) ３点 (2) ２点 (3) 各１点×２ (4) ２点 3 問１，問２ 各２点×３<問２の(2)は完答> 問３ (1)～(4) 各２点×４ (5) ３点

二〇二三年度　聖学院中学校　第一回アドバンスト

国語解答用紙

番号　　氏名　　評点　／100

一

1　2　3　4　5
6　7　8　9　10

二

問1
問2　(1)　(2)　(3)
問3
問4
問5
問6　ハル　アブダラくん
問7　(1)　(2)

三

問1
問2
問3
問4
問5
問6　言える　言えない
問7　意見　根拠

（注）この解答用紙は実物を縮小してあります。Ｂ５→Ａ３（163％）に拡大コピーすると、ほぼ実物大の解答欄になります。

〔国　語〕100点(学校配点)

一　各1点×10　二　問1　4点　問2　(1), (2)　各2点×2　(3)　5点　問3～問6　各4点×5　問7　(1)　4点　(2)　8点　三　問1　4点　問2　各2点×2　問3　5点　問4　4点　問5　8点　問6　言えるか言えないか…2点, 理由…8点　問7　10点

２０２２年度　聖学院中学校

英語解答用紙　英語特別

番号		氏名	

評点	／100

[Part 1]

Ⅰ.

(1)	(2)	(3)	(4)	(5)	(6)	(7)	(8)	(9)	(10)

Ⅱ.

(1)	(2)	(3)	(4)	(5)	(6)	(7)	(8)	(9)	(10)

[Part 2]

Ⅰ.

(1)	(2)	(3)	(4)

Ⅱ.

[A]

(1)	(2)	(3)

[B]

(4)	(5)	(6)

[Part 3]

（注）この解答用紙は実物を縮小してあります。Ｂ５→Ａ３（163%）に拡大コピーすると、ほぼ実物大の解答欄になります。

〔英　語〕100点(学校配点)

Part 1　各２点×20　Part 2　各３点×10　Part 3　30点

２０２１年度　聖学院中学校

算数解答用紙　第１回一般

番号		氏名		評点	／100

1

あ		い		う		え	
お		か		き		く	
け		こ		さ			

2

し		す		せ		そ	
た		ち		つ		て	

3

と		な		に		ぬ	

4

ね		の		は		ひ		ふ	

5

へ		ほ		ま	

（注）この解答用紙は実物を縮小してあります。Ｂ５→Ｂ４(141%)に拡大コピーすると、ほぼ実物大の解答欄になります。

〔算　数〕100点(学校配点)

1 あ～く　各３点×８　け・こ　３点　さ　３点　2 し～そ　各４点×４　た・ち　４点　つ，て　各４点×２　3 と，な　各３点×２　に，ぬ　各４点×２　4 ね～は　各４点×３　ひ・ふ　４点　5 各４点×３

２０２１年度　聖学院中学校

社会解答用紙　第１回一般

番号		氏名		評点	／100

1

問1	(1)	説明		場所		(2)	説明		場所		(3)	説明		場所	
	(4)	説明		場所		(5)	説明		場所		(6)	説明		場所	
	(7)	説明		場所											
問2	(1)	A群		B群		(2)	A群		B群		(3)	A群		B群	

2

問1	(1)		(2)		(3)		(4)		(5)		(6)	
問2		問3		問4		問5		問6		問7		
問8		問9		問10	航路	問11						
問12		問13		問14		問15						

3

問1			問2		問3				
問4	(1)			(2)		(3)		問5		問6	
問7	(1)		(2)			主義			

（注）この解答用紙は実物を縮小してあります。Ｂ５→Ａ３（163％）に拡大コピーすると、ほぼ実物大の解答欄になります。

〔社　会〕100点(推定配点)

1～3　各２点×50

２０２１年度　聖学院中学校

理科解答用紙　第１回一般

番号		氏名		評点	／100

1

問１	(1)	①		②		③	
		④		⑤		⑥	
	(2)		(3)				
問２	(1)	L	(2)		(3)		(4)	

2

問１		問２	(1)	倍	(2)	
問３						
問４	(1)	座	(2)		(3)	
問５		問６				
問７	(1)		(2)			

3

問１	(1)		(2)		(3)		
	(4)		(5)			(6)	
問２	(1)	倍	(2)		(3)		
問３	(1)		(2)	g			

4

問１	①		②		③		④	
	⑤		⑥		⑦		⑧	
問２		問３		問４				
問５								

（注）この解答用紙は実物を縮小してあります。Ｂ５→Ｂ４（141％）に拡大コピーすると、ほぼ実物大の解答欄になります。

〔理　科〕100点（学校配点）

1 問１　各２点×８　問２　(1)　３点　(2)～(4)　各２点×３　2 問１　２点　問２　各３点×２　問３　２点　問４　(1)　３点　(2)，(3)　各２点×２　問５～問７　各２点×４　3 問１，問２　各２点×10　問３　(1)　２点　(2)　３点　4 問１～問４　各２点×11　問５　３点

二〇二二年度　聖学院中学校

国語解答用紙　第一回一般

番号		氏名		評点	/100

一	①		②		③		④		⑤	
	⑥		⑦		⑧		⑨		⑩	
二	①		②		③		④		⑤	
	⑥		⑦		⑧		⑨		⑩	

三	問一	
	問二	
	問三	
	問四	
	問五	
	問六	
四	問一	
	問二	
	問三	
	問四	
	問五	
	問六	
	問七	

（注）この解答用紙は実物を縮小してあります。B５→B４（141%）に拡大コピーすると、ほぼ実物大の解答欄になります。

〔国　語〕100点(学校配点)

一，二　各１点×20　三　問１，問２　各６点×２　問３～問６　各７点×４　四　問１，問２　各５点×２　問３～問７　各６点×５

２０２１年度　　聖学院中学校　第１回アドバンスト

算数解答用紙　No.1

番号		氏名		評点	／100

1

あ		い		う		え		お	

(5)

か	

2

き		く		け		こ		さ	
し		す							

3

せ		そ		た	

２０２１年度　聖学院中学校　第１回アドバンスト

算数解答用紙　No. 2

4

ち　つ　て　と

(2)

な　に

5

ぬ　ね

(3)

の

は

（注）この解答用紙は実物を縮小してあります。B５→B４(141%)に拡大コピーすると、ほぼ実物大の解答欄になります。

〔算　数〕100点(学校配点)

1　あ〜う　各4点×3　え・お　4点　か　6点　2　き，く　各5点×2　け・こ　5点　さ〜す　各5点×3　3　各5点×3　4　ち・つ　5点　て・と　5点　な・に　7点　5　ぬ，ね　各3点×2　の　6点　は　4点

２０２１年度　聖学院中学校　第１回アドバンスト

社会解答用紙

番号		氏名		評点	／50

1

問1	(1)		(3)		(6)
問2		問3		問4	
問5		問6		問7	
問8		問9		問10	
問11		問12		問13	

2

	会話	番号	正しい語句	会話	番号	正しい語句
問1	1			2		
	3			4		
	5			6		
	7			8		
問2	(1)			(2)		

3

問1	(1)		(2)		(3)		問2
問3		問4	(1)		(2)		制度

（注）この解答用紙は実物を縮小してあります。Ｂ５→Ａ３（163％）に拡大コピーすると、ほぼ実物大の解答欄になります。

〔社　会〕50点（学校配点）

1　問１，問２　各１点×４　問３　各２点×２　問４，問５　各１点×２　問６　各２点×２　問７〜問10　各１点×４　問11〜問13　各２点×５　2　問１　各１点×８＜各々完答＞　問２　各２点×２＜各々完答＞　3　問１，問２　各１点×４　問３，問４　各２点×３＜問３，問４の(1)は完答＞

２０２１年度　聖学院中学校　第１回アドバンスト

理科解答用紙

番号		氏名		評点	／50

1

問１	（１）	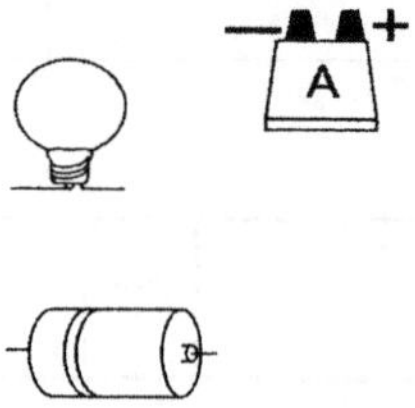	（２）	
			（３）	mA
			（４）	

問２	（１）	①		②	
	（２）		（３）		

2

問１	（１）		（２）	%
	（３）	g 以上	g 以下	
問２	（１）		（２）	g
問３				

3

問１	①		②		
問２		問３		問４	
問５		問６			

（注）この解答用紙は実物大です。

〔理　科〕50点(学校配点)

1　各２点×8　2　問１　(1)　２点　(2)　３点　(3)　各２点×2　問２　各３点×2　問３　２点　3　問１　各３点×2　問２～問４　各２点×3　問５　３点　問６　２点

二〇二二年度　聖学院中学校　第一回アドバンスト

国語解答用紙

番号		氏名		評点	/100

一

①	②	③	④	⑤
⑥	⑦	⑧	⑨	⑩

二

問一 a　b

問二

問三

問四

問五　　という決意が表れている。

問六　　をしたときに見た光景だから。

問七

三

問一　問二　問三

問四　問五　問六

問七

問八

（注）この解答用紙は実物を縮小してあります。B5→B4（141%）に拡大コピーすると、ほぼ実物大の解答欄になります。

〔国　語〕100点(学校配点)

一　各1点×10　二　問1～問3　各5点×4　問4　4点　問5～問7　各7点×3　三　問1～問6　各5点×6　問7　7点　問8　8点

２０２１年度　聖学院中学校

英語解答用紙　英語選抜

番号		氏名	

評点	／100

[Part 1]

Ⅰ.

(1)	(2)	(3)	(4)	(5)	(6)	(7)	(8)	(9)	(10)

Ⅱ.

(1)	(2)	(3)	(4)	(5)	(6)	(7)	(8)	(9)	(10)

[Part 2]

Ⅰ.

(1)	(2)	(3)	(4)	(5)

Ⅱ.

(1)	(2)	(3)	(4)	(5)

[Part 3]

(注) この解答用紙は実物を縮小してあります。Ｂ５→Ａ３(163%)に拡大コピーすると、ほぼ実物大の解答欄になります。

〔英　語〕100点(学校配点)

Part 1　各2点×20　Part 2　各3点×10　Part 3　30点

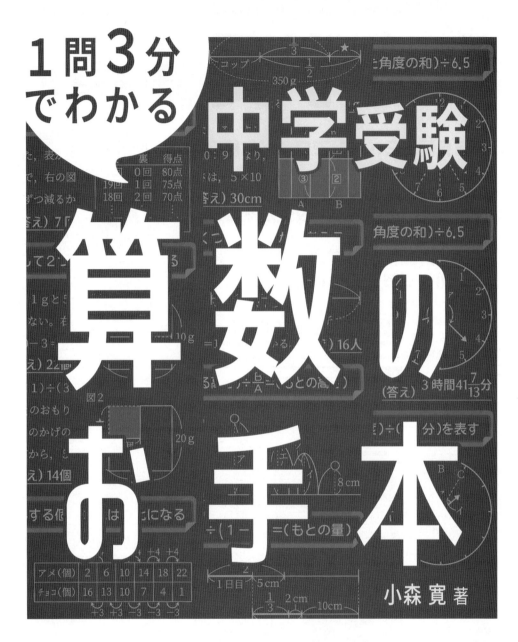

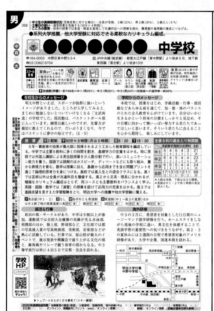

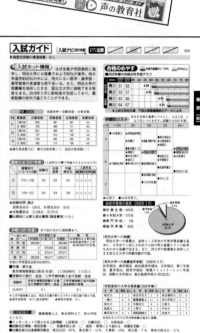

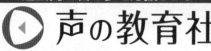